中国当代政治史研究撷英

第二辑

主　编　李正华　张金才
副主编　刘维芳

当代中国出版社
Contemporary China Publishing House

图书在版编目(CIP)数据

中国当代政治史研究撷英．第二辑 / 李正华，张金才主编；刘维芳副主编．-- 北京：当代中国出版社，2025. 5. -- ISBN 978-7-5154-1559-8

Ⅰ．D69

中国国家版本馆 CIP 数据核字第 20258T9R10 号

出 版 人　蔡继辉
责任编辑　宋卫云
责任校对　贾云华　康　莹
印刷监制　刘艳平
封面设计　宋　涛　鲁　娟
出版发行　当代中国出版社
地　　址　北京市地安门西大街旌勇里 8 号
网　　址　http://www.ddzg.net
邮政编码　100009
编 辑 部　（010）66572264
市 场 部　（010）66572281　66572157
印　　刷　中国电影出版社印刷厂
开　　本　787 毫米 × 1092 毫米　1/16
印　　张　22.25 印张　2 插页　338 千字
版　　次　2025 年 5 月第 1 版
印　　次　2025 年 5 月第 1 次印刷
定　　价　98.00 元

目 录

特邀论文

第三届中国当代政治史年会部分特邀和入选论文

第四届中国当代政治史年会部分特邀和入选论文

特邀论文

奋力开创新中国史研究事业新局面

李正华 *

内容提要： 党的十八大以来，习近平总书记关于新中国史的重要论述和致国史学会成立30周年贺信，为新中国史研究事业指明了前进方向，提供了根本遵循。当代中国研究所作为国史学会的主办单位和研究编撰宣传中华人民共和国史的专门机构，必须推动新时代中国特色新中国史研究事业开创新局面、迈上新台阶，增强使命意识，充分发挥新中国史资政、育人、护国的作用；以习近平新时代中国特色社会主义思想为指引，加快构建中国特色、中国风格、中国气派的新中国史“三大体系”；坚持为国家修史、为人民立传、为时代明德，在出成果、出人才上作出更大贡献。

习近平总书记致中华人民共和国国史学会成立30周年贺信，充分肯定了国史学会30年来取得的成绩，充分体现了习近平总书记对新中国史事业的高度重视以及对广大新中国史工作者的亲切关怀和殷切期望。当代中国研究所广大干部职工倍感振奋、深受鼓舞。当代中国研究所作为国史学会的主办单位，作为研究编撰宣传中华人民共和国史的专门机构，一定认真学习领会、深入贯彻落实贺信精神，奋力开创新中国史研究事业新局面。

一、增强使命意识，充分发挥新中国史资政、育人、护国的作用

新中国史是中华民族发展史上的时代画卷，是世界社会主义发展史、人类文明发展史上的辉煌篇章。党的十八大以来，习近平总书记高度重视新中

* 李正华，中国社会科学院当代中国研究所。

国史研究事业，站在历史和时代的高度，发表了一系列关于新中国史的重要论述。习近平总书记关于新中国史的重要论述和致国史学会成立 30 周年贺信，是习近平新时代中国特色社会主义思想的重要组成部分，为新中国史研究事业指明了前进方向，提供了根本遵循。

我们要将学习贯彻习近平总书记贺信精神同学习贯彻习近平新时代中国特色社会主义思想紧密结合起来，同学习贯彻党的二十大精神紧密结合起来，同学习贯彻习近平总书记在哲学社会科学工作座谈会上的重要讲话以及致中国社会科学院三次贺信精神紧密结合起来，同学习贯彻习近平总书记关于党史、新中国史的重要论述紧密结合起来，全面系统地学习把握习近平总书记关于新中国史的重要论述，把思想和行动统一到贺信精神和党中央的要求上来，用贺信精神统领新中国史研究、编撰、宣传和教育工作，切实将贺信精神贯穿到新中国史的学术研究、学科建设、人才培养、教材编写、课堂教学、著作出版、成果转化等全过程、各环节，坚持不懈用习近平新时代中国特色社会主义思想武装头脑、指导科研、推动工作。要把习近平总书记的关心关怀转化为奋进新征程、建功新时代的强劲动力，推动新时代中国特色新中国史研究事业开创新局面、迈上新台阶，更好地发挥新中国史资政、育人、护国的功能。

二、以习近平新时代中国特色社会主义思想为指引，加快构建中国特色、中国风格、中国气派的新中国史“三大体系”

党的二十大强调，要深入实施马克思主义理论研究和建设工程，加快构建中国特色哲学社会科学学科体系、学术体系、话语体系，培育壮大哲学社会科学人才队伍。习近平总书记在贺信中指出，要牢牢把握国史的主题主线、主流本质，不断提高研究水平。贯彻落实党的二十大精神、习近平总书记贺信精神，必须以习近平新时代中国特色社会主义思想为指引，加快构建新中国史学科体系、学术体系、话语体系。

新中国史是极其重要也极具特色的新兴学科。新中国史研究工作者既要遵循历史学、政治学等学科建设的一般规律，又要彰显新中国史学科自身的特点。学习贯彻落实贺信精神，必须正确认识新中国史的重要地位和重要意义，提高对新中国史学科建设意义的认识；准确把握新中国成立以来党为了实现国家富强、人民幸福和民族复兴而进行社会主义革命、建设和改革，带领人民不懈探索和奋斗并取得巨大成就的突出主线，深刻揭示一部新中国史就是一部党治国理政史、理论创新史、自我革命史的主流本质；紧紧围绕新时代党和国家对新中国历史研究的需求，建设系统完备的国史学科体系。

学习贯彻落实贺信精神，必须不断提升新中国史研究的学术水准，扩大其在国内外的学术影响力。加强新中国史基本问题研究，正确认识和科学评价新中国史上的重大事件、重要会议、重要人物，正确认识和处理改革开放前后两个历史时期等一系列重要关系，正确认识新时代十年伟大变革的里程碑意义，正确看待新中国史上曾经出现的曲折和失误。以实施有关新中国史研究、编撰、宣传建设工程和重大专题招标项目为抓手，推动新中国史的理论和方法创新，推动新中国史的通史和专门史研究编纂，推动新中国史学创新融合发展。深入推进《中华人民共和国史》多卷本、《（新编）中国通史》（中华人民共和国卷）、《中华人民共和国史编年》等重大项目，做好《当代中国》丛书续编工作。推动崇尚精品、严谨治学、注重诚信、讲求责任的优良学风，营造风清气正、互学互鉴、积极向上的学术生态。

学习贯彻落实贺信精神，必须在学术、政策、实践的联通中思考新中国史话语体系建构，加强创新研究，注重国史科研成果的转化，用中国理论解读中国实践。办好国史研究国际高端论坛、马克思主义当代中国史理论论坛、“国史大讲堂”、新时代中国学建设研究创新基地。办好当代中国出版社、《当代中国史研究》杂志和“中华人民共和国国史网”，宣传好、传播好新中国史研究成果，更好展示当代中国取得的伟大成就和宝贵经验。发挥好新中国史在推动“四史”学习教育常态化、长效化中不可替代的重要作用，在讲好中国故事、传播好中国声音、深化人文交流方面不可替代的重要作用，在反对历史虚无主义中不可替代的重要作用。

三、坚持为国家修史、为人民立传、为时代明德，在出成果、出人才上作出更大贡献

当代中国研究所是在改革开放后国史研究正式兴起和发展的基础上，于1990年6月经中共中央批准成立的。30多年来，在党中央的正确领导下，当代中国研究所坚持以马克思主义为指导，高举中国特色社会主义伟大旗帜，忠实履行“修史、资政、育人、护国”的使命职责，逐步形成了近百人的专门队伍，成立了中华人民共和国国史学会，创办了《当代中国史研究》杂志和当代中国出版社，在中国社会科学院大学建立了中华人民共和国国史系、中共党史系，组织编纂出版了《当代中国》丛书、《中华人民共和国史稿》、《中华人民共和国史编年》、《中华人民共和国简史》、《新中国70年》、《新时代这十年》丛书等新中国史基本著作，圆满完成了中央有关部门和上级领导单位交办的一系列重要工作任务，在引导人民知史爱党、知史爱国，对外讲好中国故事、传播好中国声音等方面发挥了积极作用。

新时代新征程，当代中国研究所将坚持以人民为中心的研究导向，以满足人民对美好生活的向往为目标，以回应和解决人民群众关心关注的热点难点问题为使命，坚持为国家修史、为人民立传、为时代明德的理念，坚持实事求是的严谨学风，用更加扎实、丰富的研究成果展示中国道路的正确性、中国理论的科学性、中国制度的优越性，在为党和人民述学立论方面作出更大贡献。加强党对新中国史研究工作的领导，注重人才队伍可持续发展，不断壮大新中国史后备人才队伍，构建系统完备的新中国史研究事业人才体系。建立健全体制机制，充分激发科研人员创造力和竞争力。关心支持中华人民共和国国史学会开展工作，充分发挥国史学会的职能，团结从事新中国史研究的专家学者、教育工作者和海内外热心新中国史工作的人士，努力把当代中国研究所建设成为国内外最权威、最具影响力的新中国史研究机构。

当代中国研究所将以学习贯彻习近平总书记的贺信精神为契机，切实以贺信精神为统领，抓住新机遇，明确新目标，埋头苦干、勇毅前行，以更加深沉的人民情怀、更加昂扬的精神状态，为推动新中国史研究事业繁荣发展作出新贡献！

共产党百年来对建设社会主义现代化强国的探求和发展

宋月红 *

内容提要： 建设社会主义现代化强国具有深厚历史底蕴、广泛现实基础和时代发展进步要求。中国共产党自成立之日起就把为中国人民谋幸福、为中华民族谋复兴作为自己的初心使命，经过百年奋斗，以伟大自我革命推动伟大社会革命，开辟中国特色社会主义道路，创造了中国式现代化新道路，创造了人类文明新形态，并在全面建成小康社会的基础上乘势而上开启全面建设社会主义现代化国家新征程，为全面建成社会主义现代化强国、实现中华民族伟大复兴而锐意进取、不懈奋斗，中华民族伟大复兴进入了不可逆转的历史进程。

在人类社会发展史上，马克思主义不仅深刻改变了世界，也深刻改变了中国。中国共产党在百年奋斗中不断推进马克思主义中国化时代化，团结带领全国各族人民为争取民族独立、人民解放和实现国家富强、人民幸福而不懈奋斗。《中共中央关于党的百年奋斗重大成就和历史经验的决议》（以下简称《决议》）将"建设什么样的社会主义现代化强国、怎样建设社会主义现代化强国"同"新时代坚持和发展什么样的中国特色社会主义、怎样坚持和发展中国特色社会主义"、"建设什么样的长期执政的马克思主义政党、怎样建设长期执政的马克思主义政党"①一起，丰富发展为习近平新时代中国特色社会主义思想科学回答的重大时代课题，深刻彰显党在百年奋斗中矢志践行为

---

* 宋月红，中国社会科学院当代中国研究所。

① 《中共中央关于党的百年奋斗重大成就和历史经验的决议》，人民出版社 2021 年版，第 25—26 页。

中国人民谋幸福、为中华民族谋复兴的初心使命，深刻揭示党在百年奋斗中进行理论创新、理论创造的鲜明时代主题、基本内涵和核心要义。没有共产党就没有新中国，只有社会主义才能救中国，只有中国特色社会主义才能发展中国。建设社会主义现代化强国具有深厚历史底蕴、广泛现实基础和时代发展进步要求。党经过百年奋斗，以伟大自我革命推动伟大社会革命，开辟中国特色社会主义道路，在全面建成小康社会的基础上乘势而上开启全面建设社会主义现代化国家新征程，为全面建成社会主义现代化强国、实现中华民族伟大复兴而锐意进取、不懈奋斗，中华民族伟大复兴进入了不可逆转的历史进程。

一、建设社会主义现代化强国的根本政治前提和历史底蕴

《共产党宣言》科学揭示人类社会最终走向共产主义的必然趋势，并就阶级与国家指出："工人革命的第一步就是使无产阶级上升为统治阶级，争得民主"，"把一切生产工具集中在国家即组织成为统治阶级的无产阶级手里，并且尽可能快地增加生产力的总量"。[①] 习近平总书记在纪念马克思诞辰 200 周年大会上的讲话中指出："马克思、恩格斯高度肯定中华文明对人类文明进步的贡献，科学预见了'中国社会主义'的出现，甚至为他们心中的新中国取了靓丽的名字——'中华共和国'。"[②] 然而，1840 年鸦片战争以后，西方列强凭着坚船利炮侵入了中国，使中国沦为半殖民地半封建社会，中华民族陷入内忧外患的悲惨境地。国家危矣，不破则不立。中国共产党在中国人民和中华民族的伟大觉醒中、在马克思列宁主义同中国工人运动的紧密结合中诞生，自成立之日起就把为中国人民谋幸福、为中华民族谋复兴作为自己的初心使命，坚持共产主义理想和社会主义信念，按照共产主义者的理想，创造一个新的国家和社会。

社会基本矛盾和主要矛盾规定着国家的社会性质和发展状态。在新民主

① 《马克思恩格斯选集》第 1 卷，人民出版社 2012 年版，第 421 页。

② 习近平:《在纪念马克思诞辰 200 周年大会上的讲话》，人民出版社 2018 年版，第 12 页。

主义革命时期，面对山河破碎、国弊民穷的旧中国，党根据近代中国社会主要矛盾是帝国主义和中华民族的矛盾、封建主义和人民大众的矛盾，进行反帝反封建斗争，开辟了农村包围城市、武装夺取政权的革命道路。在国家政权建设上，党的二大宣言提出："建立一个真正民主共和国"[①]。1931 年 11 月，党领导的中华苏维埃共和国临时中央政府宣告成立，实行工农兵代表大会制度。这是中国历史上第一个全国性的工农民主政权，是党在局部地区执政的历史性尝试。1937 年 9 月，党在延安成立陕甘宁边区政府，实行一系列民主改革，发展经济、文化教育和卫生事业，使之成为"抗日和民主的模范区"。1940 年 1 月，毛泽东在《新民主主义论》中回答中国向何处去的问题，鲜明指出："我们共产党人，多年以来，不但为中国的政治革命和经济革命而奋斗，而且为中国的文化革命而奋斗；一切这些的目的，在于建设一个中华民族的新社会和新国家。在这个新社会和新国家中，不但有新政治、新经济，而且有新文化。这就是说，我们不但要把一个政治上受压迫、经济上受剥削的中国，变为一个政治上自由和经济上繁荣的中国，而且要把一个被旧文化统治因而愚昧落后的中国，变为一个被新文化统治因而文明先进的中国。一句话，我们要建立一个新中国。"[②]为争取抗战胜利，1944 年 5 月 26 日《解放日报》发表《毛泽东同志号召发展工业打倒日寇》的文章指出："要打倒日本帝国主义，必需有工业；要中国的民族独立有巩固的保障，就必需工业化。我们共产党是要努力于中国的工业化的。"[③]在党的七大上，毛泽东作《论联合政府》的政治报告，提出要"将中国建设成为一个独立、自由、民主、统一和富强的新国家"[④]。"在革命胜利以后，迅速地恢复和发展生产，对付国外的帝国主义，使中国稳步地由农业国转变为工业国，把中国建设成一个伟大的社会主义国家。"[⑤]

在解放战争中，随着党领导的新民主主义革命即将在全国胜利，党的七

① 《建党以来重要文献选编（1921—1949）》第 1 册，中央文献出版社 2011 年版，第 130 页。

② 《毛泽东选集》第 2 卷，人民出版社 1991 年版，第 663 页。

③ 《毛泽东文集》第 3 卷，人民出版社 1996 年版，第 146 页。

④ 《毛泽东选集》第 3 卷，人民出版社 1991 年版，第 1030 页。

⑤ 《毛泽东选集》第 4 卷，人民出版社 1991 年版，第 1437 页。

届二中全会着重讨论了党的工作重心的战略转移，即工作重心由乡村转移到城市的问题，确定了使中国稳步地由农业国转变为工业国，由新民主主义社会转变为社会主义社会的发展方向。

中国实现由旧到新的伟大历史性变革。新民主主义革命的胜利、新中国的成立，彻底结束了旧中国半殖民地半封建社会的历史，实现了民族独立、人民解放，中国人民从此站起来了，中国发展从此开启新纪元，为实现中华民族伟大复兴创造了根本社会条件。

中国共产党不仅善于破坏一个旧世界，而且善于建设一个新世界。《决议》指出："社会主义革命和建设时期，党面临的主要任务是，实现从新民主主义到社会主义的转变，进行社会主义革命，推进社会主义建设，为实现中华民族伟大复兴奠定根本政治前提和制度基础。"[①] 新中国成立之后，如何从落后的农业国转变为先进的工业国，从新民主主义社会转变为社会主义社会，是党面临的重大考验。按照毛泽东起初的设想，新中国应该"稳步前进，经过战争，经过新民主主义的改革，而在将来，在国家经济事业和文化事业大为兴盛了以后，在各种条件具备了以后，在全国人民考虑成熟并在大家同意了以后，就可以从容地和妥善地走进社会主义的新时期"[②]。随着新中国迅速恢复了在旧中国遭到严重破坏的国民经济，全国工农业生产 1952 年底已经达到历史的最高水平。根据经济社会关系的发展变化，毛泽东在 1953 年提出了过渡时期的总路线，即"要在一个相当长的时期内，逐步实现国家的社会主义工业化，并逐步实现国家对农业、对手工业和对资本主义工商业的社会主义改造"[③]。从 1953 年到 1956 年底，我国逐步开展了对生产资料私有制的社会主义改造，建立起了社会主义基本制度，实现了从新民主主义向社会主义的历史性转变。

为探索一条适合中国国情的社会主义建设道路，毛泽东在党的八大前后发表了《论十大关系》《关于正确处理人民内部矛盾的问题》等历史文献，把马克思主义基本原理同中国实际进行"第二次结合"。1956 年 9 月召开的党的

---

① 《中共中央关于党的百年奋斗重大成就和历史经验的决议》，人民出版社 2021 年版，第 9 页。
② 《毛泽东文集》第 6 卷，人民出版社 1999 年版，第 80 页。
③ 《毛泽东文集》第 6 卷，人民出版社 1999 年版，第 316 页。

八大，正确分析国内主要矛盾的变化，进一步明确了社会主义建设的战略目标，即“尽可能迅速地实现国家工业化，有系统、有步骤地进行国民经济的技术改造，使中国具有强大的现代化的工业、现代化的农业、现代化的交通运输业和现代化的国防”[①]。在开展全面的大规模的社会主义建设中，我国逐步建立起独立的比较完整的工业体系和国民经济体系。尽管在这一探索过程中出现了严重曲折，对建设社会主义的艰巨性和复杂性估计不足，对“社会主义是什么，马克思主义是什么，过去我们并没有完全搞清楚”[②]，但党在社会主义革命和建设中取得的巨大成就，为继续探索建设社会主义、在新的历史时期开创中国特色社会主义提供了宝贵经验、理论准备和物质基础。

二、建设社会主义现代化强国的道路探索和推进发展

时代在发展，国家在前进，历史车轮滚滚向前。在党和国家事业发展面临重大转折的历史关头，党基于对党和国家前途命运的深刻把握、对社会主义革命和建设实践的深刻总结、对时代潮流的深刻洞察、对人民群众期盼和需要的深刻体悟，于 1978 年 12 月召开十一届三中全会，作出了实行改革开放的历史性决策，实现了党和国家工作中心的转移，开启了改革开放和社会主义现代化建设的伟大征程。邓小平指出：“贫穷不是社会主义。”[③]“如果现在再不实行改革，我们的现代化事业和社会主义事业就会被葬送。”[④]党在推进改革开放和社会主义现代化建设中继续探索中国建设社会主义的正确道路。

提出建设有中国特色的社会主义的重大命题。使我国赶上时代发展，是党进行改革开放要达到的目的。1979 年 12 月 6 日，邓小平在会见日本首相大平正芳时，根据我国经济社会发展的实际情况，第一次提出了“小康”概念以及在 20 世纪末我国达到“小康社会”的构想。1982 年 9 月，邓小平在党的十二大上的开幕词中指出：“我们的现代化建设，必须从中国的实际出发。无

① 《建国以来重要文献选编》第 9 册，中央文献出版社 2011 年版，第 270 页。
② 《邓小平文选》第 3 卷，人民出版社 1993 年版，第 137 页。
③ 《邓小平文选》第 3 卷，人民出版社 1993 年版，第 225 页。
④ 《邓小平年谱（1975—1997）》（上），中央文献出版社 2004 年版，第 451 页。

论是革命还是建设，都要注意学习和借鉴外国经验。但是，照抄照搬别国经验、别国模式，从来不能得到成功。这方面我们有过不少教训。把马克思主义的普遍真理同我国的具体实际结合起来，走自己的道路，建设有中国特色的社会主义，这就是我们总结长期历史经验得出的基本结论。”[①]他强调：“中国的事情要按照中国的情况来办，要依靠中国人自己的力量来办。独立自主，自力更生，无论过去、现在和将来，都是我们的立足点。”[②]党提出“建设有中国特色的社会主义”的重大命题，回答了新时期中国应走什么样的道路问题。为全面开创社会主义现代化建设的新局面，党的十二大确定了党在新的历史时期的总任务是：“团结全国各族人民，自力更生，艰苦奋斗，逐步实现工业、农业、国防和科学技术现代化，把我国建设成为高度文明、高度民主的社会主义国家。”根据我国经济落后和发展很不平衡的实际情况，党的十二大将我国在 20 世纪末的奋斗目标由实现四个现代化具体表述为实现小康[③]。

确立社会主义初级阶段基本路线，制定了到 21 世纪中叶分三步走、基本实现社会主义现代化的发展战略。正确认识我国社会所处历史方位和发展阶段，是建设中国特色社会主义的首要问题。党的十三大明确指出，我国正处在社会主义的初级阶段，基本路线是领导和团结全国各族人民，以经济建设为中心，坚持四项基本原则，坚持改革开放，自力更生，艰苦创业，为把我国建设成为富强、民主、文明的社会主义现代化国家而奋斗。在此基础上，党将“实现小康”的目标深化为“三步走”战略，并增加了“第三步，到下个世纪中叶，人均国民生产总值达到中等发达国家水平，人民生活比较富裕，基本实现现代化。然后，在这个基础上继续前进”[④]的目标。

全面建设小康社会。党团结带领人民实现了现代化建设“三步走”战略的第一步、第二步目标后，人民生活总体上达到小康水平，我国进入全面建设小康社会、加快推进社会主义现代化的新的发展阶段。全面建设小康社会的目标，是中国特色社会主义经济、政治、文化全面发展的目标，是与加快

① 《邓小平年谱（1975—1997）》（下），中央文献出版社 2004 年版，第 844 页。

② 《邓小平文选》第 3 卷，人民出版社 1993 年版，第 3 页。

③ 《十二大以来重要文献选编》（上），中央文献出版社 2011 年版，第 12 页。

④ 《十三大以来重要文献选编》（上），中央文献出版社 2011 年版，第 14 页。

推进现代化相统一的目标，符合我国国情和现代化建设的实际，符合人民的愿望。全面建设小康社会，最根本的是坚持以经济建设为中心，不断解放和发展社会生产力。为此，党在 21 世纪头 20 年，集中力量，全面建设惠及十几亿人口的更高水平的小康社会，使经济更加发展、民主更加健全、科教更加进步、文化更加繁荣、社会更加和谐、人民生活更加殷实。

开创、捍卫和发展中国特色社会主义，推进改革开放和社会主义现代化建设，我国实现了从高度集中的计划经济体制到充满活力的社会主义市场经济体制、从封闭半封闭到全方位开放的历史性转变，实现了从生产力相对落后的状况到经济总量跃居世界第二的历史性突破，实现了人民生活从温饱不足到总体小康、奔向全面小康的历史性跨越，推进了中华民族从站起来到富起来的伟大飞跃。《决议》指出："改革开放是决定当代中国前途命运的关键一招，中国特色社会主义道路是指引中国发展繁荣的正确道路，中国大踏步赶上了时代。"①改革开放是党和人民大踏步赶上时代的重要法宝，是强国之路、富民之路，是发展中国特色社会主义的必由之路。

三、建设社会主义现代化强国开辟新征程、迈进新发展阶段

中国特色社会主义进入新时代是我国发展新的历史方位。以习近平同志为核心的党中央坚持和发展中国特色社会主义，在新的历史条件下全面建成小康社会进而全面建设社会主义现代化国家，不断创造人民美好生活、逐步实现全体人民共同富裕，开创中国特色社会主义新时代。

从全面建成小康社会到基本实现现代化，再到全面建成社会主义现代化强国，是新时代中国特色社会主义发展的战略安排。根据经济建设、政治建设、文化建设、社会建设、生态文明建设五位一体的中国特色社会主义事业总体布局和全面建设社会主义现代化国家、全面深化改革、全面依法治国、全面从严治党四个全面的战略布局，党向历史和人民作出庄严承诺：如期全面建成小康社会，实现第一个百年奋斗目标。全面建成小康社会是全面建设

① 《中共中央关于党的百年奋斗重大成就和历史经验的决议》，人民出版社 2021 年版，第 23 页。

社会主义现代化国家的关键一步，全面深化改革、全面依法治国、全面从严治党是全面建设社会主义现代化国家的战略举措。党统筹把握中华民族伟大复兴战略全局和世界百年未有之大变局，统筹推进“五位一体”总体布局，协调推进“四个全面”战略布局。2017 年 10 月，党的十九大指出，到 2020 年是全面建成小康社会决胜期。为决胜全面建成小康社会，党根据我国社会主要矛盾变化，在继续推动发展的基础上，着力解决好发展不平衡不充分问题，大力提升发展质量和效益，更好满足人民在经济、政治、文化、社会、生态等方面日益增长的需要，更好推动人的全面发展、社会全面进步。统筹推进经济建设、政治建设、文化建设、社会建设、生态文明建设，坚定实施科教兴国战略、人才强国战略、创新驱动发展战略、乡村振兴战略、区域协调发展战略、可持续发展战略、军民融合发展战略，特别是坚决打好防范化解重大风险、精准脱贫、污染防治的攻坚战。在庆祝中国共产党成立 100 周年大会上的讲话中，习近平总书记代表党和人民庄严宣告：“经过全党全国各族人民持续奋斗，我们实现了第一个百年奋斗目标，在中华大地上全面建成了小康社会，历史性地解决了绝对贫困问题，正在意气风发向着全面建成社会主义现代化强国的第二个百年奋斗目标迈进。”①

全面建设社会主义现代化国家、基本实现社会主义现代化，既是社会主义初级阶段我国发展的要求，也是我国社会主义从初级阶段向更高阶段迈进的要求。《决议》指出：“党的十八大以来，党不断推动全面深化改革向广度和深度进军，中国特色社会主义制度更加成熟更加定型，国家治理体系和治理能力现代化水平不断提高，党和国家事业焕发出新的生机活力。”② 党团结带领人民坚持和完善中国特色社会主义制度，推进国家治理体系和治理能力现代化。坚持和发展我国国家制度和国家治理体系的显著优势，坚持和完善党的领导制度体系、人民当家作主制度体系、中国特色社会主义法治体系、中国特色社会主义行政体制、社会主义基本经济制度、繁荣发展社会主义先进文化的制度、统筹城乡的民生保障制度、共建共治共享的社会治理制度、生

① 习近平：《在庆祝中国共产党成立 100 周年大会上的讲话》，人民出版社 2021 年版，第 2 页。

② 《中共中央关于党的百年奋斗重大成就和历史经验的决议》，人民出版社 2021 年版，第 38—39 页。

态文明制度体系、党对人民军队的绝对领导制度、“一国两制”制度体系、独立自主的和平外交政策、党和国家监督体系，加强党对坚持和完善中国特色社会主义制度、推进国家治理体系和治理能力现代化的领导。

把握新发展阶段，贯彻新发展理念，构建新发展格局，推动高质量发展。在全面建成小康社会的基础上向着全面建成社会主义现代化强国的第二个百年奋斗目标迈进，标志着我国进入了一个新发展阶段。新发展阶段是党团结带领人民迎来从站起来、富起来到强起来历史性跨越的新阶段。进入新发展阶段，到2035年，基本实现社会主义现代化；到21世纪中叶，把我国建成富强民主文明和谐美丽的社会主义现代化强国。我国现代化建设是具有中国特色、符合中国实际的，坚持人口规模巨大的现代化、全体人民共同富裕的现代化、物质文明和精神文明相协调的现代化、人与自然和谐共生的现代化、走和平发展道路的现代化。新发展阶段明确了我国发展的历史方位，是贯彻新发展理念、构建新发展格局的现实依据；贯彻新发展理念明确了我国现代化建设的指导原则，为把握新发展阶段、构建新发展格局提供了行动指南；构建新发展格局明确了我国经济现代化的路径选择和应对新发展阶段机遇和挑战、贯彻新发展理念的战略选择。习近平总书记指出：“高质量发展，就是能够很好满足人民日益增长的美好生活需要的发展，是体现新发展理念的发展，是创新成为第一动力、协调成为内生特点、绿色成为普遍形态、开放成为必由之路、共享成为根本目的的发展。”[①] 国民经济和社会发展“十四五”时期是开启全面建设社会主义现代化国家新征程、向第二个百年奋斗目标迈进的第一个五年，以推动高质量发展为主题，推动质量变革、效率变革、动力变革，着力提高发展质量和效益，奋力实现更高质量、更有效率、更加公平、更可持续、更为安全的发展。

《决议》在《关于若干历史问题的决议》《关于建国以来党的若干历史问题的决议》的基础上，回顾和总结党百年奋斗的历史进程、光辉成就与宝贵经验，系统阐述了坚持党的全面领导、全面从严治党、经济建设、全面深化改革开放、政治建设、全面依法治国、文化建设、社会建设、生态文明建设、

① 《习近平谈治国理政》第3卷，外文出版社2020年版，第238页。

国防和军队建设、维护国家安全、坚持“一国两制”和推进祖国统一、外交工作等13个方面和领域的历史性成就与历史性变革。《决议》指出，全面建成小康社会目标如期实现，党和国家事业取得历史性成就、发生历史性变革，彰显了中国特色社会主义的强大生机活力，党心军心民心空前凝聚振奋，为实现中华民族伟大复兴提供了更为完善的制度保证、更为坚实的物质基础、更为主动的精神力量。中华民族迎来了从站起来、富起来到强起来的伟大飞跃。

坚持和发展中国特色社会主义，党团结带领人民推动物质文明、政治文明、精神文明、社会文明、生态文明协调发展，创造了中国式现代化新道路，创造了人类文明新形态。在全面建成社会主义现代化强国的伟大历史进程中，到2035年基本实现社会主义现代化，我国经济实力、科技实力将大幅跃升，跻身创新型国家前列；人民平等参与、平等发展权利得到充分保障，法治国家、法治政府、法治社会基本建成，各方面制度更加完善，国家治理体系和治理能力现代化基本实现；社会文明程度达到新的高度，国家文化软实力显著增强，中华文化影响更加广泛深入；人民生活更为宽裕，中等收入群体比例明显提高，城乡区域发展差距和居民生活水平差距显著缩小，基本公共服务均等化基本实现，全体人民共同富裕迈出坚实步伐；现代社会治理格局基本形成，社会充满活力又和谐有序；生态环境根本好转，美丽中国目标基本实现。从2035年到21世纪中叶，把我国建成富强民主文明和谐美丽的社会主义现代化强国，我国物质文明、政治文明、精神文明、社会文明、生态文明将全面提升，实现国家治理体系和治理能力现代化，成为综合国力和国际影响力领先的国家，全体人民共同富裕基本实现，我国人民将享有更加幸福安康的生活，中华民族将以更加昂扬的姿态屹立于世界民族之林。

道路壮阔，前途光明。《决议》指出：“马克思主义是我们立党立国、兴党强国的根本指导思想。”① 建设社会主义现代化强国，必将使马克思主义的科学性和真理性在中国得到充分检验，马克思主义的人民性和实践性在中国得到充分贯彻，马克思主义的开放性和时代性在中国得到充分彰显。

① 《中共中央关于党的百年奋斗重大成就和历史经验的决议》，人民出版社2021年版，第66页。

第三届中国当代政治史年会部分特邀和入选论文

党的自我革命的四维学理探析

刘　仓*

内容提要：党的自我革命概念的成型，标志着党对执政党建设规律的认识提高到新境界。党的自我革命是党的性质宗旨的内在要求，是党的建设历史经验的科学总结，是新时代、实现中华民族伟大复兴、接续推进伟大社会革命的必然要求。党的自我革命是中国共产党根据时代特征和使命任务，通过坚持真理、修正错误，自我教育、自我完善、自我革新、自我升级，不断增强领导本领和执政能力，在推动社会革命中不断超越自我的运动。针对党的建设存在的问题，在新时代新阶段上推进全面从严治党，统筹推进党的自我革命和社会革命，使党始终成为中国特色社会主义事业的领导核心。

党的十九届六中全会通过的《中共中央关于党的百年奋斗重大成就和历史经验的决议》，明确“全面从严治党的战略方针”，强调坚持新时代党的建设总要求，以伟大自我革命引领伟大社会革命。这个战略思想把自我革命提升到党的建设伟大工程高度，这是中国共产党百年建设经验的科学总结，是新时代全面从严治党的理论和实践的重大创新，反映了党统领“四个伟大”进程、领导社会革命的历史自觉、理论自觉、使命自觉和行动自觉。

一、“自我革命”的语义追溯和含义升级

党的十九大以来，关于党的自我革命的成果如井喷式增长。有的学者认为，在党的文献中首次使用“党的自我革命”概念，是 2015 年 5 月习近平在

* 刘仓，中国社会科学院当代中国研究所。

中央全面深化改革领导小组第十二次会议上。[①] “自我革命”这个词语在 1958 年就是高频词汇。在不同阶段不同语境中，“自我革命”经历了从“政治思想上的自我革命”、“改革是一场自我革命”到“政府职能转变和机构改革是一场自我革命”，再到“全面从严治党是一场自我革命”的语义变革，其主体也经历从民主人士、党员干部、政府机构到中国共产党的变化。

在社会主义革命语境下，“自我革命”主要指“政治思想上的自我革命”。在社会主义改造基本完成以后，党中央坚持革命阶段论和不断革命论，提出政治思想上的社会主义改革的任务。1958 年 3 月 21 日，《人民日报》发表署名祖年的题为《自我革命》的文章，宣称“摆在知识分子面前的迫切要求，是来一个政治思想上的自我革命”。周恩来在三届全国人大一次会议上，强调资产阶级分子和工商界人士，“应当根据毛主席的六条政治标准，提高觉悟，为人民服务，为社会主义服务，并且进一步实行自我革命，逐步地从政治上和思想上脱离原来的阶级”[②]。这种“政治思想上的自我革命”也延续到改革开放以后。

在改革开放语境下，“自我革命”主要指“改革是一场自我革命”。邓小平指出：“改革是中国的第二次革命”[③]，全面改革“是天翻地覆的事业，是伟大的实验，是一场革命”[④]。全面改革包含经济、政治、文化、社会等方面的体制改革，归根到底是体制创新问题。1982 年 1 月，邓小平明确指出：“精简机构是一场革命”，如果不搞这场革命，“不只是四个现代化没有希望，甚至于要涉及到亡党亡国的问题，可能要亡党亡国”。[⑤]2004 年 3 月，国务院印发《全面推进依法行政实施纲要》，确立建设法治政府的目标。“建设法治政府是政府的一场自我革命。”[⑥] 经过 30 多年的改革探索，“改革是一场自我革命”，“政

① 参见赵绪生：《论新时代中国共产党的自我革命》，《中共中央党校学报》2018 年第 5 期；颜杰峰：《习近平总书记关于党的自我革命的重要论述探析》，《马克思主义研究》2021 年第 9 期；董振瑞：《跳出历史周期率的“第二个答案”——习近平总书记关于党的自我革命重要论述研究述评》，《党的文献》2022 年第 4 期。

② 《建国以来重要文献选编》第 19 册，中央文献出版社 2011 年版，第 453 页。

③ 《邓小平文选》第 3 卷，人民出版社 1993 年版，第 113 页。

④ 《邓小平文选》第 3 卷，人民出版社 1993 年版，第 156 页。

⑤ 《三中全会以来重要文献选编》（下），中央文献出版社 2011 年版，第 402、403 页。

⑥ 《在新的历史起点上加快建设法治政府》，《人民日报》2010 年 8 月 28 日。

治文明进步的每一个脚印，都伴随着执政党的自我完善”。[①] 中国共产党在领导全面改革进程中，包含着自我革新、自我提升的含义。

在全面深化改革语境下，“自我革命”主要指“政府职能转变和机构改革是一场自我革命”[②]。经济体制改革是全面深化改革的重点，核心问题是处理好政府和市场的关系。转变政府职能，建设法治政府、创新政府、廉洁政府，就要理顺政府和市场、政府和社会、中央和地方的关系，发挥市场和社会的作用。党推动以简政放权为中心的政府机构改革，厘清政府和市场的关系，通过减少行政审批，破除制约市场活力的束缚。“加快转变职能、简政放权，这实质是政府的自我革命。”[③]2014 年 3 月，李克强在《政府工作报告》中强调：“深入推进行政体制改革。进一步简政放权，这是政府的自我革命。”[④]

政府机构改革和政府职能转变，事关党的领导方式和执政方式的变革。2015 年 5 月，习近平在中央全面深化改革领导小组第十二次会议上，要求教育引导领导干部用“四个全面”战略布局统一思想，从改革大局出发看待利益关系调整，“自觉服从改革大局、服务改革大局，勇于自我革命，敢于直面问题，共同把全面深化改革这篇大文章做好”[⑤]。全面深化改革的对象，是不利于党和国家事业发展的思想观念、体制机制和利益藩篱。自我革命的主体，则从政府机关转变为各级领导干部。各级政府是党领导的政府，中央和国家机关有关部门的改革，则会触及部门的利益。因此，全面深化改革实际上是中国共产党的自我革命。坚持全面深化改革，党就要勇于自我革命，推进理论、实践、制度、体制机制等各方面的创新，解放和发展社会生产力。

在全面从严治党语境下，“自我革命”主要指“全面从严治党是一场自我革命”。全面深化改革就是要改革党和国家体制中影响党的先进性和纯洁性的因素，提高党的领导能力和执政水平。习近平指出：“全党要以自我革命的政治勇气，着力解决党自身存在的突出问题，不断增强党自我净化、自我完善、

---

① 《30 年不变的时代呼声——写在改革开放 30 周年之际（上）》，《人民日报》2008 年 12 月 16 日。

② 《做好政府改革这篇大文章 更多释放市场活力 更好服务人民群众》，《人民日报》2013 年 11 月 2 日。

③ 《十八大以来重要文献选编》（上），中央文献出版社 2014 年版，第 788 页。

④ 《十八大以来重要文献选编》（上），中央文献出版社 2014 年版，第 840 页。

⑤ 《习近平谈治国理政》第 2 卷，外文出版社 2017 年版，第 104 页。

自我革新、自我提高能力，经受‘四大考验’、克服‘四种危险’，确保党始终成为中国特色社会主义事业的坚强领导核心。”① 这样“自我革命”的语义，从全面深化改革转换为党的建设伟大工程。这种语义转换并不否定“改革是中国的第二次革命”“简政放权是政府的自我革命”等语义，而是提升了自我革命的历史主体和责任主体，体现了中国共产党长期执政的历史自觉和使命自觉。

全面从严治党是新时代破解历史周期率的成功之路。习近平指出：“全面从严治党是一场自我革命，必须探索出一条党长期执政条件下实现自我净化的有效路径，这关乎党和国家事业成败，关乎我们能不能跳出历史周期率。”② 党的十八大以来，党中央把全面从严治党纳入“四个全面”战略布局，敢于自我解剖、刮骨疗毒，推进党风廉政建设和反腐败斗争，刹住了一些多年未曾刹住的歪风邪气，解决了一些长期没有解决的顽瘴痼疾，清除了党、国家、军队内部的严重隐患，根本扭转了管党治党宽松软状况，探索出依靠自我革命破解历史周期率的成功路径。

全面从严治党是新时代党的自我革命的伟大实践。2022 年 1 月，习近平在十九届中央纪委六次全会上指出：“全面从严治党是新时代党的自我革命的伟大实践，开辟了百年大党自我革命的新境界。”③ 这是十八大以来全面从严治党的理论和实践的科学结论。全面从严治党是新时代党的建设伟大工程，也就是要把党建设成为始终站在时代前列的领导核心，实现党的自我革命。恩格斯指出：“一门科学提出的每一种新见解都包含这门科学的术语的革命。”④ 党的自我革命概念的定型，体现了党对执政党建设规律认识的新阶段，体现了对党的建设伟大工程认识的新境界，反映了党的建设学科的新发展。

二、党的自我革命的生成逻辑和实践要求

党的自我革命是和社会革命辩证统一的。无产阶级政党是共产主义革命

① 《十八大以来重要文献选编》（下），中央文献出版社 2018 年版，第 355 页。
② 《十九大以来重要文献选编》（上），中央文献出版社 2019 年版，第 191 页。
③ 《习近平谈治国理政》第 4 卷，外文出版社 2022 年版，第 550 页。
④ 《马克思恩格斯文集》第 5 卷，人民出版社 2009 年版，第 32 页。

的领导力量。共产主义革命是革除一切旧的生产关系、建立共产主义社会制度的革故鼎新的运动。这个运动要求推翻资产阶级政权，建设和巩固无产阶级专政，解放和发展生产力，推动经济社会全面发展、全面进步，实现人的全面而自由的发展。无产阶级政党要在领导这种社会革命中实现自身革命性转变。

中国共产党百年奋斗史，是领导中国革命建设改革和复兴的历史，是使中华民族实现从站起来、富起来到强起来的历史，也是党从幼年成长到成熟强健的自我革命的历史。中国共产党自创建之日起，就把自身建设和中国革命相结合，统筹自我革命和社会革命相向前行。党的十八大以来，党中央坚持目标导向、问题导向和效果导向，推进全面从严治党取得显著成效。坚持思想建设从严，用习近平新时代中国特色社会主义思想武装全党、教育人民，用理想信念、性质宗旨、初心使命的教育固本培元、补钙壮骨。坚持管党治党从严，把政治建设作为根本性建设，增强“四个意识”，坚定“四个自信”，做到“两个维护”。坚持执纪从严，严明政治纪律和政治规矩，要求全党牢记“五个必须”、防止“七个有之”，[①] 保证全党团结统一。坚持治吏从严，深化干部人事制度改革，优化选人用人环境。坚持作风建设从严，贯彻落实中央八项规定，推动党风政风社风持续改善。坚持反腐倡廉从严，形成不敢腐、不能腐、不想腐的整体效应，“打老虎”“拍苍蝇”“猎狐狸”，反腐斗争取得压倒性胜利。王岐山讲：“全面从严治党是一场自我革命”，解决了党和国家事业发展带有全局性、根本性、方向性的问题，确保实现伟大梦想的航船行稳

① 2015 年 1 月 13 日，习近平在十八届中央纪委五次全会上强调：遵守政治纪律和政治规矩，必须维护党中央权威，在任何时候任何情况下都必须在思想上政治上行动上同党中央保持高度一致；必须维护党的团结，坚持五湖四海，团结一切忠实于党的同志；必须遵循组织程序，重大问题该请示的请示，该汇报的汇报，不允许超越权限办事；必须服从组织决定，决不允许搞非组织活动，不得违背组织决定；必须管好亲属和身边工作人员，不得默许他们利用特殊身份谋取非法利益。这是“五个必须”。2014 年 10 月 23 日，习近平在十八届四中全会第二次全体会议上讲到党员干部特别是领导干部要严守政治纪律和政治规矩时强调：“一些人无视党的政治纪律和政治规矩，为了自己的所谓仕途，为了自己的所谓影响力，搞任人唯亲、排斥异己的有之，搞团团伙伙、拉帮结派的有之，搞匿名诬告、制造谣言的有之，搞收买人心、拉动选票的有之，搞封官许愿、弹冠相庆的有之，搞自行其是、阳奉阴违的有之，搞尾大不掉、妄议中央的也有之。”这是“七个有之”。

致远。[①] 勇于自我革命是中国共产党独有的政治品格和政治优势，是中国共产党长盛不衰的重要原因。

党的十八大以来，中国共产党继承和发展马克思主义党建学说，推进管党治党实践创新、理论创新、制度创新，对建设什么样的长期执政的马克思主义政党、怎样建设长期执政的马克思主义政党的规律性认识达到新的高度，形成了关于自我革命的丰富思想成果。这就是坚持党中央集中统一领导，坚持党要管党、全面从严治党，坚持以党的政治建设为统领，坚持严的主基调不动摇，坚持发扬钉钉子精神加强作风建设，坚持以零容忍态度惩治腐败，坚持纠正一切损害群众利益的腐败和不正之风，坚持抓住"关键少数"以上率下，坚持完善党和国家监督制度，形成全面覆盖、常态长效的监督合力。[②] 这"九个坚持"是新时代党的自我革命的"主要经验"[③]，是习近平新时代中国特色社会主义思想的重要组成部分，为建设长期执政的马克思主义政党提供了根本遵循。

为什么中国共产党具有这种自我革命精神？这是由中国共产党政治品质决定的。从本质上说，党的性质是自我革命的内在动因；党的宗旨是自我革命的价值旨归；党的使命是自我革命的目标追求；党的任务是自我革命的实践要求；党的本领是自我革命的压力动力；党的形象是自我革命的精神品格。

党的性质宗旨是自我革命的决定性因素。工人阶级政党的性质，决定了党代表先进生产力的发展要求和最广大人民群众的根本利益，是逐步消灭资本主义、实现共产主义的领导核心。习近平指出："我们党没有任何自己特殊的利益，这是我们党敢于自我革命的勇气之源、底气所在。"[④] 党的初心使命是自我革命的出发点和价值归宿。党的初心使命是中国共产党"两个先锋队"的内在要求和外在实践。中国共产党的历史使命，是在社会革命进程中实现中华民族复兴，在推进中国社会前进中推进共产主义运动。任何半途而废、改旗易帜、倒退回头、变质变味，都会背离党的性质。习近平指出："党的初

① 王岐山：《开启新时代 踏上新征程》，《人民日报》2017年11月7日。
② 《习近平谈治国理政》第4卷，外文出版社2022年版，第550页。
③ 江金权：《自我革命是党跳出历史周期率的"第二个答案"》，《人民日报》2022年3月16日。
④ 《习近平谈治国理政》第4卷，外文出版社2022年版，第542页。

心和使命是党的性质宗旨、理想信念、奋斗目标的集中体现，越是长期执政，越不能丢掉马克思主义政党的本色，越不能忘记党的初心使命，越不能丧失自我革命精神。”[①]

新时代，党为什么还要进行自我革命？根本原因在于党的性质宗旨、使命任务都没有变。中国共产党要担负领导伟大社会革命的历史责任，就必须勇于自我革命，始终成为马克思主义政党。坚持党的自我革命是由社会革命的历史使命决定的。实现中华民族伟大复兴，推进共产主义运动，是中国共产党的历史使命。进入新时代，坚持和发展什么样的中国特色社会主义，怎样坚持和发展中国特色社会主义，是中国社会发展的主题。这要求把党建设成为始终走在时代前列、勇于自我革命的马克思主义执政党，“这既是我们党领导人民进行伟大社会革命的客观要求，也是我们党作为马克思主义政党建设和发展的内在需要”[②]。

党的自我革命是党长期执政的历史地位的客观要求。习近平指出：“我们党历史这么长、规模这么大、执政这么久，如何跳出治乱兴衰的历史周期率？毛泽东同志在延安的窑洞里给出了第一个答案，这就是‘只有让人民来监督政府，政府才不敢松懈’。经过百年奋斗特别是党的十八大以来新的实践，我们党又给出了第二个答案，这就是自我革命。”[③]自我革命体现以史为镜、知古鉴今的历史主动。跳出历史周期率，关键是防止执政党变质、变色、变味，永葆先进性和纯洁性。执政党的地位不是一劳永逸的，如果保守僵化、不思进取，其创造力和生命力就会减弱。中国共产党作为马克思主义执政党，要长期为人民执好政，要把新时代坚持和发展中国特色社会主义这场伟大社会革命进行到底，就必须持之以恒推进自我革命，不断提高执政能力和领导水平，确保党始终成为中国特色社会主义事业的领导核心。

---

① 《习近平谈治国理政》第3卷，外文出版社2020年版，第529页。

② 《以时不我待只争朝夕的精神投入工作 开创新时代中国特色社会主义事业新局面》，《人民日报》2018年1月6日。

③ 《习近平谈治国理政》第4卷，外文出版社2022年版，第541页。

三、党的自我革命的多维内涵和结构特征

什么是党的自我革命？是否有关党的建设工作，都可以称为自我革命？衡量自我革命的标准是什么？能否泛化使用自我革命的概念？什么样的党建工作、解决什么样的问题，才可称为自我革命？党的建设是党永葆先进性和纯洁性、与时俱进提高领导水平和执政能力的自我完善的运动。党的自我革命是坚持目标导向、问题导向和结果导向，坚持党的建设的阶段性和延续性，使党的物质、精神、制度、组织力量等都发生根本性的改革，提升领导社会革命的能力和自我强健的能力。

自我革命的含义，可以从多维度来阐释。从本质来说，自我革命是同弱化党的先进性、损害党的纯洁性的问题做斗争，建设使命型政党和责任型政党，解决蜕化变质的危险，永葆马克思主义政党的政治本色。从主体对象来说，自我革命是针对自身的问题、缺陷，祛病灶，补短板，强弱项，实现自我教育、自我医治、自我净化、自我完善、自我革新、自我提高，在革故鼎新、守正创新、承命维新中实现自我超越。从党的建设结构来说，自我革命是加强政治、思想、组织、作风、纪律、反腐倡廉和制度建设，全面从严治党，解决宽松软的问题，建设自律型、自强型政党。从执政能力来说，自我革命是要扫除社会革命前进中的障碍，为共产主义社会创造条件，克服本领不足的危险，提高党的领导水平和执政能力，建设全能型政党。从成效结果来说，自我革命是战胜“四大考验”，克服“四种危险”，统筹社会革命和自我革命同向前进，使党始终成为中国特色社会主义事业的领导核心。

增强领导本领和执政能力是党的自我革命的硬核任务。没有金刚钻，难揽瓷器活。马克思主义政党不仅政治过硬，而且本领高强。本领不足是党面临的“四大风险”之一。位高权重不等于能力高强。党的十九大根据党的建设的总要求，提出全面增强执政本领的八项内容，具有强烈的针对性和时效性。2018 年 3 月，习近平在纪念周恩来同志诞辰 120 周年座谈会上强调：“发扬彻底的自我革命精神，不断增强党自我净化、自我完善、自我革新、自我提高的能力，不断增强学习本领、政治领导本领、改革创新本领、科学发展本领、依法执政本领、群众工作本领、狠抓落实本领、驾驭风险本领，不断

增强党的政治领导力、思想引领力、群众组织力、社会号召力，确保我们党永葆旺盛生命力和强大战斗力。”①

所谓党的自我革命，是指中国共产党根据时代特征和使命任务，通过自我教育、自我净化、自我完善、自我革新、自我提高，不断增强领导本领和执政能力，在推动社会革命中不断自我超越的运动。可以从不同维度理解党的自我革命内涵及其实践。

实现“四个自我”能力提升贯穿党的自我革命全过程。习近平对“四个自我”能力专门作出阐释。自我净化，是要过滤杂质、清除毒素、割除毒瘤，教育引导全党坚定理想信念宗旨，抵御各种腐朽思想侵蚀，提高政治免疫力。自我完善，是着眼于加强党的长期执政能力建设，着力补短板、强弱项，不断构建系统完备、科学规范、运行有效的制度体系，完善决策科学、执行坚决、监督有力的权力运行机制。自我革新，是要与时俱进、自我超越，坚决破除一切不合时宜的思想观念和体制机制弊端，通过改革和制度创新，营造风清气正的政治生态。自我提高，是要有新本领、有新境界，砥砺品格，增长才干，全面增强执政本领，不断提升政治境界、思想境界、道德境界，永葆党的生机活力。②“这‘四个自我’，既有破又有立，既有施药动刀的治病之法又有固本培元的强身之举。”③“四个自我”是党自身解决自身问题，实现自我医治、自我修复、化羽成蝶、脱胎换骨的能力，是蓄积能量、更新再造、超越自我、引领时代的能力。只要不忘党的性质宗旨，勇于清除损害党的先进性和纯洁性的因素，就能实现“四个自我”的自我革命成效。

根据党的建设史和自我革命的多重含义，党的自我革命具有多方面的特征。坚持主观认识和客观实践的统一。无产阶级在认识和改造客观世界的同时，认识和改造主观世界，二者互为条件、互为目的、辩证统一。实现共产主义，是无产阶级政党的历史使命。这需要无产阶级政党具备共产主义革命的理论、实践和精神。坚持革命主体和革命对象的统一。中国共产党既是自

① 习近平：《在纪念周恩来同志诞辰 120 周年座谈会上的讲话》，人民出版社 2018 年版，第 14—15 页。

② 《习近平关于全面从严治党论述摘编》，中央文献出版社 2021 年版，第 42—43 页。

③ 《十九大以来重要文献选编》（中），中央文献出版社 2021 年版，第 122 页。

我革命的主体，也是自我革命的客体。解放全人类和解放自我是统一的。党的性质、宗旨和使命，决定了党是自我革命的主体；党的理想和目标，决定了党是自我革命的客体。要同一切弱化党的领导、动摇党的基础、违反党的纪律的现象做斗争，实现自我医治、自我修复、自我完善，“不能因为党内存在问题就削弱甚至否认党的领导，走到自断股肱、自毁长城的歪路上去”[①]。坚持长远目标和过程阶段的统一。自我革命的目标和过程，是由社会革命的目标和过程决定的。能够推进社会革命前进的党的建设工程，才称得上自我革命。党的自我革命和社会革命是辩证统一的，党的领导能力和实践成效也是统一的。社会革命具有阶段性和延续性，党的自我革命也具有阶段性和延续性。坚持量变积累和质变革新的统一。党的建设工程是由一系列党的建设工作组成的。不是所有的党的建设工作都称为党的自我革命。只有提升党的理论飞跃，制定党的政治路线，增强组织力量，完善制度约束，清除害群之马，割除政治隐患，提升党的执政能力的工作，才能称之为党的自我革命的实践活动。自我革命包含自我教育和自我锻炼中的量变积累，更注重自我提升和自我超越中的质变革新，是守正创新和革故鼎新的统一。习近平指出：“要坚持守正和创新相统一，坚守党的性质宗旨、理想信念、初心使命不动摇，同时要以新的理念、思路、办法、手段解决好党内存在的各种矛盾和问题，不断提高自我革命实效。”[②]

坚持党的自我革命，体现了科学真理和价值取向的统一。自我革命是党的建设历史的经验总结，是党的建设伟大工程的提升萃炼，是马克思主义政党学说的科学概括，是对“三大规律”辩证统一的必然结论。坚持自我革命，是坚持和发展马克思主义的必然要求，是贯彻马克思主义中国化创新成果的必然要求，是拓展中国特色社会主义新境界的必然要求。这也是守初心、担使命的价值所在，是自我革命的价值所在。

---

① 《习近平谈治国理政》第 3 卷，外文出版社 2020 年版，第 535 页。

② 《习近平谈治国理政》第 3 卷，外文出版社 2020 年版，第 535 页。

四、自我革命的问题挑战和实践路径

坚持自我革命，就要解决自身问题，弥补本领缺陷，增强执政能力，推进使命任务。自我革命的关键，克服“四大考验”，解决“四大危险”，永葆党的先进性和纯洁性。讳疾忌医是自我革命的藩篱。如果掩耳盗铃、视而不见，日积月累，会导致“蚁穴溃堤”“隙烟焚室”的后果，小管涌演变为大塌方。只有在革故鼎新、守正出新中实现自我超越，才能担当领导社会革命的重任，破解历史周期率。习近平指出：“对自身存在的问题不能反应迟钝，处理动作慢腾腾、软绵绵，最终人亡政息！要以伟大自我革命引领伟大社会革命，以伟大社会革命促进伟大自我革命，确保党在新时代坚持和发展中国特色社会主义的历史进程中始终成为坚强领导核心。”①

党的十八大以来，全面从严治党取得显著成效。当然，党面临的“四大考验”和“四大风险”仍然存在，影响党的先进性、损害党的纯洁性的因素仍然存在，党内政治不纯、思想不纯、组织不纯、作风不纯等问题依然存在，背离党的性质宗旨、初心使命的现象仍然存在，动摇党的执政基础、玷污党的形象的问题依然存在。“在这种情况下，有没有强烈的自我革命精神，有没有自我净化的过硬特质，能不能坚持不懈同自身存在的问题和错误作斗争，就成为决定党兴衰成败的关键因素。”②比如，在“不忘初心、牢记使命”主题教育中，开展专项整治活动，其中包含整治对贯彻落实习近平新时代中国特色社会主义思想和党中央决策部署阳奉阴违的问题，整治不担当不作为的问题，整治违反中央八项规定精神的突出问题，整治层层加重基层负担的问题，整治领导干部配偶、子女及其配偶违规经商办企业的问题，以及整治侵害群众利益的问题，整治基层党组织软弱涣散的问题，整治对黄赌毒和黑恶势力听之任之甚至充当保护伞的问题。这八个方面突出问题，“都是可能动摇党的根基、阻碍党的事业的问题，必须以彻底的自我革命精神加以解决”③。问题在

---

①《习近平谈治国理政》第 4 卷，外文出版社 2022 年版，第 544 页。

②《十八大以来重要文献选编》（下），中央文献出版社 2018 年版，第 591 页。

③《十九大以来重要文献选编》（中），中央文献出版社 2021 年版，第 122 页。《习近平谈治国理政》第 3 卷，外文出版社 2020 年版，第 533 页。

哪里，路径就在哪里。

习近平指出："必须坚持以党的政治建设为统领，坚守自我革命根本政治方向；必须坚持把思想建设作为党的基础性建设，淬炼自我革命锐利思想武器；必须坚决落实中央八项规定精神、以严明纪律整饬作风，丰富自我革命有效途径；必须坚持以雷霆之势反腐惩恶，打好自我革命攻坚战、持久战；必须坚持增强党组织政治功能和组织力凝聚力，锻造敢于善于斗争、勇于自我革命的干部队伍；必须坚持构建自我净化、自我完善、自我革新、自我提高的制度规范体系，为推进伟大自我革命提供制度保障。"① 这"六个必须坚持"，阐明新时代党的自我革命的主要内容、整体结构、实践要求、主要路径，为新征程上全面从严治党提供了重要遵循。这"六个必须坚持"，是新时代党的自我革命的"基本路径"②。

旗帜鲜明讲政治是坚持党的自我革命的根本途径。习近平指出："讲政治，是我们党补钙壮骨、强身健体的根本保证，是我们党培养自我革命勇气、增强自我净化能力、提高排毒杀菌政治免疫力的根本途径。"③ 加强党的政治建设，要把准政治方向，坚持党的政治领导，夯实政治根基，涵养政治生态，弘扬廉政文化，防范政治风险，永葆政治本色。坚持党中央权威和集中统一领导，是党的政治建设的首要任务。加强党的政治建设，要坚持党的基本理论、基本路线、基本方略，落实新时代党的建设总要求，增强"四个意识"，坚定"四个自信"，做到"两个维护"，拥护"两个确立"，确保党始终是中国特色社会主义事业的领导核心，为实现中国梦提供政治保证。

注重理论武装是党的自我革命的思想保证。中国共产党为什么能，中国特色社会主义为什么好，归根到底是马克思主义行。习近平新时代中国特色社会主义思想是马克思主义中国化的新飞跃，是当代中国的马克思主义。坚持和加强党的全面领导、推进党的自我革命的思想，是习近平新时代中国特色社会主义思想的重要内容，是对马克思主义建党学说的新发展。"习近平新时代中国特色社会主义思想是建设坚强有力的马克思主义执政党、确保党长

① 《习近平谈治国理政》第 4 卷，外文出版社 2022 年版，第 550 页。

② 江金权：《自我革命是党跳出历史周期率的"第二个答案"》，《人民日报》2022 年 3 月 16 日。

③ 《习近平关于全面从严治党论述摘编》，中央文献出版社 2021 年版，第 114 页。

期执政和国家长治久安的思想旗帜。”习近平关于全面从严治党的重要论述，“坚持伟大自我革命和伟大社会革命相结合，坚持思想建党和制度治党相贯通，系统回答了坚持党的领导、加强党的建设一系列重大问题”。[①]坚持党的自我革命，必须用习近平新时代中国特色社会主义思想武装全党，推进新时代党的建设新的伟大工程，将党的自我革命进行到底，把党锻造成为坚强有力的马克思主义执政党。

反对腐败是党的自我革命的持久斗争。只要存在产生腐败的土壤和条件，腐败现象就不会根除，反腐败斗争就不会停歇。习近平用“四个任重道远”概括反腐败斗争的阶段性特征，即防范利益集团成伙作势、“围猎”腐蚀还任重道远，应对腐败手段隐形变异、翻新升级还任重道远，铲除腐败滋生土壤、实现海晏河清还任重道远，清理系统性腐败、化解风险隐患还任重道远。“必须始终保持正视问题的勇气和刀刃向内的坚定，坚决割除毒瘤、清除毒源、肃清流毒，以党永不变质确保红色江山永不变色。”[②]习近平强调：“要保持反腐败政治定力，不断实现不敢腐、不能腐、不想腐一体推进的战略目标。”[③]要把不敢腐的震慑效能、不能腐的制度约束、不想腐的教育优势融于一体，用“全周期管理”方式，推动各项措施相得益彰。把反腐败斗争同其他方面的建设贯通协同，打好总体战、持久战。准确把握腐败现象的变化趋势，坚定不移“打虎”“拍蝇”“猎狐”，坚决清理行业性、系统性腐败，防范化解腐败风险及关联性经济社会风险。政治腐败是最大的腐败。必须消除政治隐患，防止党内形成利益集团和政治集团。“如果党的权力被他们攫取、党的领导干部成了他们的代理人甚至自己就搞利益集团，红色江山就会改变颜色。”[④]

加强党的制度建设是自我革命的制度保证。制度优势是政党和国家的最大优势。党的十八大以来，党贯彻新时代党的建设总要求，健全党的领导制度体系，深化党的建设制度改革，扭转了一些管党治党不力的状况。建立不

① 《十九大以来重要文献选编》(中)，中央文献出版社 2021 年版，第 651—652 页。

② 《提高一体推进“三不腐”能力和水平 全面打赢反腐败斗争攻坚战持久战》，《人民日报》2022 年 6 月 19 日。

③ 《习近平谈治国理政》第 4 卷，外文出版社 2022 年版，第 551 页。

④ 《习近平谈治国理政》第 4 卷，外文出版社 2022 年版，第 507 页。

忘初心、牢记使命的制度，坚持用马克思主义创新理论武装全党、教育人民、指导工作；完善坚定维护党中央权威和集中统一领导的各项制度，以“两个维护”引领全党团结统一，不断增强党的政治领导力、思想引领力、群众组织力、社会号召力；健全党的全面领导制度，发挥党总揽全局、协调各方的作用；健全提高党的执政能力和领导水平制度，不断增强“八种本领”；健全执政为民的各项制度，保证人民在国家治理中的主体地位；完善全面从严治党制度，全面推进党的各方面的体制机制建设。习近平指出，党的十八大以来，我们探索出一条长期执政条件下解决自身问题、跳出历史周期率的成功道路，构建起一套行之有效的权力监督制度和执纪执法体系，这条道路、这套制度必须长期坚持并不断巩固发展。[①]

① 《一以贯之全面从严治党强化对权力运行的制约和监督 为决胜全面建成小康社会决战脱贫攻坚提供坚强保障》，《人民日报》2020 年 1 月 14 日。

中国共产党传承创新发展中医药的历史贡献

欧阳雪梅 *

内容提要： 中医药学是中华民族祖先认识生命，增进健康，与疾病作斗争的实践总结和智慧结晶。中医药学与中华民族的命运息息相通。近代以来，中医备受冷落，几度面临被政府“废止”的命运。中国共产党诞生后，从根本上改变了这种格局，对中医药学充满文化自信与行动自觉，从保障广大军民的健康出发，保护传承中医药。新中国成立后，强调“中国医药学是一个伟大的宝库，应当努力发掘，加以提高”，明确“这是一件大事，不可等闲视之”，将中医药纳入现代医疗卫生体系的建设之中，推动祖国医药遗产保护传承，守正创新，为人民健康服务，促进中医药现代化，为中国和世界医学发展、为人类健康作出了重大贡献，使中医文化焕发前所未有的时代魅力。

中医药学是中华民族祖先认识生命，增进健康，与疾病作斗争的实践总结和智慧结晶。中医药学是中国古代科学的瑰宝，中医药防病治病的基础理论、临床实践、方剂药物和技术方法，历千年护佑着中华民族，一直在中国医学界占据主流地位，中医药文化融入百姓的饮食起居，为中华民族的繁衍昌盛作出巨大贡献。中医药不仅是中国的，也是世界的。中医药作为成熟的传统医药体系，不仅影响周边国家，还通过移民漂洋过海走向世界。随着传教士携西方医学的传入，一些学者开始探索中西医学汇通、融合。中医药学与中华民族的命运息息相通。鸦片战争后，随着帝国主义列强对华发动连续不断的侵略，中华民族逐步沦入半殖民地半封建的深渊，中医备受冷落，中国知识界追求西化的精英们不遗余力地贬低中医，即使文化界的进步人士中

* 欧阳雪梅，中国社会科学院当代中国研究所。

也有人视中医无用，中医几度面临被政府“废止”的命运。在中华民族因落后而挨打时，瞧不起中医凸显了中国民族自信心的丧失。中国共产党诞生后从根本上改变了这种格局。在新民主主义革命时期，面对敌强我弱、根据地始终处在“敌军围困万千重”之中的情况，中国共产党为解决好根据地军民的生病问题、战斗负伤问题，重视中医，红军医院“用中西两法治疗”，发挥中医药在流行性疾病防治中的作用，开展了轰轰烈烈的群众性卫生防疫运动。延安时期，毛泽东号召中西医团结，给人民治病，抗日根据地基本形成“中西医合作”格局，保障了广大军民的健康。新中国成立后，中国共产党对中医充满文化自信与行动自觉，强调“中国医药学是一个伟大的宝库，应当努力发掘，加以提高”，明确“这是一件大事，不可等闲视之”，[①] 将中医药纳入现代医疗卫生体系的建设之中，推动祖国医药遗产保护传承，守正创新，为人民健康服务，促进中医药现代化，为中国和世界医学发展、人类健康作出了重大贡献，使中医文化焕发前所未有的时代魅力。

百年来，中国共产党传承创新发展中医药所作出的贡献主要表现在以下四方面：

一、坚持人民生命至上、健康至上，振兴发展中医药事业

2019 年，习近平指出：“中医药学包含着中华民族几千年的健康养生理念及其实践经验，是中华文明的一个瑰宝，凝聚着中国人民和中华民族的博大智慧。新中国成立以来，我国中医药事业取得显著成就，为增进人民健康作出了重要贡献。”[②] 中医是中华民族世代相传的医学，对防治疾病、防疫抗疫，保障中华民族种族的繁衍，发挥着重要作用。中华民族的历史也是一部防疫和抗疫史。据不完全统计，从西汉到清末发生过 321 次大型瘟疫。在瘟疫流行时，中医药一次又一次地拯救民族于危难。正是从保护人民生命健康出发，毛泽东说：“中国人口能达到六亿，这里面中医就有一部分功劳嘛。”[③] 据毛泽

① 《毛泽东文集》第 7 卷，人民出版社 1999 年版，第 423 页。

② 《传承精华守正创新 为建设健康中国贡献力量》，《人民日报》2019 年 10 月 26 日。

③ 《毛泽东年谱（1949—1976）》第 2 卷，中央文献出版社 2013 年版，第 258 页。

东身边工作人员沈同回忆：“毛主席对我国古代的一些医药学家，也有深刻的印象。从上古时期的神农氏，到唐朝的孙思邈、明朝的李时珍等伟大的医药学家和他们深山采药、遍尝百草、治病救人的感人事迹，他都了如指掌，经常谈论他们的巨大功绩。”[①] 为解决旧中国疾病丛生、疫疠流行、缺医少药等问题，毛泽东纠正歧视中医药的错误倾向，打破中医是“封建医”的成见，强调“中医问题，关系到几亿劳动人民防治疾病的问题”[②]。新中国确立了“面向工农兵、预防为主、团结中西医”的三大卫生工作原则，既明确了卫生工作的主体，也明确了处理中西医关系的总原则。这一原则贯穿始终。《1956—1967年科学技术发展远景规划纲要（修正草案）》明确必须认真地研究祖国医学，“在中西医密切合作下，应用于临床实践，作为防治主要疾病和增强人民体质的重要武器之一”[③]。在改革开放初期，邓小平要求“为中医创造良好的发展与提高的物质条件”[④]。1996年12月召开的全国卫生工作会议上，江泽民指出：“卫生事业是造福于人民的事业。卫生工作一定要坚持群众观点，坚持全心全意为人民服务的根本宗旨。”[⑤]2003年春，非典疫情暴发后，时任总书记胡锦涛指出：“我们要始终把人民群众安危冷暖放在心上，当前，要把防治非典工作作为关系人民群众身体健康和生命安全、关系改革发展稳定大局的一件大事，切实抓紧抓好。”[⑥] 新时代，以习近平同志为核心的党中央把中医药作为健康中国建设的重要支撑，提升到国家战略高度加以统筹推进。习近平关于中医药的重要指示就有30余次。[⑦]2016年8月19日，习近平在全国卫生与健康大会上指出：“我们要把老祖宗留给我们的中医药宝库保护好、传承好、发展好，坚持古为今用，努力实现中医药健康养生文化的创造性转化、创新性发展，使之与现代健康理念相融相通，服务于人民健康。”新时代，“我国

① 沈同：《在毛主席身边的日子——一个警卫员的回忆》，中央文献出版社1993年版，第39—40页。

② 《毛泽东年谱（1949—1976）》第2卷，中央文献出版社2013年版，第258页。

③ 《建国以来重要文献选编》第9册，中央文献出版社2011年版，第424页。

④ 《邓小平年谱（1975—1997）》（上），中央文献出版社2004年版，第370页。

⑤ 《江泽民文选》第1卷，人民出版社2006年版，第598页。

⑥ 《胡锦涛文选》第2卷，人民出版社2016年版，第22页。

⑦ 程旺：《论习近平关于中医药的重要论述及其启示》，《中医药文化》2020年第6期。

卫生与健康工作方针是：以基层为重点，以改革创新为动力，预防为主，中西医并重，把健康融入所有政策，人民共建共享”。“这个方针的根本点是坚持以人民为中心的发展思想，坚持为人民健康服务，这是我国卫生与健康事业必须一以贯之坚持的基本要求。”[①]2020年春节前夕，新冠疫情暴发，党中央一开始就鲜明提出把人民生命安全和身体健康放在第一位。习近平指出：“人民至上、生命至上，保护人民生命安全和身体健康可以不惜一切代价！”[②]习近平在领导防控新冠疫情阻击战中为人民加油鼓劲，他说，“几千年来，中华民族能一次次转危为安，靠的就是中医药”[③]。

“预防是最经济最有效的健康策略。”[④]中国共产党把“预防为主”作为卫生防疫工作的方针，体现了中医传统，行之有效。中医之“防”，就是防微杜渐、防患于未然的中华传统文化在医道医术上的表现。中医医国医人都是“预则立，不预则废”。《黄帝内经》提出，“圣人不治已病治未病，不治已乱治未乱”，预防做不好，等到疾病临头、动乱已成再去治，“譬犹渴而穿井，斗而铸锥，不亦晚乎！”（《黄帝内经·素问·四气调神大论篇》）中医医道传统是“治未病”重于“治已病”和“上医医国，中医医人，下医医病”。中国共产党不论是在局部地区执政还是在全国执政，在医疗卫生事业上一直重视采取“预防为主”的方针。毛泽东在党的七大上所作《论联合政府》的报告中提出：“应当积极地预防和医治人民的疾病，推广人民的医药卫生事业。”[⑤]毛泽东特别重视传承“防”的精神，1954年4月21日，他在审阅修改中共中央关于加强中医工作的指示（草案）时，在“治疗疾病”之前特别加上“预防疾病”[⑥]。他深知中医文化中预防疾病是第一位的，预防做不好，等到疾病临头再去治，那是“见事迟”。2020年新冠疫情暴发，习近平指出：“我国历史

---

① 《为中华民族伟大复兴打下坚实健康基础》，《人民日报》2021年8月8日。

② 习近平：《保护人民生命安全和身体健康可以不惜一切代价》，《学习活页文选》2020年第4期。

③ 《这一民族瑰宝，习近平强调要“传承创新发展”》，中国新闻网，2021年5月12日，https://www.chinanews.com.cn/gn/2021/05-12/9475907.shtml。

④ 习近平：《全面提高依法防控依法治理能力，健全国家公共卫生应急管理体系》，《学习活页文选》2020年第6期。

⑤ 《毛泽东选集》第3卷，人民出版社1991年版，第1083页。

⑥ 《毛泽东年谱（1949—1976）》第2卷，中央文献出版社2013年版，第236页。

上有很多防治瘟疫的医疗著作和方法。《汉书·平帝纪》记载，元始二年，'民疾疫者，舍空邸第，为置医药'，提出了'隔离'是防疫的重要举措。明代中期我国就出现了预防天花的'人痘'接种术。"[①] 他强调："要坚决贯彻预防为主的卫生与健康工作方针，坚持常备不懈，将预防关口前移，避免小病酿成大疫。"[②] 中国能在防疫工作中取得重大成果，得益于领导人重视预防的战略及其全面成功的贯彻。

中国共产党人特别重视中医药也与中医药扎根基层、价廉物美的优势有关。著名中医蒲辅周给许多党和国家领导人看过病，叶剑英元帅称赞："蒲老用药独特，怎么开两三毛钱的中药就给治好了！"叶剑英还讲过这样一个例子：苏鸿熙教授在给一位二尖瓣狭窄病人手术后，病人出现肺炎，高烧数日不退，用了当时最先进的抗生素，也不见效，最后高烧昏迷，这让我国这第一位留美回国的心外科专家束手无策。后来请来了老中医叶心清。叶心清开了汤药给病人服用，同时配合针灸，三服药下去，病人烧了退，肺部炎症也得到了控制。[③]2015 年 2 月 15 日，习近平在考察西安市雁塔区电子城街道二〇五所社区中医馆时也说："很多患者喜欢看中医，因为副作用小，疗效好，中草药价格相对便宜。像我自己也喜欢看中医。"[④] 新中国成立时，一穷二白，发展中医药事业，有效地解决群众看病难、看病贵问题，使我国卫生状况在整体上有一个大的改观。中医药极大地降低了医疗成本，被世界卫生组织誉为"以最小投入获得了最大健康收益"的"中国模式"，在较短的时间里中国人民的健康水平和身体素质就有了根本性的提高：1949—1976 年，全国人口由 54167 万人增长到 93717 万人[⑤]，死亡率从 20‰下降到 7.25‰，人均预期寿命从 1949 年的 35 岁提高到 1975 年的 68.8 岁。[⑥] 中国人口再生产类型较快实现

① 习近平：《为打赢疫情防控阻击战提供强大科技支撑》，《求是》2020 年第 6 期。

② 习近平：《全面提高依法防控依法治理能力，健全国家公共卫生应急管理体系》，《学习活页文选》2020 年第 6 期。

③ 罗元生：《叶剑英钟情中医药》，《学习时报》2020 年 5 月 8 日。

④ 《全民健康托起全面小康》，《人民日报》2020 年 8 月 8 日。

⑤ 国家统计局国民经济综合统计司：《新中国六十年统计资料汇编》，中国统计出版社 2010 年版，第 6 页。

⑥ 《中国近现代史纲要》，高等教育出版社 2018 年版，第 276 页。

了转变，进入了高出生率、低死亡率、高自然增长率的过渡型阶段，这远远超过同期发展中国家的水平。

2021 年 5 月 12 日，习近平在河南南阳调研时指出："要做好守正创新、传承发展工作，积极推进中医药科研和创新，注重用现代科学解读中医药学原理，推动传统中医药和现代科学相结合、相促进，推动中西医药相互补充、协调发展，为人民群众提供更加优质的健康服务。"[①]

二、中西医结合，创造中国新医学

创造中国新医学是毛泽东的伟大理想。他认为中医、西医各有所长，也各有所短，将其结合起来可以取长补短。中医"强调人的整体性"，"历史是最久的，有丰富的内容"。有中医的基础，经过中西医的结合，"我们是有条件创造自己的新医学的"。[②]毛泽东在井冈山时期就提出用中西两法治疗。延安时期，他号召中西医团结。新中国成立后，中西医结合列为三大卫生工作方针之一。1954 年 7 月，他指出，发展中国医药科学"这不仅是为了中国的问题，同时是为了世界"[③]。中医和西医相互促进，如研究针灸对医学理论的改革将发生极大的作用，针灸是科学，将来世界各国都要用它。中医的经验要有西医参加整理，单靠中医本身是很难整理的。[④]1956 年，他强调"要以西方的近代科学来研究中国的传统医学的规律，发展中国的新医学"[⑤]。

1956年 12 月发布的"十二年科技规划"提出："应用化学、生理、生化、药理、实验治疗等方法研究其作用的机理，并用现代科学思想方法对中医的理论进行分析研究，吸取其精华，以丰富现代的医学科学。"[⑥]关于医药卫生的第三项重要科学技术任务，是总结和发扬中医的理论和经验。规划指出：中

① 《为中华民族伟大复兴打下坚实健康基础》，《人民日报》2021 年 8 月 8 日。

② 《毛泽东年谱（1949—1976）》第 2 卷，中央文献出版社 2013 年版，第 258—259 页。

③ 《毛泽东年谱（1949—1976）》第 2 卷，中央文献出版社 2013 年版，第 258 页。

④ 《毛泽东年谱（1949—1976）》第 2 卷，中央文献出版社 2013 年版，第 365 页。

⑤ 《毛泽东文集》第 7 卷，中央文献出版社 1999 年版，第 81 页。

⑥ 《建国以来重要文献选编》第 9 册，中央文献出版社 2011 年版，第 424 页。

医的专著在两千种以上，达数万册，但文词深奥，不易理解，须语译主要经典著作，并整理各种重要文献，使它们成为易于学习的资料。中医对于病因学说、诊断、治疗与预防均有其理论体系，而且经过数千年实践的考验，具有极其丰富的内容，应该用现代科学方法进行研究，并加以推广与发扬。中药品种根据李时珍著《本草纲目》有 1892 种，《本草纲目》所载的经验良方有 11096 条，此外，流传于民间的还有不少。应从药物的品种鉴定与培养方法、方剂的剂型与炮制方法、药物与方剂的药理作用与临床疗效等多方面进行研究，并在肯定疗效的基础上，研究药物的化学分析与提纯，以提高效价。对于针灸疗法，已证明其疗效很高，须在总结临床经验的基础上研究其作用的原理，进一步发展其理论，改进其方法。中医外治法，即不用药物内服的治疗方法，种类很多，亦须加以研究。①

20 世纪 50 年代，我国首创举办西学中班，组织西医学习中医，培养西学中人才，运用现代科学技术方法包括现代医药学方法及中西医结合方法等研究中医药、开展中西医结合研究，无论是在继承发扬中医药、促进中医药现代化发展及中医药走向世界，还是在促进中西医结合医学发展——使其成为我国在世界上首创的一个新学科，以及改变现代医学界对中医药认识等方面，都有重要意义。毛泽东批示肯定了培养西学中医学人才的做法，并寄予厚望：培养“中西结合的高级医生，其中可能出几个高明的理论家”②。周恩来多次提出要中西医结合，使中西医融会贯通，创造中国统一的新医学、新药学，逐步实现毛主席的伟大理想。③他还对赤脚医生代表说:“要中西医结合。请你们学点中医，你们赤脚医生要成为中西医结合的新医药学派。因为中医是我们的祖先发展起来的，中医的针灸、草药到处都能用。”④

毛泽东关于运用中西医结合研究方法发掘中医药学伟大宝库、创造中国新医学的思想和实践，在中国医学界已经产生并将继续产生重大影响。2015 年，中国中医科学院首席研究员屠呦呦领导团队研究中医药学，发现青蒿素，

① 《建国以来重要文献选编》第 9 册，中央文献出版社 2011 年版，第 425—426 页。
② 《毛泽东文集》第 7 卷，中央文献出版社 1999 年版，第 423 页。
③ 人民出版社资料组:《人民的好总理》(下)，人民出版社 1977 年版，第 303 页。
④ 人民出版社资料组:《人民的好总理》(下)，人民出版社 1977 年版，第 313 页。

在中国和世界上挽救了众多患者的生命，为全人类健康事业作出巨大贡献，并造就出卓有成就的中西医结合医学家，因此获得了诺贝尔奖，就是一个证明。

江泽民、胡锦涛担任总书记时都坚持了这一方针。1996 年 12 月，江泽民在全国卫生工作会议上的讲话中指出：“党和政府历来既重视现代医药又重视我国传统医药。”他要求：“各级党委和政府要继续加强对中医药事业的领导。要正确处理继承和创新的关系，既要认真继承中医药的特色和优势，又要勇于创新，积极利用现代科学技术，促进中医药理论和实践的发展，实现中医药现代化，更好地保护和增进人民健康。中西医工作者要加强团结、相互学习、相互补充，促进中西医结合。”①

党的十八大以来，习近平多次强调坚持中西医并重，推动中医药守正创新。2015 年 12 月 18 日，习近平在致中国中医科学院成立 60 周年的贺信中指出：“当前，中医药振兴发展迎来天时、地利、人和的大好时机，希望广大中医药工作者增强民族自信，勇攀医学高峰，深入发掘中医药宝库中的精华，充分发挥中医药的独特优势，推进中医药现代化，推动中医药走向世界，切实把中医药这一祖先留给我们的宝贵财富继承好、发展好、利用好，在建设健康中国、实现中国梦的伟大征程中谱写新的篇章。”②他强调：“要遵循中医药发展规律，传承精华，守正创新，加快推进中医药现代化、产业化，坚持中西医并重，推动中医药和西医药相互补充、协调发展，推动中医药事业和产业高质量发展，推动中医药走向世界，充分发挥中医药防病治病的独特优势和作用，为建设健康中国、实现中华民族伟大复兴的中国梦贡献力量。”③要“建立健全中医药法规，建立健全中医药发展的政策举措，建立健全中医药管理体系，建立健全适合中医药发展的评价体系、标准体系，加强中医古籍、传统知识和诊疗技术的保护、抢救、整理，推进中医药科技创新，加强中医药对外交流合作，力争在重大疾病防治方面有所突破”④。

中西医结合、中西药并用，是 2020 年新冠疫情防控的一大特点，也是中

① 《江泽民文选》第 1 卷，人民出版社 2006 年版，第 602 页。

② 《习近平致中国中医科学院成立 60 周年的贺信》，《人民日报》2015 年 12 月 23 日。

③ 《传承精华守正创新 为建设健康中国贡献力量》，《人民日报》2019 年 10 月 26 日。

④ 《为中华民族伟大复兴打下坚实健康基础》，《人民日报》2021 年 8 月 8 日。

医药传承精华、守正创新的生动实践。新冠疫情发生以来，中医药全程深度参与疫情防控救治，创新形成中西医结合“四有”模式，临床筛选出“三药三方”，是在古典医籍的经方基础上化裁而来的，有效降低了发病率、转重率和病亡率，提高了治愈率，为抗击疫情作出重要贡献。防控工作告捷后，6 月 2 日，习近平主持召开专家学者座谈会，指出“要加强研究论证，总结中医药防治疫病的理论和诊疗规律，组织科技攻关，既用好现代评价手段，也要充分尊重几千年的经验，说明白、讲清楚中医药的疗效。要加强古典医籍精华的梳理和挖掘，建设一批科研支撑平台，改革完善中药审评审批机制，促进中药新药研发和产业发展。要加强中医药服务体系建设，提高中医院应急和救治能力。要强化中医药特色人才建设，打造一支高水平的国家中医疫病防治队伍。要深入研究中医药管理体制机制问题，加强对中医药工作的组织领导，推动中西医药相互补充、协调发展”[①]。一场新冠疫情，让世人重新认识到中医药的重要价值，也凸显了中医药在我国公共卫生体系中不可或缺的地位。

在同年 9 月 22 日召开的教育文化卫生体育领域专家代表座谈会上，习近平强调：“要促进中医药传承创新发展，坚持中西医并重和优势互补，建立符合中医药特点的服务体系、服务模式、人才培养模式，发挥中医药的独特优势。”[②]2021 年 3 月 6 日，习近平看望参加全国政协十三届四次会议的医药卫生界、教育界委员时再次强调：“要做好中医药守正创新、传承发展工作，建立符合中医药特点的服务体系、服务模式、管理模式、人才培养模式，使传统中医药发扬光大。要科学总结和评估中西药在治疗新冠肺炎方面的效果，用科学的方法说明中药在治疗新冠肺炎中的疗效。”[③]

三、坚定文化自信，守正创新中医文化遗产

中医是中华民族宝贵的文化遗产，包括天人合一、顺应四时、形神兼顾、

① 《这一民族瑰宝，习近平强调要“传承创新发展”》，中国新闻网，2021 年 5 月 12 日，https://www.chinanews.com.cn/gn/2021/05-12/9475907.shtml。

② 《为中华民族伟大复兴打下坚实健康基础》,《人民日报》2021 年 8 月 8 日。

③ 《为中华民族伟大复兴打下坚实健康基础》,《人民日报》2021 年 8 月 8 日。

阴阳平衡等理念，是中华优秀传统文化的重要组成部分。毛泽东重视中医，固然重视其在保障人民生命健康方面的实用价值，更是以坚持民族文化立场与提高民族自信心的视野尊重这份文化遗产。延安时期，中国共产党人强调“承继祖先的遗产”，新中国成立后，这一理念进一步光大。1954 年 6 月 5 日，毛泽东同时任北京医院院长周泽昭等谈发展中医的问题，指出：“对中医问题，不只是给几个人看好病的问题，而是文化遗产问题。要把中医提高到对全世界有贡献的问题。对新来的外国东西重视了，对自己本国的东西倒轻视了。”“看不起本国的东西，看不起中医，这种思想作风是很坏的，很恶劣的。西医要向中医学习。第一，思想作风上要转变。要尊重我国有悠久历史的文化遗产，看得起中医，也才能学得进去。第二，要建立研究机构。不尊重，不学习，就谈不上研究。不研究，就不能提高。总是有精华和糟粕的嘛。这项工作，卫生部没有人干，我来干。”①

稍后，毛泽东进一步指出，中医问题“是关系到我们中华民族的尊严、独立和提高民族自信心的一部分工作”。“西医到中国来，也不过百把年。当然，西医是近代的，有好的东西。但什么都是‘舶来品’好，这是奴化思想的影响。看不起中国的东西，不尊重民族文化遗产，这是极端卑鄙恶劣的资产阶级心理在作怪。”②周恩来指出：“中医确实治好了一些病，中医有自己的一套医药知识和治病经验。”③新时期，邓小平对外国客人说：“中国传统医学是个宝库。”④他在为鲁之俊《新编针灸学》一书题词时写道：“把我们国家许许多多的科学遗产，加以批判地接收和整理，是一项非常重要的工作。”⑤江泽民指出：“中医药是中华民族优秀传统文化的瑰宝。”⑥新时代，习近平强调，“中医药学凝聚着深邃的哲学智慧和中华民族几千年的健康养生理念及其实践经验，是中国古代科学的瑰宝，也是打开中华文明宝库的钥匙”⑦，一定要“把中

① 《毛泽东年谱（1949—1976）》第 2 卷，中央文献出版社 2013 年版，第 245 页。
② 《毛泽东年谱（1949—1976）》第 2 卷，中央文献出版社 2013 年版，第 258 页。
③ 《周恩来文化文选》，中央文献出版社 1998 年版，第 692 页。
④ 《邓小平年谱（1975—1997）》（上），中央文献出版社 2004 年版，第 620 页。
⑤ 《邓小平年谱（1904—1974）》（中），中央文献出版社 2009 年版，第 919 页。
⑥ 《江泽民文选》第 1 卷，人民出版社 2006 年版，第 602 页。
⑦ 《习近平出席皇家墨尔本理工大学中医孔子学院授牌仪式》，《人民日报》2010 年 6 月 21 日。

医药这一祖先留给我们的宝贵财富继承好、发展好、利用好”[①]。党的十八大以来，习近平一再强调“中医药学是中华文明的瑰宝”[②]，作出一系列重大决策部署。2016 年 2 月，国务院第 123 次常务会议审议通过《中医药发展战略规划纲要（2016—2030 年）》；为进一步加强对中医药工作的组织领导，强化部门间协调配合，统筹做好中医药工作，同年 8 月，国务院批复卫生计生委同意建立国务院中医药工作部际联席会议制度；12 月，国新办发布《中国的中医药》白皮书。2017 年颁布实施中医药法。2019 年 10 月，中共中央、国务院发布《关于促进中医药传承创新发展的意见》；“十四五”规划纲要提出，推动中医药传承创新。党中央对中医药的认识高度、推进力度、实践深度都是前所未有的。中医药在防治疫情中的出色表现，让人们加深了对中医药重要作用的认识，提高了信心，增强了底气，坚定了发展中医药的文化自信和行动自觉。

中医文化博大精深，蕴含着重视实践、重视疗效的医者精神，体现了天人合一的整体观、燮理调平的中和观、养生防病的治未病观等哲学智慧，凝聚着精诚仁和、以人为本的中华文化精髓。中国共产党人除了强调中医文化本身的医疗价值，还将中医文化转化为治国理政的智慧。毛泽东认为，医之上者，不仅能治病救人，而且能以医理论国事，治病与治国、治人，融会贯通。他在强调决策前要重视系统的调查研究，把本来的情况搞清楚、方法搞对头时，引用了中医方法来说明。他说：“医生看病是先诊断，中医叫望、闻、问、切，就是先搞清病情，然后处方。”[③]习近平对此的应用更广泛。他阐释建设美丽中国的理念时，提出要科学运用中医整体观，遵循天人合一、道法自然的理念，追根溯源，分类施策，寻求可持续发展之路[④]；为建设小康社会，有必要基于辨证论治原则解决改革过程中出现的问题，既养血润燥、化瘀行

① 《习近平谈中医药》，中国日报网，2016 年 12 月 8 日，http://news.cctv.com/2016/12/08/ARTIgf0ZbQQVklfPZWlGDlxM161208.shtml。

② 《为中华民族伟大复兴打下坚实健康基础》，《人民日报》2021 年 8 月 8 日。

③ 《毛泽东文集》第 8 卷，人民出版社 1999 年版，第 253 页。

④ 习近平：《传承携手构建合作共赢、公平合理的气候变化治理机制》，《光明日报》2015 年 12 月 1 日。

血，又固本培元、壮筋续骨[①]；干部队伍建设要以扶正祛邪之法提升精气神，以猛药去疴、刮骨疗毒的决心对症下药[②]，以防肝风内动、血虚生风[③]。除了大量引用蕴含中医思维与理念的术语生动阐明治国理政之道，习近平还着力推动中医药为健康产业发展和百姓脱贫致富作出积极贡献。早在担任浙江省委书记期间，他就鼓励淳安县下姜村打造中药材黄栀子种植基地，为村民谋福利。[④]2019 年 4 月，习近平高度评价了重庆石柱土家族自治县通过种植中药材脱贫致富的做法。[⑤]党和国家把传承创新发展中医药作为新时代中国特色社会主义事业的重要内容，摆在更加突出的位置，传承发展中医文化的文化自信与文化自觉渐入佳境。

中医针灸、太极拳相继入选联合国人类非物质文化遗产代表作名录；中医经典名著《黄帝内经》和《本草纲目》入选世界记忆名录。中医药文化遗产是极具民族特色的独一无二的宝贵资源，凝聚着祖辈先贤的智慧，承载着珍贵的历史脉络，蕴藏着中医药文化的重要基因密码，是具有重要价值的中医药标志物与“活化石”。

四、中医药是中华民族贡献给世界的珍品，促进文明交流互鉴

中医药是中华优秀传统文化的重要载体，自古以来就是中外文化交流的亮丽名片。朝鲜、日本、东南亚和阿拉伯国家的医药发展都深受中医药的影响。早在秦汉时期，中医药进入朝鲜半岛，与当地医学结合，形成东医（韩医）。汉代张骞出使西域，中医药是中外交流的重要内容。中国通往中亚的“丝绸之路”，沿途都留下了中外医学交流的印迹。我国诸多医药文献如《肘后备急方》《本草经集注》等相继在海外翻刻传世；大唐高僧鉴真六次东渡日

① 张其成：《固本培元 壮筋续骨》，《光明日报》2017 年 5 月 11 日。

② 《强化反腐败体制机制创新和制度保障 深入推进党风廉政建设和反腐败斗争》，《人民日报》2014 年 1 月 15 日。

③ 孙光荣：《作风建设，当力戒肝风内动、血虚生风》，《中国中医药报》2014 年 12 月 12 日。

④ 《心无百姓莫为官》，《人民日报》2017 年 12 月 28 日。

⑤ 《习近平在重庆考察并主持召开解决“两不愁三保障”突出问题座谈会》，新华网，2019 年 4 月 17 日，http://www.xinhuanet.com/politics/leaders/2019-04/17/c_1124379968.htm。

本，弘扬佛法、传授医药知识。中医药在日本影响深远，明治维新前称为皇汉医学。北宋时，中医和针灸传入俄罗斯。约在元代，中医药传到马来西亚、新加坡。同时，我国从海外进口许多香料药物，丰富了中药品种，拓展了中医治法。明代中外交流频仍，郑和七下西洋，每次随行医官、医士和药士多达 180 人，带有大量中药材，船队每到一地，都设账施诊、送药，教当地人接生。郑和也从国外带回珍奇动植物，将其养殖和种植在南京狮子山静海寺，李时珍在编写《本草纲目》时曾实地考察。李时珍的《本草纲目》被翻译成多种文字，流传海外，被达尔文称为“中国古代的百科全书”。明清时代，我国为预防天花独创的人痘接种技术传遍世界，后英国人琴纳发展为牛痘接种技术，19 世纪又传入中国。

熟谙医史的毛泽东在 1953 年 12 月说：“我们中国如果说有东西贡献全世界，我看中医是一项。”[①]他对此有过多次阐述。据毛泽东身边的医生徐涛回忆，毛泽东曾说：“我看中国有两样东西对世界是有贡献的，一个是中医中药，一个是中国菜饭，饮食也是文化。”毛泽东认为中国饮食文化中也包含着饮食治疗的中医内容。“我们祖先在寻找食物过程中也发现了药物，药食同源，许多食物中医都可入药，像百合、山药、山楂、大枣，连葱姜蒜都可以治病。”[②]中医文化溶化在中华民族的社会政治生活中，无处不在。

习近平大力推动中医药走向世界。他指出：“传统医药是优秀传统文化的重要载体，在促进文明互鉴、维护人民健康等方面发挥着重要作用。中医药是其中的杰出代表，以其在疾病预防、治疗、康复等方面的独特优势受到许多国家民众广泛认可。”[③]他对中医药充满自豪。2017 年 7 月 24 日，他在致第十九届国际植物学大会的贺信中如数家珍：“中国 2500 多年前编成的诗歌总集《诗经》记载了 130 多种植物，中医药学为人类健康作出了重要贡献，因植桑养蚕而发展起来的丝绸之路成为促进东西方贸易和文化交流的重要纽

① 《毛泽东年谱（1949—1976）》第 2 卷，中央文献出版社 2013 年版，第 205 页。

② 《缅怀毛泽东》（下），中央文献出版社 1993 年版，第 609 页。

③ 《习近平致信祝贺金砖国家卫生部长会暨传统医药高级别会议召开》，《人民日报》2017 年 7 月 7 日。

带。”[①]2018 年 10 月 22 日，他在广东珠海横琴新区粤澳合作中医药科技产业园考察时指出：“中医药学是中华文明的瑰宝。要深入发掘中医药宝库中的精华，推进产学研一体化，推进中医药产业化、现代化，让中医药走向世界。”[②]他提倡借鉴不同国家、不同民族的医药发展成就，不仅要“走出去”，更要“拿进来”，在开放中发展，在合作中共赢，“为促进人类健康、改善全球卫生治理作出更大贡献”[③]。习近平关于中医药文化交流互鉴的深刻论述，不仅有助于健康中国建设和中华民族的伟大复兴事业，而且可以促使多元医药文化兼容并蓄、取长补短，更有助于建立人类卫生健康共同体的世界格局。2020 年 5 月，习近平在第 73 届世界卫生大会视频会议开幕式上呼吁：“团结合作战胜疫情，共同构建人类卫生健康共同体。”[④]“人类卫生健康共同体”的概念是习近平对“人类命运共同体”内涵的补充和升华，是我国促进世界文明发展的一个重大举措，其思想理念成为习近平新时代中国特色社会主义思想的重要组成部分。

中医药是中华民族贡献给世界的珍品。新中国成立以来，党和国家高度重视传承和弘扬中医文化，推动中医药走出去，中医药以针灸为先导走向世界。来华学习中医的，最早学习的通常是针灸疗法。1951 年，苏联医师团 17 人赴中国学习针灸 6 年。中国多次派出针灸专家为外国政要服务，如为也门国王艾哈迈德·伊本、印度尼西亚总统苏加诺等治病。1975 年，中医研究院举办首次国际医师针灸学习班。2010 年，中医针灸申遗成功。截至 2019 年，据世界卫生组织统计，全世界已有 103 个会员国认可使用针灸，[⑤]并在全世界兴起了针刺疗法研究热。改革开放以来，中医药影响进一步扩大。2003 年 9 月 25 日，世界中医药学会联合会在北京成立。2008 年，世界卫生组织在北京举办首届传统医学大会，并推动形成《北京宣言》。同年，欧洲药典成立中药委员会。2018 年，国际标准化组织成立中医药技术委员会（ISO/TC249），已发

① 《习近平致第十九届国际植物学大会的贺信》，《人民日报》2017 年 7 月 24 日。
② 《高举新时代改革开放旗帜 把改革开放不断推向深入》，《人民日报》2018 年 10 月 26 日。
③ 《习近平访问世界卫生组织并会见陈冯富珍总干事》，《人民日报》2017 年 1 月 19 日。
④ 习近平：《团结合作战胜疫情 共同构建人类卫生健康共同体》，《人民日报》2020 年 5 月 19 日。
⑤ 曹锡康：《让中医药成为民相亲、心相通的重要载体》，《光明日报》2019 年 10 月 29 日。

布中医药国际标准 63 项。[①]2019 年 5 月 25 日，第 72 届世界卫生大会审议通过了《国际疾病分类》第 11 次修订本，首次将起源于中医药的传统医学纳入这一国际主流医学分类体系，有助于中医药真正走向全球，被纳入各国医疗卫生体系。迄今我国在“一带一路”沿线 30 多个国家和地区累计建设了数十个中医药海外中心，已与 40 多个外国政府和国际组织签署了中医药合作协议。中医药已传播至全球近 200 个国家和地区，有超过 40 亿人使用中医药或天然药物。

中医药作为世界传统医学的杰出代表，积极与世界各国携手应对公共卫生挑战，为保障人民健康作出贡献。中国著名的药学家屠呦呦教授领导的团队发现青蒿素，不仅保障了中国人民健康，而且为人类健康作出伟大贡献：“屠呦呦的这一发现，缓解了亿万人的疼痛和苦恼，在 100 多个国家拯救了无数人的生命，尤其是儿童的生命。”[②] 王振义、陈竺将传统中药的砷剂与西药结合治疗急性早幼粒细胞白血病的疗效明显提高，因此获得第七届圣捷尔吉癌症研究创新成就奖。中医药在流感、埃博拉、出血热等传染病的防控中已经发挥了重要作用。新冠疫情暴发后，中医药治疗新冠肺炎的经验作为中国疫情防控阻击战中的一个亮点，在海外受到广泛关注。截至 2021 年 7 月，新冠疫情发生以来，中国与 150 个国家和地区交流分享中医药抗疫经验，选派中医赴 28 个国家和地区帮助抗击疫情，向 20 余个国家和地区提供中药产品。[③]2021 年 9 月 9 日，习近平在金砖国家领导人第十三次会晤上讲话，强调要加强传统医药合作，为抗击疫情提供更多手段。中医药在新时代展露全新风采，成为中国与其他各国共同增进健康福祉的重要载体。

综上所述，中国共产党人高度重视祖国医学遗产，努力保护、传承和发展传统中医药，坚持不懈地推动中医药与时俱进，坚持辩证法，推动中西医结合，建立健全中医药防治疫病机制，很好地保障了人民群众生命安全，增进了人民健康。尤其是新时代习近平提出守正开新、扬弃继承，使中医药健康养生智慧得以传播和推广，为健康中国建设作出新的贡献。我国中医药服

① 余艳红：《传承精华 守正创新 大力发展中医药事业》，《学习时报》2021 年 2 月 8 日。
② 《屠呦呦昨领“美国诺奖”》，《东南商报》2011 年 9 月 25 日。
③ 《推动江西中医药走出国门走向世界》，《江西日报》2021 年 8 月 2 日。

务体系不断健全、服务能力不断提升，中医药人才队伍不断壮大，中医药科技创新不断结出硕果，中医药产业不断向着现代化迈进，中医药文化不断繁荣发展，中医药对外交流合作不断拓展。

新时代中国式现代化的推进和拓展*

吴 超**

内容提要：建设现代化国家，实现中华民族复兴，是中国共产党团结带领人民不懈奋斗的目标和追求。中国共产党领导人民成功走出一条符合中国实际、富民强国的中国式现代化新道路，从根本上扭转了中华民族的前途命运。党的十八大以来，中国特色社会主义进入新时代。面对世界百年未有之大变局，以习近平同志为核心的党中央团结带领中国人民砥砺前行，战胜一系列风险挑战，决胜全面建成小康社会进而全面建设社会主义现代化强国，进一步拓展和深化中国式现代化道路，以中国式现代化推进中华民族伟大复兴，推动党和国家事业取得历史性成就、发生历史性变革，为实现中华民族伟大复兴提供了更为完善的制度保证、更为坚实的物质基础、更为主动的精神力量。在新的历史起点上，中国共产党团结带领人民，开启全面建设社会主义现代化国家新征程，向着第二个百年奋斗目标迈进，继续为实现中华民族伟大复兴的中国梦而不懈奋斗，继续创造中国式现代化新道路。

摆脱贫穷落后，建设现代化国家，实现中华民族复兴，是近代以来饱受苦难的中国人民孜孜以求的奋斗目标。《中共中央关于党的百年奋斗重大成就和历史经验的决议》指出，“党领导人民成功走出中国式现代化道路，创造了人类文明新形态”①。一百年来，围绕建设什么样的现代化、怎样实现现代化，

---

* 本文系国家社科基金重点项目“中国共产党社会治理史研究”（项目号：21ADJ010）、中国社科院马工程重大项目“中国共产党百年社会治理历史进程和经验研究”（项目号：2020MGCZD002）阶段性成果。

** 吴超，中国社会科学院当代中国研究所。

① 《中共中央关于党的百年奋斗重大成就和历史经验的决议》，人民出版社 2021 年版，第 64 页。

中国共产党带领人民不懈探索，以中国式现代化推进中华民族复兴，带领中华民族迎来了从站起来、富起来到强起来的伟大飞跃，打破了只有遵循资本主义现代化模式才能实现现代化的神话，成功开辟了实现中华民族伟大复兴的正确道路。习近平总书记指出："我国现代化是人口规模巨大的现代化，是全体人民共同富裕的现代化，是物质文明和精神文明相协调的现代化，是人与自然和谐共生的现代化，是走和平发展道路的现代化。"[①]党的十八大以来，中国特色社会主义进入新时代。面对世界百年未有之大变局，以习近平同志为核心的党中央团结带领中国人民砥砺前行，战胜一系列风险挑战，决胜全面建成小康社会进而全面建设社会主义现代化强国，进一步拓展和深化中国式现代化道路，以中国式现代化推进中华民族伟大复兴，坚持把国家和民族发展放在自己力量的基点上、把中国发展进步的命运牢牢掌握在自己手中。

一、全体人民共同富裕的精神追求

消除贫困、改善民生、实现共同富裕是中国特色社会主义的本质要求，实现全体人民共同富裕的精神追求贯穿于中国式现代化新道路形成和拓展的整个历史进程中。改革开放以来，通过允许一部分人、一部分地区先富起来，先富带后富，极大解放和发展了社会生产力，人民生活水平不断提高。中国特色社会主义新时代是不断创造美好生活、逐步实现全体人民共同富裕的时代。习近平强调："我们追求的发展是造福人民的发展，我们追求的富裕是全体人民共同富裕。"[②]改革发展搞得成功不成功，最终的判断标准是人民是不是共同享受到了改革发展成果。扎实推动共同富裕，是新时代的历史使命。

到2020年全面建成小康社会，是"两个一百年"奋斗目标的第一个百年奋斗目标，是党的十八大向人民、向历史作出的庄严承诺，是十四亿中国人民的共同期盼。2015年10月，党的十八届五中全会审议通过《中共中央关于制定国民经济和社会发展第十三个五年规划的建议》，为决胜全面建成小康社

① 习近平：《把握新发展阶段，贯彻新发展理念，构建新发展格局》，《求是》2021年第9期。

② 《中共中央召开党外人士座谈会》，《人民日报》2015年10月31日。

会描绘了蓝图。全面建成小康社会，强调的不仅是“小康”，而且更重要的也是更难做到的是“全面”。“小康”讲的是发展水平，“全面”讲的是发展的平衡性、协调性、可持续性。[①]全面小康，是惠及全体人民的小康，是城乡区域共同的小康，全面小康的路上，一个都不能少。为确保到2020年贫困地区和贫困群众同全国一道进入全面小康社会，党中央把脱贫攻坚作为全面建成小康社会的底线任务和标志性指标，组织实施了人类历史上规模最大、力度最强的脱贫攻坚战。把脱贫攻坚作为重中之重，使现行标准下农村贫困人口全部脱贫，是促进全体人民共同富裕的一项重大举措。

2017年10月，党的十九大对实现第二个百年奋斗目标作出分两个阶段推进的战略安排：在全面建成小康社会的基础上，到2035年基本实现社会主义现代化，全体人民共同富裕迈出坚实步伐；到本世纪中叶，把我国建成富强民主文明和谐美丽的社会主义现代化强国，全体人民共同富裕基本实现。[②]2020年10月，党的十九届五中全会明确中国式现代化是全体人民共同富裕的现代化，强调“十四五”时期经济社会发展必须遵循坚持以人民为中心的原则，实现全体人民共同富裕，并将全体人民共同富裕取得更为明显的实质性进展、扎实推动共同富裕等列入2035年基本实现社会主义现代化远景目标。实现共同富裕不能等，必须统筹考虑需要和可能，按照经济社会发展规律循序渐进，统筹做好就业、收入分配、教育、社保、医疗、住房、养老、扶幼等各方面工作，更加注重向农村、基层、欠发达地区倾斜，向困难群众倾斜。2021年3月，十三届全国人大四次会议批准了《中华人民共和国国民经济和社会发展第十四个五年规划和2035年远景目标纲要》，制定了全面建设社会主义现代化国家新征程的宏伟蓝图，对扎实推动共同富裕作了具体部署。新时代“两步走”战略安排中，“共同富裕”是鲜明标识。

在乘势而上开启全面建设社会主义现代化国家新征程中，中国共产党把促进全体人民共同富裕摆在更加重要的位置。习近平指出：“实现共同富裕不仅是经济问题，而且是关系党的执政基础的重大政治问题。我们决不能允许

---

① 《十八大以来重要文献选编》(中)，中央文献出版社2016年版，第830页。

② 《习近平谈治国理政》第3卷，外文出版社2020年版，第22—23页。

贫富差距越来越大、穷者愈穷富者愈富，决不能在富的人和穷的人之间出现一道不可逾越的鸿沟。”[①] 由于我国发展不平衡不充分问题仍然突出，城乡区域发展和收入分配差距较大，各地区推动共同富裕的基础和条件不尽相同，需要选取部分地区先行先试、作出示范。2021 年 5 月 20 日，中共中央、国务院发布《关于支持浙江高质量发展建设共同富裕示范区的意见》，明确发展目标，到 2025 年浙江省推动高质量发展建设共同富裕示范区取得明显实质性进展，到 2035 年，浙江省高质量发展取得更大成就，基本实现共同富裕。通过实践进一步丰富共同富裕的思想内涵，探索破解新时代社会主要矛盾的有效途径，为全国推动共同富裕提供省域范例。

2021 年 7 月 1 日，习近平在庆祝中国共产党成立 100 周年大会上庄严宣告：“在中华大地上全面建成了小康社会，历史性地解决了绝对贫困问题。”[②] 全面建成小康社会取得伟大历史性成就，特别是决战脱贫攻坚取得全面胜利，为新发展阶段推动共同富裕奠定了坚实基础。共同富裕不仅仅是一个口号，而是看得见、摸得着、真实可感的事实。

二、物质文明和精神文明相协调的本质特征

现代化不仅是物质财富的积累，更是精神文明的发展。中国式现代化是独具特色的社会主义现代化，强调物质文明和精神文明协调发展、物质力量和精神力量全面增强、人民群众物质生活和精神生活同步改善。改革开放以来，中国共产党创造性地提出了建设社会主义精神文明的战略任务，确立了“两手抓、两手都要硬”的战略方针。在推动经济快速发展的同时，大力加强社会主义精神文明建设，促进社会主义先进文化繁荣发展，使社会文明程度显著提高、人民精神力量不断增强。改革开放之初，中国共产党创造性地提出建设社会主义精神文明的战略任务，确定了“两手抓、两手都要硬”的战略方针。随着改革开放的深化和社会主义现代化建设的持续推进，亿万人民

① 习近平：《把握新发展阶段，贯彻新发展理念，构建新发展格局》，《求是》2021 年第 9 期。
② 习近平：《在庆祝中国共产党成立 100 周年大会上的讲话》，《求是》2021 年第 14 期。

在中国共产党带领下，用勤劳与智慧创造了物质文明发展的世界奇迹，也收获了精神文明发展的丰硕成果。党的十八大以来，面对新形势新任务，以习近平同志为核心的党中央把精神文明建设放在统筹推进“五位一体”总体布局和协调推进“四个全面”战略布局的重要位置，不断将物质文明和精神文明协调发展推向更高水平。

推动“两个文明”协调发展是实现中华民族伟大复兴的必由之路。习近平指出：“实现中国梦，是物质文明和精神文明均衡发展、相互促进的结果”，“是物质文明和精神文明比翼双飞的发展过程”。[①]实现中华民族伟大复兴不懈奋斗的每个阶段、每个环节，都要推动物质文明与精神文明协调发展。没有文明的继承和发展，没有文化的弘扬和繁荣，就没有中国梦的实现。贯穿于改革开放和社会主义现代化建设全过程、渗透于社会生活各方面的精神文明建设，不仅在国家整体战略中占据重要地位，也担负着为奋进中国提供坚强的思想保证、强大的精神力量、丰润的道德滋养的历史使命。在全面建成小康社会，开启全面建设社会主义现代化国家新征程，党的十九届五中全会提出“十四五”时期经济社会发展主要目标，要求在质量效益明显提升的基础上实现经济持续健康发展，同时明确“人民精神文化生活日益丰富，中华文化影响力进一步提升，中华民族凝聚力进一步增强”[②]。推动“两个文明”协调发展是实现中华民族伟大复兴中国梦的重要支柱。在坚持以经济建设为中心、促进物质全面丰富的同时，不断加强精神文明建设，努力避免实际发展中的片面性，实现物质文明和精神文明相互促进、相得益彰，克服了资本主义现代化过于重视物质的先天性弊病。

中国特色社会主义是物质文明和精神文明全面发展的社会主义，推动“两个文明”协调发展是坚持和发展中国特色社会主义的必然要求。改革开放以来，中国始终坚持以经济建设为中心，集中精力把经济建设搞上去、把人民生活搞上去。只要国内外大势没有发生根本变化，坚持以经济建设为中心就不能也不应该改变，这是解决当代中国一切问题的根本要求。以经济建设

① 习近平：《在联合国教科文组织总部的演讲》，《人民日报》2014 年 3 月 28 日。

② 《十九大以来重要文献选编》（中），中央文献出版社 2021 年版，第 792 页。

为中心是兴国之要，坚持不懈推动经济建设、发展物质文明，为创造人类文明新形态奠定雄厚物质基础。同时，坚持不懈推动文化建设、发展精神文明，为创造人类文明新形态提供文化滋养和精神支撑。一个没有精神力量的民族难以自立自强，一项没有文化支撑的事业难以持续长久。2013 年 8 月，习近平在全国宣传思想工作会议上强调，只有物质文明建设和精神文明建设都搞好，国家物质力量和精神力量都增强，全国各族人民物质生活和精神生活都改善，中国特色社会主义事业才能顺利向前推进。[①] 进入新时代以来，中国经济实力、科技实力、综合国力跃上新台阶，迈上更高质量、更有效率、更加公平、更可持续、更为安全的发展之路。同时，全党全国各族人民文化自信明显增强，全社会凝聚力和向心力极大提升，为新时代开创党和国家事业新局面提供了坚强思想保证和强大精神力量。当高楼大厦在我国大地上遍地林立时，中华民族精神的大厦也巍然耸立。

三、人与自然和谐共生的价值理念

人与自然是命运共同体，生态文明建设是关乎中华民族永续发展的根本大计。改革开放以后，中国日益重视生态环境保护。同时，生态文明建设仍然是一个明显短板，资源环境约束趋紧、生态系统退化等问题越来越突出，特别是各类环境污染、生态破坏呈高发态势，成为国土之伤、民生之痛。如果不抓紧扭转生态环境恶化趋势，必将付出极其沉重的代价。以习近平同志为核心的党中央传承中华优秀传统文化、顺应时代潮流和人民意愿，围绕生态文明建设发表一系列重要论述，深刻回答了为什么建设生态文明、建设什么样的生态文明、怎样建设生态文明等重大理论和实践问题，形成了习近平生态文明思想。在这一思想指引下，中国以前所未有的力度抓生态文明建设，全方位、全地域、全过程加强生态环境保护，坚持走生产发展、生活富裕、生态良好的人与自然和谐共生的文明发展道路。

党的十八大把生态文明建设纳入中国特色社会主义事业“五位一体”总

① 《习近平谈治国理政》第 1 卷，外文出版社 2018 年版，第 153 页。

体布局，明确提出大力推进生态文明建设，努力建设美丽中国，实现中华民族永续发展。在工业化的实践进程中，一般是先污染后治理，生态环境保护与经济发展也难以有机统一起来。正确处理好经济发展同生态环境保护的关系，需要从价值理念上突破。2013 年 9 月，习近平在哈萨克斯坦纳扎尔巴耶夫大学演讲后回答学生们关于环境保护的问题时强调，我们既要绿水青山，也要金山银山。宁要绿水青山，不要金山银山，而且绿水青山就是金山银山。[①] 保护生态环境就是保护生产力，改善生态环境就是发展生产力。良好的生态环境是最公平的公共产品，是最普惠的民生福祉。2015 年 4 月，中共中央、国务院出台《关于加快推进生态文明建设的意见》，把生态文明建设放在突出的战略位置，融入经济建设、政治建设、文化建设、社会建设各方面和全过程，加快建设美丽中国，实现中华民族永续发展。“绿水青山就是金山银山”理念深入人心，深刻影响着经济社会的发展理念、发展思路、发展方式，引领中国迈向生态文明新时代，一幅美丽中国新画卷徐徐展开。2015 年 10 月，党的十八届五中全会提出，把绿色作为新发展理念的一大理念，要求坚持节约资源和保护环境的基本国策，坚持可持续发展，坚定走生产发展、生活富裕、生态良好的文明发展道路，加快建设资源节约型、环境友好型社会，形成人与自然和谐发展现代化建设新格局，推进美丽中国建设，为全球生态安全作出新贡献。[②] “十三五”规划中进一步提高绿色指标在全部指标中的权重，把保障人民健康和改善环境质量作为更具约束性的硬指标。

党的十九大将“坚持人与自然和谐共生”作为新时代坚持和发展中国特色社会主义的基本方略之一，把“美丽中国”作为建设社会主义现代化强国的重要目标，将建设生态文明提升为“千年大计”。大会要求牢固树立社会主义生态文明观，推动形成人与自然和谐发展现代化建设新格局，并对推进绿色发展、着力解决突出环境问题、加大生态系统保护力度、改革生态环境监管体制进行了部署。中国式现代化是人与自然和谐共生的现代化，既要创造更多物质财富和精神财富以满足人民日益增长的美好生活需要，也要提供更

① 《弘扬人民友谊 共同建设“丝绸之路经济带”》，《人民日报》2013 年 9 月 8 日。

② 《十八大以来重要文献选编》（中），中央文献出版社 2016 年版，第 792 页。

多优质生态产品以满足人民日益增长的优美生态环境需要。2018 年 5 月，习近平在全国生态环境保护大会上指出，绿水青山既是自然财富、生态财富，又是社会财富、经济财富。保护生态环境就是保护自然价值和增值自然资本，就是保护经济社会发展潜力和后劲，使绿水青山持续发挥生态效益和经济社会效益。①2020 年 10 月，党的十九届五中全会进一步提出推动绿色发展，坚持绿水青山就是金山银山理念，坚持尊重自然、顺应自然、保护自然，促进经济社会发展全面绿色转型，建设人与自然和谐共生的现代化。建设人与自然和谐共生的现代化揭示了保护生态环境就是保护生产力、改善生态环境就是发展生产力的道理，指明了实现发展和保护协同共生的新路径。

人与自然和谐共生的现代化是对传统现代化道路的超越，是可持续发展的现代化。中国式现代化坚决抛弃轻视自然、支配自然、破坏自然的现代化模式，坚定走生产发展、生活富裕、生态良好的文明发展道路，为人民创造良好生产生活环境，为全球生态安全作出贡献。

四、走和平发展道路的思想内涵

中国式现代化是走和平发展道路的现代化，和平发展是中国发展的鲜明特征。中国共产党带领人民不懈探索，创造了一条既发展自身、又造福世界的现代化之路。走和平发展道路是中国根据时代发展潮流和自身根本利益作出的战略抉择，是从历史、现实、未来的客观判断中得出的结论，是思想自信和实践自觉的有机统一。中华民族是爱好和平的民族，中国历史上曾经长期是世界上最强大的国家之一，但没有留下殖民和侵略他国的记录。坚持走和平发展道路，是对几千年来中华民族热爱和平的文化传统的继承和发扬。新中国成立以来特别是改革开放以来，经过艰辛探索和不断实践逐步形成了和平发展道路。在长期实践中，中国提出和坚持了和平共处五项原则，确立和奉行了独立自主的和平外交政策，向世界作出了永远不称霸、永远不搞扩张的庄严承诺，强调中国始终是维护世界和平的坚定力量。实现“两个一百

① 《十九大以来重要文献选编》(上)，中央文献出版社 2019 年版，第 450 页。

年”的奋斗目标，必须有和平的国际环境。没有和平，中国和世界都不可能顺利发展；没有发展，中国和世界也不可能有持久和平。中国是和平共处五项原则的积极倡导者和坚定实践者，和平共处五项原则载入了中国宪法，是中国外交政策的基石。中国是当代国际体系的参与者、建设者、贡献者。2013年1月，十八届中共中央政治局专门就坚定不移走和平发展道路问题进行集体学习，习近平明确提出“不断夯实走和平发展道路的物质基础和社会基础”[①]。中国坚定维护自身的主权、安全、发展利益，也支持其他国家特别是广大发展中国家维护自身的主权、安全、发展利益。中国将坚定不移沿着和平发展道路走下去，和平发展道路对中国有利、对世界有利，没有任何理由不坚持这条被实践证明是走得通的道路。

中国坚定不移走和平发展道路，既通过维护世界和平发展自己，又通过自身发展维护世界和平。中国式现代化打破了西方传统“国强必霸”、“文明冲突论”和“零和博弈”等思维方式，摒弃了西方资本主义国家对外扩张掠夺的现代化老路，创造了平等互利、合作共赢、和平发展的现代化新道路。中国积极发展全球伙伴关系，按照亲诚惠容理念和与邻为善、以邻为伴周边外交方针深化同周边国家关系，秉持真实亲诚理念和正确义利观加强同发展中国家团结合作。中国通过自身的发展成果惠及世界各国人民，支持和帮助广大发展中国家消除贫困，推动经济全球化朝着更加开放、包容、普惠、平衡、共赢的方向发展，在应对全球恐怖主义威胁、网络安全、气候变化等问题上主动担当大国责任。中国对世界的和平安宁、共同发展和文明交流互鉴作出重要贡献，为各国发展提供机遇和经验。

中国人民热爱和平、珍惜和平，把维护世界和平、反对霸权主义和强权政治作为自己的神圣职责，反对动辄使用武力或以武力威胁处理国际争端，反对打着所谓“民主”“自由”“人权”等幌子肆意干涉别国内政。针对国际上对中国发展起来后会不会也搞霸权主义的担心，中国多次向国际社会庄严承诺，中国将坚定不移走和平发展道路，不干涉别国内政，永远不称霸，永远不搞扩张。中国坚持不干涉别国内政原则，不会把自己的意志强加于人，

① 《更好统筹国内国际两个大局 夯实走和平发展道路的基础》，《人民日报》2013年1月30日。

即使再强大也永远不称霸。中国坚持走和平发展道路，但决不放弃自身的正当权益，坚定不移维护自己的主权、安全、发展利益。党的十八大以来，面对个别国家的霸权主义、单边主义，面对一些外国势力在涉疆、涉藏、香港、台湾问题，以及所谓人权、民族、宗教、司法等问题上对中国内政的粗暴干涉，在南海、东海等问题上危害中国领土主权安全的各种图谋与行为，中国原则坚定、立场鲜明，敢于碰硬、坚决斗争，坚定维护国家主权、安全、发展利益。

五、以中国式现代化推进中华民族伟大复兴

党的十八大以来这些年在党和国家事业发展进程中极不寻常、极不平凡。2021 年 11 月，党的十九届六中全会审议通过《中共中央关于党的百年奋斗重大成就和历史经验的决议》，从 13 个方面总结新时代中国特色社会主义的伟大成就。面对错综复杂的国际形势、艰巨繁重的国内改革发展稳定任务，以习近平同志为核心的党中央团结带领中国人民砥砺奋进，解决了许多长期想解决而没有解决的难题，办成了许多过去想办而没有办成的大事，推动党和国家事业取得历史性成就、发生历史性变革，为实现中华民族伟大复兴提供了更为完善的制度保证、更为坚实的物质基础、更为主动的精神力量。中国经济总量从 2012 年的 54 万亿元增长到 2021 年的逾 114 万亿元，占世界经济比重超过 18%。人均突破 1.2 万美元，超过世界人均水平，达到中高收入国家水平。我国经济实力、科技实力、综合国力跃上新台阶，创造了中国式现代化新奇迹，铸就了中华文化新辉煌。中华民族伟大复兴进入不可逆转的历史进程，正向着全面建成社会主义现代化强国的第二个百年奋斗目标迈进，朝着共同富裕的目标稳步前进，继续为实现中华民族伟大复兴的中国梦而不懈奋斗，继续创造中国式现代化新道路。

坚持党的领导，确保党始终总揽全局、协调各方。中国共产党领导是中国特色社会主义最本质的特征，是中国特色社会主义制度的最大优势。历史和现实都表明，没有中国共产党，就没有新中国，就没有中华民族伟大复兴。我们能够创造中国式现代化新道路，根本就在于有中国共产党的坚强领导。

新的征程上，加强党对社会主义现代化建设的全面领导，必须坚持民主集中制，健全党总揽全局、协调各方的制度体系，完善坚定维护党中央权威和集中统一领导的各项制度，完善党领导各项事业的具体制度等，不断提高党科学执政、民主执政、依法执政水平；把坚持党的全面领导的政治优势、创新理论的理论优势同坚持中国特色社会主义制度的制度优势、发展优势和机遇优势统一起来，推动党对社会主义现代化建设的领导在职能配置上更加科学合理、在体制机制上更加完备完善、在运行管理上更加高效。

坚持中国道路，不断发展和完善中国特色社会主义。方向决定道路，道路决定命运。走自己的路，是党的全部理论和实践立足点，更是党百年奋斗得出的历史结论。中国特色社会主义是党和人民历经千辛万苦、付出巨大代价取得的根本成就，是实现中华民族伟大复兴的正确道路。坚持和发展中国特色社会主义，创造了中国式现代化新道路，创造了人类文明新形态。实践证明，中国式现代化新道路符合中国国情，能够解决中国的实际问题，已经产生了令世人瞩目的巨大成就，是经过历史和人民的检验，是适应时代发展要求并具有可持续发展前景的成功之路。中国各民族人民团结和凝聚在中国特色社会主义旗帜下，走中国式现代化新道路，坚持独立自主，坚持守正创新，结合新的实践不断推进理论创新、善于用新的理论指导新的实践，把各民族各地区具体利益的多样性与中华民族全民族整体利益和中国人民利益的一致性有机统一起来，把中国发展进步的命运牢牢掌握在自己手中。

坚持人民至上，坚定不移走全体人民共同富裕道路。人民是历史的创造者，是决定国家前途的根本力量。为人民谋幸福、为民族谋复兴是中国式现代化的出发点和落脚点。坚持人民至上是中国式现代化取得历史性成就的重要原因。习近平指出："人民既是历史的创造者、也是历史的见证者，既是历史的'剧中人'、也是历史的'剧作者'。"[①] 中国式现代化始终坚持"以人民为中心"，以实现人民利益、顺应人民群众对美好生活的向往为根本价值取向，一切为了人民，一切依靠人民，确保现代化的过程由人民参与、现代化的成效由人民评判、现代化的成果由人民共享。在激发人民的创造力、提高人民

① 《习近平谈治国理政》第 2 卷，外文出版社 2017 年版，第 314 页。

幸福感的同时，也得到了人民的真心支持和拥护，这也是中国式现代化新道路能够获得人民认同和追随，得到群众衷心拥护的根本所在。新的征程上，必须紧紧依靠人民创造历史，坚持全心全意为人民服务的根本宗旨，发展全过程人民民主，维护社会公平正义，着力解决发展不平衡不充分问题和人民群众急难愁盼问题，推动人的全面发展、全体人民共同富裕取得更为明显的实质性进展。

坚持胸怀天下，走好既发展自身又造福世界的现代化之路。中国共产党始终以世界眼光关注人类前途命运，从人类发展大潮流、世界变化大格局、中国发展大历史谋划和推进我国的现代化事业。维护世界持久和平、促进共同发展、共创美好生活，不仅是人类对美好社会的共同向往和追求，而且是中国共产党人推动人类进步事业的奋斗目标。无论国际形势如何变化、自身如何发展，中国为世界谋大同，承担大国责任，展现大国担当，用实际行动应对人类共同风险挑战，始终是世界和平的建设者、全球发展的贡献者、国际秩序的维护者、全球治理的引领者、人类进步的推动者。中国开拓了一条不同于资本主义的全新现代化道路，打破了所谓“现代化只有西方一种模式”的神话，打破了发展中国家追求发展与让渡独立性之间的悖论，给世界上那些既希望加快发展又希望保持自身独立性的国家和民族提供了有益借鉴和全新选择。宽阔的世界视野，不仅极大地推动了中国与世界的互动，也使中国的现代化更符合人类发展规律、更具有世界历史意义，为解决人类面临的共同问题贡献中国智慧、中国方案、中国力量，为建设繁荣美好的世界作出新的更大贡献。

关于《中国人民政治协商会议共同纲领》之探讨

徐 行*

内容提要：《中国人民政治协商会议共同纲领》具有临时宪法作用，它全面阐述了新中国的政治制度、军事制度，以及经济、文化、民族、外交等各方面政策，奠定了中国新型政党制度的共同政治基础，实现了中国共产党领导的多党合作和政协协商的制度化发展。周恩来为中国新型政党制度的建立和发展，特别是为《共同纲领》的制定实施做出了不可磨灭的贡献，其当年提出的正确思想和成功实践对我们新形势下坚持和完善新型政党制度仍有现实启迪意义。

确立政治纲领和与之配套的各项制度，是建立和完善新型政党制度、国家制度的前提和关键。为筹备和创建中国人民政治协商会议和新的中央人民政府，周恩来领导制定了《中国人民政治协商会议共同纲领》《中国人民政治协商会议组织法》《中华人民共和国中央人民政府组织法》等重要文献，经过多次与各党派成员协商和讨论，最终在中国人民政治协商会议第一届全体会议上正式通过，以法律的形式确立了中国共产党领导的多党合作和政治协商制度。这些历史文献中，最重要的是《中国人民政治协商会议共同纲领》（以下简称《共同纲领》），在新中国初创时期起到了临时宪法的重要作用。这个纲领是周恩来亲自领导、亲手起草并与各方多次商讨、多次修改后形成的，它使中国共产党与各民主党派间的合作关系以法律制度的形式确定下来。

* 徐行，南开大学周恩来政府管理学院。

一、关于《共同纲领》的最早酝酿

中国共产党领导的多党合作和政治协商制度是有着坚固的政治基础的，这个基础就是《共同纲领》。“这是总结了中国人民在近一百多年来特别是最近二十多年来反对帝国主义、封建主义和官僚资本主义的革命斗争的经验，而制订出来的一部人民革命建国纲领。”[①]

在人民政协的筹备过程中，作为中国共产党内负责统一战线工作的主要领导人，周恩来不仅在筹备政协的组织架构、领导人选、会议议程等方面做了大量工作，而且最早设计和亲自主持了《共同纲领》的起草，并在起草和拟定《共同纲领》过程中，积极与各民主党派进行协商。自 1948 年 10 月起，他便同一些民主党派代表商讨筹建新的政治协商性组织，开始思考起草该组织的共同纲领问题。他在向民主人士征求意见时就说明，“中共中央正在准备一个草案”[②]。该草案可视为《共同纲领》的最原始初稿，最初命名为《中国人民民主革命纲领（草案）》。1948 年 11 月，这个纲领草案又形成了第二稿。

1948 年中共中央发出“五一口号”后，周恩来亲自安排了大批民主党派领导人秘密前往解放区，一同商讨筹建新型政党制度和新生人民政权之大计。在《共同纲领》起草和讨论阶段，他与各民主党派及无党派人士开展了多次交流和协商，认真听取他们的合理意见。按照中共中央的最初设想，成立中央人民政府的步骤是先召开新政治协商会议，讨论并实现召集人民代表大会，再由人民代表大会选举产生中央政府。1949 年 2 月，周恩来对《中国人民民主革命纲领（草案）》第二稿进行了文字修改，审阅修改了《关于新的政治协商会议诸问题的协议》《新政治协商会议筹备会组织条例（草案）》《参加新政协筹备会各单位民主人士候选人名单》《中华人民共和国政府组织大纲（草案）》等重要文件，并批示将这些文件以《新的政治协商会议有关文件》为名付印成册。[③]

周恩来在起草新政协《共同纲领》草案时，对新政协的性质与职权如何

---

① 《刘少奇选集》上卷，人民出版社 1981 年版，第 434 页。

② 《建党以来重要文献选编（1921—1949）》第 25 册，中央文献出版社 2011 年版，第 548 页。

③ 金冲及主编:《周恩来传（1989—1976）》（上），中央文献出版社 2008 年版，第 852 页。

界定、临时中央政府产生后政协会议在国家政治生活中发挥什么作用等重要问题进行了认真思考。在他看来，《共同纲领》是新中国政治、军事、外交、经济、文化、社会等各方面的制度根基，关系到新中国的国家性质和社会性质，关系到各党派的政治发展与政治前途。因此，《共同纲领》拟定中必须加强与各民主党派的合作，广泛征求党外各界人士的意见，使之成为民主协商的产物和多党合作的结晶。

当年周恩来对即将成立的新政治协商会议性质、职权及与国家政权的关系的主要思考是：第一，就政协的性质来说，它“是一个包含了工人阶级、农民阶级、城市小资产阶级、民族资产阶级和一切爱国民主人士的统一战线组织”①。在其初建时，由于全国人民代表大会尚未召开，由全国政协代行全国人大的职权。第二，就政协会议的组织结构来说，它不仅是一种会议，并且要设有执行机构和日常办事机构。所以政协组织法草案中规定有中国人民政协全体会议；全体会议闭幕时，设立全国委员会，全国委员会要选出常务委员会主持日常工作。第三，全国政协代行全国人大职权的范围包括：制定具有临时宪法性质的新民主主义纲领；制定中央人民政府组织法；选举中央人民政府委员会，并付之以行使国家权力的职权。第四，在全国人民代表大会产生前，由新政协产生的中央人民政府委员会为最高国家政权机关，“在普选的全国人民代表大会召开以后，政协会议还将对中央政府的工作起协商、参谋和推动的作用”②。

二、《共同纲领》的起草、协商与修改

1949 年 6 月 15 日，新政协筹备会在北京召开第一次全体会议，周恩来担任临时主席并致开幕词。翌日晚，周恩来主持了新政协筹备会常务委员会第一次会议，被推选为筹备会常委会副主任，兼任第三小组组长，负责起草《共同纲领》。③6 月 18 日，周恩来主持第三小组成立会议，研究纲领的起草问

① 《周恩来统一战线文选》，人民出版社 1984 年版，第 136 页。

② 《周恩来统一战线文选》，人民出版社 1984 年版，第 146 页。

③ 金冲及主编:《周恩来传（1898—1976）》（上），中央文献出版社 2008 年版，第 854—855 页。

题。他提出这个纲领将“决定联合政府的产生，也是各党派各团体合作的基础”[①]。6 月下旬，周恩来起草了《共同纲领》第一稿，他以毛泽东在中共七届二中全会上的报告和《论人民民主专政》一文为基本指导思想，在纲领草拟过程中，数易其稿，最初标题为《新民主主义纲领》，后改为《新民主主义的共同纲领》。纲领草案初稿，除序言外，分为一般纲领和具体纲领两部分，具体纲领又分 6 个方面，共 45 条，周恩来将这个纲领草案送交政协筹备会全体会议讨论，成为《共同纲领》的最初蓝本。

周恩来在第三小组成立会议上对中共草拟的前两稿纲领草稿作了说明。他指出：“我们小组负责起草共同纲领，任务繁重。这个共同纲领决定联合政府的产生，也是各党派各团体合作的基础。去年在哈尔滨的各党派代表曾委托中共方面拟定一个草案，我们也曾两度起草。可是去年工作重心在动员一切力量参加和支援解放战争，现在重点却在建设新民主主义中国及肃清反动残余。这是长期性的工作，因此，中共方面第二次的草稿也已不适用。”[②]

在新政协纲领的起草过程中，周恩来坚持与各党派民主协商，并注意将其合理的意见写进初稿。“草案初稿写出以后，经过七次的反复讨论和修改，计由先后到达北平的政协代表五六百人分组讨论两次，第三组本身讨论了三次，筹备会常务委员会讨论了两次，广泛地吸收了各方面的意见，然后将草案提交筹备会第二次全体会议作了基本通过”[③]，最后才提交政协全体会议讨论。经过充分讨论，广泛地吸收各方面意见，最后通过的《共同纲领》分为 7 章，总计 60 条，相对于周恩来最初起草的《新民主主义的共同纲领》做了不少改动。

9 月 22 日，《共同纲领》草案即将正式对外公布前，周恩来就《共同纲领》草案的起草经过向大会的组成人员作了全面的说明。同时，为了加强与各民主党派间的民主协商，周恩来还指示特别为民主党派提供了一个可供讨论的文本，并委托中共中央统战部长李维汉具体负责。在全国政协第一届全体会议上，周恩来阐明：“行使国家政权的机关就是各级人民代表大会和各级人民

① 《周恩来年谱（1898—1949）》（修订本），中央文献出版社 1998 年版，第 851 页。
② 《建国以来周恩来文稿》第 1 册，中央文献出版社 2008 年版，第 9—10 页。
③ 《周恩来选集》上卷，人民出版社 1980 年版，第 366 页。

政府。”[①]共产党的目标是“建设一个独立、民主、和平、统一和富强的新中国。为着这个任务，我们团结国内各民主阶级、各民族和国外华侨，结成这样一个伟大的人民民主统一战线”[②]。他还阐明了新的政权制度“是民主集中制的人民代表大会的制度”[③]，我们的军队是“人民的军队”[④]，我们的国家要“成为各民族友爱合作的大家庭”[⑤]。

在周恩来亲自主持《共同纲领》的起草和修改的同时，新政协筹备会第四小组在组长董必武率领下，负责拟定政府方案，分别对国家名称、国家属性、最高政权机关及其组织原则等重要问题提出了初步意见。9 月 27 日，全国政协第一届全体会议一致通过了《中华人民共和国中央人民政府组织法》《中国人民政治协商会议组织法》，以及国都、纪年、国歌、国旗六项决议。9 月 29 日，通过了起临时宪法作用的《中国人民政治协商会议共同纲领》。10 月 1 日新中国中央人民政府第一次全体会议上，一致决议接受《共同纲领》为中央人民政府施政方针。这样，新中国中央政府的成立就有了政治基础和法律基础。

由于周恩来在负责起草《共同纲领》的过程中，非常重视与各民主党派和无党派爱国民主人士进行协商，认真听取他们的合理意见，所以中国共产党和各民主党派、无党派以及各爱国人民团体对建立中国新型政党制度的一系列关键问题取得了高度共识，《共同纲领》成为各党派团结合作的共同政治基础。在中国新型政党制度建立过程中，周恩来的出色工作使各民主党派的政治诉求得以充分表达，他领导制定的《共同纲领》保证了新型政党制度的指导性纲领的科学性、正确性和适用性。

三、《共同纲领》阐明新型政党制度核心问题

1949 年 9 月 22 日，在中国人民政治协商会议第一届全体会议上，周恩来

① 《周恩来选集》上卷，人民出版社 1980 年版，第 369 页。
② 《周恩来选集》上卷，人民出版社 1980 年版，第 367 页。
③ 《周恩来选集》上卷，人民出版社 1980 年版，第 369 页。
④ 《周恩来选集》上卷，人民出版社 1980 年版，第 370 页。
⑤ 《周恩来选集》上卷，人民出版社 1980 年版，第 370 页。

作了《关于〈中国人民政治协商会议共同纲领〉草案的起草经过和特点》[①]的报告，对即将建立的中国新型政党制度的一系列关键性问题、对新中国的政治制度、军事制度以及经济、文化、民族、外交等各方面政策作了明确的阐述。周恩来指出，《共同纲领》之所以成为中国新型政党制度的政治基础，主要是因为它阐明了这一制度的几个核心问题：

一是《共同纲领》充分肯定了统一战线的历史作用，阐明人民政协是其最好的组织形式。

中国共产党领导的统一战线在中国新民主主义革命中发挥了重要历史作用。早在国民革命时期，中国共产党就与改组后的国民党实现了第一次国共合作，取得了北伐战争的胜利。抗日战争时期，中国共产党以民族大义为重，建立了抗日民族统一战线，与国民党实现了第二次合作，经过 14 年苦战最终夺取了抗战胜利。解放战争时期，国民党发动了大规模的内战，中国共产党领导人民打败了国民党反动派的同时，坚持贯彻人民民主统一战线的方针，于 1948 年发出“五一口号”，号召召开新的政治协商会议，得到了全国各界爱国人士和民主党派热烈的响应。周恩来在政协会议上总结说，历史发展到今天，共产党的号召已经实现了，我们的目的很明确，就是要构筑我们共同的政治基础，就是要“反对帝国主义、封建主义和官僚资本主义，建设一个独立、民主、和平、统一和富强的新中国。为着这个任务，我们团结国内各民主阶级、各民族和国外华侨，结成这样一个伟大的人民民主统一战线”[②]。《共同纲领》不仅反映了中国共产党为之奋斗了 28 年的主张，也是各民主党派、各人民团体以及一切爱国民主人士所一致拥护的。《共同纲领》明确规定：中国人民政治协商会议就是共产党领导的人民民主统一战线的最好的组织形式。

在政协筹备会期间，一些人对新中国成立后政协组织是否会长期存在有不同的想法：“第一种以为等到人民代表大会召开之后，就再不需要人民政协这样的组织了；第二种以为由于各党派这样团结一致，推动新民主主义很快

① 《周恩来选集》上卷，人民出版社 1980 年版，第 366—371 页。

② 《周恩来选集》上卷，人民出版社 1980 年版，第 367 页。

地发展，党派的存在就不会很久了。”[①] 周恩来认为中国革命的发展和建设是需要政协组织长期存在并发挥自身的政治作用的。在全国人民代表大会召开后，人民政协将长期存在，仍要发挥政治协商、参政议政、民主监督的作用。在我们新型政党制度下，各党派将长期共存、互相监督。“人民民主统一战线内部的不同要求和矛盾，在反帝反封建残余的斗争前面，是可以而且应该得到调节的。”因为拥护新民主主义和社会主义的各阶级“在共同要求上、在主要政策上是能够求得一致的，筹备会通过的共同纲领草案就是一个最明显的证明”。[②]

二是《共同纲领》明确规定了新民主主义的总纲及政治制度和军事制度。

在当时的政治形势下，考虑到参加政协的各阶级、阶层，各方面人士的政治背景和思想认识等因素，为了更好地凝聚共识，周恩来解释了在《共同纲领》的总纲中为什么没有把共产主义的前途明确规定出来的问题。他认为这个前途是肯定的，毫无疑问的，这个纲领中经济的部分里面已经规定了向这个目标前进，我们更需要经过实践来证明。“只有全国人民在自己的实践中认识到这是唯一的最好的前途，才会真正承认它，并愿意全心全意为它而奋斗。所以现在暂时不写出来，不是否定它，而是更加郑重地看待它。”[③]

周恩来还指出，在《共同纲领》中，有一个定义必须说明，就是“人民”与“国民”是有分别的。他阐明“人民”是指工人阶级、农民阶级、小资产阶级、民族资产阶级，以及从反动阶级觉悟过来的某些爱国民主分子。而官僚资产阶级虽不属于人民范围，但仍然可以是中国的国民，他们不享受人民的权利，却需要遵守国民的义务。“这就是人民民主专政。这是对我们中华人民共和国的团结和生产有利的。”[④]

1949 年诞生的中华人民共和国是一个新民主主义性质的政权。关于这个政权的政治制度，《共同纲领》中作了明确规定：新民主主义的政治制度是民主集中制的人民代表大会制度，这一制度完全不同于西方的议会制度，但也

---

① 《周恩来选集》上卷，人民出版社 1980 年版，第 367 页。
② 《周恩来选集》上卷，人民出版社 1980 年版，第 368 页。
③ 《周恩来选集》上卷，人民出版社 1980 年版，第 368 页。
④ 《周恩来选集》上卷，人民出版社 1980 年版，第 369 页。

不完全等同于苏联的政权制度。中国共产党领导建立的政治制度独具中国特色，我们是各革命阶级的联盟。周恩来指出："我们的这个特点，就表现在中国人民政协会议的形式上。"[①] 中央人民政府各部门和现在各地的人民代表会议以及将来的人民代表大会都将同样表现这个特点。从人民选举代表到召开人民代表大会，从选举人民政府到政府行使国家政权的这一整个过程，"都是行使国家政权的民主集中的过程，而行使国家政权的机关就是各级人民代表大会和各级人民政府"[②]。

关于新民主主义的军事制度，周恩来阐明，我们的军事制度不同于封建军阀，也不同于资产阶级的军事制度。按照《共同纲领》的规定，我们要用"新民主主义的军事制度来统一全国的军队，这里边包括一切从国民党反动统治方面起义过来的军队"，要帮助他们改造为人民的军队。他还指出人民解放军能取得今天的胜利和得到全国人民的拥护，决不是偶然的。它有自己的特点，其特点是它"不仅勇敢机智善于作战，而且能正确地执行政策，并帮助人民劳动。政治工作制度是它的灵魂"。[③]

三是《共同纲领》确定了即将建立的新中国的经济、文化、民族和外交等主要政策。

《共同纲领》不但明确了中国共产党的统一战线方针和新民主主义的政治、军事制度，而且对新民主主义的经济政策、文化政策、民族政策以及外交政策也做出明确规定。

按照《共同纲领》的规定，新中国在经济方面的基本指导思想是照顾四面八方，实行公私兼顾、劳资两利、城乡互助、内外交流的经济政策，目的在于发展生产，繁荣经济。周恩来强调在新民主主义的五种经济成分中，国营经济是领导的成分。要"使全社会都能各得其所，以收分工合作之效，这是一个艰巨而必须实现的任务"。在筹备政协会议期间，关于经济内容的讨论最多，周恩来把各方面的意见建议尽量都吸纳在《共同纲领》的草案里。他认为当时我国经济建设百废待兴，但须有缓急轻重之分，《共同纲领》草案中

① 《周恩来选集》上卷，人民出版社 1980 年版，第 369 页。
② 《周恩来选集》上卷，人民出版社 1980 年版，第 369 页。
③ 《周恩来选集》上卷，人民出版社 1980 年版，第 370 页。

已对“那些是现在可以做的、那些是现在不能做的；那些是已经做了的、那些是尚未做的等分析规定出具体条文”。[①]

周恩来还简要地概括了《共同纲领》中规定的新民主主义的文化政策，这就是民族的形式、科学的内容、大众的方向。

民族问题一直是中国政治发展的主要问题之一，在《共同纲领》的草拟过程中，中国共产党与各民主党派就新中国的民族制度问题进行了充分讨论。毛泽东在 1945 年《论联合政府》中曾提出建立联合政府，发展联邦制的设想，周恩来在起草《共同纲领》草案的初稿中沿用了这一主张。在政协筹备会议上，李维汉建议：在统一的国家内不宜搞联邦制，应实行单一制的民族区域自治。[②]大家通过协商后，普遍赞同在新中国实行民族区域自治制度，周恩来采纳了李维汉及各界民主人士的合理意见，并最终将这一意见写进了《共同纲领》草案的修改稿中。为使更多人了解在新中国实行民族区域自治制度的政治优势，9 月 7 日，周恩来在向各界政协代表作《关于人民政协的几个问题的报告》时，对这一修改做了专门的解释。周恩来阐明我们民族政策的基本精神“是使中华人民共和国成为各民族友爱合作的大家庭，必须反对各民族的内部的公敌和外部的帝国主义”[③]。新中国要实行民族区域自治制度已经在《共同纲领》的草案里面作了明确规定，在中华民族的大家庭中，我们要反对两种错误的倾向，即大民族主义和狭隘民族主义。

关于新民主主义的外交政策，在《共同纲领》第七章中作出了明确规定。周恩来在政协会议上说明，《共同纲领》中制定的新中国外交政策是接受了毛泽东在《论人民民主专政》中提出的“一边倒”的方针，即在当时两大阵营对抗的国际背景下，我们新中国要站在以苏联为首的社会主义阵营一边。周恩来强调我们外交政策上的基本态度是“保障本国独立、自由和领土主权的完整，拥护国际的持久和平和各国人民间的友好合作，反对帝国主义的侵略政策和战争政策”[④]。

---

① 《周恩来选集》上卷，人民出版社 1980 年版，第 370 页。

② 《新中国重大决策纪实》，中国文联出版社 1999 年版，第 150 页。

③ 《周恩来选集》上卷，人民出版社 1980 年版，第 370—371 页。

④ 《周恩来选集》上卷，人民出版社 1980 年版，第 371 页。

四、《共同纲领》的历史意义与现实启迪

《共同纲领》的制定反映了老一辈革命家对中国新型政党制度的理论思考和实践探索。其重要历史意义在于："我们的共同纲领是带长期性的，是各民主党派、人民团体、各路野战军和解放区一切人民的共同愿望的具体表现，也是各党派、各区、各界长期合作的基础，其重要性是不待言的。"[①] 周恩来的成功实践及杰出思想，不但对新型政党制度的建立和统一战线的发展发挥了重要历史作用，而且对新时代继续完善新型政党制度、扩大爱国统一战线仍有现实启迪意义。

首先，《共同纲领》的制定确立了中国新型政党制度的政治基础。

《共同纲领》规定了即将建立的新中国的国体、政体，具有临时宪法的性质，为新中国的成立、为中国新型政党制度的建立奠定了政治基础。《共同纲领》不仅对中国新型政党制度作出了具体规划，而且明确了中国共产党的最终目标和治国理念，规定了新中国的性质和重大方针、路线、政策，体现了全国各族人民、各民主党派以及各阶层爱国人士的共同愿望和利益诉求。《共同纲领》明确规定"由中国共产党、各民主党派、各人民团体、各地区、人民解放军、各少数民族、国外华侨及其他爱国民主分子的代表们所组成的中国人民政治协商会议，就是人民民主统一战线的组织形式"[②]。这一规定，明确保障了各民主党派能够以政协会议为主要制度平台，合理有效地参与新生人民政权的各项建设，更好地与执政的中国共产党保持密切的政治合作关系。

其次，《共同纲领》的制定实施成为中国特色政党制度的重要政治保证。

《共同纲领》是中国共产党与各民主党派反复讨论、协商制定的第一部具有宪法性质的法律文献。它确保了中国共产党的领导地位，也保障了各民主党派政治作用的发挥，成为中国共产党与各民主党派间密切合作的制度保证；它明确了政治协商会议是统一战线的组织形式，保障了各民主党派能够以政协会议为主要制度平台，合理有效地参与新生人民政权的各项建设；它的颁

① 《建国以来周恩来文稿》第 1 册，中央文献出版社 2008 年版，第 10 页。
② 《建国以来重要文献选编》第 1 册，中央文献出版社 2011 年版，第 1 页。

布实施为各民主党派及无党派人士的合法存在及政治权力的行使提供了政治依据，各民主党派可以依法发挥政治协商、民主监督、参政议政三大功能。各民主党派在《共同纲领》指引下，以参政党的政治地位在中国的政治体制和政党体制中发挥作用，有力推动了新中国政治民主化的进程，实现了中国共产党领导的多党合作和政协协商的制度化发展。除了政治地位保障外，《共同纲领》还在经济、文化、科教各方面制定了有利于各民主党派及无党派人士充分发挥作用的政策，而且规定公民所享有的权利和义务，保证了各界各阶层群众依据其政治诉求的不同，以合理渠道加入各民主党派，彰显了中国特色新型政党制度的优越性。

再次，《共同纲领》巩固和扩大了社会主义时期的爱国统一战线。

良好的政党运行机制是实现政党政治价值和功能的重要途径，而正确的具有前瞻性的政治纲领又是良好的政党运行机制建立的前提和保障。《共同纲领》明确规定了各政党在新的政治体制中的权利、义务和法律地位，不仅表明了中国共产党的政治目标，也体现了各民主党派的政治诉求，保障了新型政党制度的建立和顺利运行，有利于保证各党派民主监督功能的有效发挥。中国共产党向来重视发挥统一战线在中国革命及建设中的重要作用，《共同纲领》的制定实施有利于继续巩固和扩大统一战线，有利于坚持中国共产党的多党合作和政治协商制度。从另一个角度说，中国共产党的统一战线理论是构建新型政党制度的指导思想。周恩来在起草《共同纲领》时，特别强调从制度上保障人民政协的统一战线性质。《共同纲领》第 13 条明确规定："中国人民政治协商会议为人民民主统一战线的组织形式。其组织成分，应包含有工人阶级、农民阶级、革命军人、知识分子、小资产阶级、民族资产阶级、少数民族、国外华侨及其他爱国民主分子的代表。"[①] 这一规定，不仅阐明了中国人民政治协商会议的组织基础、阶级基础，指出了各民主党派所代表的阶级、阶层及其人员构成，而且明确了各党派在新中国政治体制中独特的政治地位，巩固和扩大了社会主义时期的爱国统一战线。

最后，周恩来在领导制定《共同纲领》过程中所进行的理论思考和实践

① 《建国以来重要文献选编》第 1 册，中央文献出版社 2011 年版，第 4 页。

探索至今仍有重要的现实启迪意义。

政党制度是现代民主政治的重要内容，是一个国家政治上层建筑的重要组成部分，政党制度的核心是政党之间的关系。中国共产党领导的多党合作和政治协商制度是共产党与各民主党派一起创造的新型政党制度。周恩来为奠定各党派共同政治基础、为中国新型政党制度的构建和发展立下了不朽的功劳。他既为人民政协组织机构的筹建和正常运转做了精心筹划，又对政协的性质、作用以及国家政治体制等重大理论问题做了认真思考和总体把握。作为以毛泽东同志为核心的新中国第一代中央领导集体的重要成员，作为第一届全国政协第一副主席、第二、第三、第四届全国政协主席，周恩来参与创建并直接领导了人民政协的大量工作。其对筹建和发展人民政协所做的实践探索和理论思考，对创建新型政党制度所做的大量奠基性工作，为我们今天继续完善在中国共产党领导下，共产党与各民主党派长期共存、互相监督、肝胆相照、荣辱与共的和谐的政治局面奠定了良好的基础。如今，中国共产党已经走过百年光辉历程，我们党正站在新的历史起点上，全国人民正在向着第二个百年奋斗目标砥砺前行，我们面临着新的风险、新的机遇和新的挑战，这就需要我们从周恩来等老一辈革命家的杰出思想、成功实践、领导艺术和治理经验中汲取智慧和经验，在新的时代背景下继续完善和发展新型政党制度，持续提高广大民众和社会各界对新型政党制度的认同。今后要进一步强化执政党和参政党的自身建设，提高治理体系和治理能力的现代化，不断丰富党的统一战线理论和工作方式，充分调动各阶层各界人士的积极性，团结海内外一切可以团结的力量，共同致力于中华民族的复兴伟业。

中国式现代化视域下的国史分期与研究探析

尹红群 *

内容提要：中国式现代化为国史分期问题提供坚实的理论依据，其中中国式现代化思想对国史分期有着重要的指导作用。立足国史学科的性质与特点，从中国式现代化思想出发，国史可以实行“三分法”：1949—1978 年：中国式现代化的前期奠基；1979—2012 年：中国式现代化的成形发展；2012 年以来：中国式现代化进入新时代。三个时期各有历史主线和基本特征。深入推进前 30 年总体史研究是当前关键问题之一。

朱佳木同志是中华人民共和国史研究的领军人物，率先对中华人民共和国史（以下简称国史）的分期问题进行了严谨深入的探讨，发表了《论中华人民共和国史研究》(《中国社会科学》2009 年第 1 期)、《再谈国史分期问题》(《当代中国史研究》2021 年第 2 期）等著述，主张以经济与社会发展目标模式的变化作为分期标准，并将迄今为止 70 多年的当代史分为五个时期。“五分法”逻辑清晰，自成一家。本文充分尊重和吸收“五分法”的思想内核，提出“三分法”，即在党的第三个历史决议和中共二十大精神指导下，以中国式现代化思想为主要依据，将国史划分为三个阶段：1949—1978 年：中国式现代化的前期奠基；1979—2012 年：中国式现代化的成形发展；2012 年以来：中国式现代化进入新时代。

一、中国式现代化提供了国史分期的新依据

《中共中央关于党的百年奋斗重大成就和历史经验的决议》(以下简称

* 尹红群，湖南师范大学历史文化学院。

《决议》）提出了中国式现代化的学术思想，得到学术界和思想界的高度关注。对中国式现代化学术思想的深入阐述有利于国史分期的理论思考，同样，国史分期问题的深入讨论也有利于丰富中国式现代化这一范畴的学术内涵和外延，有助于中国学术和话语体系发展。

（一）《决议》背后蕴含的中国式现代化学术思想

《决议》明确指出：“党领导人民成功走出中国式现代化道路，创造了人类文明新形态，拓展了发展中国家走向现代化的途径，给世界上那些既希望加快发展又希望保持自身独立性的国家和民族提供了全新选择。”①《决议》立意高远，具备全球比较现代化的视野，学术思想深厚，是理论与实践的结合、逻辑与历史的统一。

现代化实践与现代化概念首先在欧美国家产生，主要表现为工业化和资本主义化，西方的理论家们在西方实践的基础上，建构了现代化理论。早期的现代化理论把“其它社会的历史看作是在西方社会的影响下开始出现的”，“这种简单称为西方的或西方化的观点，往往在美国的高等和中等教育中占有优势”。②后来的现代化理论家，如亨廷顿，强调“现代化过程与西方化过程确实是截然不同的”③。但是，由于在非西方世界没有出现比西方发达国家更可持续的现代化模式，“西方中心论”的幽灵始终存在，前有马克斯·韦伯所谓的“理性化”，后有福山所谓的“历史的终结”，把西方式现代化看作终极模式。

近代以来中国受“现代化”影响既深且巨，中国知识界在20世纪30年代掀起了一次“现代化”的思想讨论。知识界的“现代化”思潮讨论对中国共产党的新民主主义理论也有一定影响。④在新民主主义理论中，中国共产党

---

① 《〈中共中央关于党的百年奋斗重大成就和历史经验的决议〉辅导读本》，人民出版社2021年版，第73页。

② ［美］西里尔·E·布莱克编：《比较现代化》，杨豫、陈祖洲译，上海译文出版社1996年版，导论第3页。

③ ［美］塞缪尔·P·亨廷顿：《导致变化的变化：现代化，发展和政治》，［美］西里尔·E·布莱克编：《比较现代化》，杨豫、陈祖洲译，上海译文出版社1996年版，第53页。

④ 张勇：《新民主主义理论与三四十年代关于中国现代化的论争》，《中共党史研究》2000年第2期。

将现代化的目标追求设定为工业化。抗战时期毛泽东就深刻认识到，工业是“最有发展、最富于生命力、足以引起一切变化的力量”①。新中国成立后，中共中央即着手“一五”计划的制定，集中力量，优先发展重工业。经过多年的探索，中共中央和毛泽东对中国现代化战略目标和步骤的认识逐渐深化，从单一的“工业化”向“四个现代化”转变。1964年12月，周恩来在三届全国人大一次会议上正式提出“四个现代化”的宏伟目标。

非常遗憾的是，在前30年，尽管中共中央提出现代化战略思想，但中国的学术界并没有给予现代化应有的重视和深入研究。中国人民整体上对什么是现代化和怎样建设现代化这个问题是缺乏认知的。

改革开放，打开了中国的大门，使中国人民的思想得到解放，新的伟大实践开始了。邓小平承续了“四个现代化”的理论探索和实践，提出了“中国式的现代化”“社会主义的现代化”等概念。改革开放思想解放打破了学术禁锢，中国学术界对时代命题进行积极的回应，现代化讨论应时而兴。罗荣渠、章开沅、姜义华等学者均对现代化理论有深入探索。

2012年中共十八大以来，中国的改革开放进入全面深化改革开放阶段，“党和国家事业取得历史性成就、发生历史性变革，为实现中华民族伟大复兴提供了更为完善的制度保证、更为坚实的物质基础、更为主动的精神力量”②。正是在这样的背景下，中国式现代化概念被正式提出来，习近平做了一定的解释：“我国现代化是人口规模巨大的现代化，是全体人民共同富裕的现代化，是物质文明和精神文明相协调的现代化，是人与自然和谐共生的现代化，是走和平发展道路的现代化。”③这是新时代提出的新命题。

（二）中国式现代化对于国史分期的理论价值

中国式现代化敲响国史学科的大门，国史学科必须主动对中国式现代化命题作出回应及应有的贡献，这是国史学科独立发展的重要契机，同时，展示新时代国史学科的理论贡献。

---

① 《毛泽东文集》第3卷，人民出版社1996年版，第146页。

② 《习近平著作选读》第2卷，人民出版社2023年版，第479页。

③ 习近平：《把握新发展阶段，贯彻新发展理念，构建新发展格局》，《求是》2021年第9期。

与中国近代史形成一个连贯与超越的关系。一方面，历史有着内在联系和继承性，探讨国史分期问题有必要与中国近代史分期问题保持某种连贯性。新中国成立后，中国近现代史分期问题曾引起两次大的讨论热潮，并极大地推动了中国近代史研究，对于国史研究有重要启示作用。20 世纪 50 年代的近代史分期问题大讨论[①]，基本形成“以阶级斗争的表现来做划分时期的标准”[②]，确立了革命史范式。改革开放后的 80—90 年代，经过思想解放的洗礼，新的近代史分期大讨论形成，讨论的深度和广度均超过 50 年代，基本形成“近代化”也是中国近代史基本线索的共识，确立近代化范式或称现代化范式。学界随后对革命史范式和现代化范式进行了激烈论争。讨论的结果是二者逐渐合一：从中国近现代历史的全过程来看，革命史范式和现代化范式并非两种截然对立的范式，二者是可以相互包容作相互补充的。[③] 因此，改革开放以来的现代化范式大讨论，为贯通国史和近代史提供了可能。

另一方面，要看到两个时期的现代化之间存在本质区别。从洋务运动到 1949 年新中国成立，中国近代化的核心内涵是以资本主义方式实现工业化和民主化，但由于受到“三座大山”的阻碍和半殖民地半封建社会的恶劣环境，中国的近代化宣告失败。1949 年新中国成立以后，中国的现代化进程步入崭新阶段，即从资本主义近代化转换为社会主义工业化、现代化阶段。中国人民在社会主义现代化道路上创造出伟大成就，这也是中国式现代化生成演进的历史基础。

促进新时代国史学科的学术、学科、话语体系建设。中国式现代化有助于彰显国史分期的学科属性。如何处理好国史与中共党史的关系是国史学科建设的重要环节。国史通过党的领导和执政而形成和发展，并与中共党史相辅相成。[④] 同时，国史学科建设需要彰显新中国史的学科特色，即新中国史

---

① 杨遵道：《中国人民大学第六次科学讨论会上关于“中国近代史分期问题”的讨论》，《历史研究》1956 年第 7 期；郭煜中：《关于中国近代史分期标准问题的讨论》，《学术月刊》1959 年第 10 期。

② 参见胡绳：《中国近代历史的分期问题》，《历史研究》1954 年第 1 期；戴逸：《中国近代史的分期问题》，《历史研究》1956 年第 6 期。

③ 张海鹏：《中国近代通史》第 1 卷，江苏人民出版社 2009 年版，第 38—50 页。

④ 宋月红、王爱云：《中华人民共和国史研究的理论与方法》，当代中国出版社 2016 年版，第 63 页。

“不能与党史的写法完全相同，而要力求在历史阶段划分、标题、角度、内容等方面彰显新中国史的特色”[①]。中国式现代化的历史演进非常契合国史分期问题研究。

习近平提出：“每个学科都要构建成体系的学科理论和概念。”[②] 成体系的学科理论构成学术体系，成体系的概念构成话语体系。国史的学术体系建设体现在指导思想、国史分期、主题主线、功能特征、方法等一系列学科理论的创新发展方面。中国式现代化的提出无疑给国史学术体系提供了高屋建瓴的宏观指导和创新路径。

中国式现代化为国史的学术话语建构提供重要契机。重大理念的提出必然带来一些重要概念创新，以及对国史上一些理论话语的再思考和再确定。加强话语体系建设，解读中国实践，避免对西方理论话语的盲从，新时代国史的学术话语建设理应体现出理论自信与历史自信。

二、中国式现代化与“三分法”

历史分期需要体现历史事件比较完整的兴衰变化和阶段性的基本特征，以体现历史学科特性。有鉴于此，国史分期宜粗不宜过细。本文提倡的“三分法”，逻辑依据是中国式现代化，本质是社会主义现代化。三个时期的历史主线都是围绕“什么是社会主义，怎样建设社会主义”这个基本问题展开，其历史表现分别是：“社会主义＋工业化”、“中国特色社会主义＋以经济建设为中心＋改革开放”、“新时代中国特色社会主义＋新发展观”。以下结合史实进行论述。

（一）中国式现代化的前期奠基（1949—1978 年）

本文主张将 1949—1978 年划分为一个时期，即所谓中华人民共和国前 30 年历史，或称为“改革开放前的历史时期”。

---

① 李捷：《新中国史的叙事方式、问题把握与精神铸就》，《华南理工大学学报（社会科学版）》2021 年第 6 期。

② 《习近平著作选读》第 1 卷，人民出版社 2023 年版，第 486 页。

1. 历史主线。在什么是社会主义，怎样建设社会主义这个问题上，中共中央和毛泽东根据苏联经验进行了艰难探索。前 30 年的历史主线就是“社会主义 + 工业化”：在社会主义条件下，从学习苏联“优先发展重工业”，到提出“四个现代化”，核心是“中国工业化道路”的探索。而前 30 年的主要成就，就是在社会主义条件下，建立了比较完备的社会主义工业体系，确立了“国家富强、人民幸福”的坚实基础。

社会主义制度的建立和巩固是中国式现代化的基本前提。1954 年人民代表大会制度实施，《中华人民共和国宪法》颁布，中国共产党领导的多党合作和政治协商制度进一步巩固。1956 年社会主义革命完成，国家政治的根本制度、基本制度和重要制度确立起来，为人民当家作主提供了制度保证。社会主义制度的建立，“为当代中国一切发展进步奠定了根本政治前提和制度基础”①。

“一五”计划优先发展重工业，建立国家工业化和国防现代化的初步基础。由于工业化建设是以苏联援助的 156 项工程为中心，因此，苏联的经验和模式是我们学习的榜样，不仅在工业领域，中国在各方面都结合自己的实际学习苏联的经验，这个学习过程大约持续到 1956 年毛泽东发表《论十大关系》。②《论十大关系》是中国探索自己社会主义建设道路的良好开端，中共八大总结了中共中央领导人对社会主义建设的探索经验，形成八大路线，确立社会主义建设的战略目标是：“尽可能迅速地实现国家工业化，有系统、有步骤地进行国民经济的技术改造，使中国具有强大的现代化的工业、现代化的农业、现代化的交通运输业和现代化的国防”③。但是，党和国家在工业化建设道路上，存在冒进与综合平衡稳步前进两条道路的摇摆，前者发展成“大跃进”运动，给国民经济造成极大破坏。痛定之余，中共中央于 1964 年底正式确立“四个现代化”战略目标。④不久开始的“文化大革命”冲击了“四个现代化”战略的实施。但是，在这个十年里，党和国家仍然在探索工业化问题，

① 《习近平谈治国理政》第 3 卷，外文出版社 2020 年版，第 11 页。

② 朱佳木：《再谈国史分期问题》，《当代中国史研究》2021 年第 2 期。

③ 《建国以来重要文献选编》第 9 册，中央文献出版社 2011 年版，第 270 页。

④ 《周恩来选集》下卷，人民出版社 1984 年版，第 439 页。

包括对经济规律认识的深化、大规模开展“三线”建设，推进石油、电子、煤炭工业以及地方“五小”工业、农田水利基本建设和社队工业发展，启动实施了以引进成套生产设备为内容的“四三方案”，组织重大国防科技攻关。[①]中国工业化仍然是前进的，表现出中国工业化奠基向纵深发展的一些特点。

2. 基本特征。在政治领域，始终全面坚持党的领导和社会主义政治制度，虽然存在政治运动，但中国政治大局稳定。在经济制度方面，受意识形态影响，经济结构从“新民主主义五种经济成分”转向“单一公有制”；经济管理体制改革难以推进，高度集中统一的计划经济体制加突出政治和群众运动作为经济与社会目标模式，构成“前 30 年”经济建设的基本特征。[②]朱佳木对此有精彩论述，本文仅补充认为，从 1950 年大兴水利工程开始，如荆江分洪、淮河治理，再到 1960 年代各地普遍开展的“农业学大寨”，计划经济加突出政治和群众运动的基本模式始终存在，一以贯之。

（二）中国式现代化的成形发展（1978—2012 年）

1978—2012 年历时 34 年，是中国经济高速增长期，中国式现代化获得长足发展。

1. 历史主线。改革开放后历史主线发生变化，摆脱把工业化作为目标的单一性局限，从继承“四个现代化”向“中国式的现代化”“社会主义现代化”发展。邓小平清晰阐述了“什么是社会主义，怎样建设社会主义”这个基本问题，形成中国特色社会主义理论和总体规划。江泽民和胡锦涛与时俱进，坚持和完善中国特色社会主义，在一些关键问题上进行了突破。

“改革是社会主义制度的自我完善。”[③]1978 年开始的改革开放，是以思想变革为先导的。批判“两个凡是”，开展真理标准问题的讨论。1981 年 6 月，中共十一届六中全会通过《关于建国以来党的若干历史问题的决议》，标志着党在指导思想上的拨乱反正胜利完成。人事方面，邓小平成为党的第二代中

---

① 郑有贵主编：《中华人民共和国经济史（1949—2012）》，当代中国出版社 2016 年版，第 111 页。

② 朱佳木：《再谈国史分期问题》，《当代中国史研究》2021 年第 2 期。

③ 《邓小平文选》第 3 卷，人民出版社 1993 年版，第 142 页。

央领导集体的核心。1987 年中共十三大明确提出“建立有中国特色的社会主义民主政治”，逐步开辟出一条有中国特色社会主义政治发展道路。[①] 进入 21 世纪，江泽民系统阐述了“三个代表”重要思想的科学内涵和基本内容，深刻回答了新的历史条件下加强和改进党的建设的重大理论和实践问题。这些政治变革为改革开放奠定了坚实的政治基础。

经济和社会发展道路是中国式现代化的主干。1982 年中共十二大提出“建设有中国特色的社会主义”重大崭新命题，回答了进入改革开放新时期后走什么样的道路问题。1984 年城市改革全面推进，国营企业进行股份制改革。其他领域如教育体制改革也在加快步伐。对外开放新格局形成，四个经济特区的经验得到肯定，多层次，有重点、点面结合的对外开放新格局逐渐形成。1987 年 10 月，中共十三大提出“三步走”发展战略。1992 年 10 月，中共十四大明确提出建立社会主义市场经济体制的改革目标。1997 年 9 月，中共十五大首次使用“邓小平理论”这个概念，提出新“三步走”战略，“两个一百年”战略目标初步形成。2002 年 11 月，中共十六大提出全面建设小康社会目标。2003 年，胡锦涛提出和完整阐述了“科学发展观”思想。2007 年 10 月，中共十七大部署全面建设小康社会的战略举措。1978—2011 年，中国经济社会力量不断壮大，中国式现代化行稳致远。

2. 基本特征。改革开放成为当代中国最显著的特征，“是我们党在新的历史时期最鲜明的旗帜”[②]。经济建设模式上主要强调量与规模的发展，把高速增长放在重要位置。邓小平在 1984 年 6 月 30 日明确指出“社会主义的优越性归根到底要体现在它的生产力比资本主义发展得更快一些、更高一些，并且在发展生产力的基础上不断改善人民的物质文化生活”以后，多次谈到，“最根本的因素，还是经济增长速度，而且要体现在人民的生活逐步地好起来”。“在今后的现代化建设长过程中，出现若干个发展速度比较快、效益比较好的阶段，是必要的，也是能够办到的。”[③] 改革开放以来，中国取得了世界上史无

① 李正华、张金才主编:《中华人民共和国政治史（1949—2012）》，当代中国出版社 2016 年版，第 172 页。

② 习近平:《论中国共产党历史》，中央文献出版社 2021 年版，第 128 页。

③ 《邓小平文选》第 3 卷，人民出版社 1993 年版，第 63、355、377 页。

前例的增长率，特别是从 1992—1999 年，平均每年经济增长率超过 10%，并直接带动了之后十多年（截至 2008 年国际金融危机发生）的快速增长。①

（三）中国式现代化进入新时代（2012 年以来）

把 2012 年中共十八大以来的历史作为国史分期的第三个时期，有着充足的理由。十八大之后，中国在治国理政的各个层面出现了一系列有别于以往时期的明显变化，呈现出鲜明的阶段性特征，是中国特色社会主义制度走向更加成熟和定型的时期。②

1. 历史主线。中国特色社会主义处于新的历史方位，把握历史主动性和坚持理论自觉，中国共产党人思考和回答“建设一个什么样的中国特色社会主义和怎样建设中国特色社会主义”，在国内外形势发生深刻复杂变化的背景下，攻坚克难，进行新的伟大实践。

新时代中国特色社会主义向改革深水区迈进，制度建设是根本性问题。中共十八大以后，制度建设被摆到更加突出的位置，“明确全面深化改革总目标是完善和发展中国特色社会主义制度、推进国家治理体系和治理能力现代化”③。中国的政治制度坚持“党的领导、人民当家作主、依法治国有机统一”④，强调党的领导是中国特色社会主义最本质的特征，人民当家作主是社会主义民主政治的本质和核心，依法治国是党领导人民治理国家的基本方略。

中国式现代化建设进入新时代，践行新发展观。中共十八大以后，中共中央提出创新、协调、绿色、开放、共享的新发展理念，转变传统发展模式，强调高质量发展，相继提出“供给侧结构性改革”和“以人民为中心”的发展思想。中共十九大提出中国社会主要矛盾已经转化为人民日益增长的美好生活需要和不平衡不充分的发展之间的矛盾；经济现代化的总体目标是建设现代化经济体系，“不断增强我国经济创新力和竞争力”⑤；推动物质文明、政

① 王忠明：《中国“快”增长阶段的终结及应对》，《中国发展观察》2014 年第 1 期。
② 朱佳木：《再谈国史分期问题》，《当代中国史研究》2021 年第 2 期。
③《习近平谈治国理政》第 3 卷，外文出版社 2020 年版，第 15 页。
④《习近平谈治国理政》第 3 卷，外文出版社 2020 年版，第 28 页。
⑤《习近平谈治国理政》第 3 卷，外文出版社 2020 年版，第 24 页。

治文明、精神文明、社会文明、生态文明协调发展，创造了中国式现代化新道路[①]。到2018年，“我国主要农产品产量跃居世界前列，建立了全世界最完整的现代工业体系，科技创新和重大工程捷报频传”[②]。“我们用几十年时间走完了发达国家几百年走过的工业化历程。”[③]2021年，中国庄严宣告，第一个百年奋斗目标实现，“在中华大地上全面建成了小康社会，历史性地解决了绝对贫困问题”[④]。2022年中共二十大进一步提出，高质量发展是全面建设社会主义现代化国家的首要任务。

2. 基本特征。新时代的历史还在演进之中，共通的基本特征还待历史验证，目前来看，基本特征包括：坚定“四个自信”，明确“五位一体”总体布局和“四个全面”战略布局，强调走自己的道路，坚持顶层设计和总体突破，让各项制度更加定型和成熟；经济发展控制增速，着重高质量的发展，推动构建新发展格局，这是中国式现代化的本质要求，凸显发展质量的全局和长远意义。从中国式现代化概念与思想内涵来看，新时代是一个“强起来”的伟大时代。

三、深入推进前30年总体史研究

正如中华人民共和国前30年为中国式现代化起到奠基作用，前30年国史研究同样应该为国史学科发展起到奠基作用。目前，前30年国史研究存在一些不尽如人意之处，例如，历史虚无主义在国史研究中比较活跃、国史研究中存在“碎片化”现象、对改革开放前后两个历史时期存在错误认识等。[⑤]克服这些不足，需要深化前30年国史的总体史研究。

在近代化与中国式现代化之间探寻前30年的历史地位。把前30年国史作为一个总体阶段，放置于近代以来两个现代化（即1949年前的“近代化”

① 《习近平著作选读》第2卷，人民出版社2023年版，第483页。

② 习近平：《论中国共产党历史》，中央文献出版社2021年版，第219页。

③ 习近平：《论中国共产党历史》，中央文献出版社2021年版，第223—224页。

④ 《习近平著作选读》第2卷，人民出版社2023年版，第476页。

⑤ 宋月红、王爱云：《中华人民共和国史研究的理论与方法》，当代中国出版社2016年版，第245—263页。

和1949年后中国共产党领导的“现代化”）进程中去定位，既要正确认识前30年与改革开放后历史时期的关系，也要认真研究好前30年与1949年以前的“近代化”历史的关系。关于改革开放前后两个时期的关系，“不能用改革开放后的历史时期否定改革开放前的历史时期，也不能用改革开放前的历史时期否定改革开放后的历史时期”①。前30年国史与“近代化”历史的关系同样值得高度重视。习近平引述邓小平的原话：“中国在世界上的地位，是在中华人民共和国成立以后才大大提高的。只有中华人民共和国的成立，才使我们这个人口占世界总人口近四分之一的大国，在世界上站起来，而且站住了。”“站不住就会天下大乱。”②这里，习近平从大历史的角度讲了前30年的历史作用。

前30年社会主义革命和建设，“积累了重要的思想、物质、制度条件，积累了正反两方面经验”③，构成了总体史研究的框架和主要内容。以社会制度的变革为例，以集体主义和社会主义原则进行社会建设，是中国式现代化奠基起步的重要内容。新中国成立初期（1949—1956年），党和国家进行大规模的社会改造，“荡涤旧社会的污泥浊水”：通过农村的土地改革、城镇的厂矿民主改革和街道民主改革，完成社会结构、社会制度和社会秩序的重整，创建基层社会组织和管理体系；通过《中华人民共和国婚姻法》的宣传贯彻、宗教界的“三自”改革，完成移风易俗，提倡集体主义和崇尚英模的社会新风；初步确立社会救济与劳动保障制度、开展初级卫生保健与爱国卫生运动，社会事业开始起步。全面建设社会主义的曲折发展阶段（1956—1978年），在农村建立了“政社合一”的人民公社体制，在城市形成以单位为主体的城市社会治理体系，在群众运动推动下曲折发展社会事业。“文化大革命”时期，由于社会建设长期服从服务于工业化战略，城镇大体处于温饱阶段，农村则普遍处于贫困阶段，民生改善滞后。④正反两方面的经验教训丰富而且深刻，只有在社会主义革命和建设的总体变革中才能得到更好的理解。

① 习近平：《论中国共产党历史》，中央文献出版社2021年版，第4页。

② 习近平：《论中国共产党历史》，中央文献出版社2021年版，第5页。

③ 习近平：《论中国共产党历史》，中央文献出版社2021年版，第3—4页。

④ 李文主编：《中华人民共和国社会史（1949—2012）》，当代中国出版社2016年版，第104页。

通过总体研究，以通史眼光看待“大跃进”与所谓“大跃进时期”、“文化大革命”与所谓“文化大革命时期”，辟新路，得新知。所谓“大跃进时期”、“文化大革命时期”缺乏政治依据和科学依据，不符合历史科学的学科属性。“大跃进”和“文化大革命”，是进行社会主义建设和探索的曲折，因此，在总体研究的基础上，直面问题，研究好建设成就和正反经验，加强这十年期间中国式现代化历程研究显得十分重要。新时代的研究需要开辟新路，摆脱以往的路径依赖，局部突破，创造新知。例如，近年来，国史学界开展“三线”建设史研究，产生一些新的认识，有助于突破“文化大革命”或“文化大革命时期”这些概念局限性，呈现国史研究新特征。

总之，《决议》和中共二十大报告是新时代中华人民共和国史叙事的标尺，中国式现代化成为国史研究理论的基石。国史分期问题要体现出新时代特征和理论精髓。这首先是理论对国史学科的要求，是国史学科的“必答题”。从中国近代史分期问题的讨论和现代化史理论建设来看，国史分期和国史专题研究完全有能力做好这个“必答题”。

从党的百年历史把握“两个伟大革命”的辩证关系*

刘宗灵、严　静**

内容提要： 中国共产党推进“两个伟大革命”的百年历史深刻昭示了伟大自我革命和伟大社会革命的辩证关系。二者在理论逻辑层面紧密契合，辩证统一；在实践逻辑层面，自我革命始终引领社会革命，从政治、思想、组织等多个维度影响社会革命的前进方向、内涵要义和发展进程。党的伟大自我革命在政治维度、思想维度、组织维度这三个层面上，对中国近现代以来的伟大社会革命进行了有力、持续的引领。中国共产党人应当以全面从严治党为关键点，以坚持人民至上为中心，以科学理论武装为根本，以严明纪律规矩为重点，以完善监督体制为保障，继续引领新时代的伟大社会革命，以圆满实现中华民族伟大复兴的历史使命。

党的十九届六中全会通过的《中共中央关于党的百年奋斗重大成就和历史经验的决议》立足于党的百年光辉历程，围绕着党的初心使命，创造性地提出“以伟大自我革命引领伟大社会革命”[①] 的重要命题。悉心考究百年党史，“自我革命”和“社会革命”的影子总是隐含于攸关中国共产党生存与发展及中华民族崛起与复兴的重大会议或重大文件的思想内核之中，抑或内蕴于中国共产党人持续推进社会向前发展的伟大实践当中。自我革命和社会革命始终相伴相随、相辅相成，二者辩证统一于中华民族伟大复兴的整个历史进程。着力研究自我革命与社会革命的辩证关系，是新形势下全面从严管党治党的

*　本文系教育部人文社科基金后期资助项目（项目号：21JHQ022）、四川省哲学社会科学基金马克思主义理论研究和建设工程一般项目（项目号：SCJJ23MGC36）的阶段性成果。

**　刘宗灵、严静，电子科技大学马克思主义学院。

①《中共中央关于党的百年奋斗重大成就和历史经验的决议》，《人民日报》2021 年 11 月 17 日。

学理依据，是新征程协同推进“两个伟大革命”的思想指南，对新时代中国共产党历史使命的实现具有重要的现实导向意义。

值得注意的是，本文所讨论的社会革命并非狭义上的社会革命，而是广义上的社会革命。在新一代中国共产党人持续革新“革命术语”的基础上，社会革命话语实现了由分解性思维、重塑性思维到建设性思维的逻辑转换，凸显了革命的“命”与“立”的特点。社会革命的内涵界定得到扩充和重构，既包含通过暴力、阶级斗争夺取政权，从而实现社会领导权的全面更替和社会制度的彻底嬗变这一原始意蕴，又囊括了在政治革命基础上所进行的广泛而深入的全部社会变革。因此，在某种意义上，社会主义建设、改革开放和全面深化改革等都属于社会革命的范畴，是社会主义革命的历史延续。

一、中国共产党推进“两个伟大革命”的历史理路

中国共产党自建立伊始，就养成了自我革命的精神品格，通过不断地自我反省、自我纠错、自我改造，将自身锻造成了兼具先进性、纯洁性的革命党与执政党。在不同历史阶段，党在遂行严格的自我革命基础上，秉持着彻底的革命精神，制定、执行和完成了一个个符合当时政治生态、社会实际、群众需要的目标任务，以此赓续推进伟大的社会革命进程。

（一）开天辟地：党的自我革命催生社会革命

新民主主义革命时期，中国共产党以思想建设为中心，依托批评与自我批评的方式，有序展开自我革命的党内实践活动。大革命时期的八七会议是中国共产党自我革命精神的初步彰显。八七会议全面清算了以陈独秀为代表的右倾机会主义错误，纠正了若干不符合革命实践需要的错误方针，为在思想上建党和政治上建党提供了理论生长点；强调批评与自我批评的行为作风，指出“公开的批评”自身所犯错误，才能正确地“纠正自己的错误”[①]，为在作风上建党提供了实践启迪点。土地革命时期的遵义会议是中国共产党刀刃

① 《中共中央文件选集》第3册，中共中央党校出版社1989年版，第252页。

向内的自我革命进程的实际肇端。遵义会议初步纠正了土地革命时期危害最大的第三次“左”倾错误路线，在思想上及组织上促成了党内新的团结统一，是中国共产党第一次独立自主地运用马列主义的基本原理，依托自我批评和自我检讨的斗争方式，来解决党内问题与矛盾的伟大自我革命实践。全面抗日战争时期的延安整风运动是中国共产党领导的一次比较全面而彻底的自我革命实践。延安整风运动从思想路线的高度全面清算了以往党内存在的不良思想和作风，较为彻底地清除了“左”、右倾错误思想的遗毒，整顿了党内山头林立的宗派主义风气；站在全局高度系统总结了党的斗争历史经验，凝结形成了党的三大优良作风，提出了实事求是的思想原则，推动了中国共产党自我革命的理论自觉和实践自觉，为全面抗战的胜利和中国人民革命事业的成功打下了坚固基石。全国革命胜利前夕召开的七届二中全会是中国共产党巩固自我革命的历史经验和实践成就的重要会议，“两个务必”的精神进一步帮助了中国共产党人保持头脑清醒，给广大党员干部提供了科学的价值标准和行为准则，为新中国的成立提供了关键精神支撑。中国共产党通过八七会议、遵义会议、延安整风运动、七届二中全会等多次历史关节口的斗争实践，行之有效地净化了党内的非马克思主义思想及其作风，不断增强党的自我革命的力度和深度，推动了党在大革命、土地革命、全面抗日战争、解放战争这四大历史阶段中的快速成长与进步，坚韧而执着地引领着社会发展的进步方向，并以高度的历史使命感和社会责任感，为民族独立与人民解放浴血奋战、英勇斗争，最终建立了伟大的中华人民共和国，催生了开天辟地的社会革命。

（二）改天换地：党的自我革命力促社会革命

新中国成立后，鉴于政党角色转换的考验、封建社会思想的遗毒和资产阶级不良风气的抬头等诸多问题，中国共产党必须进一步展开自我革命的斗争实践，才能带动全社会顺利实施过渡计划，完成稳固新生政权、变革社会制度的阶段目标。整党整风运动和“三反”运动这两大自我革命实践，推动中国共产党完成了由局部执政向全面执政的进化蜕变，提高了全党的思想觉悟和战斗力，为社会主义改造的最终完成和社会主义制度的基本确立提供了先进、纯洁的领导力量和组织力量。新中国成立之初的整党整风运动是延安整风运动在新的历史阶段的延续和深化，进一步拓宽了党的自我革命的斗争领域和实践路径。中国共产党以整风运动为起点，结合“三反”斗争，有效整治了部分党员的骄傲自满思想和贪污浪费作风，改善了党员吸纳体制。在党的作风整顿方面，刘青山、张子善等利用职权贪赃枉法分子被清除出党；在党的组织建设方面，各级党组织严格按照党员标准的八项条件审查老干部和吸纳新党员。值得注意的是，整党整风运动的开展与过渡时期党的政治运动和工作任务进行了密切结合。整风运动与土改运动相结合，通过整顿干部作风渐次推进土地改革，消灭了封建主义残余势力；整党运动与“三反”“五反”运动相结合，通过深挖党内腐败问题根源，揭露了资产阶级的剥削性和掠夺性与资本主义的腐朽性和落后性，为社会主义改造事业的开启和推行创造了有利条件。通过整党整风运动和“三反”运动的自我革命实践，党内存在的恶性病毒得到消杀，人民群众与党的血肉联系进一步加深，为消除社会经济中的资本主义成分和私营工商业成分奠定了思想基础、群众基础和政治基础，促成了新民主主义社会转型为社会主义社会这一改天换地的伟大社会革命。

（三）翻天覆地：党的自我革命焕新社会革命

改革是“中国的第二次革命”[①]；中国特色社会主义是“伟大社会革命的继续”[②]。十一届三中全会是中国共产党百年自我革命历史上一次意义深重的伟大转折。会议坚明而彻底地批判了“两个凡是”的思想，全面、客观、完整、恰当地重新评价了毛泽东及其思想体系，重新确立了解放思想、实事求是的思想路线，进一步加深了党的先进性建设和纯洁性建设，为切实开启改革开放的伟大事业，进而全面复兴和发展社会主义经济作出了不可忽视的重大贡献。在新的历史时期，中国共产党继续以党的自我革命实践，积极应对改革过程中出现的新挑战和新机遇。改革开放启动阶段，中国共产党通过组织实

① 《邓小平文选》第 3 卷，人民出版社 1993 年版，第 113 页。

② 《习近平关于“不忘初心、牢记使命”论述摘编》，党建读物出版社、中央文献出版社 2019 年版，第 37 页。

践是检验真理的唯一标准的学习教育活动，完成了拨乱反正的重大历史任务；改革开放全面展开阶段，中国共产党通过整党运动肃清党员队伍，加深党群关系，对现代化建设事业的起步和发展具有坚实的组织支撑和群众支撑意义；建立社会主义市场经济体制阶段，中国共产党通过组织学习邓小平南方谈话活动和“三讲”教育活动，加强了党员干部的理论武装和党性修养，全面推进了中国特色社会主义事业迈向21世纪；全面建设小康社会阶段，中国共产党通过学习“三个代表”重要思想和科学发展观的主题教育活动和实践活动，提高了党员干部服务群众的自觉自为意识，为国家经济发展和政党建设与治理提供了根本的政治遵循和思想引领。可以看出，改革开放和社会主义现代化建设新时期，中国共产党围绕着经济建设这一工作中心，根据社会现实情况和人民群众需要，不懈展开自我革命的斗争实践，推动了天翻地覆的社会革命。中国综合国力不断增强，社会各项建设不断完善，人民生活品质不断提升，实现了由温饱到小康，再到总体小康的历史性跨越。

（四）惊天动地：党协同推进“两个伟大革命”

中国特色社会主义新时代，在全面深化改革的新形势、新任务、新要求下，中国共产党协同推进“两个伟大革命”，以伟大自我革命引领惊天动地的伟大社会革命，中国特色社会主义不断取得新的重大成就，中华民族由此迎来了强起来的命运转折。中国共产党坚持牢记初心使命，通过开展“不忘初心、牢记使命”主题教育和党史学习教育，以坚定的理想信念为伟大社会革命筑牢基底。中国共产党坚持党的全面领导，全面加强和维护党中央的领导权威，健全和完善党的领导制度体系，用习近平新时代中国特色社会主义思想为伟大社会革命举旗定向。中国共产党坚持全面从严治党，严明和厉行党组织的纪律规矩，以高度的政治自觉、政治定力和政治担当为伟大社会革命开拓道路。中国共产党坚持深入推进反腐败斗争，整治群众身边的腐败问题和作风问题，以人民为中心为伟大社会革命凝魂聚力。中国共产党坚持健全与完善党和国家监督体系，加强对权力运行的制约和监督，用独特而鲜明的制度优势为伟大社会革命保驾护航。

二、“两个伟大革命”的逻辑契合和关系维度

党的百年辉煌史充分证明：“两个伟大革命”相伴相随、互促共进、不可分割。二者在理论逻辑层面紧密契合，辩证统一；在实践逻辑层面，自我革命始终引领社会革命，从政治、思想、组织等多个维度影响社会革命的前进方向、内涵要义和发展进程。

（一）逻辑契合：伟大自我革命与伟大社会革命辩证统一

《共产党宣言》中“两个彻底决裂”的思想对“两个伟大革命”的辩证统一关系的建立提供了坚实理论支撑和科学思维法则。马克思和恩格斯所提出的“两个彻底决裂”的思想，即“同传统的所有制关系”和“传统的观念”作“最彻底的决裂”[①]，或可说社会革命与思想革命。从生成论层面分析，思想革命是社会革命的逻辑产物和必然结果；从过程论层面分析，进行社会革命的动态进程势必伴随着对传统的腐朽、落后思想的斗争运动；从目的论层面分析，社会革命是思想革命的逻辑归宿和使命所在。“两个彻底决裂”相伴相随、相互制约、相互作用。

中国共产党同“传统的观念”彻底决裂的根本抓手和重要载体就是开展伟大自我革命；中国共产党同“传统的所有制关系”彻底决裂的必由之路和历史使命就是开展伟大社会革命。首先，从具体主体内容分析，“两个伟大革命”的内涵意蕴是对“两个彻底决裂”思想的创新性继承和发展。具体而言，中国共产党提出的“伟大社会革命”的现代表征不再局限于生产所有制的彻底变革，还内涵新的社会主义建设和改革运动，而思想观念的净化与革新本身是党的自我革命的历史主题和应有之义。此外，伟大自我革命还内涵政治建设、组织建设、作风建设、纪律建设、制度建设以及反腐倡廉等多重意蕴。其次，从理论逻辑关系分析，“两个伟大革命”的现代表征与“两个彻底决裂”的思想意蕴具有理论逻辑上的深层同构性。一方面，中国共产党进行的“伟大自我革命”是为了使主体保持高度的革命自觉性、思想纯洁性、组织进步

① 《马克思恩格斯选集》第1卷，人民出版社2012年版，第6页。

性，从而正确发挥主观能动性推进伟大社会革命；另一方面，伟大社会革命是全方位、宽领域、深层次的，而作为领导主体和实践主体的中国共产党在革新社会的过程中，也为主体自身的净化、发展、完善和提高创造了良好社会环境和历史机遇。

“两个伟大革命”的辩证关系之一，即党的伟大自我革命的力度决定了伟大社会革命的高度和深度。党的自我革命的执行力度与社会革命的发展进度是息息相关的，自我革命的范围广度和内容厚度影响并制约社会革命的发展进程。革命党必先自我革命，练就过硬担当本领，坚定崇高理想信念，才能推进“为民族谋复兴，为人民谋幸福”的伟大社会革命。中国共产党推进“两个伟大革命”的百年历史理路表明：伟大自我革命发展到何种程度，伟大社会革命就推进到何种高度和深度。党通过开展彻底的自我革命斗争，增强全党政治意识、革新全党思想观念、端正全党行为作风，促使全党达成新的团结统一，从而助力伟大社会革命实现历史性跨越和发展。

“两个伟大革命”的辩证关系之二，即伟大社会革命是党的伟大自我革命的使命归宿和价值指引。党不断进行自我警醒、自我超越的革命性行为的根本目的就在于为社会革命提供强大的内生动力。在不同历史时期，社会革命的阶段目标不同，党的自我革命的具体表现形式和内容指向也各有殊异。革命时期，建立新中国与建成社会主义社会的伟大社会革命，要求中国共产党坚持和加强以思想建设为中心的伟大自我革命实践；改革开放时期，改革开放和现代化建设的伟大社会革命，特别是社会主义市场经济体制的建立，要求中国共产党拓展自我革命思维、更新自我革命实践，统筹推进思想建设、组织建设和作风建设，将党的组织建设放在突出位置，进一步坚持和健全民主集中制，巩固和改进党的基层组织建设，培养和选拔德才兼备的领导干部[①]；中国特色社会主义新时代，全面发展和建设社会主义现代化强国的伟大社会革命，要求中国共产党以政治建设为统领，全面推进从严治党的伟大自我革命新实践。

---

① 《中共中央关于加强党的建设几个重大问题的决定》（1994 年 9 月 28 日中国共产党第十四届中央委员会第四次全体会议通过），《求实》1994 年第 11 期。

（二）关系维度：伟大自我革命引领伟大社会革命

一是政治引领。开展以政治建设为统领的伟大自我革命，是中国共产党领导和推进伟大社会革命的关键环节。政治建设是党的根本性建设，在伟大自我革命中居于首要地位。以政治建设为统领，开展伟大自我革命，就是要求全党旗帜鲜明讲政治，自觉增强政治意识、政治敏锐性，不断提高政治判断力、政治领悟力、政治执行力，把党塑造成富有前瞻力、影响力、领导力的权威政党。办好中国事情的关键在党。党通过加强政治建设，梳理、整合、优化政治资源和政治力量，制定、贯彻政治纲领和政治路线，严明政治纪律和政治规矩，推进政党治理能力现代化，进而促进国家治理能力现代化，为伟大社会革命提供科学的政治指导和坚实的政治保证。中国共产党需要充分发挥政治“定海神针”的作用，以政治建设统领党的其他各项建设，以政党治理优化国家治理和社会治理，以伟大自我革命引领伟大社会革命。有政治上的引领，党领导的伟大社会革命才能朝着正确的政治方向，沿着正确的政治道路行稳致远。

二是思想引领。开展以思想建设为基础的伟大自我革命，是中国共产党领导和推进伟大社会革命的先导和前提。百年来，党高度重视“守心立心”的心灵建设，通过开展初心使命教育，集中统一全党思想和行为步调，为伟大社会革命提供了一个具有强大内聚力、向心力和感召力的坚强领导者。党高度重视“铸魂塑魂”的精神建设，通过开展理想信念教育，锤炼党员干部党性修养，增强为人民服务的意识，为伟大社会革命打造了一批最富斗争精神和牺牲精神的革命战士。党高度重视“强基固基”的思想建设，通过开展思想政治教育活动，引导中国共产党人树立科学的马克思主义观，坚定崇高的马克思主义信仰，掌握马克思主义的原理方法，为伟大社会革命的实践提供正确的实践准则和理论指南。党高度重视“固本培元”的理论建设，通过总结历史经验，进行理论创造，推进理论创新和加强理论武装，不断开拓马克思主义的理论新境界，为伟大社会革命的推进提供了源源不竭的思想动力。中国共产党以“四个高度重视”为着力点，坚定不移地深化以思想建设为基础的伟大自我革命，为伟大社会革命的发展奠定了深厚理论基础，指明了正确的思想方向，提供了强大精神力量。

三是组织引领。开展以组织建设为重点的伟大自我革命，是中国共产党领导和推进伟大社会革命的重要环节。严密的组织体系、科学的组织制度和高质量的党员干部队伍，是中国共产党过关斩将、克敌制胜的重要法宝，是赓续推进伟大社会革命的必要条件。中央组织、地方组织、基层组织等党的各级组织，各正其位、各司其事、各尽其责，上下贯通、执行有力，在不断增强党的群众组织力的同时，提高了党的政治领导力、思想引领力和社会号召力，确保党始终发挥坚强的领导核心作用，以蓬勃的生命力和悍勇的战斗力不断推进伟大社会革命的发展历程。其次，党的组织制度对保障国家政治职能的发挥，以及党和国家各项方针政策和决策部署的落地具有根本性的重要意义，是推进伟大社会革命所不可或缺的主要元素。坚持和完善民主集中制，健全和维护党的集中统一领导，有利于凝聚全国人民的磅礴伟力，为伟大社会革命的实践提供雄厚的人力、物力、财力资源。党员干部是党和国家事业发展的主心骨和生力军，“建设中国特色社会主义，关键在于建设一支宏大的高素质干部队伍”[①]。要而言之，在组织维度上，中国共产党从组织体系、组织制度、组织队伍等多方面展开自我革命，为党领导的伟大社会革命提供了有力引领、有序策动和有效支撑。

三、以党的伟大自我革命引领新时代伟大社会革命的实践进路

中国共产党是伟大社会革命的坚强领导核心，伟大社会革命进程的赓续发展需要党的伟大自我革命新目标、新计划的持续施行和真正落实。在新的历史方位下，面对波谲云诡、复杂多变的国际国内局势，中国共产党以强烈的历史主动精神，不断以党的伟大自我革命新实践、新斗争来战胜风险挑战，切实解决了“两个大局”进程中的重大矛盾，坚持把全面建设社会主义现代化强国这一伟大社会革命启动好、操作好、实现好，推动新时代中国特色社会主义事业在新的长征路上高歌猛进、硕果累累。

---

① 《习近平总书记系列重要讲话读本》，人民出版社 2016 年版，第 109 页。

（一）全面从严治党是关键

“打铁必须自身硬，办好中国的事情，关键在党，关键在党要管党、全面从严治党。”[①] 党的十八大以来，中国共产党以刀刃向内的实践逻辑整党治党，实现了政党治理由宽松软向严紧硬的转变，取得了比以往任何历史时期都要巨大的社会历史成就。以习近平同志为核心的党中央坚持以政治建设为统领，全面从严管党治党，坚定捍卫“两个确立”、践行“两个维护”，为“四个全面”战略布局的统筹推进和“四个伟大”的实践规划提供了根本政治引领和政治保证。以习近平同志为核心的党中央以前所未有的定力和魄力，坚决激浊清扬、废贪立廉，持之以恒正风肃纪，坚定不移反腐打黑，以无禁区、全覆盖、零容忍的态度整治了党内阻碍社会革命推进的利益藩篱，清除了党内妨碍社会革命发展的顽瘴痼疾，推动了党的伟大自我革命迈上新台阶、收获新成效、达到新高度，引领、带动和推进了新时代的伟大社会革命持续以昂扬的姿态深化发展。以伟大自我革命引领新时代的伟大社会革命，需要党中央牢牢把握和坚持全面从严治党在协同推进“两个伟大革命”格局中的关键位置，需要全党笃守彻底的自我革命精神，以坚强的革命自为意识，保证全面从严治党永远在路上。

（二）坚持人民至上是中心

民心是最大的政治，是伟大自我革命的永动机，是伟大社会革命的原动力。中国共产党受人民之命而立，因人民之力而兴，为人民之愿而强，人心向背不仅关乎党的生死存亡，更关乎党领导人民进行的伟大社会革命能否继续稳步前进。只有始终站稳人民立场，以人民为中心，坚持人民至上，才能保持和增强党的革命精神和斗争精神，赓续以伟大自我革命的新实践引领伟大社会革命。新民主主义革命的胜利，是党依靠人民群众的力量取得的；中国现代化建设取得的巨大成就，是人民群众一砖一瓦堆砌而成的。在以伟大自我革命引领新时代的伟大社会革命的过程中，中国共产党必须深刻理解、科学认知、精准落实人民至上原则在协同推进“两个伟大革命”格局中的中

---

① 《中共中央关于党的百年奋斗重大成就和历史经验的决议》，《人民日报》2021 年 11 月 17 日。

心地位，将实现好、维护好最广大人民群众的根本利益作为“两个伟大革命”的出发点和落脚点，着力解决人民群众身边的腐败问题和作风问题，想人民所想，忧人民所忧，急人民所急，不断满足人民群众对美好生活的向往，以政党治理的新成效夯实党长期执政的群众基础，以人民的力量推进社会革命，创造中华民族伟大复兴的历史伟业。

（三）科学理论武装是根本

科学理论武装是一个政党的生命力量，是伟大自我革命的首要任务，是保持党的先进性的根本所在。没有科学理论武装，党就会迷失方向、失去灵魂，没有精神力、行动力和战斗力，党领导的伟大社会革命事业就会停滞不前、举步维艰。列宁认为，“只有以先进理论为指南的党，才能实现先进战士的作用”[①]。只有抓住科学理论武装这一根本，党才能始终在瞬息万变、荆棘丛生的复杂局势中以强烈的思想定力坚定理想信念，以高度的思想觉悟勇担历史使命，以科学的思想方法指导社会实践，以思想理论创新提高党的执政能力，以伟大自我革命引领伟大社会革命。但一时先进并不意味着永远先进。习近平新时代中国特色社会主义思想，是当代中国马克思主义、21 世纪马克思主义，是指引党、国家和人民开启新征程、共赴新目标的伟大思想。在以伟大自我革命引领新时代的伟大社会革命的过程中，中国共产党务须把准科学理论武装在协同推进“两个伟大革命”格局中的根本地位，坚持用毛泽东思想、邓小平理论、“三个代表”重要思想、科学发展观和习近平新时代中国特色社会主义思想武装全党，不断以更高、更强、更深的马克思主义中国化新境界推进伟大社会革命，确保如期、如质、如量地全面建设和建成社会主义现代化强国。

（四）严明纪律规矩是重点

严明纪律规矩，是中国共产党以伟大自我革命实践引领新时代的伟大社会革命的重要举措。党内存在的疑难病症，要靠严明的纪律规矩予以施治和祛除；党的团结统一，要靠严明的纪律规矩予以维护和保障；党的政治生活，

① 《列宁专题文集·论无产阶级政党》，人民出版社 2009 年版，第 71 页。

要靠严明的纪律规矩予以规范和更新。中国共产党通过严明组织纪律规矩、严肃党内政治生活、净化党内政治生态，有效实现了干部清风峻节、政府廉洁为民、政治生态清明。严明纪律规矩既是伟大自我革命的题中之义，也为伟大社会革命的顺利推进提供了可靠保证。党的纪律建设关乎国家事业发展大局，严明的纪律规矩是保证党以崇高的理想信念和旺盛的生机活力领导全国各族人民推进伟大社会革命的前提条件和有力武器。百年来，中国共产党永矢弗谖地强调纪律建设，严明纪律规矩，加强纪律教育，以政治纪律为首，组织纪律为基，有力规范了权力运行和增强了为人民服务的意识，切实推动了伟大社会革命持续向纵深推进。因此，中国共产党更要突出“严明纪律规矩”在协同推进“两个伟大革命”格局中的重要位置，坚持开展以纪律建设为重点的伟大自我革命，通过精准运用“四种形态”，做到挺纪在前、执纪必严、违纪必究，使党在引领新时代的伟大社会革命的过程中始终发挥坚强的领导核心作用。

（五）完善监督体制是基础

完善监督体制，是中国共产党进行伟大自我革命的必备路径，是中国共产党推动伟大社会革命的基础要素，是中国共产党以伟大自我革命引领伟大社会革命的坚实基点。习近平总书记指出，虽然外在监督很有必要，但从根本上讲，还在于强化自身监督。[①] 完善党的监督体系体制，坚持自我监督、自我监察、自我检视、自我纠偏，是中国共产党能够跳出历史周期率的重要法宝。只有站在党和国家发展全局的战略高度，加强和完善党的监督体系体制的顶层设计，才能实现以党内监督带动党外监督，统筹群众监督、舆论监督、司法监督等外部监督，一体推进党和国家的监督体制建设，把权力关进制度的笼子里。坚持自信自强、守正创新，紧紧围绕党和国家工作大局，提高政治站位、淬炼政治品格、提升政治能力，坚持不懈全面强化纪检监察机关党的建设，推动新时代纪检监察工作高质量发展，是新时代中国共产党协同推进“两个伟大革命”的基础所在，为中华民族伟大复兴的中国梦提供了有力保障。

---

① 《习近平关于全面从严治党论述摘编》，中央文献出版社 2021 年版，第 399 页。

妇女权益保障法制定与实施的历史考察（1992—2005 年）*

王静文、刘维芳 **

内容提要：《中华人民共和国妇女权益保障法》的出台植根于改革开放后保障妇女权益的需要，也是履行国际妇女人权义务的必然要求。在该法 1992 年颁布至 2005 年 8 月第一次修正过程中，其贯彻执行仍面临着侵害妇女权益事件、违法难究等问题，为此，党和政府一手抓妇女发展一手抓妇女权益保护，促使妇女权益保障事业逐渐成为一项全社会的系统性工程。该法在不断修订完善和实施过程中推动了尊重、保护妇女权益良好风尚和社会氛围的形成，彰显了保障妇女权益这一坚定的国家意志，为中国妇女人权事业的新飞跃奠定了坚实基础。

2022 年 10 月，十三届全国人大常委会第三十七次会议审议通过了新修订的《中华人民共和国妇女权益保障法》（以下简称妇女权益保障法）。从 1992 年颁布实施到 2022 年 10 月，该法经过了三次修订。① 此次修订既是党和国家在中国特色社会主义迈入新时代后对妇女权益保障社会关切的及时回应，也是推动国家妇女人权事业发展的重要举措。作为中国第一部全面保障妇女权益的法律，目前学界大多从立法内容、修改原则和适用性等角度对该法进行

* 本文系中国社会科学院马工程重大项目“中国共产党百年保障妇女人权的理论与实践研究”（2021mgczd020）的阶段性研究成果。

** 王静文，中国社会科学院大学历史学院；刘维芳，中国社会科学院当代中国研究所。

① 前两次分别为 2005 年 8 月、2018 年 10 月。参见《中华人民共和国妇女权益保障法》,《人民日报》2022 年 12 月 20 日。

学术探讨。[1]事实上，妇女权益保障法的制定实施不是一蹴而就的，尤其是从该法 1992 年颁布至 2005 年 8 月第一次修改，恰逢中国确立社会主义市场经济体制建设目标并向其迈进的关键时期，其贯彻执行面临侵害妇女权益事件、违法难究等问题，为此，党和政府一手抓妇女发展一手抓妇女权益保护，促使妇女权益保障事业逐渐成为一项全社会的系统性工程。为此，本文通过对这一时期妇女权益保障法制定与实施历史过程的考察，探讨其酝酿和制定的历史经过，分析其实施过程中存在的问题及原因，希冀为当下妇女权益保障法的贯彻实施以及当代中国妇女人权保障事业的发展提供有益的借鉴。

一、妇女权益保障法的出台

新中国的成立，开启了中国妇女权益保障事业的新征程。改革开放后，中国社会发生了巨大变化，妇女事业在阔步前进的同时也出现了一些新的问题，其中妇女权益受侵害的问题日益凸显，女职工权益受到侵害、拐卖妇女犯罪活动、残害妇女恶性事件等时有发生，引起了党和政府的高度重视，妇女权益保障法的出台迫在眉睫。

（一）健全立法：立足国内外新形势的需要

为了推动中国妇女权益保障事业的大发展，20 世纪 80 年代出台的《中华人民共和国宪法》《中华人民共和国婚姻法》《中华人民共和国继承法》《中华人民共和国村民委员会组织法（试行）》以及《女职工劳动保护规定》等一系列法律法规都将维护妇女权益列入其中。这些法律法规为新时期妇女维权提供了法律武器，也为制定一部保障妇女权益的专门法奠定了法律基础。与此同时，中国加大对外开放步伐，扩大国际范围内有关妇女人权的交流与合作，

① 相关研究成果主要有马忆南：《关于完善妇女权益保障法的若干思考》，《中国法学》1994 年第 5 期；党日红、李红舜：《多重视角下的妇女权益保障法》，《求索》2007 年第 3 期；巫昌祯：《回顾与展望——记〈中华人民共和国妇女权益保障法〉的诞生与发展》，《中华女子学院学报》2008 年第 4 期；等等。

陆续签署了一系列妇女保护的国际人权法和国际文件[①]，在积极履行保障妇女权益的国际义务时也增强了完善国内妇女权益保障法制建设的意识。

1982 年 10 月，中共中央政治局委员胡乔木、中央书记处候补书记郝建秀到中华全国妇女联合会（以下简称全国妇联）机关听取书记处有关维护妇女儿童合法权益方面的情况汇报并做了重要指示，希望妇联领导尽早设立法律顾问组织，制定一个保障妇女权益法，把关系到妇女权利方面最重要的问题用法律的形式规定下来。[②]1983 年 9 月，中国妇女第五次全国代表大会明确了社会主义现代化建设时期妇女工作的方针，确立了妇女工作的重点，将维护妇女儿童的合法权益提高到突出的地位。[③]同年，全国妇联成立权益部，加强了对妇女权益的保障。[④]1985 年，全国妇联倡议制定一部全国性的妇女法，并组织一部分法学界的专家学者起草了妇女法的试拟稿。[⑤]但当时还有部分男性干部认为男女已经平等，对设立一部单独维护妇女权益的法律存有异议。[⑥]

党和政府高度重视保障妇女权益问题，邓小平也指示一定要做好维护妇女权益的工作。[⑦]自 1987 起，全国人大代表多次提出议案，要求制定一部有中国特色社会主义的妇女法。这些议案得到全国人大常委会的重视和采纳。[⑧]与此同时，全国人大内务司法委员会（以下简称内务司法委员会）也高度重视妇女权益保障法的制定，将其作为促进妇女解放和男女平等事业的一项重要举措加以推进。[⑨]可见，制定一部专门的妇女权益保障法已正式提上了议程。

---

① 例如，在 1985 年第三次世界妇女大会上，中国代表团参与制定和审议了《到 2000 年提高妇女地位内罗毕前瞻性战略》等文件。参见《历次世界妇女大会情况》,《中国妇运》2015 年第 11 期。

② 《中华全国妇女联合会四十年（1949—1989）》，中国妇女出版社 1991 年版，第 258 页。

③ 顾秀莲主编:《20 世纪中国妇女运动史》下卷，中国妇女出版社 2013 年版，第 65 页。

④ 《辉煌与光荣——纪念中华全国妇女联合会成立 60 周年》，中国妇女出版社 2009 年版，第 111 页。

⑤ 刘小楠:《20 年，我们走了多远？——95 世妇会后中国妇女权利发展状况研究》，法律出版社 2015 年版，第 27 页。

⑥ 《从源头维权 20 年紧盯三部法律》,《中国妇女报》2004 年 9 月 11 日。

⑦ 《从源头维权 20 年紧盯三部法律》,《中国妇女报》2004 年 9 月 11 日。

⑧ 《妇女权益保障法律手册》，中国民主法制出版社 1993 年版，第 11 页。

⑨ 《春天的信息——黄启璪谈妇女儿童工作》，中国妇女出版社 2000 年版，第 180 页。

（二）数易其稿：在调研与审议中酝酿法条

1989 年 3 月，全国妇联向七届全国人大二次会议提交由其起草的《关于制订中华人民共和国妇女权益保障法》的议案稿，并获得同意。[①]5 月，在内务司法委员会妇女儿童专门小组[②]的直接帮助下，全国妇联受内务司法委员会的委托，会同民政部等承担起了对妇女权益保障法的起草组织工作，邀请各方面的专家和实际工作者组成了起草组，远赴云、贵、川及东北各省和一些边远地区调查，了解妇女在政治、经济文化和家庭等方面的切身要求，并在此基础上写成初稿。此后，起草组又广泛征求意见，召开各种会议 70 次，收回意见 700 多条，反复修改，八易其稿。[③]1991 年 10 月，七届全国人大常委会第二十二次会议召开，内务司法委员会副主任委员邹瑜做关于妇女权益保障法草案的说明，指出："这一法律草案从总则到分则各章都明确贯穿了三项基本原则：男女权利平等；对妇女权益实行特殊保护；禁止歧视、虐待、残害妇女。"[④]妇女权益保障法的制定以上述三项基本原则为指导，涵盖了妇女政治权利、文化教育权益、劳动权益、财产权益、人身权利、婚姻家庭权益等系统性的保障条款。

在妇女权益保障法起草、修改和审议过程中，全国各地、各界人士广泛参与讨论，提出意见和建议。例如，关于该法的名称，讨论中就提出三种主张：一是妇女权益保障法，二是妇女保护法，三是男女平等法。经过反复考虑，充分讨论，90% 以上的人赞同第一种主张，认为该法的立足点应放在保障现行法律所规定的妇女权利的实现上。[⑤]全国人大常委会在审议该法草案条款时也进行了充分讨论。

1991 年 12 月，全国人大法律委员会副主任委员项淳一在七届全国人大

① 《春天的信息——黄启璪谈妇女儿童工作》，中国妇女出版社 2000 年版，第 400 页。

② 1989 年 4 月，全国人大内务司法委员会妇女儿童专门小组和青少年专门小组成立，主要任务是参与制订和审议有关妇女儿童和青少年方面的法律、法规，协助人大做好执法监督等。参见《全国人大成立两个专门小组》，《人民日报》1989 年 4 月 22 日。

③ 《春天的信息——黄启璪谈妇女儿童工作》，中国妇女出版社 2000 年版，第 180 页；《法律大家庭中的新伙伴》，《人民日报》1992 年 3 月 30 日。

④ 《邹瑜作关于妇女权益保护法草案说明》，《人民日报》1991 年 10 月 26 日。

⑤ 顾秀莲主编：《20 世纪中国妇女运动史》下卷，中国妇女出版社 2013 年版，第 213 页。

常委会第二十三次会议上做关于妇女权益保障法草案修改意见的汇报，经过表决，决定将妇女权益保障法草案提请七届全国人大五次会议审议。[①]1992 年 3 月，七届全国人大五次会议召开，部分人大代表肯定了妇女权益保障法制定的必要性，认为我国法律“对妇女的特殊问题应有特殊规定”。[②]一些代表对草案提出了更具体的修改意见。[③]4 月，妇女权益保障法经七届全国人大五次会议讨论通过，自 10 月 1 日起施行。该法共 9 章 54 条，包括总则、政治权利、文化教育权益、劳动权益、财产权益、人身权利、婚姻家庭权益、法律责任、附则，[④]初步奠定了妇女权益保障的基本框架。

妇女权益保障法在中国改革开放和社会主义现代化建设新时期及扩大国际妇女人权交流的新形势下出台，立足于妇女权益保障的现实问题和社会经济发展需要，填补了中国妇女权益保障立法上的部分空白，成为中国第一部综合性保障妇女权益的基本法。

二、妇女权益保障法的宣传与实施

从妇女权益保障法被纳入全国人大立法议事日程起，该法的宣传和实施工作便备受关注。在其草案提请七届全国人大五次会议审议期间，便有代表建议有关部门应广泛深入地宣传，保证其实施。[⑤]截至 2005 年的第一次修改，妇女权益保障法的宣传和实施主要分为以下三个阶段：

（一）深入人心：因地制宜的宣传与贯彻（1992—1994 年）

1992 年 4 月，妇女权益保障法通过后不久，中共中央宣传部、司法部、全国妇联、中华全国总工会、共青团中央便下发《关于学习、宣传〈中华人民共和国妇女权益保障法〉的联合通知》，要求各地、各部门充分认识颁布该

① 《人大常委会第二十三次会议举行》，《人民日报》1991 年 12 月 24 日；《人大常委会第 23 次会议闭会》，《人民日报》1991 年 12 月 30 日。

② 《七届全国人大五次会议小组发言摘要》，《人民日报》1992 年 4 月 2 日。

③ 《三个法律草案已基本成熟》，《人民日报》1992 年 4 月 2 日。

④ 《中华人民共和国妇女权益保障法》，《人民日报》1992 年 4 月 10 日。

⑤ 《七届全国人大五次会议小组发言摘要》，《人民日报》1992 年 4 月 2 日。

法的重要意义，切实做好学习和宣传工作。5 月，中共中央政法委员会、中共中央宣传部、司法部等又下发《关于开展〈中华人民共和国妇女权益保障法〉宣传月活动的联合通知》，决定由中共中央政法委员会牵头，有关部委和人民团体于 1992 年 6 月联合开展妇女权益保障法宣传月活动。[①]除此之外，为做好妇女权益保障法的宣传与实施，该法一经颁布，各省、市、自治区便陆续建立起维护妇女权益的机构，同时还根据法律内容因地制宜制定了妇女权益保障法实施办法，成立了落实妇女权益保障法和实施办法的相关机构，做好相关宣传和实施工作。截至 1994 年 11 月，全国妇女权益保障机构已基本形成网络。[②]由此，全国掀起了妇女权益保障法学习、宣传与实施的高潮。

采用人民群众喜闻乐见的形式开展宣传工作。为做好妇女权益保障法的宣传，各地因地制宜地采取了多种形式，其中包括出动宣传车、悬挂标语条幅、文艺汇演、出版发行普法书籍、举办培训班和竞赛活动等。例如，河南全省有 80 余万人参加该省妇联组织的妇女权益保障法知识大赛，[③]推动了该法在当地的宣传与实施。为有效保障广大妇女的权益，进一步推动妇女权益保障法的宣传与实施，一些地区在宣传该法的同时还注意集中处理侵害妇女合法权的案件，严厉打击了危害妇女人身权利的刑事犯罪分子，鼓舞了广大妇女运用法律武器维护自己的合法权益。[④]

召开贯彻实施妇女权益保障法经验交流与表彰会，树立保障妇女权益的先进典型。1994 年 11 月，内务司法委员会和国务院妇女儿童工作委员会联合召开贯彻实施妇女权益保障法经验交流暨表彰会，200 个先进集体和 100 名先进个人受到表彰。[⑤]经验交流会和表彰会还适时总结了妇女权益保障法的贯彻经验和成果，有力推动了该法的宣传与实施。

---

① 全国妇联办公厅编：《“六大”以来妇女儿童工作文选（1988 年 9 月—1993 年 6 月）》，中国妇女出版社 1993 年版，第 292—296 页。

② 彭珮云：《在全国贯彻实施〈妇女权益保障法〉经验交流表彰会上的总结讲话》，全国妇联办公厅编：《七大以来妇女儿童工作文选（1993 年 9 月—1998 年 6 月）》，1998 年版，第 260 页。

③《河南年鉴（1993）》，河南年鉴编辑部 1994 年编印，第 84 页。

④《广西年鉴（1993）》，广西年鉴社 1993 年编印，第 503 页；《广西年鉴（1994）》，广西年鉴社 1994 年编印，第 223 页。

⑤《保护妇女权益法律体系初步形成》，《人民日报》1994 年 11 月 14 日。

将妇女权益保障法的宣传纳入全国普法教育和节日庆祝活动。一方面，党和国家持续在人民群众中普及法律常识，坚持将保障妇女权益的法律法规作为自“一五”普法规划起宣传的重要内容；[①] 另一方面，各地妇联在经常性普法基础上，利用每年“三八”国际劳动妇女节、妇女权益保障法颁布周年纪念日等，与社会各阶层、不同职业的妇女团体和社会组织积极配合开展异彩纷呈的宣传活动。[②] 与此同时，一些涉及妇女权益的法律法规陆续出台，进一步增添了普法教育的内容。[③]

以案说法，利用有关部门查处侵犯妇女合法权益的典型案件，增强广大妇女的法治意识和依法维权能力。妇女权益保障法颁布后不久，1992 年 7 月、8 月，《人民日报》便连续报道了两起侵害妇女人身权利的案件，[④] 加强了社会各界对妇女权益保障法的关注度，增加了大家知法、守法、用法的能力，也在一定程度上揭露了该法在贯彻执行过程中存在的问题，有利于及时纠正问题，推进相关工作。

（二）相得益彰：妇女维权与发展共抓（1995—2000 年）

1995 年 9 月，第四次世界妇女大会在北京召开，大会通过了两个标志性文件——《北京宣言》和《行动纲领》，[⑤] 时任国家主席江泽民在大会上明确提出：“我们十分重视妇女的发展与进步，把男女平等作为促进我国社会发展的一项基本国策”[⑥]，向世界表明了中国促进全球妇女权益保障事业发展的坚定决心。此次会议的召开进一步推动了妇女权益保障法的深入贯彻。

自 1995 年起，党和政府正式将保障妇女权益纳入阶段性、总体性的发展

---

① 《贯彻男女平等宪法原则 奠定妇女权益保障基石》，《人民日报》2019 年 9 月 23 日。

② 《妇女要全面参与经济和社会发展》，《人民日报》1993 年 2 月 8 日；国务院新闻办公室：《中国妇女的状况》，《人民日报》1994 年 6 月 3 日。

③ 其中包括 1993 年 11 月颁布的《女职工保健工作规定》，1994 年颁布的《中华人民共和国劳动法》《企业职工生育保险试行办法》《中华人民共和国母婴保健法》等。参见顾秀莲主编：《20 世纪中国妇女运动史》下卷，中国妇女出版社 2013 年版，第 219—220 页。

④ 《海南一妇女惨遭摧残令人愤慨》，《人民日报》1992 年 7 月 25 日；《贵州一农村妇女惨遭摧残激起公愤》，《人民日报》1992 年 8 月 8 日。

⑤ 《联合国第四次世界妇女大会在京开幕》，《人民日报》1995 年 9 月 5 日。

⑥ 《江泽民主席的讲话》，《人民日报》1995 年 9 月 5 日。

规划及纲要之中，一手抓发展、一手抓维权，在维权中促进妇女发展，在发展中保障妇女维权。1995 年 8 月，我国第一部促进性别平等的行动纲领——《中国妇女发展纲要（1995—2000 年）》（以下简称《纲要》）正式颁布实施，成为规范和指导我国妇女工作的纲领性文件。[①]1997 年 3 月，八届全国人大五次会议通过新修订的《中华人民共和国刑法》，对打击拐卖妇女和强迫妇女卖淫等犯罪行为作了进一步的补充和修改。与此同时，一些地方省市结合本地区的突出问题，制定了相关的地方法规，努力将妇女权益保障落实到社会生活的方方面面。[②]

全国妇联以推进妇女发展、维护妇女权益作为两条工作主线，积极配合《纲要》和妇女权益保障法的实施，深入开展“双学双比”“巾帼建功”“五好文明家庭”三大主体活动。[③]同时，全国妇联和国家统计局于 2000 年再次开展中国妇女社会地位调查，为促进妇女权益保障事业的发展提供了切实可靠的参考数据。[④]各级妇联还进一步加大了普法力度，不断优化维护妇女权益的社会环境；积极拓宽妇女维权渠道，推动建立多样化的妇女维权机构和组织，健全妇女维权信访网络；探索维护妇女权益有效的跨部门合作机制，配合有关部门严厉查处和打击侵害妇女儿童权益的违法犯罪活动，促使维护妇女合法权益成为全社会的共同责任。1996 年，司法部与全国妇联共同发出《关于保障妇女合法权益，做好妇女法律援助工作的通知》。按照司法部的统一部署和要求，全国各级法律援助机构在开展法律援助过程中，认真对待每一个涉及维护妇女合法权益的案件，使许多由于经济困难请不起律师的妇女，得到了法律援助。[⑤]

此外，妇女人权保障机制在非政府层面得到了发展和完善，一些致力于妇女权益保障的民间组织相继成立。例如，北京大学妇女权益保障法律研究

---

① 《中国妇女发展纲要（1995—2000 年）》，《人民日报》1995 年 8 月 8 日。

② 顾秀莲主编：《20 世纪中国妇女运动史》下卷，中国妇女出版社 2013 年版，第 220—221 页。

③ 顾秀莲：《高举邓小平理论伟大旗帜团结动员各族各界妇女为实现我国跨世纪的宏伟目标努力奋斗——在中国妇女第八次全国代表大会上的报告》，《中国妇运》1998 年第 10 期。

④ 1990 年，全国妇联和国家统计局开展了首次中国妇女社会地位调查，参见《中国妇女社会地位调查 9 月进行》，《人民日报》1990 年 8 月 4 日。

⑤ 张实：《法律援助在你身边》，《人民日报》2000 年 3 月 16 日。

与服务中心，以及“妇女帮教小组”“妇女禁毒会”等群众性的自治组织，[①]进一步扩大了妇女权益保障法的社会知晓度，拓宽了基层妇女维权的渠道。

（三）各方齐力：妇女维权走向系统性（2001—2005 年）

步入 21 世纪，妇女权益保障法的宣传和实施遭遇一定的困境，但同时也面临新的机遇。中国加入世界贸易组织加速了经济市场化、全球化的进程，非公有制经济的日益壮大对妇女就业权、妇女劳动保护等方面产生了更加强烈的冲击。早在 2001 年 5 月，国务院就公布了《中国妇女发展纲要（2001—2010 年）》，在贯彻男女平等基本国策的基础上，提出了 21 世纪头十年中国妇女发展的 34 项主要目标和 100 项政策措施。[②]为进一步促进男女平等，中国政府将 2004 年定为“男女平等”基本国策宣传年。

与此同时，妇联继续发挥维护妇女权益的基本职能，推动成立全国性维护妇女权益的协调机构，建立系统性妇女维权的工作机制。2001 年以前，我国妇女儿童工作主要由国务院妇女儿童工作委员会[③]负责。1999 年 1 月，时任全国人大常委会副委员长、全国妇联主席彭珮云在维护妇女儿童权益座谈会上建议成立维护妇女儿童权益协调机构，以加强妇女儿童权益保障工作。[④]2001 年 11 月，经全国妇联协调，由最高人民法院、最高人民检察院和中央国家机关等 19 个部门组成的“全国维护妇女儿童权益协调组”正式建立，成为中国第一个国家级维护妇女儿童权益的综合协调机构。全国大部分省（市、区）随后相继成立了地区性质妇女儿童维权协调机构。[⑤]

---

① 顾秀莲主编：《20 世纪中国妇女运动史》下卷，中国妇女出版社 2013 年版，第 344—345 页；顾秀莲：《高举邓小平理论伟大旗帜团结动员各族各界妇女为实现我国跨世纪的宏伟目标努力奋斗——在中国妇女第八次全国代表大会上的报告》，《中国妇运》1998 年第 10 期。

② 《中国妇女发展纲要（2001—2010 年）》，《人民日报》2001 年 5 月 30 日。

③ 1990 年 2 月，国务院妇女儿童工作协调委员会正式成立，1993 年更名为国务院妇女儿童工作委员会，其主要任务是协调妇女儿童工作需要政府部门解决的有关问题。参见《国务院妇女儿童工作委员会及办公室文件汇编（1990—2003）》，国务院妇女儿童工作委员会办公室 2004 年编印，第 1 页；《中国儿童发展纲要与儿童发展》，中国妇女出版社 2009 年版，第 11 页。

④ 全国妇联办公厅编：《妇女儿童工作文选（2001 年 1 月—2001 年 12 月）》，中国妇女出版社 2003 年版，第 225—226 页。

⑤ 中国人权研究会编：《人权与发展》，五洲传播出版社 2011 年版，第 36 页。

持续做好普法宣传和法律援助，不断推动妇女维权的社会化。各级妇联坚持面向社会大力宣传马克思主义妇女观和男女平等基本国策，在媒体上开辟妇女儿童维权专栏，对侵害妇女儿童权益的不法行为进行披露谴责。[①]此外，为切实解决妇女的权益保护问题，地方妇联不断探索各种有效的维权模式。例如，江西省成立了维护妇女儿童合法权益联席会、妇女伤情鉴定中心、妇女法律援助工作站，[②]通过各地政府、妇联组织、社会团体等的积极探索，妇女社会化维权进一步向前发展。

源头维权成为妇女权益保障法修改的焦点。1992—2000年，内务司法委员会执法检查组联合有关部门先后组织了3次执法检查和8次调查活动，分别对全国15个省、市、自治区执行妇女权益保障法的情况进行了重点检查，督促有关问题的解决。[③]2002年4月，内务司法委员会开展了十周年执法检查，重点检查妇女政治权利、劳动权益和人身权利的保障情况。[④]与此同时，全国妇联组织了全国范围的妇女权益保障法贯彻落实抽样调查，掌握了大量的一手资料。依据调研结果，全国妇联向全国人大提出修改该法的建议。2003年上半年，内务司法委员会领导专门会同全国妇联共同研究妇女权益保障法的修改工作。[⑤]2004年3月，"尊重和保障人权"写入了宪法修正案，奠定了妇女人权保障的基石，[⑥]为妇女权益保障法的第一次修订提供了新的立法基础。2005年8月，十届全国人大常委会第十七次会议正式通过《关于修改〈中华人民共和国妇女权益保障法〉的决定》，确立了男女平等基本国策的法律地位。[⑦]党和国家从立法源头为维护妇女权益提供法律保障。

---

① 《为姐妹们撑腰——妇联维权工作综述》，《人民日报》2003年8月27日。

② 《江西：对家庭暴力说"不"》，《人民日报》2004年12月11日。

③ 《〈中国妇女发展纲要（1995—2000年）〉终期监测评估报告汇编》，国务院妇女儿童工作委员会《妇女纲要》监测评估组2001年编印，第23页。

④ 《妇女权益保障法执法检查组举行全会》，《人民日报》2002年3月28日。

⑤ 全国妇联办公厅编：《妇女儿童工作文选（2003年1月—2003年12月）》，中国妇女出版社2004年版，第147页。

⑥ 《中华人民共和国宪法》，《人民日报》2004年3月16日。

⑦ 《全国人民代表大会常务委员会关于修改〈中华人民共和国妇女权益保障法〉的决定》，《人民日报》2005年8月29日。

三、妇女权益保障法的重要意义

妇女权益是基本人权。作为中国第一部促进男女平等、保障妇女权益的基本法，妇女权益保障法既是推进男女平等基本国策的法治保障，也是中国妇女人权事业的重要里程碑。伴随着以宪法为核心，以妇女权益保障法为主体的妇女权益法律保障体系的完善，我国把保障妇女权益上升为国家意志，内化为社会行为规范，并在新的历史时期立足妇女权益领域出现的新情况、新问题，不断推动妇女权益保障法立法上的与时俱进。

（一）有法可依：筑起妇女权益保障的法治屏障

妇女权益保障法的制定为我国妇女事业的发展指明了方向。该法的制定满足了时代、国家、社会和人民群众的需要。在改革开放初期，传统落后的性别观念在农村地区仍普遍存在，加上原有妇女权益保障性的法律条文较分散。该法不仅使分散于各项法律法规中有关妇女权益的条款得到了进一步的强调和衔接，而且对于改革开放后出现的、其他法律法规中没有规定的许多新情况、新问题，都做了明确规定。①

妇女权益保障法的出台是中国履行国际妇女人权责任的现实行动。妇女权益保障法既与我国宪法相衔接，又高度契合 1979 年第 34 届联合国大会通过的《消除对妇女一切形式歧视公约》②，为全面落实该公约、履行国际义务提供了重要的法律保障。同时，作为中国第一部全面系统综合保障妇女权益、促进男女平等的基本法，该法也体现了党和政府对妇女权益保障事业的高度重视。该法的出台既是国际妇女人权保障立法实践的典范，也是中国在外交上争取国际人权话语权的重要举措，彰显了社会主义法制的优越性。

妇女权益保障法的实施是中国男女平等与社会和谐发展的法治保障。该

① 顾秀莲主编:《20 世纪中国妇女运动史》下卷，中国妇女出版社 2013 年版，第 215 页。

② 《消除对妇女一切形式歧视公约》于 1980 年 3 月开放给各国政府签署和批准。1981 年 9 月，在 20 个国家向联合国秘书长递交了批准书和加入后开始生效。中国于 1980 年 7 月签署公约，是最早批准和加入该公约的国家之一。该公约要求各缔约国应“采取一切适当措施，包括制定法律，保证妇女得到充分发展和进步，以确保妇女在与男子平等的基础上，行使和享有人权和基本自由”。参见全国妇联国际部编:《联合国妇女儿童重要文件汇编》，中国妇女出版社 2008 年版，第 168—171 页。

法的实施统筹兼顾妇女权益保障、社会进步和国家发展事业，促进了广大妇女权利意识的普遍觉醒，在社会各界广泛地传播了妇女人权观念。作为推动中国妇女权益保障事业不断向前发展的重要法律武器，该法在实施过程中不断探寻着维护妇女权益保障的新途径，将妇女权益保障作为一项系统性工程统筹考虑、分步规划，始终将女性的整体发展、权益保障与国家发展事业兼顾统筹，从而取得了显著的实施效果。在实施过程中，妇女权益保障观念深入人心，妇女社会地位大幅提高，侵犯妇女合法权益的陋俗逐渐被革除，形成了尊重妇女权益、维护妇女权益的良好风尚和社会氛围。

（二）任重道远：从法律平等到事实平等

妇女的法律地位代表着社会的文明程度。达到高度文明的社会不只是妇女拥有法律形式上的平等，还包括妇女享有事实上的平等。由于妇女权益保障法的制定实施正处于中国社会经济转型初期，伴随着社会经济的加速转型，立法时所依赖的社会条件已发生了深刻的变革，因此在实施过程中该法也逐渐暴露出与社会发展和妇女权益保障现实情况不相适应之处。

一方面，妇女权益保障法的实施受到部分阻碍，侵害妇女权益事件仍时有发生。例如，一些企业盲目追求经济效益，罔顾妇女的合法权利，严重阻碍了妇女权益保障法等相关法律政策的实施，甚至部分地方出现经济优先妇女权益保障靠后等问题。[①]另一方面，妇女权益保障法在法律文本上未针对社会改革的变化做出及时相应的调整，缺少制裁要求，执法主体不明确，对妇女权益保障大多规定了权利和义务，而对侵害妇女权益的行为人并没有明确其应承担的法律责任，导致许多侵害妇女权益的违法行为难以定性，同时妇女维权所寻求的救济途径受到一定限制，引发了违法难究的问题。[②]这些问题都促使妇女权益保障法与时俱进，不断完善相应法律条款，保障广大妇女的合法权利。

① 《我们深信妇女权益即人权》，《中国妇女报》2004 年 9 月 11 日。

② 《“出嫁女”失地判决易执行难》，《中国妇女报》2004 年 6 月 16 日。

（三）与时俱进：在新时代坚持走中国特色社会主义妇女发展道路

习近平总书记曾明确指出："妇女是人类文明的开创者、社会进步的推动者，在各行各业书写着不平凡的成就"；"建设一个妇女免于被歧视的世界，打造一个包容发展的社会，还有很长的路要走，还需要付出更大努力"。[①]随着中国特色社会主义事业发展进步，中国妇女权益保障事业也会不断发展进步，这也需要妇女权益保障法不断与时俱进，对保障妇女权益的相应条款适时做出修订和完善。

妇女权益保障法的修改既是完善妇女权益保障立法的需要，更是解决新形势下妇女发展和权益保护突出问题的必然要求。中共十八大以来，保障妇女权益的立法工作取得了新的突破。2015年12月，十二届全国人大常委会第十八次会议通过《中华人民共和国反家庭暴力法》，共设立家庭暴力告诫、强制报告、人身安全保护令和紧急庇护四项制度。同年，刑法修正案第九条废除嫖宿幼女罪，加大了保护幼女人身权利。[②]妇女权益保障法同时也做出了相应的修订和完善。

在全面建设社会主义现代化国家新征程上，妇女权益保障法的第三次修订是中国妇女人权事业的新飞跃，更加坚定了广大妇女投身新时代社会主义现代化建设的坚定信念。妇女权益保障问题涉及诸多领域，它不是妇女生活中所有复杂问题的简单相加，更不是妇女凌驾于他人利益之上的诉求，而是对担当人类生产和生育双重任务的广大妇女特殊权益的合理维护。汲取历史经验教训，坚定不移贯彻妇女权益保障法是走中国特色社会主义妇女发展道路，促进性别平等，实现第二个百年奋斗目标和中华民族伟大复兴中国梦有机结合的重要途径。

妇女权益保障法诞生于中国改革开放新时期，是新的历史形势下党和政府促进妇女权益保障、加快社会主义现代化建设、履行国际妇女人权义务、健全社会主义法制的现实需求。作为中国第一部全面综合保障妇女权益的基

---

① 习近平：《在联合国大会纪念北京世界妇女大会25周年高级别会议上的讲话》，《人民日报》2020年10月2日。

② 国务院新闻办公室：《平等 发展 共享：新中国70年妇女事业的发展与进步》，《人民日报》2019年9月20日。

本法，该法贯彻实施的各个阶段统筹兼顾妇女权益保障和国家经济社会发展的整体规划，促使妇女维权走向社会化和系统性，取得了良好的成效。伴随着经济社会发展和妇女权益保障现实问题的演变，该法不断适时修订、完善，成为中国妇女权益保障无可取代的法律武器，激发了广大妇女在新的历史时期发挥“半边天”的力量，推动着中国妇女事业阔步前行。

从第三个历史决议看中国共产党四大本色

王　拯 *

内容提要：第三个历史决议对党百年来奋斗的重大成就和经验进行了深刻总结，其中关于党的初心本色最重要的可以归结为四个方面：坚守信仰的政治本色、民主集中的组织本色、百炼成钢的斗争本色、胸怀天下的战略本色。拥有坚守信仰政治本色的中国共产党具备清晰的思想引领，拥有民主集中组织本色的中国共产党具备坚定的组织保障，拥有百炼成钢斗争本色的中国共产党具备可靠的实现方式，拥有胸怀天下战略本色的中国共产党具备深远的战略境界。在此基础上，中国共产党表现出强大的生机与活力，取得一个又一个伟大胜利。

“中国特色社会主义制度的最大优势是中国共产党领导”，而党的领导的最大优势就在于始终坚持初心使命。本色即初心。中国共产党拥有诸多初心并始终坚持，如坚持真理、坚守理想，不怕牺牲、英勇斗争，与时俱进、不负人民等。党的十九届六中全会通过的第三个历史决议，即《中共中央关于党的百年奋斗重大成就和历史经验的决议》（以下简称《决议》）对党百年来奋斗的重大成就和经验进行了深刻总结，其中关于党的初心本色最重要的可以归结为四个方面：坚守信仰的政治本色、民主集中的组织本色、百炼成钢的斗争本色、胸怀天下的战略本色。这四个方面基本涵盖了一个政党或组织能够取得成功的关键要素，即思想引领、组织保障、实现方式、境界高度。拥有坚守信仰政治本色的中国共产党具备清晰的思想引领，拥有民主集中组织本色的中国共产党具备坚定的组织保障，拥有百炼成钢斗争本色的中国共产党

* 王拯，福建警察学院马克思主义学院。

产党具备可靠的实现方式，拥有胸怀天下战略本色的中国共产党具备深远的战略境界。在此基础上，中国共产党表现出强大的生机与活力，取得一个又一个伟大胜利。

一、坚守信仰——中国共产党的政治本色

《决议》指出："全党要牢记中国共产党是什么、要干什么这个根本问题，把握历史发展大势，坚定理想信念，牢记初心使命。"① 中国共产党的初心本色即"为人民谋幸福，为民族谋复兴"。从更深层次来说，中国共产党人所奋斗的一切都是为了最终实现共产主义。

中国共产党自成立以来，始终把实现共产主义作为终生奋斗的目标。党的一大召开之前，全国各地的共产主义小组已经将共产主义作为革命信仰。1921 年 7 月，党的一大召开，会上宣布中国共产党正式成立并制定出党的第一个纲领。纲领明确规定承认无产阶级专政，消灭资本家私有制，联合工农兵实行社会革命。这个党纲表明，中国共产党成立之初便旗帜鲜明地把社会主义、共产主义作为自己奋斗的方向。1922 年，党的二大明确规定了党现阶段的工作路线即"最低纲领"，另外，继续将"组织无产阶级，用阶级斗争的手段，建立劳农专政的政治，铲除私有财产制度，渐次达到一个共产主义的社会"作为党的最终奋斗目标，即党的"最高纲领"。

然而，坚守信仰之路并非一帆风顺。在北伐战争节节胜利之际，以蒋介石为代表的国民党右派倒向帝国主义，发动反革命政变，疯狂屠杀共产党人和革命群众。但即使在革命最危险的关头，中国共产党人依然没有放弃自己的信仰，他们拿起武器，武装反抗国民党反动统治。南昌起义、秋收起义、广州起义等一系列革命运动向世人宣告了中国共产党人的革命信仰坚不可摧。他们鼓舞、宣传人民群众，用生命捍卫共产主义事业。

1934 年，由于王明"左"倾教条主义在党内的错误领导，红军第五次反"围剿"失败，中共中央被迫进行战略转移。湘江一役，中央红军和中央机关

① 《中共中央关于党的百年奋斗重大成就和历史经验的决议》，人民出版社 2021 年版，第 72 页。

人员由出发时的 8.6 万余人锐减至 3 万余人。即便形势危急，坚定共产主义信仰的中国共产党人依然没有放弃。他们在上有飞机下有炮火、前有阻截后有追兵的情况下，爬雪山、过草地，转战 14 个省，最终胜利到达陕北。江泽民在纪念长征胜利 60 周年大会上将这种不怕困难、不怕牺牲，艰苦奋斗、百折不挠的精神命名为“长征精神”。[①] 习近平总书记在纪念红军长征胜利 80 周年大会上重提“长征精神”，指出“崇高的理想，坚定的信念，永远是中国共产党人的政治灵魂。中国共产党从成立之日起，就把共产主义确立为远大理想，始终团结带领中国人民朝着这个伟大理想前行。党和红军几经挫折而不断奋起，历尽苦难而淬火成钢，归根到底在于心中的远大理想和革命信念始终坚定执着，始终闪耀着火热的光芒”[②]。习近平总书记把长征比作理想信念的伟大远征，而支撑中国共产党“长征精神”更深层次的内涵就是共产主义理想，这是党的领袖对共产主义信仰的最好诠释。

从抗日战争到解放战争，从新中国成立到社会主义革命，再到建设、改革，尽管遭遇过挫折，但中国共产党人始终坚持共产主义远大理想，带领中国人民独立自主、自力更生，取得了一个又一个伟大胜利。

党的十八大以来，中国特色社会主义进入新时代。新时代是形势之新、挑战之新、风貌之新，无论环境如何变化，中国共产党人的信仰始终不变，始终坚持建党时的“奋斗精神”，坚持对人民的“赤子之心”，坚持“走得再远、走到再光辉的未来，也不能忘记走过的过去，不能忘记为什么出发”，坚持“革命理想高于天”，坚持“牢记我们党从成立起就把为共产主义、社会主义而奋斗确定为自己的纲领，坚定共产主义远大理想和中国特色社会主义共同理想，不断把为崇高理想奋斗的伟大实践推向前进”。[③] 正如习近平总书记所言：“中国共产党之所以叫共产党，就是因为从成立之日起我们党就把共产主义确立为远大理想。我们党之所以能够经受一次次挫折而又一次次奋起，归根到底是因为我们党有远大理想和崇高追求。”[④] 没有坚定政治信仰的政党是缺

---

① 《江泽民文选》第 1 卷，人民出版社 2006 年版，第 586—592 页。

② 习近平：《在纪念红军长征胜利 80 周年大会上的讲话》，人民出版社 2016 年版，第 3 页。

③ 《十八大以来重要文献选编》（下），中央文献出版社 2018 年版，第 345—347 页。

④ 《十八大以来重要文献选编》（下），中央文献出版社 2018 年版，第 347 页。

乏战斗力的，没有坚定政治信仰的政党是精神上严重“缺钙”的，没有坚定政治信仰的政党只能是庸庸碌碌的“事务主义者”。不忘初心，牢记使命，坚定共产主义信仰，就是中国共产党人永恒的政治本色。

二、民主集中——中国共产党的组织本色

《决议》指出：“治理好我们这个世界上最大的政党和人口最多的国家，必须坚持党的全面领导特别是党中央集中统一领导，坚持民主集中制，确保党始终总揽全局、协调各方。”[①] 民主集中制是中国共产党坚持的基本组织原则。中国共产党关于民主集中制的认识在革命实践中不断深化。

建党初期，由于国内形势较为复杂，党内组织方式以集中为主。到了党的五大，民主集中制原则被正式提出，并在六大党章中确定下来。但由于革命形势严峻，党内组织还是以集中为主。直到党的七大通过新党章，对民主集中制作了规定：“党的组织机构，是按照民主的集中制建设起来的。民主的集中制，即是在民主基础上的集中和在集中领导下的民主。”[②] 这是中国共产党人第一次对民主集中制作出较为细致的阐释，之后在根据地、解放区、解放军部队中大力推行这一基本组织原则，强化了中国革命力量的执行力和战斗力，为最后推翻国民党独裁政权，建立新中国奠定了坚实的组织基础。

新中国成立后，以毛泽东同志为主要代表的中国共产党人继续贯彻落实民主集中制，在一系列问题上既讲民主又讲效率，把国家发展拉回正确轨道。然而，随着社会稳定、经济增长良好局面的形成，党内“左”倾思想开始滋长，对民主集中制造成了一定程度的冲击。

作为最高领导人的毛泽东认识到了这个问题，他在《关于正确处理人民内部矛盾的问题》中着重强调要巩固民主集中制，而且要用好民主集中制。毛泽东指出，面对人民内部矛盾，要用说服教育的、民主的方式解决，而不能用压制强迫的、专政的方式解决。毛泽东强调：“在人民内部，民主是对集

① 《中共中央关于党的百年奋斗重大成就和历史经验的决议》，人民出版社 2021 年版，第 65 页。

② 《中共中央文件选集》第 15 册，中共中央党校出版社 1991 年版，第 122 页。

中而言，自由是对纪律而言。这些都是一个统一体的两个矛盾着的侧面，它们是矛盾的，又是统一的，我们不应当片面地强调某一个侧面而否定另一个侧面。在人民内部，不可以没有自由，也不可以没有纪律；不可以没有民主，也不可以没有集中。这种民主和集中的统一，自由和纪律的统一，就是我们的民主集中制。”[①] 这种认识是中国共产党人将马克思列宁主义基本原理同中国具体实际相结合的结果。以毛泽东同志为主要代表的中国共产党人准确分析了国内矛盾，找出合理的处理方法，充分发扬民主集中制的核心精神，并进一步对民主集中制的原则进行论述，在一定程度上解决了党内思想混乱的问题，维护了社会稳定和经济发展。

改革开放以来，以邓小平同志为主要代表的中国共产党人彻底清除了党内“左”倾错误思想，提出“解放思想，实事求是，团结一致向前看”，恢复民主与法制，尤其注重恢复民主集中制。邓小平曾反复强调民主集中制的重要性，他说：“解放思想，开动脑筋，一个十分重要的条件就是要真正实行无产阶级的民主集中制。我们需要集中统一的领导，但是必须有充分的民主，才能做到正确的集中。”[②]

党的十八大以来，以习近平同志为核心的党中央把全面从严治党作为“四个全面”战略布局的重要举措之一，突出了新时代中国共产党对治国理政认识的深化。全面从严治党、全面加强党的建设必须要强化以民主集中制为核心的组织建设。在党的十九大上，习近平总书记强调：“思想建党和制度治党同向发力，统筹推进党的各项建设”，“坚持民主集中制，严肃党内政治生活，严明党的纪律，强化党内监督，发展积极健康的党内政治文化，全面净化党内政治生态”。[③] 这里提到的党内政治文化和政治生态，就包括民主基础上的集中和集中指导下的民主相结合的内容。可以看出，十八大以来党和国家的建设取得一系列伟大成就的基础保障，就是以民主集中制为核心的坚强组织体系。

---

① 《毛泽东文集》第 7 卷，人民出版社 1999 年版，第 209 页。

② 《邓小平文选》第 2 卷，人民出版社 1994 年版，第 144 页。

③ 习近平：《决胜全面建成小康社会 夺取新时代中国特色社会主义伟大胜利——在中国共产党第十九次全国代表大会上的报告》，人民出版社 2017 年版，第 26 页。

历史雄辩地告诉我们，坚持民主集中制则党兴，弱化民主集中制则党弛。邓小平在 1987 年曾高瞻远瞩地讲道："我们实行的就是全国人民代表大会一院制，这最符合中国实际。如果政策正确，方向正确，这种体制益处很大，很有助于国家的兴旺发达，避免很多牵扯。"① 民主集中制是中国共产党前进路上的"王牌利剑"，正是因为坚持民主集中制，中国共产党才能在改革开放的时代浪潮中抵御各种错误思潮侵袭；正是因为坚持民主集中制，中国共产党才能成为拥有近亿党员而依然整齐划一的党；正是因为坚持民主集中制，中国共产党才能带领中国人民勇立潮头、锐意进取，向着实现中华民族伟大复兴的中国梦进发。

三、百炼成钢——中国共产党的斗争本色

《决议》指出："敢于斗争、敢于胜利，是党和人民不可战胜的强大精神力量。党和人民取得的一切成就，不是天上掉下来的，不是别人恩赐的，而是通过不断斗争取得的。"② 中国共产党自成立之日起，已走过百年的历程。这百年的历史，是中国共产党顽强拼搏、浴血奋战，推翻"三座大山"的压迫，建立中华人民共和国的历史；是中国共产党独立自主、自力更生，带领全国人民，建立、建设社会主义的历史；是中国共产党解放思想、实事求是，以经济建设为中心，发展中国特色社会主义的历史；是中国共产党勇立潮头、攻坚克难，进一步推进改革开放，为实现"两个一百年"奋斗目标而不懈奋斗的历史。可以说世界上没有任何一个政党能像中国共产党这样，在风雨磨砺中百炼成钢，成为一个拥有百年历史，近亿党员的世界第一大党。从革命到建国，从建设到改革，中国共产党秉承"一切从实际出发，理论联系实际，实事求是，在实践中检验真理、发展真理"的思想路线，不断加深对自身工作的认识，不断由幼稚走向成熟。中国共产党人用自身的实践证实了马克思主义认识论的基本原理。正如毛泽东所言："这种基于实践的由浅入深的辩证

① 《邓小平文选》第 3 卷，人民出版社 1993 年版，第 220 页。

② 《中共中央关于党的百年奋斗重大成就和历史经验的决议》，人民出版社 2021 年版，第 69 页。

唯物论的关于认识发展过程的理论，在马克思主义以前，是没有一个人这样解决过的。”①

1921 年，党的一大提出在中国消灭资本家私有制，但通过对当时中国国情的分析，中国共产党人认识到在现有环境下很难实现这一目标。因此，党的二大制定了“最高纲领”和“最低纲领”，规定了党现阶段的工作目标，完善了党的革命路线。这是中国共产党自成立以来第一次深化革命规律认识的结果。第一次国内革命战争时期，中国共产党以个人身份加入国民党，国共合作共同北伐。但当革命顺利进行的时候，以蒋介石为代表的国民党右派背叛革命，大肆屠杀中国共产党人和革命群众。陈独秀在生死存亡关头犯了右倾机会主义的错误，没有采取合理的应对措施，使革命力量在这场政变中被严重削弱。中共紧急召开八七会议，确定了土地革命和武装反抗国民党反动统治的方针，但在“左”倾盲动主义的控制下，仅有的革命力量再次暴露、损失。李立三主持工作时，又犯了“左”倾冒险主义的错误，命令不具备攻坚能力的红军攻打大城市，消耗了红军有生力量。以毛泽东同志为主要代表的中国共产党人坚持正确路线，开辟出一条工农武装割据的道路，并与党内错误思想作斗争。但以王明为代表的“左”倾教条主义在党内占据统治地位，命令有限的红军力量和国民党军硬碰硬打消耗战，最终在第五次反“围剿”中失败，中央红军和中央机关被迫实行战略转移，开始长征。长征初期，博古、李德又犯了逃跑主义错误，红军力量损失巨大。直到遵义会议，开始确立以毛泽东同志为主要代表的马克思主义正确路线在党中央的领导地位，在最危急关头挽救了党，挽救了红军，挽救了中国革命。

抗战开始后，又展开同王明“两个一切”右倾错误思想的斗争，最终以毛泽东为代表的正确路线获得胜利。1945 年，在抗战胜利前夕，中国共产党召开第七次全国代表大会，正式确立了毛泽东思想在党内的领导地位，并把毛泽东思想写入党章。经过三年解放战争，中国共产党人最终推翻了蒋介石独裁政府的统治，建立了新中国。回顾新中国成立前 28 年的历史，中国共产党先后和三次“左”倾错误、两次右倾错误作斗争，并在土地革命、武装斗

① 《毛泽东选集》第 1 卷，人民出版社 1991 年版，第 286 页。

争、党的建设基础上摸索出适合中国国情的革命道路，创立了新民主主义革命理论。可以说经过28年的浴血锤炼，中国共产党已经由弱小走向强大，由幼稚走向成熟。

新中国成立后，中国共产党人着手进行生产建设，先后开展没收官僚资本、稳定物价和统一全国财经、镇压反革命、土地改革、抗美援朝等运动，开展“三反”“五反”运动，打击贪官奸商，稳定了新生共和国的根基。中国共产党人在吸取苏联建设经验的基础上，坚持独立自主的方针，制定过渡时期总路线，走适合中国国情的工业化道路。三大改造的完成标志着社会主义制度在中国建立起来。但是，由于中国共产党人对经济建设还比较陌生，没有充分认识并掌握经济建设的客观规律，在探索中出现了曲折。紧接着，由于毛泽东错误发动了“文化大革命”，使中国社会主义现代化建设遭遇重大挫折，不得不说，其教训是深刻的。

改革开放以来，以邓小平同志为主要代表的中国共产党人认真分析国内形势，总结经验教训，把党的工作重心或者说斗争目标转移到经济建设上来，以经济建设为中心，坚持四项基本原则，坚持改革开放，发展中国特色社会主义事业。自此，中国共产党开始带领中国人民走上改革开放的康庄大道。回顾这段历史，有经验也有教训，正如邓小平所言：“右可以葬送社会主义，‘左’也可以葬送社会主义。中国要警惕右，但主要是防止‘左’”，“我们必须保持清醒的头脑，这样就不会犯大错误，出现问题也容易纠正和改正”。[①] 中国共产党取得了诸多成功，也遭遇过挫折。中国共产党人善于从成功中总结经验，从挫折中吸取教训。中国共产党就像一把利剑，经过实践的锤炼，只会越来越锐利，越来越成熟。

“中国特色社会主义不是从天上掉下来的，是党和人民历尽千辛万苦、付出巨大代价取得的根本成就。”[②] 党的十八大以来，中国特色社会主义进入新时代。以习近平同志为核心的党中央正确研判国内外新形势、新挑战，明确新要求、新任务，高压反腐，强化党建，消灭贫困，走向共同富裕；在“五位

① 《邓小平文选》第3卷，人民出版社1993年版，第375页。

② 《十八大以来重要文献选编》（下），中央文献出版社2018年版，第348页。

一体”总体布局和“四个全面”战略布局的指导下，统筹推进“四个伟大”，不忘初心，继续前进，为实现中华民族伟大复兴的中国梦不断奋斗。经过一代又一代中国共产党人的努力，“两个一百年”的奋斗目标不断向前推进。到21世纪中叶，中国将建成社会主义现代化强国，这充分展现了中国共产党人的决心与魄力。“宝剑锋从磨砺出，梅花香自苦寒来。”百年沧桑，百炼成钢，中国共产党就是在一个又一个磨砺面前愈战愈强，不断登上新的高峰。

四、胸怀天下——中国共产党的战略本色

《决议》指出：“党始终以世界眼光关注人类前途命运，从人类发展大潮流、世界变化大格局、中国发展大历史正确认识和处理同外部世界的关系，坚持开放、不搞封闭，坚持互利共赢、不搞零和博弈，坚持主持公道、伸张正义，站在历史正确的一边，站在人类进步的一边。”[①] 共产党的使命是解放全人类，为人类的幸福而奋斗。中国共产党自成立以来，便把自身的发展斗争同国际形势结合起来，尤其在新中国成立后，中国共产党领导的社会主义中国作为国际大家庭的一分子，积极投身国际事务，在丰富的实践斗争中不断加深对国际形势的认识。中国共产党秉持与时俱进的精神，以全球视野作为战略出发点，团结一致，艰苦奋斗，为解放中国人民，解放世界人民而不懈奋斗。

1946年，丘吉尔发表“铁幕演说”，拉开了冷战序幕。与此同时，杜鲁门主义的出台，标志着社会主义与资本主义两大制度对抗正式开始。中国作为社会主义大国坚定地站在社会主义阵营一方，承担起应有的国际责任。朝鲜战争爆发后，以毛泽东同志为主要代表的中国共产党人在新中国一穷二白的情况下，以高超的政治智慧和国际战略眼光进行抗美援朝，并最终取得胜利。抗美援朝的胜利打出了中国人的精气神，打出了新中国的国际之路，打出了中国共产党的天下担当。其后，美军入侵越南，中国共产党同样给予社会主义越南援助，打击了美帝国主义的嚣张气焰。

---

① 《中共中央关于党的百年奋斗重大成就和历史经验的决议》，人民出版社2021年版，第68页。

可见，帝国主义把压迫带到哪里，中国共产党人就支持世界劳动人民反抗到哪里。以毛泽东同志为主要代表的中国共产党人秉持“敢同恶鬼争高下，不向霸王让寸分”的国际主义精神，提出“一切反动派都是纸老虎”[①]，“一切受压迫的民族都要独立”等论断[②]，大大鼓舞了世界受压迫人民的斗志。同时，面对苏联大国沙文主义，中国共产党人据理抗争。毛泽东在诗词《满江红·和郭沫若同志》中以极为高超的艺术手法，将苏联比作“嗡嗡叫”的“苍蝇”，在“小小寰球”中“凄厉”“抽泣”，凸显了中国人民在中国共产党的领导下不畏强权、捍卫真理的坚强意志。中国共产党人不仅有宏伟气魄，还有沉着冷静的思路策略。针对帝国主义依旧相对比较强大的问题，毛泽东明确提出：“从战略上说，完全轻视它。从战术上说，重视它。”[③]这是中国共产党人在深刻领悟辩证法精髓的基础上提出来的战略战术观：既不能恐慌畏惧，又不能一味蛮干；既要有所轻视，又要有所重视，充分体现了马克思主义斗争哲学的伟大智慧。

在同来华访问的赞比亚总统谈话时，毛泽东凭借高超的战略眼光提出“三个世界”构想，团结占绝对多数的第三世界国家人民，坚决支持第三世界维护民族独立、发展经济的斗争，赢得了广泛的信任和友谊。1974 年，邓小平率团参加联合国大会第六届特别会议。会上，邓小平准确分析了当今国际局势，旗帜鲜明地指出美、苏两个超级大国是当今世界最大的国际剥削者和压迫者，号召包括美、苏在内的世界人民反对殖民主义，反对帝国主义，维护国家民族的独立与发展。[④]

改革开放以来，中国综合国力迅速增强，国际地位也随之不断提升，邓小平在会见日本商工会议所访华团时曾一针见血地指出：“和平和发展是当代世界的两大问题”，“和平问题是东西问题，发展问题是南北问题”，而且“中国现在是维护世界和平和稳定的力量”，“中国发展得越强大，世界和平越靠

① 《毛泽东选集》第 4 卷，人民出版社 1991 年版，第 1195 页。
② 《毛泽东文集》第 7 卷，人民出版社 1999 年版，第 71—74 页。
③ 《毛泽东文集》第 7 卷，人民出版社 1999 年版，第 73 页。
④ 《邓小平文集（1949—1974 年）》下卷，人民出版社 2014 年版，第 345—356 页。

得住”。[①] 这充分体现了中国共产党人胸怀天下的时代担当与义不容辞的大国风范。

党的十八大以来，中国特色社会主义进入新时代。中国共产党“以巨大的政治勇气和强烈的责任担当，提出一系列新理念新思想新战略，出台一系列重大方针政策，推出一系列重大举措，推进一系列重大工作，解决了许多长期想解决而没有解决的难题，办成了许多过去想办而没有办成的大事，推动党和国家事业发生历史性变革”[②]。能力越大，责任也越大。面对动荡频发、冲突不断、发展乏力等一系列国际问题，中国共产党以敢为天下先的勇气，创造性地推出“一带一路”倡议，搭建起互联互通的国际桥梁，提供源源不断的产能动力，带动沿线地区乃至世界经济的全面发展。

2013 年 3 月 23 日，国家主席习近平在莫斯科国际学院首次提出“人类命运共同体”理念，向世界讲述人类文明走向的中国判断。2017 年 12 月 1 日，中国共产党首倡召开与世界政党高层对话会，会上习近平总书记充分展现了中国共产党人的天下担当，指出，“中国共产党是世界上最大的政党。……大就要有大的样子”，“中国共产党所做的一切，就是为中国人民谋幸福、为中华民族谋复兴、为人类谋和平与发展。我们要把自己的事情做好，这本身就是对构建人类命运共同体的贡献。我们也要通过推动中国发展给世界创造更多机遇，通过深化自身实践探索人类社会发展规律并同世界各国分享。我们不‘输入’外国模式，也不‘输出’中国模式，不会要求别国‘复制’中国的做法”。[③] 针对亚洲基础设施落后的问题，在旧有国际金融组织缺位的情况下，中国果断倡议成立亚洲基础设施投资银行，促进亚洲地区互联互通建设和经济一体化进程，促进亚洲经济持续稳定发展。无论是“一带一路”、亚投行还是人类命运共同体，中国共产党以自身实践充分展现了全球视野下胸怀天下的战略意识。

---

① 《邓小平文选》第 3 卷，人民出版社 1993 年版，第 104—105 页。

② 习近平：《决胜全面建成小康社会 夺取新时代中国特色社会主义伟大胜利——在中国共产党第十九次全国代表大会上的报告》，人民出版社 2017 年版，第 8 页。

③ 习近平：《论坚持推动构建人类命运共同体》，中央文献出版社 2018 年版，第 514 页。

“大道之行，天下为公。”[①] 中国共产党始终走在时代的前沿，把握时代脉搏。“‘明者因时而变，知者随世而制。’形势在发展，时代在进步。要跟上时代前进步伐，就不能身体已进入 21 世纪，而脑袋还停留在冷战思维、零和博弈的旧时代。”[②] 这是中国共产党与时俱进的时代宣言，是中国共产党人战略本色的最佳诠释。

五、结语

中国共产党为什么能取得百年奋斗的重大成就并继续走向下一个胜利？因为中国共产党拥有坚守信仰的政治本色，有民主集中的组织本色，有百炼成钢的斗争本色，有胸怀天下的战略本色。“今天，我们比历史上任何时期都更接近、更有信心和能力实现中华民族伟大复兴的目标。”[③]

① 《中共中央关于党的百年奋斗重大成就和历史经验的决议》，人民出版社 2021 年版，第 68 页。

② 《习近平谈治国理政》第 1 卷，外文出版社 2018 年版，第 354 页。

③ 《中共中央关于党的百年奋斗重大成就和历史经验的决议》，人民出版社 2021 年版，第 72 页。

党的十八大以来七千人大会研究述评

岳 骁*

内容提要：七千人大会在中共党史和中华人民共和国史上具有重要地位。党的十八大以来，学术界关于七千人大会的研究进一步深入，成果集中体现在大会召开的背景与主题、大会的主要成就与经验启示、大会对党内民主探索的局限性等三个方面。本文对上述诸方面的各种观点及其论证逻辑进行述评，并尝试指出党的十八大以来七千人大会研究中存在的问题和短板，以期为学者推出更多创新性成果提供参考，完善该领域的研究状况。

1962 年 1 月 11 日至 2 月 7 日，中共中央在北京召开扩大的中央工作会议。参加这次会议的有中央和省、地、县委四级主要负责人以及部分大厂矿和军队的负责人，共 7118 人，通常称七千人大会。这次会议是我们党在新中国成立后召开的一次具有重要历史意义的会议，它不仅以其空前的规模载入史册，更以其通过上下通气、上下互动的民主讨论来解决现实困难、总结经验教训而启示后人。此次会议一直是学术界关注的重点问题，党的十八大以来，在前人研究的基础上，学术界对此次会议的进一步研究取得不少成果。

首先，著作方面，若干关于中国共产党史和中华人民共和国史的著作对七千人大会有所涉及。如中共中央党史和文献研究院等单位编写的《中国共产党简史》[①]，中共中央文献研究室编写的《邓小平传（1904—1974）》[②]，中国社会科学院当代中国研究所编写的《新中国 70 年》[③]、《中华人民共和国

* 岳骁，中国社会科学院大学历史学院。

① 《中国共产党简史》，人民出版社、中共党史出版社 2021 年版。

② 《邓小平传（1904—1974）》，中央文献出版社 2014 年版。

③ 《新中国 70 年》，当代中国出版社 2019 年版。

简史》[①]，李正华、张金才主编的《中华人民共和国政治史（1949—2019）》[②]，郑有贵主编的《中华人民共和国经济史（1949—2019）》[③]，邓力群的回忆录《邓力群自述（1915—1974）》[④]，罗平汉、赵鹏著《中华人民共和国通史·第二卷（1956—1966）》[⑤]，罗平汉著《中共百年若干重大事件述实》[⑥]，萧冬连著《筚路维艰：中国社会主义路径的五次选择》[⑦]，等等，都有章节论及七千人大会。

其次，亦有多篇学术论文进一步挖掘了七千人大会的相关问题。具有代表性的有张金才《邓小平与“七千人大会”》[⑧]、李东明《功绩与局限：七千人大会对党内民主的探索与实践》[⑨]、王双梅《刘少奇与党的群众路线：基于七大、八大和七千人大会三个历史节点的分析》[⑩]、谭献民《探索社会主义经济建设中的群众路线——读刘少奇在“七千人”大会上的讲话》[⑪]、王一喆《刘少奇民主集中制思想探析——重温刘少奇在七千人大会上的报告》[⑫]、罗嗣亮、马丽《植根于群众路线的党内协商民主何以可能？——七千人大会前后毛泽东的探索及启示》[⑬]等。本文对相关研究成果分类，择要综述如下。

---

① 《中华人民共和国简史》，人民出版社、当代中国出版社 2021 年版。

② 李正华、张金才主编:《中华人民共和国政治史（1949—2019）》，当代中国出版社 2019 年版。

③ 郑有贵主编:《中华人民共和国经济史（1949—2019）》，当代中国出版社 2019 年版。

④ 《邓力群自述（1915—1974）》，人民出版社 2015 年版。

⑤ 罗平汉、赵鹏:《中华人民共和国通史·第二卷（1956—1966）》，广州人民出版社 2020 年版。

⑥ 罗平汉:《中共百年若干重大事件述实》，人民出版社 2021 年版。

⑦ 萧冬连:《筚路维艰：中国社会主义路径的五次选择》，社会科学文献出版社 2014 年版。

⑧ 张金才:《邓小平与“七千人大会”》，《当代中国史研究》2013 年第 2 期。

⑨ 李东明:《功绩与局限：七千人大会对党内民主的探索与实践》，《理论导刊》2014 年第 8 期。

⑩ 王双梅:《刘少奇与党的群众路线：基于七大、八大和七千人大会三个历史节点的分析》，《党的文献》2014 年第 5 期。

⑪ 谭献民:《探索社会主义经济建设中的群众路线——读刘少奇在“七千人”大会上的讲话》，《湖湘论坛》2014 年第 3 期。

⑫ 王一喆:《刘少奇民主集中制思想探析——重温刘少奇在七千人大会上的报告》，《党的文献》2018 年第 5 期。

⑬ 罗嗣亮、马丽:《植根于群众路线的党内协商民主何以可能？——七千人大会前后毛泽东的探索及启示》，《现代哲学》2018 年第 2 期。

一、关于会议召开的背景与主题

七千人大会的召开有其深刻的国内外背景，党的十八大以来，研究者从不同方面对此做了分析。而对于此次会议的主题，学术界存在着不同观点。

（一）会议召开的背景

第一，严峻的经济形势。有学者指出，“大跃进”运动的受挫是中央决定召开七千人大会的大背景。① 而解决粮食困难，推动粮食征购，解决地方的分散主义问题，则是中央召开七千人大会的直接起因。② 面对经济调整中的困难，时任中南局第一书记陶铸提议中央召集全国的地委书记来北京开会，以“打通思想”。毛泽东采纳了陶铸的建议，并决定扩大会议规模，让县委书记也参加会议，于是一场七千余人参加的、规模空前的中央工作会议就召开了。③

第二，不正常的政治氛围。有学者强调，面对困难的经济形势，部分领导干部虽然认为调整极为必要，但对庐山会议后的“反右倾”仍心有余悸，担心降低指标、调整速度会被扣上否定总路线、“大跃进”和人民公社化“三面红旗”的帽子。④ 有观点认为,“大跃进”以来，党的民主集中制遭到严重破坏，许多领导干部强迫命令，瞎指挥，导致党内滋长了不如实反映情况，不讲老实话，怕讲老实话的风气，党员群众的真实想法无从表达。党中央召开七千人大会，就是为了广泛听取党的各级干部尤其是基层干部的不同意见，多方面吸取思想智慧，通过党内协商形成共识，以优化党内政治生态和增强党的凝聚力，并带动全社会的民主建设。⑤

第三，干部思想认识的疑虑与分歧。有学者指出，面对“大跃进”和人

① 蒲卫东：《浅析七千人大会主题》，《传承》2016 年第 2 期。

② 张金才：《邓小平与“七千人大会”》，《当代中国史研究》2013 年第 2 期；王兵：《从“两干一稀”“白天出气”看七千人大会召开的两大原因》，《湘潮》2017 年第 5 期；罗平汉、赵鹏：《中华人民共和国通史·第二卷（1956—1966）》，广州人民出版社 2020 年版，第 450 页。

③ 《邓小平传（1904—1974）》，中央文献出版社 2014 年版，第 1213—1214 页。

④ 罗平汉、赵鹏：《中华人民共和国通史·第二卷（1956—1966）》，广州人民出版社 2020 年版，第 448 页。

⑤ 罗嗣亮、马丽：《植根于群众路线的党内协商民主何以可能？——七千人大会前后毛泽东的探索及启示》，《现代哲学》2018 年第 2 期。

民公社化运动开展以来造成的严重后果，人们产生了各种各样的认识和想法，如："三面红旗"到底对不对？困难产生的原因到底是什么？这几年到底是什么样的经验教训？等等。因此，中央需要总结"大跃进"以来的经验教训，解答干部群众的困惑，统一全党思想认识，使调整工作顺利进行，共同克服困难。[①]有学者认为，"八字方针"提出后的一段时间内，国民经济调整的成效不大。根本原因在于各级领导干部对经济形势的看法存在严重分歧，相当多的领导干部，对于"大跃进"并未从思想上转过弯来，还在企图等待形势好转后继续搞新的"跃进"，不愿压缩基本建设规模和工业指标；也有少数党员干部面对严重困难不知所措，产生悲观埋怨情绪，对何时走出低谷信心不足。[②]

第四，不利的国际环境。有学者认为，中苏关系交恶，苏联决定撤走在华所有专家，单方面撕毁经济建设合同，这完全打乱了中国国民经济发展计划，使原本就非常困难的中国经济雪上加霜。[③]1961 年 10 月苏共二十二大后，赫鲁晓夫掀起了新的反华浪潮，中苏两党两国关系面临破裂。在这种情况下，将中国的事情处理好，不但可以顶住来自国际的压力，还可以战胜各种挑战。这也是毛泽东下定决心要召开七千人大会的原因之一。[④]党的十八大以来的研究成果在涉及七千人大会召开的国际背景时，主要考察了中苏关系的变化。那一时期中印边境局势紧张、美国对中国的封锁敌视等亦为新中国面临的国际挑战。这些问题的解决都有赖于认真贯彻国民经济调整的方针，争取国内形势的根本好转。

（二）会议的主题

党的十八大以来，学术界对于七千人大会主题的研究虽然有限，但亦呈

① 蒲卫东：《浅析七千人大会主题》，《传承》2016 年第 2 期；苏轶群：《浅论七千人大会对党内民主实践的探索》，《山西青年》2016 年第 14 期；王兵：《从"两干一稀""白天出气"看七千人大会召开的两大原因》，《湘潮》2017 年第 5 期。

② 郑有贵主编：《中华人民共和国经济史（1949—2019）》，当代中国出版社 2019 年版，第 71 页；罗平汉、赵鹏：《中华人民共和国通史·第二卷（1956—1966）》，广州人民出版社 2020 年版，第 448 页。

③ 苏轶群：《浅论七千人大会对党内民主实践的探索》，《山西青年》2016 年第 14 期。

④ 李向前：《论七千人大会与党内民主》，南京师范大学 2015 年硕士学位论文；王苳：《不忘初心，继续前行！——再论七千人大会》，《商情》2017 年第 36 期。

现出两种不同的观点。有学者指出，七千人大会召开时并未举办开幕式，而是直接将大会报告稿发给了与会者。对报告中提出的“反对分散主义”说法，很多与会者持不同意见。中央发现了地方的不满情绪，决定顺应会议潮流，重新组织报告起草委员会，先分析当前的主要矛盾，推翻报告稿中的不合理部分，统一思想后再写稿子。至此，大会的主题开始发生重要变化：由反对地方的分散主义为主，改成总结经验教训为主。[①]

另一种观点则认为，从会议的背景、进程及结果分析，无论会议日程如何变动，会议方式如何变化，会议争议如何激烈，大会的主题一直是反对分散主义。首先，两次修改的大会报告并没有动摇反对分散主义这一主题。在大会之前，中央就反对分散主义已经形成共识；大会报告的两次起草过程和最终拿出的修改稿也都围绕着反对分散主义这一主题。其次，在毛泽东围绕发扬民主集中制发表讲话，鼓励大家“出气”后，大会的主题亦没有改变。毛泽东是想通过发扬民主来实现集中；此后刘少奇、周恩来、邓小平的讲话也都点出了反对分散主义这一最终目的。[②]笔者认为，七千人大会的主题是强调集中统一，反对分散主义，而领导人讲话则以恢复和加强民主集中制为中心，通过发扬民主集中制解决分散主义问题。

二、关于会议的主要成就和经验启示

党的十八大以来，学术界关于七千人大会的研究中，涉及会议主要成就和经验启示的论著较为丰富，且集中在党内民主方面。

（一）会议的总体成就和意义

七千人大会在当时历史条件下取得了重要成果，其积极意义毋庸置疑。这次会议对 1958 年以来的经验教训作了深入的总结，客观地分析了当时所面临的形势，进一步提出了克服经济困难的方针、政策和办法。会议对待缺点

① 李嘉树：《七千人大会与曾希圣调离安徽》，《江淮文史》2016 年第 4 期。

② 蒲卫东：《浅析七千人大会主题》，《传承》2016 年第 2 期。

错误的比较实事求是的态度，以及发扬民主和进行自我批评的精神，给全党以鼓舞，增强了党的凝聚力，在统一全党思想、动员全党团结奋斗战胜困难方面起了积极作用。① 会议强调要健全民主集中制，恢复和发展党的优良传统，使党的中高级干部进一步认识到了国民经济调整的必要性，在一定程度上解放了思想，这就为 1962 年国民经济调整的顺利进行奠定了思想基础。②

（二）会议对党内民主的有益探索

党的十八大以来，学术界关于七千人大会对党内民主探索的研究，可集中概括为以下几个方面：

第一，大会报告稿形成过程的民主化。有学者指出，七千人大会开始对报告稿进行讨论后，参与领导报告起草工作的邓小平多次召集有关人员开会，听取和通报大会各小组对报告稿的反映及讨论情况，传达毛泽东对报告稿的意见，组织和推动了讨论及修改工作的正常进行。③ 有学者认为，大会的报告是在充分发扬民主的基础上，在广泛聚集中央领导集体和专家学者意见和想法的过程中，聚众家之长、集百家智慧所形成的集体智慧的结晶。会议报告起草方式的民主化反映出当时的党中央领导集体对党内民主的高度重视。④

第二，大会开展了广泛的批评与自我批评。首先，领导人带头做了自我批评。有学者指出，高层领导带头自我批评为会议营造了浓郁的民主氛围。毛泽东的自我批评和主动承担责任，提高了党内各级干部的觉悟和民主意识，对于党领导全国人民总结经验，克服困难起到至关重要的作用。⑤ 毛泽东讲话之后，邓小平、周恩来也分别代表中央书记处和国务院进行了自我批评。他

① 《邓小平传（1904—1974）》，中央文献出版社 2014 年版，第 1229 页；《中国共产党简史》，人民出版社、中共党史出版社 2021 年版，第 196—197 页。

② 罗平汉：《中共百年若干重大事件述实》，人民出版社 2021 年版，第 265 页。

③ 张金才：《邓小平与“七千人大会”》，《当代中国史研究》2013 年第 2 期；王广峰：《中共八大与七千人大会比较研究》，《陕西理工学院学报（社会科学版）》2013 年第 2 期。

④ 韩钢：《马洪与 1960 年代经济调整的几件大事》，《同舟共进》2016 年第 12 期；李东明：《功绩与局限：七千人大会对党内民主的探索与实践》，《理论导刊》2014 年第 8 期；苏轶群：《浅论七千人大会对党内民主实践的探索》，《山西青年》2016 年第 14 期。

⑤ 李向前：《论七千人大会与党内民主》，南京师范大学 2015 年硕士学位论文；苏轶群：《浅论七千人大会对党内民主实践的探索》，《山西青年》2016 年第 14 期。

们的讲话获得了热烈反响。[①] 有学者认为，由党的主要领导人带头在如此广大的范围内作诚恳的自我批评，主动承担失误的责任，这样广泛地发扬民主和开展党内批评，在新中国成立后党内生活中还不曾有过。[②] 其次，大会还鼓励了自下而上的批评。大会实行“三不主义”，使广大党员可以积极表达自己的真实观点和主张。在中央领导人的倡导和党员表达意见权利得到保障的前提下，广大党员广开言路，畅所欲言，开展了广泛的批评与讨论，体现了作为先进政党的共产党人崇高的政治觉悟，是发扬党内民主的重要一环。[③]

第三，大会充分肯定了民主集中制的重要性。在七千人大会上，毛泽东就民主集中制问题作了重要讲话，刘少奇、周恩来、邓小平等领导人也都强调坚持民主集中制原则。有学者通过大会政治报告研究了刘少奇关于民主集中制的相关论述，包括坚持和加强民主集中制是反对官僚主义和分散主义、正确处理中央和地方关系、集中统一领导经济工作的需要；坚持和加强民主集中制，必须在思想上树立实事求是的作风，在组织上贯彻群众路线，在制度上执行集体领导、批评与自我批评等。[④] 邓小平在讲话中也强调了民主集中制是党和国家最根本的制度，坚持和完善民主集中制十分重要。[⑤] 中央领导同志关于民主集中制的论述十分精辟和独到，党把民主与集中的关系上升到了决定社会主义历史命运的原则高度，形成了七千人大会的重要理论成果，丰富和发展了马克思主义关于民主集中制的思想宝库，对今天健全民主集中制仍有重要意义。[⑥] 大会的参与者邓力群时隔数十年后，仍然认为毛泽东关于民主集中制的讲话“确实深刻，经得起时间的考验，实践的检验”。[⑦]

---

① 《新中国 70 年》，当代中国出版社 2019 年版，第 93 页；《中华人民共和国简史》，人民出版社、当代中国出版社 2021 年版，第 88 页。

② 张金才：《邓小平与“七千人大会”》，《当代中国史研究》2013 年第 2 期。

③ 柴国娜：《中共对党内民主建设的探索——以七千人大会为例》，《党史文苑》2016 年第 14 期。

④ 王一喆：《刘少奇民主集中制思想探析——重温刘少奇在七千人大会上的报告》，《党的文献》2018 年第 5 期。

⑤ 王威：《邓小平关于党内民主建设的观点探析》，《公关世界》2020 年第 21 期。

⑥ 李正华、张金才主编：《中华人民共和国政治史（1949—2019）》，当代中国出版社 2019 年版，第 88 页；张金才：《邓小平与“七千人大会”》，《当代中国史研究》2013 年第 2 期；柴国娜：《中共对党内民主建设的探索——以七千人大会为例》，《党史文苑》2016 年第 14 期。

⑦ 《邓力群自述（1915—1974）》，人民出版社 2015 年版，第 357 页。

第四，大会提出了加强党内民主监督的问题。有学者指出，七千人大会期间，党中央领导集体开始加强对党内民主监督的重视，特别是提出加强对党的领导人和党内生活的合法监督，在理论上改善了党内监督机制不健全、党政不分的弊病，有助于党的监察委员会在实际工作中更好地履行监督职能。如邓小平对加强党内民主监督问题进行了深刻的阐述，提出了对权力实行监督的必要性。邓小平认为，对党的领导人最有效、最重要的监督是党委会、书记处、常委会的监督，他建议在这些领域开展领导人的党组织生活。① 有学者认为，七千人大会上提出的“党内生活会”，就其概念的实质和内涵来讲，应该理解为就是后来的“民主生活会”。②

第五，大会高度重视恢复和坚持群众路线的重要性。有学者指出，刘少奇在大会上强调坚持群众路线必须同扩大人民民主权利相联系，认为民主集中制是群众路线在组织建设层面的现实运用。③ 有观点认为，七千人大会对群众路线的论述，着眼于总结经验教训、寻求克服困难的办法，具有鲜明的实践特色和强烈的现实针对性。④ 另有学者认为，刘少奇从领导方式和领导体制上阐释主观主义的群众运动与群众路线的原则区别，比较深入系统地说明了党的群众路线应当成为认识和运用社会主义经济建设客观规律的工具，为十一届三中全会以后群众路线实现根本的历史转折奠定了理论基石。⑤ 还有学者从群众路线与党内协商民主相结合的角度指出，毛泽东心目中的党内协商

① 李东明：《功绩与局限：七千人大会对党内民主的探索与实践》，《理论导刊》2014 年第 8 期；李向前：《论七千人大会与党内民主》，南京师范大学 2015 年硕士学位论文；苏轶群：《浅论七千人大会对党内民主实践的探索》，《山西青年》2016 年第 14 期；高刚：《七千人大会对党内民主的探索实践》，《长江丛刊》2017 年第 25 期。

② 李向前：《论七千人大会与党内民主》，南京师范大学 2015 年硕士学位论文；谭乐沁、王建柱：《民主生活会：中共党内政治生活》，《文史博览》2017 年第 4 期。

③ 王双梅：《刘少奇与党的群众路线：基于七大、八大和七千人大会三个历史节点的分析》，《党的文献》2014 年第 5 期；陈燕秋：《解读刘少奇在七千人大会上的讲话中蕴涵的党建思想》，《文史博览（理论）》2014 年第 5 期；王一喆：《刘少奇民主集中制思想探析——重温刘少奇在七千人大会上的报告》，《党的文献》2018 年第 5 期。

④ 黄志高：《七千人大会与群众路线的恢复和坚持》，《中国井冈山干部学院学报》2018 年第 2 期；参见董忠义：《马骞的检举信与七千人大会》，《炎黄春秋》2014 年第 11 期。

⑤ 谭献民：《探索社会主义经济建设中的群众路线——读刘少奇在“七千人”大会上的讲话》，《湖湘论坛》2014 年第 3 期。

民主，核心实质是将民主集中制原则深深植根于群众路线。毛泽东在七千人大会上一再强调民主集中制是党内协商民主的制度原则，群众路线则为这一原则奠定了深厚的群众土壤，从而为在党的集中统一前提下扩大党内民主、优化党内政治生态提供了可能。①

（三）会议留给后人的经验和启示

七千人大会为开展严肃认真的党内政治生活，留下了许多宝贵经验和启示，值得后人借鉴。有学者将大会经验总结归纳为：要敢于指出党的工作中的缺点和错误；发扬党内民主是讨论问题的前提；在缺点和错误面前，要敢于承担责任；贯彻民主集中制原则关系党和国家的命运；开展批评与自我批评，团结一致推进党的伟大事业。主要启示是：针对全局性的缺点错误，要注意研究指导思想是否正确；民主集中制的贯彻要有系列配套制度；要防止极少数人破坏党的团结和统一，损害党内政治生态。②另有学者提出，党内协商民主要突出党员群众的广泛参与，突出党内不同意见的碰撞和磨合，有效提升党内决策的科学性和回应性；党内协商民主植根于群众路线的最终目标，应是将群众路线融入制度建设，建立起完善的党内协商民主制度体系；党内协商民主植根于群众路线的当前目标，应以基层为重要着力点，发展基层党组织协商民主。③

三、关于会议对党内民主探索的局限性

七千人大会对党内民主的探索取得了相当大的成绩，但由于受到各种因素的制约仍然不可避免地存在一些缺点和局限。党的十八大以来，学者们对该问题亦有分析，其观点可归纳为以下三个方面：

---

① 罗嗣亮、马丽：《植根于群众路线的党内协商民主何以可能？——七千人大会前后毛泽东的探索及启示》，《现代哲学》2018 年第 2 期。

② 蒋光贵：《“七千人大会”开展党内政治生活的经验及启示》，《中共云南省委党校学报》2018 年第 1 期。

③ 罗嗣亮、马丽：《植根于群众路线的党内协商民主何以可能？——七千人大会前后毛泽东的探索及启示》，《现代哲学》2018 年第 2 期。

首先，大会并未完全摆脱“左”的指导思想的束缚。大会对“大跃进”以来的经验教训的初步总结，是在肯定“三面红旗”即总路线、“大跃进”、人民公社的大前提下，作为执行“正确路线”过程中工作上的缺点错误来进行的。[①]庐山会议对“三面红旗”和彭德怀问题的定论不能触碰，决定了七千人大会纠正错误、总结经验是有限度的。[②]

其次，党内民主作风发扬不充分。有学者认为，大会期间民主讨论与批评的向度与程度，是由党的领导人的注意力所决定的。比如，与会代表们已经认识到过去几年最大的教训是缺乏民主，而党的中央领导层却在口头上过多地强调缺乏经验；毛泽东虽然强调了民主集中制，但他批评的对象主要是地方上的同志，一定程度上忽略了党的高级领导层存在的问题。党内民主并未真正走出误区。[③]有学者指出，虽然大会实行“三不主义”，在一定程度上鼓励了广大党员踊跃发言，但由于当时个人崇拜风气盛行，加之林彪在会上宣扬其个人崇拜的观点，将党的民主集中制定性为领导的一言堂，阻碍了全党对“大跃进”以来经验教训认识的进一步深化，助长了个人崇拜风气，这无疑对纠正缺点错误和发扬党内民主起着消极作用。[④]

最后，大会未能将会上所提出的关于党内民主的一些做法和创举上升到制度和法律层面。大会从党和国家生死存亡的角度阐述了民主集中制的重要性，提出了加强党委内部互相监督、广大党员要勇于开展广泛的批评和自我批评等，这些都是关于加强党内民主的切实而中肯的意见。然而这只是在技术层面上找到了问题原因，口头上认可了改进举措和建议，既没有制度上的规定，也没有法制加以保证，未形成一套具有全国性、向导性、稳定性、长期性的制度去实施。因此七千人大会形成的诸多有益共识没有对广大党员形

① 高刚：《七千人大会对党内民主的探索实践》，《长江丛刊》2017 年第 25 期。

② 萧冬连：《筚路维艰：中国社会主义路径的五次选择》，社会科学文献出版社 2014 年版，第 130 页；另参见李向前：《论七千人大会与党内民主》，南京师范大学 2015 年硕士学位论文。

③ 李东明：《功绩与局限：七千人大会对党内民主的探索与实践》，《理论导刊》2014 年第 8 期；李向前：《论七千人大会与党内民主》，南京师范大学 2015 年硕士学位论文。

④ 柴国娜：《中共对党内民主建设的探索——以七千人大会为例》，《党史文苑》2016 年第 14 期；王苳：《不忘初心，继续前行！——再论七千人大会》，《商情》2017 年第 36 期；高刚：《七千人大会对党内民主的探索实践》，《长江丛刊》2017 年第 25 期。

成广泛的约束力，以至于大会结束后，随着经济形势的好转、政治生活的进一步“左”倾及个人崇拜的盛行，大会许多科学合理的建议和设想，被束之高阁、弃之不用，逐渐淡出了人们的视野。正确的路线和政策随着党内民主的缺失而中断，民主建设的进程受到严重影响。①

综上所述，党的十八大以来，学术界关于七千人大会的研究在广度和深度上相较前人都有所进展，部分观点是对前人观点的革新，一些观点的碰撞反映了相关专题研究的推进和深入。但另一方面，相关研究中还存在一些问题。首先，关于七千人大会的研究成果总量有限，且对前人研究成果的依赖性较强，缺乏对原始档案、回忆录等史料的深入挖掘和细致钻研，对二手、三手文献的引用较为明显，使部分研究成果趋于平庸。其次，在研究角度上来看，不少学者将注意力集中于七千人大会对党内民主的探索及个别领导人与七千人大会的关系，而对大会与国民经济的调整、大会与社会关系的调整、大会与阶级斗争形势的变化、地方和基层如何落实大会精神等方面缺乏研究，对七千人大会整体的考察和梳理力度也稍显单薄。最后，目前关于七千人大会的研究稍显孤立，需要有更宽广的视野，在整体史观和大历史观的指导下，将七千人大会置于中共党史和中华人民共和国史的大背景下去考察，探求其在整体的党史、国史中起到的作用。当然，也正是因为进步空间的存在，才需要学者们以更科学的历史观、党史观为指导，以更严谨踏实的治学态度和研究方法推动七千人大会研究的深入，以形成更多更有价值的研究成果，进一步完善相关问题的研究。

---

① 王广峰：《中共八大与七千人大会比较研究》，《陕西理工学院学报（社会科学版）》2013 年第 2 期；李东明：《功绩与局限：七千人大会对党内民主的探索与实践》，《理论导刊》2014 年第 8 期；李向前：《论七千人大会与党内民主》，南京师范大学 2015 年硕士学位论文；苏轶群：《浅论七千人大会对党内民主实践的探索》，《山西青年》2016 年第 14 期；柴国娜：《中共对党内民主建设的探索——以七千人大会为例》，《党史文苑》2016 年第 14 期；高刚：《七千人大会对党内民主的探索实践》，《长江丛刊》2017 年第 25 期。

新时代中国特色强军之路探析

姬文波 *

内容提要： 中国特色强军之路是党领导建设强大人民军队的历史结晶和根本成就。党的十八大以来，中国特色社会主义进入新时代，国防和军队建设也进入新时代。新时代党的强军思想作为党的军事指导理论最新成果，深刻回答了新时代强军兴军的使命任务、奋斗目标、根本原则、战略布局、重要路径等重大问题。贯彻落实新时代军事战略方针，全面推进政治建军、改革强军、科技强军、人才强军、依法治军战略，我军现代化建设步入快车道，强军事业取得历史性成就、发生历史性变革，为实现中华民族伟大复兴提供了战略支撑。

中国特色强军之路是党领导建设强大人民军队的历史结晶和根本成就。党的十八大以来，中国特色社会主义进入新时代，国防和军队建设也进入新时代。按照国防和军队现代化新“三步走”战略安排，我军建设发展步伐加快，全面贯彻新时代党的强军思想、新时代军事战略方针，坚持党对人民军队的绝对领导，坚持走中国特色强军之路；全面推进政治建军、改革强军、科技强军、人才强军、依法治军；机械化信息化智能化融合发展，新型作战力量不断壮大，后勤建设加快转型，主战武器装备加速更新换代；人才培养、国防动员、军事外交、军事理论研究等工作取得重要进展，我军现代化建设步入快车道，强军事业取得历史性成就、发生历史性变革，为实现中华民族伟大复兴提供了战略支撑。

---

* 姬文波，中国社会科学院当代中国研究所。

一、全面贯彻新时代党的强军思想和新时代军事战略方针

（一）以新时代党的强军思想为科学指引，坚持走中国特色强军之路

新时代党的强军思想作为党的军事指导理论最新成果，深刻回答了新时代强军兴军的使命任务、奋斗目标、根本原则、战略布局、重要路径等重大问题，主要内容是：在根本原则上，强调要坚持党对人民军队的绝对领导，而且把它上升为新时代党的基本方略；在地位作用上，强调建设强大的军队是实现“两个一百年”奋斗目标，实现中华民族伟大复兴的战略支撑；在奋斗目标上，强调要实现党在新时代的强军目标，不仅要把人民军队建设成为听党指挥、能打胜仗、作风优良的军队，而且要建成世界一流军队；在战略统揽上，强调要贯彻新时代的军事战略方针；在强军布局上，强调要坚持政治建军、改革强军、科技兴军、依法治军，其中政治建军是立军之本，改革强军是必由之路，科技兴军是核心驱动，依法治军是重要保障；在发展理念上，强调要“五个更加注重”。这些内容有机地统一于党在新时代的强军目标，相互联系、相互贯通，构成了一个完整的科学体系，是一个具有内在联系的、博大精深的理论。

强军兴军必须坚定正确的政治方向。政治建军是我军的立军之本，也是最大优势。要铸牢听党指挥这个强军之魂，坚持党对军队绝对领导的根本原则和人民军队的根本宗旨不动摇，确保部队绝对忠诚、绝对纯洁、绝对可靠，一切行动听从党中央和中央军委指挥。深化国防和军队改革是强军兴军的必由之路，也是决定我军未来的关键一招。2016 年 1 月 1 日，《中央军委关于深化国防和军队改革的意见》颁布实施，中国军队历史性改革由此拉开大幕。推动军兵种建设战略转型，构建中国特色现代军事力量体系。

（二）贯彻落实新时代军事战略方针

新时代积极防御军事战略方针，调整了军事斗争准备基点。《中国的军事战略》白皮书指出：“根据战争形态演变和国家安全形势，将军事斗争准备基点放在打赢信息化局部战争上，突出海上军事斗争和军事斗争准备，有效控

制重大危机，妥善应对连锁反应，坚决捍卫国家领土主权、统一和安全。”[①] 实行新时代积极防御军事战略方针，坚持以下原则：服从服务于国家战略目标，贯彻总体国家安全观，加强军事斗争准备，预防危机、遏制战争、打赢战争；营造有利于国家和平发展的战略态势，坚持防御性国防政策，坚持政治、军事、经济、外交等领域斗争密切配合，积极应对国家可能面临的综合安全威胁；保持维权维稳平衡，统筹维权和维稳两个大局，维护国家领土主权和海洋权益，维护周边安全稳定；努力争取军事斗争战略主动，积极运筹谋划各方向各领域军事斗争，抓住机遇加快推进军队建设、改革和发展；运用灵活机动的战略战术，发挥联合作战整体效能，集中优势力量，综合运用战法手段；立足应对最复杂最困难情况，坚持底线思维，扎实做好各项准备工作，确保妥善应对、措置裕如；充分发挥人民军队特有的政治优势，坚持党对军队的绝对领导，重视战斗精神培育，严格部队组织纪律性，纯洁巩固部队，密切军政军民关系，鼓舞军心士气；发挥人民战争的整体威力，坚持把人民战争作为克敌制胜的重要法宝，拓展人民战争的内容和方式方法，推动战争动员以人力动员为主向以科技动员为主转变；积极拓展军事安全合作空间，深化与大国、周边、发展中国家的军事关系，促进建立地区安全和合作架构。[②]

贯彻落实新时代军事战略方针，是新时代中国国防的战略指导。中国新时代军事战略方针，坚持防御、自卫、后发制人原则，实行积极防御，坚持“人不犯我、我不犯人，人若犯我、我必犯人”，强调遏制战争与打赢战争相统一，强调战略上防御与战役战斗上进攻相统一。[③] 新时代军事战略方针，坚持走和平发展道路，坚持奉行防御性国防政策，坚持永不称霸、永不扩张、永不谋求势力范围，坚持积极防御军事战略，坚持走中国特色强军之路，是全面贯彻党的十九大精神，全面贯彻新时代强军思想，指导新时代军事力量运用与建设的方针。

---

① 国务院新闻办公室：《中国的军事战略》，人民出版社 2015 年版，第 10 页。

② 国务院新闻办公室：《中国的军事战略》，人民出版社 2015 年版，第 11—12 页。

③ 国务院新闻办公室：《新时代的中国国防》，《解放军报》2019 年 7 月 25 日。

二、全面加强军队党的领导和党的建设

（一）坚持和完善党对人民军队绝对领导的根本原则和制度

党对人民军队的绝对领导制度，是中国共产党建军治军的伟大创造，是中国特色社会主义制度的重要支柱。习近平指出，党对人民军队的绝对领导是中国特色社会主义的本质特征，是党和国家的重要政治优势。这个重要论述，深刻阐明了党对人民军队的绝对领导在党、国家和军队事业全局中的特殊地位作用。这一根本原则和制度，明确了党和军队的关系，规定了党对军队实施独立的、直接的、全面的领导，具有深刻的历史必然性、科学真理性和制度优越性。[①] 习近平强调，坚持党对军队绝对领导不能有丝毫差池，否则就要犯历史性错误；在坚持党对军队绝对领导这个问题上，我们要坚定不移，时时刻刻做工作，经年累月抓落实，什么时候都放松不得！

党的十九大把"坚持党对人民军队的绝对领导"上升为新时代坚持和发展中国特色社会主义的一条基本方略，这是从历史经验和教训中得出的一个重要结论。党的十九届四中全会进一步明确："坚持和完善党对人民军队的绝对领导制度，确保人民军队忠实履行新时代使命任务。"[②] 全会通过的《中共中央关于坚持和完善中国特色社会主义制度　推进国家治理体系和治理能力现代化若干重大问题的决定》指出："人民军队是中国特色社会主义的坚强柱石，党对人民军队的绝对领导是人民军队的建军之本、强军之魂。"这深刻揭示了坚持党对人民军队绝对领导的极端重要性，要铸牢党对人民军队的绝对领导这个军魂，必须"全面贯彻政治建军各项要求，突出抓好军魂培育，发扬优良传统，传承红色基因，坚决抵制'军队非党化、非政治化'和'军队国家化'等错误政治观点"。[③]

党的十八大以来，党中央、中央军委高度重视坚持和完善党对人民军队的绝对领导制度，围绕坚持和完善党对人民军队的绝对领导制度，鲜明提出

① 许其亮：《坚持和完善党对人民军队的绝对领导制度》，《人民日报》2019 年 11 月 21 日。

② 《中共十九届四中全会在京举行》，《人民日报》2019 年 11 月 1 日。

③ 《中共中央关于坚持和完善中国特色社会主义制度　推进国家治理体系和治理能力现代化若干重大问题的决定》，人民出版社 2019 年版，第 33、34 页。

构建中国特色社会主义军事政策制度体系，以把党对人民军队的绝对领导贯彻和体现到军队建设各领域全过程为指向，对健全军队党的建设制度体系、军事力量运用政策制度体系、军事力量建设政策制度体系、军事管理政策制度体系作出全面部署，为巩固和拓展深化国防和军队改革成果、深入推进军事政策制度改革，进一步指明了方向，明确了目标、任务和要求。

（二）全面深入贯彻中央军委主席负责制

中央军委实行主席负责制是宪法和党章规定的重大政治制度和军事制度，是党的领导地位在军事领域的集中体现。党的十九届四中全会《决定》指出："中央军委实行主席负责制是坚持党对人民军队绝对领导的根本实现形式。"这一重要论断，对全面深入贯彻军委主席负责制，对于确保党从思想上政治上组织上牢牢掌握军队，确保全军始终在党的绝对领导下步调一致地行动和战斗具有重要意义。

军委主席负责制贯彻得好，党对人民军队的绝对领导就有根本保证，党和军队事业就会兴旺发达；军委主席负责制贯彻不好，党对人民军队的绝对领导就会从根本上受到削弱，党和军队事业就会受到严重损害。党的十八大之前的一个时期，郭伯雄、徐才厚违背党对人民军队绝对领导的原则和制度，虚化军委主席负责制，大肆拉帮结派、结党营私、卖官鬻爵、贪污腐化，造成部队政治不清醒、坏规矩的情况大量发生，给党对人民军队绝对领导造成极大危害，给军委集中统一领导造成极大危害，给军队选人用人造成极大危害，给全军团结统一造成极大危害，给部队政治生态造成极大危害。[①]

全面深入贯彻军委主席负责制，必须有健全完备、科学高效的体制机制来保证，决不能搞虚、落空。党的十八大以来，党中央、中央军委通过一系列体制设计和制度安排，推动贯彻军委主席负责制严起来、实起来。一方面，重塑我军领导指挥体制，优化规模结构和力量编成，形成更加有利于贯彻军委主席负责制的全新体制架构；另一方面，修订中央军委工作规则，建立健

① 《党的十九届四中全会〈决定〉学习辅导百问》，党建读物出版社、学习出版社2019年版，第163页。

全请示报告、督促检查、信息服务“三项机制”，出台《关于全面深入贯彻军委主席负责制的意见》等。特别是党的十九大把“中央军事委员会实行主席负责制”写入党章，使这一领导体制在党的根本大法中确立下来，为贯彻落实军委主席负责制进一步提供了根本制度支撑。[①]《中国共产党军队党的建设条例》专门对贯彻军委主席负责制进行规定。一是明确贯彻军委主席负责制的内涵要求，强调必须坚决贯彻军委主席负责中央军委全面工作、领导指挥全国武装力量、决定国防和军队建设一切重大问题的要求，落实到国防和军队建设的各领域全过程。二是完善贯彻军委主席负责制的工作机制，着力形成贯彻军委主席负责制的闭合回路。三是建立贯彻军委主席负责制的责任体系，分别明确各级的相关责任。[②]全面深入贯彻军委主席负责制，是严肃而重大的政治责任，必须作为最高的政治要求来遵守，作为最高的政治纪律来维护。

（三）坚持全面从严治军

强军必先反腐。既注重“打老虎拍苍蝇”，又注重扎紧制度“笼子”改作风、坚决铲除滋生腐败的土壤。党的十八大以来，军队重拳肃贪，铁腕反腐，力度之大前所未有。2014 年 10 月底，在全军政治工作会议上，习近平强调反腐没有禁区、执法没有特例。2016 年 1 月，中央军委纪律检查委员会正式调整组建。5 月，中央军委纪委向军委机关部门和各战区派驻 10 个纪检组，标志着中国军队历史上第一次开始实施派驻监督制度，军队反腐“范围将更深更广”。郭伯雄、徐才厚、谷俊山等腐败分子被绳之以党纪国法，一批违纪违法的军级以上领导干部受到严厉查处……法纪面前无“特殊军人”、党纪面前无“特殊党员”、查处领域无“特区禁区”，身居高位也不要妄图法外施恩。全面从严整军肃纪，强力正风反腐，全面彻底肃清郭、徐流毒影响，着力纠治建军治军存在的突出问题，军队士气极大提振，部队面貌焕然一新。

贯彻全面从严治党要求，创新制度安排，制定军队党的建设条例、构建系统完备的军队党的建设制度体系。2020 年 6 月，中共中央政治局召开会议，

① 许其亮:《坚持和完善党对人民军队的绝对领导制度》,《人民日报》2019 年 11 月 21 日。

② 《全面加强新时代军队党的建设》,《解放军报》2020 年 9 月 11 日。

审议《中国共产党军队党的建设条例》。会议强调，要坚持贯彻全面从严治党要求，坚定不移正风肃纪，坚决纠治形式主义、官僚主义。要坚持勇于自我革命，不断自我净化、自我完善、自我革新、自我提高。[①] 9月，经党中央、中央军委批准，《中国共产党军队党的建设条例》正式颁布施行。该条例强化制度保障，鲜明将坚持全面从严治党作为军队党的建设的一项重要原则，在军队党组织的主要任务中明确全面从严治党要求，在军队党的建设主要任务中明确正风肃纪反腐任务，专门规范军队党的纪律检查机关。这些制度规定，着眼的是推动全面从严治党向纵深发展，推动从严管党治党落实到每个党组织、每名党员。该条例根据党章要求，贯彻党中央关于纪检监察体制改革的精神，紧贴军队纪检监察体制改革实际，优化纪委设置、科学配置权责、整合相关制度，使军队党的纪律检查机关更好地适应新的形势任务要求。《中国共产党军队党的建设条例》贯彻全面从严治党要求，坚持问题导向，把严的标准、严的要求融入军队党的建设各方面，是对军队党建工作和全面从严治军的极大推动。2021年4月，新修订的《中国共产党军队纪律检查委员会工作规定》颁布施行。该规定坚持全面从严治党、全面从严治军，坚持聚焦备战打仗，是全面加强军队党的纪律检查机关建设的根本遵循，对于坚定不移推进军队党风廉政建设和反腐败斗争，具有重要意义。

三、全面深化国防和军队改革

（一）重塑领导指挥体制

领导指挥体制改革是适应现代军队专业化分工和信息时代能打仗、打胜仗的要求，提高军队作战效能和建设效益的重大举措。2015年11月，习近平在中央军委改革工作会议上强调，要根据改革总体方案确定的时间表，2020年前要在领导管理体制、联合作战指挥体制改革上取得突破性进展。2016年1月1日，中央军委印发了《关于深化国防和军队改革的意见》。该意见明确提出“牢牢把握‘军委管总、战区主战、军种主建’的原则”，强化军委集中

① 《中共中央政治局召开会议》，《人民日报》2020年6月30日。

统一领导和战略指挥、战略管理功能，打破长期实行的总部体制、大军区体制、大陆军体制，构建新的军队领导管理和作战指挥体制。习近平指出，健全军委联指中心是深化国防和军队改革的重要内容，是强化军委战略指挥功能的重要举措。

调整组建新的军委机关部门。优化军委机关职能配置和机构设置，由过去的总参谋部、总政治部、总后勤部、总装备部四总部调整为军委机关 15 个职能部门，作为军委集中领导的参谋机关、执行机关、服务机关。指挥、建设、管理、监督等路径更加清晰，决策、规划、执行、评估等职能配置更加合理。原中国人民解放军总参谋部改为中央军委联合参谋部，原中国人民解放军总政治部改为中央军委政治工作部，原中国人民解放军总后勤部改为中央军委后勤保障部，原中国人民解放军总装备部改为中央军委装备发展部。四总部改革后突出隶属中央军委，这是总部制改为军委多部门制的结果。此外，中国人民解放军总参谋部改为中央军委联合参谋部，这也是联合作战指挥体制改革的体现。

完善军兵种领导管理体制。整合原四总部的陆军建设职能，成立陆军领导机构；整合各军种和军委机关的战略支援力量，成立战略支援部队；第二炮兵更名为火箭军；整合主要承担通用保障任务的战略战役力量，成立联勤保障部队，构建起“中央军委—军种—部队”的领导管理体系。调整改革后的军兵种和武警部队：陆军包括机动作战部队、边海防部队、警卫警备部队等，下辖 5 个战区陆军、新疆军区、西藏军区等；海军包括潜艇部队、水面舰艇部队、航空兵、陆战队、岸防部队等，下辖东部战区海军（东海舰队）、南部战区海军（南海舰队）、北部战区海军（北海舰队），海军陆战队等；空军包括航空兵、空降兵、地面防空兵、雷达兵、电子对抗部队、信息通信部队等，下辖 5 个战区空军、1 个空降兵军等；火箭军包括核导弹部队、常规导弹部队、保障部队等，下辖导弹基地等；战略支援部队包括战场环境保障、信息通信保障、信息安全防护、新技术试验等保障力量；联勤保障部队包括仓储、卫勤、运输投送、输油管线、工程建设管理、储备资产管理、采购等力量，下辖无锡、桂林、西宁、沈阳、郑州 5 个联勤保障中心，以及解放军总医院、解放军疾病预防控制中心等；武警部队实行“中央军委—武警部队—部队”领导指挥体制，武警部队的根本职能属性没有发生变化，不列入解放军序列。公安边防部队、公安消防部队、公安警卫部队退出现役，国家海洋局领导管理的海警队伍转隶武警部队，武警黄金、森林、水电部队整体移交国家相关职能部门并改编为非现役专业队伍，撤收武警部队海关执勤兵力，彻底理顺武警部队领导管理和指挥使用关系。调整后，武警部队包括内卫部队、机动部队、海警部队等。①

建立健全联合作战指挥体制。健全军委联合作战指挥机构，组建战区联合作战指挥机构，形成平战一体、常态运行、专司主营、精干高效的联合作战指挥体系。2016 年 2 月，撤销沈阳、北京、兰州、济南、南京、广州、成都 7 个大军区，成立东部、南部、西部、北部、中部 5 个战区。通过改革，构建起“中央军委—战区—部队”的作战指挥体系。实现跨区兵种的在战区内的垂直和多相的指挥和联合协同的作战，增加机动力和联合指挥作战的能力。

建立健全法治监督体系。组建新的军委纪律检查委员会（军委监察委员会），由中央军委直接领导，向军委机关部门和各战区派驻纪检组；组建新的军委政法委员会，按区域设置军事法院、军事检察院；组建军委审计署，改革审计监督体制，全部实行派驻审计，形成决策权、执行权、监督权既相互制约又相互协调的权力运行体系。

（二）实施科技强军战略

加快构建武器装备体系是科技强军的核心内容。随着军事技术的不断发展，战场空间的内涵与外延不断拓展，时间要素不断升值，战争进入发现即摧毁的“秒杀”时代，武器装备在体系对抗中的重要性不断上升。2018 年 5 月，习近平在视察军事科学院时强调：“要加快实施科技兴军战略，巩固和加强优势领域，加大新兴领域创新力度，加强战略性、前沿性、颠覆性技术孵化孕育。要坚持自主创新的战略基点，坚定不移加快自主创新步伐，尽早实现核心技术突破。要坚持聚焦实战，抓好科技创新成果转化运用，使科技创

① 国务院新闻办公室：《新时代的中国国防》，《解放军报》2019 年 7 月 25 日。

新更好为战斗力建设服务。”[①]2021 年 10 月，习近平在出席全军装备工作会议时进一步强调：“加快构建武器装备现代化管理体系，全面开创武器装备建设新局面，为实现建军一百年奋斗目标作出积极贡献。”[②]

加快建设中国特色先进国防科技工业体系，是实现科技强军战略的重要基础。习近平指出，要“深入实施军民融合发展战略，开展军民协同创新，推动军民科技基础要素融合，加快建立军民融合创新体系，下更大气力推动科技兴军，坚持向科技创新要战斗力，为我军建设提供强大科技支撑”[③]。党的十八大以来，在党中央和中央军委坚强领导下，在军地各有关方面共同努力下，我军武器装备建设实现跨越式发展、取得历史性成就，为提升国家战略能力特别是军事实力提供了坚实物质技术支撑。在国防科技创新领域，特别是在重大科技专项、核心关键技术等领域取得突破。航空发动机等一批关键技术取得新突破，武器装备建设呈现出快速发展趋势：航母实现了从无到有、再到自主创新的历史性跨越；新型战斗机、运输机等列装入役，实现了空战能力的整体跃升；新型系列战略导弹的公开展示，对于强固国家安全和民族复兴根基，具有无可替代的作用。这些尖端武器弥补了我军武器装备体系的短板缺项，为构建中国特色武器装备体系提供了有力支撑。

（三）深入实施人才强军战略

强军之道，要在得人。人才是推动我军高质量发展、赢得军事竞争和未来战争主动的关键因素，对实现党在新时代的强军目标、把我军全面建成世界一流军队具有重大现实意义和深远历史意义。随着我军大力推进科技创新，我军现代化建设和军事斗争准备深入推进，武器装备和新型作战力量快速发展，也对拓宽人才培养渠道、改进人才培养模式提出了新要求。习近平强调：“深入实施新时代人才强军战略，确保为实现建军一百年奋斗目标提供坚实支

---

① 《努力建设高水平军事科研机构 为实现党在新时代的强军目标提供有力支持》，《人民日报》2018 年 5 月 17 日。

② 《全面开创武器装备建设新局面 为实现建军一百年奋斗目标作出积极贡献》，《人民日报》2021 年 10 月 27 日。

③ 《加快建立军民融合创新体系 为我军建设提供强大科技支撑》，《人民日报》2017 年 3 月 13 日。

撑，人才总体水平跻身世界强国军队前列。”[①] 实施新时代人才强军战略，要贯彻新时代党的强军思想，贯彻新时代军事战略方针，贯彻国防和军队现代化战略安排，聚焦实现建军一百年奋斗目标，推动军事人员能力素质、结构布局、开发管理全面转型升级，锻造德才兼备的高素质、专业化新型军事人才，确保军事人员现代化取得重大进展，关键领域人才发展取得重大突破。[②]

党的十八大以来，我军坚持走人才自主培养之路，坚持军队培养为主、多种方式相结合，形成具有我军特色的人才培养和使用模式，提高了备战打仗人才供给能力和水平。下大气力强化科技素养，提高打赢现代战争实际本领。贯彻新时代军事教育方针，落实院校优先发展战略，加快建设一流军事院校、培养一流军事人才。加强实践历练，鼓励引导官兵在火热军事实践中经风雨、见世面、壮筋骨、长才干。实施新时代人才强军战略，必须把党对军队绝对领导贯彻到人才工作各方面和全过程，必须把能打仗、打胜仗作为人才工作出发点和落脚点，必须面向世界军事前沿、面向国家安全重大需求、面向国防和军队现代化，必须全方位培养用好人才、深化军事人力资源政策制度改革。

（四）深入推进依法治军战略

一个现代化国家必然是法治国家，一支现代化军队必然是法治军队。党的十八大以来，党中央把依法治军纳入全面依法治国总盘子，党的十八届四中全会对依法治军作出重要部署，中央军委专门制定新形势下深入推进依法治军从严治军的决定。经过不懈努力，依法治军实践取得重大进展。党的十九届六中全会提出要贯彻依法治军战略，这是党中央把握新时代建军治军特点规律、从强军事业全局出发作出的重要决策部署。

依法治军是我们党建军治军的基本方式，是实现党在新时代的强军目标的必然要求。习近平指出，贯彻依法治军战略是系统工程，要统筹全局、突

① 《聚集实现建军一百年奋斗目标，深入实施新时代人才强军战略》，《人民日报》2021 年 11 月 29 日。

② 《聚集实现建军一百年奋斗目标，深入实施新时代人才强军战略》，《人民日报》2021 年 11 月 29 日。

出重点，以重点突破带动整体推进。要深化军事立法工作，打好政策制度改革攻坚战，提高立法质量，增强立法系统性、整体性、协同性。要做好法规制度实施工作，落实联合作战法规制度，深化依法治训、按纲施训，强化我军建设规划计划刚性约束，严格依法加强部队管理。要强化法规制度执行监督工作，明晰责任主体和评估标准，健全监督机制，严格责任追究，确保法规制度落地见效。要加强涉外军事法治工作，统筹谋划军事行动和法治斗争，健全军事领域涉外法律法规，更好用法治维护国家利益。[①]党的十八大以来，我军一以贯之推进依法治军战略，构建了中国特色军事法治体系，提高国防和军队建设法治化水平；强化法治信仰和法治思维，领导干部带头遵法学法守法用法；推动治军方式根本性转变，形成党委依法决策、机关依法指导、部队依法行动、官兵依法履职的良好局面；围绕永葆人民军队本色正风肃纪、厉行法治，全面提高捍卫国家主权、安全、发展利益的战略能力，更好履行新时代人民军队使命任务。实践充分证明，依法治军、从严治军是强军之基，是把人民军队全面建成世界一流军队的必由之路。

① 《贯彻依法治军战略 提高国防和军队建设法治化水平》，《人民日报》2022 年 3 月 8 日。

总体国家安全观与当代中国国家安全思想的发展演进

乔方悦 *

内容提要：当代中国国家安全思想的发展演进从以军事安全和政治安全为核心的探索阶段，到以经济安全和文化安全为核心的发展阶段，再到以总体安全为核心的全面发展阶段，体现出中国在国家安全探索发展过程中的巨大成就。党的十八大以来形成的总体国家安全观是国家安全思想的继承与发展，最突出的实践则是对香港“修例风波”和新冠疫情的应对，带来的启示是要坚持党的领导，坚持以人民为中心和把握时代主题。

国家安全是国家的基本利益，是一个国家处于没有危险的客观状态，也就是国家没有外部的威胁和侵害也没有内部的混乱和忧患的客观状态。国家安全关系到国家的生死存亡，是全国各族人民的根本利益所在，也是国家和民族的命运所在。在传统国家安全观中，国家安全主要是指军事安全和政治安全，随着时代不断发展变化，国家安全的内涵更为丰富，国家安全的内容不再局限于军事及政治安全，而是包括经济、文化、环境等诸多领域。国家所处的历史阶段不同，面对的国家安全问题挑战不同，从而也就形成了不同的国家安全思想。通过回顾新中国成立以来国家安全思想的发展演进，把握其发展演进的历程和特征，分析总体国家安全观对国家安全思想的进一步发展与创新，对于推进新时代国家安全建设具有重要意义。

一、当代中国国家安全思想发展的历史分期

近年来，总体国家安全观的确立带动学界研究当代中国国家安全思想的

* 乔方悦，中国社会科学院大学历史学院。

发展。但以当代中国国家安全思想为专题的历史研究成果还不够丰富，相关研究都从各自研究视角对当代中国国家安全思想的发展历程进行历史分期。对于当代中国国家安全思想的发展研究，可分为两类，一类是新中国成立以来的国家安全思想，另一类是中国共产党国家安全思想的百年演进。

以新中国成立以来的国家安全思想为研究对象的学者，大多将当代中国国家安全思想的发展历程划分为三个时期。凌胜利、杨帆以新中国 70 年的国家安全观为研究对象，认为整个发展阶段划分为三个时期，分别是新中国成立至改革开放前的以传统安全观为主导的时期、改革开放后至党的十八大的非传统安全观逐步形成时期和党的十八大后总体国家安全观确立的时期。[①] 钟开斌也持这种观点，认为自新中国成立以来先后经历了传统国家安全观、转型国家安全观和总体国家安全观。[②] 和晓强按国家安全观内涵和外延的发展演变，将整个发展阶段分成三个时期，即以军事和政治为核心的传统国家安全观时期（新中国成立初期至 20 世纪 70 年代末）、从传统安全观向非传统安全观的转变时期（20 世纪 70 年代末至党的十八大前）及新时代的总体国家安全观时期（党的十八大至今）。[③]

中国共产党诞生于国家内忧外患、民族危难之时，对国家安全的重要性有着刻骨铭心的认识。近代以来，中国与外部世界联系更加紧密，国家发展和安全深受外部变局的影响。在中国共产党的坚强领导下，中国的国家安全形势有了根本性改变，实现了从转危为安到繁荣富强的历史性飞跃。[④] 张琳、赵佳伟以中国共产党的国家安全思想为研究对象，将中国共产党成立 100 年以来的国家安全观划分为：主权安全为核心、重军事和国防安全（新民主主义革命时期），政权安全为主的国家安全（社会主义革命和建设时期），国家内涵进一步扩展（改革开放和社会主义现代化建设新时期），提出总体国家安

① 凌胜利、杨帆：《新中国 70 年国家安全观的演变：认知、内涵与应对》，《国际安全研究》2019 年第 6 期。

② 钟开斌：《中国国家安全观的历史演进与战略选择》，《中国软科学》2018 年第 10 期。

③ 和晓强：《建国以来“国家安全观”的历史演进特征分析》，《情报杂志》2020 年第 2 期。

④ 中国现代国际关系研究院：《百年变局与国家安全》，时事出版社 2021 年版，第 223 页。

全观念（中国特色社会主义新时代）。[①] 董春岭将中国共产党国家安全思想演进划分为“站起来”（1921—1978 年）、“富起来”（1978—2012 年）和“强起来”（党的十八大以来）三个阶段。党的国家安全理念、战略紧跟国际形势的变化而不断调整，并随着中国特色社会主义伟大实践不断丰富、完善。[②]

从上述的历史分期来看，当代中国国家安全思想的发展具有明显的阶段性特征。研究视角和分析标准的不同导致历史分期不同。历史不断演进和沉淀，后来者的研究成果也会不断深入与创新。总的来说，国家安全思想的发展依据时代特征、国内外形势等因素，呈现内涵不断丰富、渐进发展的过程。可以看出，当代中国国家安全思想的发展以改革开放和党的十八大召开为历史分期点，划分为三个阶段，分别是以军事安全与政治安全为核心的探索阶段、以经济安全与文化安全为核心的发展阶段和以总体安全为核心的全面发展阶段。

二、当代中国国家安全思想的发展演进

新中国成立以来，面对国际安全环境的变化，随着国家利益的拓展，基于维护国家安全的能力，中国国家安全思想因势而变。

（一）以军事安全与政治安全为核心的探索阶段

新中国成立之初，依然存在着国内国际两个方面的安全威胁，一是国际上美苏争霸的背景，让新生的社会主义政权遭到西方资本主义阵营的威胁，西方资本主义国家试图将新生的红色政权扼杀在摇篮之中；二是国内尚未完全统一，国民党败退台湾之后，大陆还留有其残余势力，与台湾的国民党政权联系进行反攻大陆的计划，对新生的人民政权构成威胁。捍卫政权安全、防止敌对势力颠覆，保卫国土安全、预防敌人入侵成为这个阶段维护国家安全的核心任务。面对这样的安全形势，毛泽东把“战争与革命”作为维护国

① 张琳、赵佳伟：《中国共产党国家安全观的百年演进与现实启示》，《学习与探索》2021 年第 12 期。

② 董春岭：《中国共产党国家安全思想的百年演进》，《现代国际关系》2021 年第 3 期。

家安全的基本方针，并强调，要以实力求和平，建设强大的国防力量，随时准备迎击来犯之敌，并通过必要的军事斗争塑造有利的安全环境，[①] 即以维护政治安全、主权安全为根本，将军事手段作为维护国家安全的重要保障。

一是坚持独立自主的外交政策，维护国家主权与政治安全。坚持奉行“一边倒”、“另起炉灶”、“打扫干净屋子再请客”，加入社会主义阵营，结束旧中国的屈辱外交，在面对美苏争霸时，不屈服于任何霸权主义，坚持自己的原则。毛泽东认为：“中国的事情必须由中国人民自己作主张，自己来处理，不容许任何帝国主义国家再有一丝一毫干涉。”[②]1950 年 6 月 25 日，朝鲜战争爆发。7 月美国操纵联合国安理会通过非法决议，组织“联合国军”武装入侵朝鲜。针对美国的侵略行径，毛泽东强调，“全世界各国的事务应由各国人民自己来管，亚洲的事务应由亚洲人民自己来管，而不应由美国来管”，同时号召“全国和全世界人民团结起来，进行充分的准备，打败美帝国主义的任何挑衅”。

二是积极备战，推动军队现代化建设，将军事安全置于国家安全的首要地位。从古至今，“富国强兵”都是维护国家安全的前提条件。[③] 朝鲜战局的情况让中国国家安全受到了严重威胁，面对这种国家安全形势，毛泽东签署主席令发布组成中国人民志愿军，作出抗美援朝、保家卫国的战略决策。志愿军先后入朝参战达 290 多万人，除陆军外，还有空军、炮兵、高射炮兵、装甲兵、工兵、铁道兵等，他们在战争中积累了丰富的经验，这场战争也使部队在作战上实现了由单一兵种发展成为军兵种比较齐全的合成军队[④]，促进了人民解放军的现代化建设，建设一支强大的现代化革命军队，肩负起保卫国家主权和领土完整，防御帝国主义侵略的神圣使命。

三是镇压反革命，维护社会稳定。1950 年 10 月 10 日，中共中央发出《关于镇压反革命活动的指示》，强调：必须严厉镇压一切反革命活动，严厉惩罚一切勾结帝国主义，背叛祖国，反对人民民主事业的国民党反革命战争

① 唐永胜：《战略指导视野下的国家安全思想》，《现代国际关系》2021 年第 7 期。

② 《毛泽东选集》第 4 卷，人民出版社 1991 年版，第 1465 页。

③ 赵明旸：《总体国家安全观与中国古代国家安全思想》，《西部学刊》2020 年第 2 期。

④ 《中华人民共和国简史》，人民出版社、当代中国出版社 2021 年版，第 31 页。

罪犯和其他反革命首要分子，重点打击危害人民的土匪、特务、恶霸、反动党团骨干和反动会道门头子等五个方面的反革命分子。[①]毛泽东也提出镇压反革命分子要稳、准、狠的方针，要“坚决地杀掉一切应杀的反动分子”[②]。至1953年秋，全国镇压反革命运动全部结束，基本清除了国民党反动派在大陆的残余势力，以及长期危害人民和社会安定的各种匪患与黑社会势力，[③]不仅巩固了新生的人民民主政权，也恢复了全国社会治安情况。

（二）以经济安全与文化安全为核心的发展阶段

改革开放以来，国际形势发生重要变化，中国对安全环境的判断也随之调整。在固守国土安全、政权安全的核心安全需求底线的基础上，中国的安全需求逐渐拓展到经济、社会、生态环境、文化等诸多领域，实现从传统安全领域扩展到非传统安全领域。[④]最为突出的表现在于，一是1978年12月召开的党的十一届三中全会，实现了政治路线上最根本的拨乱反正，确定党的工作重心转移到社会主义经济建设上来。全会认为应该从1979年起将全党工作的着重点和全国人民的注意力转到社会主义现代化建设上来。[⑤]放弃以阶级斗争为纲，开始实行以经济建设为中心的方针。二是和平与发展成为中国对时代主题的重大判断。在和平与发展的时代主题下，邓小平强调必须紧紧抓住经济建设这个中心，毫不动摇。从而极大拓展了国家安全内涵，为经济建设的发展提供安全保障成为这一时期国家安全的重要任务，同时强调以国家利益为最高准则。发展是硬道理，落后就要挨打，近代以来的国家的内忧外患和国家危机，都向我们证明了这一点，所以国家的主权、国家的安全要始终放在第一位。

---

① 当代中国研究所：《中华人民共和国史稿》第1卷，人民出版社、当代中国出版社2012年版，第100页。

② 《毛泽东文集》第6卷，人民出版社1999年版，第117页。

③ 当代中国研究所：《中华人民共和国史稿》第1卷，人民出版社、当代中国出版社2012年版，第104页。

④ 刘跃进：《十四大以来中共中央关于国家安全的论述与决定》，《中央社会主义学院学报》2010年第2期。

⑤ 当代中国研究所：《中华人民共和国史稿》第4卷，人民出版社、当代中国出版社2012年版，第55页。

第一，重视经济安全。邓小平认为，发展是安全的重要基础，“社会主义如果老是穷的，它就站不住”[①]。“不搞现代化，科学技术水平不提高，社会生产力不发达，国家实力得不到加强，人民的物质文化生活得不到改善，那末，我们的社会主义政治制度和经济制度就不能充分巩固，我们国家的安全就没有可靠的保障。”[②]因此，要提升维护国家安全的能力，不断巩固社会主义制度，就必须推动经济建设，改善人民的生活水平，进而提高综合国力。自 20 世纪 90 年代以来，经济全球化趋势加速发展，“各国经济相互依赖已发展到了必须将保护主权国家的经济安全列为最迫切的问题的阶段”[③]。党中央多次强调要通过构建科学有效的经济安全体制机制，不断完善相关的法律法规，从制度上确保国家的经济安全不受侵犯。

第二，维护文化安全。文化影响着一个国家和民族经济发展动力，影响着维护国家安全的资源和手段。邓小平认为：“随着经济的发展，如果不注意精神文明建设，就有很大危险。”[④]基于此，他提出“两手抓、两手都要硬”的方针。

从国家安全的角度看，文化包括国家的文化主权、民族文化特质、政治制度和意识形态等，具有鲜明的民族性、政治性和时代性。[⑤]首先，文化具有强烈的意识形态特征，关系到国家政治制度的存亡。面对西方资产阶级自由化思潮的泛滥，邓小平指出资产阶级自由化的本质，就是要让中国全盘西化，走资本主义道路。在反对资产阶级自由化的过程中，必须毫不动摇地坚持马克思主义的指导地位，坚持四项基本原则，“决不学习和引进资本主义制度，决不学习和引进各种丑恶颓废的东西”[⑥]。其次，文化是特定时代的产物，同时也要适应时代的发展。只有能够适应时代发展的文化，才能保持其旺盛的生命力。在精神文明方面，1986 年党的十二届六中全会研究通过《中共中央关于社会主义精神文明建设指导方针的决议》，进一步明确社会主义精神文

① 《邓小平文选》第 2 卷，人民出版社 1994 年版，第 191 页。

② 《邓小平文选》第 2 卷，人民出版社 1994 年版，第 86 页。

③ 《世纪之交的中俄关系》，《人民日报》1998 年 11 月 24 日。

④ 《邓小平年谱（1975—1997）》（下），中央文献出版社 2004 年版，第 813 页。

⑤ 中国现代国际关系研究院：《文化与国家安全》，时事出版社 2021 年版，第 3 页。

⑥ 《邓小平文选》第 2 卷，人民出版社 1994 年，第 168 页。

明建设的指导方针和政治举措，同时高举社会主义的文化旗帜，大力发展文化事业和文化产业，抵御各种腐朽思想的侵蚀，确保社会稳定。在教育方面，1983 年 10 月 1 日邓小平为景山学校题词："教育要面向现代化，面向世界，面向未来。"① 教育应以人的全面发展为宗旨，面向现代化、面向世界、面向未来的教育才真正有利于国民素质的提高，才能在激烈的人才竞争中培养和塑造优秀的接班人。这一思想后来逐渐发展，扩展到先进文化建设领域，"在当代中国，发展先进文化，就是发展面向现代化、面向世界、面向未来的，民族的科学的大众的社会主义文化，以不断丰富人们的精神世界，增强人们的精神力量"②。

在这一阶段，国家安全思想由军事和政治安全为主开始逐渐侧重于发展过程中的安全，经济安全、文化安全等非传统安全问题成为维护国家安全的重要体现，为总体国家安全的形成奠定了基础。

（三）以总体安全为核心的全面发展阶段

党的十八大以来，中国特色社会主义进入新时代，以习近平同志为核心的党中央准确把握国家安全形势发展变化的新特点新趋势，同时继承党关于国家安全的思想财富，科学总结了过去国家安全工作的经验和教训，提出总体国家安全观这一重大国家安全思想，把党对国家安全的认识提升到了新的高度。

国家安全思想发展是与国家面临的安全形势、所处的历史方位以及时代特点紧密相关的，并随着这些要素的不断变化而不断发展。2014 年 4 月 15 日，中央国家安全委员会第一次会议召开，中共中央总书记、国家主席、中央军委主席、中央国家安全委员会主席习近平发表重要讲话，首次提出总体国家安全观："当前我国国家安全内涵和外延比历史上任何时候都要丰富，时空领域比历史上任何时候都要宽广，内外因素比历史上任何时候都要复杂，必须坚持总体国家安全观。"③ 总体国家安全观的提出是对当代国家安全思想的继承与发展。

总体国家安全观坚持国家安全一切为了人民、一切依靠人民，团结人民

① 《邓小平文选》第 3 卷，人民出版社 1993 年，第 35 页。
② 《江泽民文选》第 3 卷，人民出版社 2006 年版，第 559 页。
③ 《习近平关于总体国家安全观论述摘编》，中央文献出版社 2018 年版，第 4 页。

共同构筑起维护国家安全铜墙铁壁，是新时代国家安全思想的集中体现，是习近平中国特色社会主义思想的重要组成部分，也是中国国家安全理论的最新成果。总体国家安全观最鲜明的特征就在于“总体”，其所指的国家安全涉及政治、国土、军事等领域，但又不限于此，会随着时代变化而不断发展，是一种名副其实的“大安全”，更多是指国家利益拓展到哪里，国家安全边界就要跟进到哪里。

总体国家安全观对国家安全内涵和外延的概括可以归结为五大要素和五对关系。五大要素是：以人民安全为宗旨，以政治安全为根本，以经济安全为基础，以军事、科技、文化、社会安全为保障，以促进国际安全为依托。五对关系为：既重视外部安全，又重视内部安全，强调外部安全与内部安全彼此联系；既重视国土安全，又重视国民安全，强调国土安全与国民安全存在有机统一；既重视传统安全，又重视非传统安全，强调传统安全威胁与非传统安全威胁相互影响，并在一定条件下可能相互转化；既重视发展问题，又重视安全问题，强调发展和安全是一体两面；既重视自身安全，又重视共同安全，强调全球化和相互依赖使得中国和世界的安全密不可分。这五大要素、五对关系是理解总体国家安全观的关键所在。

三、总体国家安全观的实践

党的十九届六中全会通过的《中共中央关于党的百年奋斗重大成就和历史经验的决议》再次强调：“国泰民安是人民群众最基本、最普遍的愿望。必须坚持底线思维、居安思危、未雨绸缪，坚持国家利益至上，以人民安全为宗旨，以政治安全为根本，以经济安全为基础，以军事、科技、文化、社会安全为保障，以促进国际安全为依托，统筹发展和安全，统筹开放和安全，统筹传统安全和非传统安全，统筹自身安全和共同安全，统筹维护国家安全和塑造国家安全。”①

① 《中国共产党第十九届中央委员会第六次全体会议文件汇编》，人民出版社 2021 年版，第 83—84 页。

总体国家安全观在当代的实践，以“修例风波”和新冠疫情为例。首先，运用总体国家安全观处理香港“修例风波”。我国国土安全面临的主要内部威胁，在于各种分裂势力猖獗，如“台独”“藏独”“疆独”“港独”等分裂势力干扰或破坏祖国统一，甚至相互勾连。[①]中国对内部安全环境的重视也逐渐增强。内部安全首要考虑政权安全，政权安全是内部安全的关键，要防范各种政权颠覆和“颜色革命”的风险。面对“港独”势力分裂祖国、大搞暴力恐怖活动的罪恶行径，中央坚定落实香港国安法，坚决维护“一国两制”，保障香港长期稳定繁荣。

第一，香港国安法制定的核心要义是维护好国家安全，保障国家的根本权益，保持香港的繁荣稳定。第二，香港国安法针对分裂国家、颠覆国家政权、恐怖活动、勾结外国或者境外势力危害国家安全等四类犯罪行为作出了规定，完善了“一国两制”法律体系，是一部巩固“一国两制”的治港良法。第三，香港国安法是在我国宪法和香港特别行政区基本法的法律框架下进行的，与“一国两制”内在诉求一致，都强调中央对香港涉及国家安全事务上负有根本责任，也强调香港自身在维护国家安全上应作出应有的作为。

其次，我们关注如何运用总体国家安全观应对新冠疫情。全球化的背景下，生物安全风险愈加复杂严峻。2020 年新冠疫情的暴发成为世界百年变局的加速器和催化剂，全球经济大幅衰退，各行各业均遭重创。新冠疫情本质上是生物安全威胁，凸显出各国生物安全体系的弱点和全球生物安全治理的短板，加大全球治理难度，其不仅威胁人民的生命健康，冲击经济发展和民众生活，还影响世界经济、大国关系、国际环境。

党的十八大以来，以习近平同志为核心的党中央从保护人民健康、维护国家长治久安的高度，把生物安全纳入国家安全体系，出台了有关战略和政策，规划了国家生物安全风险防控和治理体系建设，提高了国家生物安全治理能力。[②]面对新冠疫情这一非传统安全领域的突发威胁，一方面，中国以总体国家安全观为指导，集中领导、统一指挥、协调行动、央地一体、相互帮

---

① 张家年、马费成：《总体国家安全观视角下新时代国家安全及应对策略》，《情报杂志》2019 年第 10 期。

② 中国现代国际关系研究院：《生物安全与国家安全》，时事出版社 2021 年版，第 319—320 页。

扶、以人为本、科学管控、迅速控制住疫情，率先复工复产。各级党委和政府、各部门各单位各方面闻令而动。全国3900多万名党员、干部战斗在抗疫一线，1300多万名党员参加志愿服务，460多万个基层党组织冲锋陷阵，400多万名社会工作者在全国65万个城乡社区日夜值守。[①]同时疫情也展示了当代中国所具备的强大科技力量，包括大数据、健康码、疫情查询系统、电子支付系统、网格化管理等等。另一方面，保障物资，协调自身安全和共同安全。中国加速生产防疫物资，加强统筹协调，将资源运往最需要的地方，在最短时间内实现了医疗资源和物资供应从紧缺向动态平衡的跨越式提升。中国积极发挥以元首外交为引领的抗疫外交，向疫情严重的国家和地区提供紧急援助，例如输送口罩和呼吸机等紧缺医疗物资、设备和疫苗，践行人类命运共同体理念。

四、经验与启示

回顾中国国家安全思想的演变历程及总体国家安全观的实践，当代中国国家安全对内部安全环境的重视逐渐增强，积极参与国际安全治理，形成了科学合理的总体国家安全观。相对于以往中国国家安全思想而言，总体国家安全观的内涵更加丰富、内容更加完善、涉及的领域也更加广泛。归纳国家安全思想演变的基本经验和重要启示，有助于推动中国国家安全思想进一步深化，促进总体国家安全观研究的进一步完善。

当代中国国家安全思想发展演变带给我们的经验与启示在于三个方面：一是坚持党的领导。在当代中国，党的集中统一领导能够集中力量办大事，应对一系列重大风险挑战，克服无数艰难险阻。“中国人民和中华民族之所以能够扭转近代以后的历史命运、取得今天的伟大成就，最根本的是有中国共产党的坚强领导。”[②]面对复杂多变的安全和发展环境，以及各种可以预见的风险挑战，中国共产党的领导和中国特色社会主义制度，使中国在防范抵御国

---

① 中国现代国际关系研究院：《百年变局与国家安全》，时事出版社2021年版，第235页。

② 《中国共产党第十九届中央委员会第六次全体会议文件汇编》，人民出版社2021年版，第94—95页。

家安全风险上有一个坚强的领导核心和充分的制度保障。总体国家安全观突出强调党管国家安全原则，成立国家安全委员会，加强对国内外安全的全面统筹。国家安全委员会统领国家安全各项战略的制定，有助于坚持党对国家安全工作的绝对领导，实施更为有力的统领和协调。

二是倡导构建人类命运共同体。中国特色社会主义进入新时代，世情、国情、党情发生深刻变化，国家安全形势复杂多变。面对日益复杂化、综合化的安全威胁，单打独斗不行，迷信武力更不行。总体国家安全观继承和发展了我们党长期坚持的和平发展思想，强调以促进国际安全为依托，实现自身安全与共同安全相统一，构建人类命运共同体。我们应该坚持共同、综合、合作、可持续的新安全观，营造公平正义、共建共享的安全格局。①

三是把握时代主题。国家安全问题始终具有鲜明的时代烙印，国家在不同阶段面临着具有不同特点的挑战和威胁，必然要求通过不断的实践创造予以应对。② 从新中国成立以来到现在，中国国家安全立法能够满足国家安全的需要，但在一些重要领域，如太空、海外军事行动等方面还存在法治建设的不足之处。对国家安全的认识，囿于传统安全领域，以军事斗争及相互关联的外交和政治战略为基本内容。进入新时代，习近平总书记在全面总结党治国理政经验的基础上，提出总体国家安全观，设立国家安全委员会，通过国家安全法，这些维护国家安全的工作实践既打破了传统理念的局限性，也指明了未来前进的方向。

① 陈文清：《全面践行总体国家安全观》，人民出版社 2019 年版，第 16 页。

② 王灵桂：《总体国家安全观与中国共产党国家安全思想的传承创新》，《现代国际关系》2021 年第 7 期。

中国共产党群众路线百年演进的关键节点与内在逻辑

赵佳豪 *

内容提要：群众路线是党的生命线。党的七大通过的《中国共产党党章》、八大通过的《中国共产党章程》以及党的十一届六中全会、十九届六中全会通过的两部历史决议，具备历史关怀和时代关切的双重属性，是考察群众路线演进的关键节点。新时代中国共产党践行群众路线和"为中国人民谋幸福"初心使命的实践逻辑，就在于从整体上实现人民群众对美好生活的向往和需要，树立正确的政绩观和权力观，不断增强广大群众的获得感、幸福感和安全感。

"以人民为中心，坚持群众路线"诠释了中国共产党的价值之所在、力量之所在、根基之所在。以史为鉴，才能开创未来，正是由于中国共产党始终坚持人民立场和群众路线，才能始终赢得人民群众的信任和支持，才能在近代跌宕复杂的政局中实现民族解放的伟业，才能扛起实现中华民族伟大复兴的旗帜。习近平总书记对此总结道："人民群众始终是我们党的坚实执政基础。只要我们永不动摇信仰、永不脱离群众，我们就能无往而不胜。"① 党的百年历史，就是坚持和运用群众路线方法的历史，就是创立和发扬群众路线理论的历史。

当前学界针对"群众路线"这一话题已有较为丰富的研究成果。有学者对群众路线的概念属性、结构功能、形式效应、动力发展等问题作出学理性阐释②；有学者着重研究了领导人的群众路线思想③；本文系统梳理了党的百年

* 赵佳豪，中国人民大学中共党史党建学院。

① 习近平：《全面贯彻落实党的十八大精神要突出抓好六个方面工作》，《求是》2013 年第 1 期。

② 林尚立：《论人民民主》，上海人民出版社 2016 年版。

③ 于慧颖：《习近平关于民生论述的本质特征及其现实意义》，《马克思主义研究》2018 年第 11 期。

群众路线历史，关注群众路线作为党的核心价值在各个历史时期的纵贯性，着重关注群众路线理论和制度创新的关键节点。以此为基础，探讨中国共产党的群众路线如何实现理论的突破与重构，以及新时代群众路线的时代要求和实践路径。

在党的百年历史横轴上，党的七大通过的《中国共产党党章》、八大通过的《中国共产党章程》以及党的十一届六中全会、十九届六中全会通过的两部历史决议，是考察群众路线演进的关键节点。其依据在于以下两个方面：首先，党章和历史决议都是在党的全国代表大会或中央委员会全体会议上通过的，能够充分代表全党的集体认知；其次，这四部重要文献内含“向前”和“向后”的双重维度，具有以史鉴今的问题意识和实践导向，不仅弄清楚了群众路线在过去“为什么能成功”，也着眼于“弄明白未来我们怎么样才能继续成功”。

一、七大党章：群众路线理论的奠基与统一

1945 年 6 月，党的七大通过的《中国共产党党章》是群众路线理论演进发展的第一个关键节点，总结了革命以来群众路线实践的历史经验，实现了群众路线的奠基和统一。其重点在于以下三个方面：清晰界定了“群众”的范围和边界、统一了全党关于群众路线战略地位的认识、总结了践行群众路线的内容和方法。

首先，七大党章清晰界定了“群众”的范围和边界。革命中，“群众”的范围和边界，就是在解答“谁是我们的敌人，谁是我们的朋友”。基于此，七大党章对群众范围做的清晰界定正是将马克思主义基本原理与中国革命实际相结合的结果。七大党章的“总纲”部分科学分析了当时中国半殖民地半封建的社会性质，提出革命的动力包括“工人阶级、农民阶级、小资产阶级及其他民主分子”。不仅如此，七大党章还强调了中国革命的性质是“无产阶级领导的人民大众的反帝反封建的新民主主义的革命”。此外，七大党章还明确了党对革命群众的领导，要“放手动员与组织千百万群众”，使党成为中国革

命的“中坚”。[①]

其次，七大党章统一了全党关于群众路线战略地位的认识。中共早期便有意识地在全党推行“群众党”的路线，可以视作群众路线的早期形式。党的二大提出了“群众党”的组织路线，要求“一切运动都必须深入到广大的群众里面去”。[②] 大革命失败后，党认识到“无产阶级及贫苦农民群众”[③] 是中国共产党的基础，群众路线也首次出场。1928 年 9 月，周恩来首次将“群众”与“路线”结合使用，他在《中共中央给红军第四军前委的指示信》中针对军队筹款和给养等事项均谈到了要“经过群众路线”[④]。苏区时期，“群众路线”已经成为党的规范化和正式化的称谓。[⑤] 在党的七大上，刘少奇作《关于修改党章的报告》，强调七大党章修改的一大特点便是“在党章的总纲上和条文上，都特别强调了党的群众路线”。他进一步明确了群众路线的地位：“党的根本的政治路线，也是我们党的根本的组织路线。”[⑥] “群众路线”从领导集体使用的称谓，逐步酝酿成为全党根本的政治路线和组织路线，其战略地位在全党内得到统一，为进一步践行群众路线打下基础。

最后，七大党章总结了践行群众路线的内容和方法。1943 年，中共中央印发毛泽东起草的《关于领导方法的决定》，文件构成七大党章关于群众路线的主要理论基础。其中第四条指出：“在我党的一切实际工作中，凡属正确的领导，必须是从群众中来，到群众中去。这就是说，将群众的意见（分散的无系统的意见）集中起来（经过研究，化为集中的系统的意见），又到群众中去作宣传解释，化为群众的意见，使群众坚持下去，见之于行动，并在群众行动中考验这些意见是否正确。然后再从群众中集中起来，再到群众中坚持下去。”[⑦] “从群众中来，到群众中去”的形式是“分散—集中—分散”的循环

① 《建党以来重要文献选编（1921—1949）》第 22 册，中央文献出版社 2011 年版，第 533—534 页。

② 《建党以来重要文献选编（1921—1949）》第 1 册，中央文献出版社 2011 年版，第 162 页。

③ 《中共中央文件选集》第 3 册，中共中央党校出版社 1989 年版，第 252—253 页。

④ 《周恩来选集》上卷，人民出版社 1980 年版，第 36、39 页。

⑤ 李华：《“群众路线”：概念、内涵及其历史演变》，《党史研究与教学》2014 年第 1 期。

⑥ 《建党以来重要文献选编（1921—1949）》第 22 册，中央文献出版社 2011 年版，第 397 页。

⑦ 《毛泽东选集》第 3 卷，人民出版社 1991 年版，第 899 页。

过程。这一论述不仅赋予了群众路线更强的可操作性，也从认识论和方法论的层面奠定了群众路线的理论基础。

二、八大党章：群众路线理论的延续与发展

八大党章是群众路线发展的第二个关键节点。其一，群众路线从革命课题变成了需要进一步探讨和回应的执政课题。其二，八大首次将群众路线写入党章。其三，八大党章从理论、制度等多维度发展了群众路线。

首先，群众路线的延续面临着新问题、新形势，是亟需回应的执政课题。从党的七大到党的八大，中国共产党的历史任务从夺取革命胜利变成进行社会主义革命，与此同时，党群关系也发生了深刻的变化。一方面，人民群众的概念与组成结构发生了变化。“人民群众”是一个政治概念和历史范畴，即不同时期党的群众基础是不同的。[①] 毛泽东对不同时期人民的范畴做过总结，他指出，抗战时期“一切抗日的阶级、阶层和社会集团”都是人民，解放战争时期一切反对“官僚资产阶级、地主阶级”和“国民党反动派”的阶级、阶层都是人民，而在三大改造完成之后，“一切赞成、拥护和参加社会主义建设事业的阶级、阶层和社会集团，都属于人民的范围”。[②] 另一方面，党员数量飞速发展。1945 年党的七大召开时，全国中共党员数量达到 121 万。八大召开之际，全国中共党员人数已经达到 1073 万人。1949 年以后入党的新党员占到总数的 60%。[③] 其中，仅 1949 年一年就增加了 140 万新党员。新中国成立后，地方党组织发展党员的标准参差不齐，一些地方不适当地实行“自报公议党批准”的形式，导致投机分子混入党内，造成了党员质量的下降。[④]

其次，八大实现了“群众路线”表述在党章中的首次出场。尽管七大党章从总纲到条文都体现了群众路线的内容，但是并未使用“群众路线”的表

① 刘红凛等：《赢得人民的成功密码——党的群众路线研究》，上海人民出版社 2021 年版，第 109 页。

② 《毛泽东文集》第 7 卷，人民出版社 1999 年版，第 205 页。

③ 《建国以来重要文献选编》第 9 册，中央文献出版社 2011 年版，第 89 页。

④ 陈至立：《中国共产党建设史》，上海人民出版社 1991 年版，第 668 页。

述。八大不仅使用了这一表述，而且对党的群众路线传统作了进一步的阐释。党的八大提出，虽然群众路线不是一个新问题，但仍需要在党内进行反复地说明和教育，其原因在于，“脱离实际和脱离群众的危险，对于党的组织和党员来说，不是比过去减少而是比过去增加了”[①]。八大党章中强调：“必须不断地发扬党的工作中的群众路线的传统。”[②]邓小平在《关于修改党的章程的报告》中从两方面进一步阐释了群众路线传统：一方面，党要为人民群众指出正确的斗争方向，全心全意为人民服务，为人民群众自己解放自己创造条件；另一方面，实现党的正确领导的方法，就是“从群众中来，到群众中去”。[③]

最后，八大党章在理论、制度等多个方面发展了群众路线。群众路线的理论创新体现为“工具论”和“矛盾论”。其一，邓小平在《关于修改党的章程的报告》中提出了共产党是人民群众的“工具”。无论是从革命历史还是从党的先进性来讲，中国共产党对人民群众的领导都具有合法性，但是这并不意味着党同资产阶级政党一样将人民群众视作自己实现目的的工具，而是“自觉地认定自己是人民群众在特定的历史时期为完成特定的历史任务的一种工具”，党是人民群众的服务者和组织者。[④]其二，八大和八大党章能够制定正确的路线，正是基于对社会主要矛盾的正确研判，实现了群众路线与处理矛盾的结合。此后，践行群众路线便成为处理矛盾的核心议题。后来，毛泽东在《一九五七年夏季的形势》中将“正确处理人民内部矛盾”视为一个总题目，而“群众路线”就是解题的方法，他从社会主义制度能否建成和是否巩固的高度来强调群众路线在执政条件下的极端重要性。[⑤]

以制度化形式保障群众路线的贯彻实行是八大党章的一大特点。邓小平在《关于修改党的章程的报告》中强调：“党除了应该加强对于党员的思想教育之外，更重要的还在于从各方面加强党的领导作用，并且从国家制度和党的制度上作出适当的规定。”[⑥]在制度方面，八大党章一方面注重贯彻党的民主

① 《建国以来重要文献选编》第 9 册，中央文献出版社 2011 年版，第 103 页。
② 《建国以来重要文献选编》第 9 册，中央文献出版社 2011 年版，第 272 页。
③ 《建国以来重要文献选编》第 9 册，中央文献出版社 2011 年版，第 105 页。
④ 《建国以来重要文献选编》第 9 册，中央文献出版社 2011 年版，第 106 页。
⑤ 《建国以来重要文献选编》第 10 册，中央文献出版社 2011 年版，第 432 页。
⑥ 《建国以来重要文献选编》第 9 册，中央文献出版社 2011 年版，第 103 页。

集中制组织原则，有效地扩大和加强党群关系。八大党章的总纲对民主集中制的组织原则有了更丰富的诠释："鼓励一切党员、党的基层组织和地方组织的积极性和创造性，加强上下级之间的生动活泼的联系"，只有这样，"党同人民群众的联系才能有效地扩大和加强"，"党的领导才能正确和及时"。[①] 另一方面，八大党章注重发挥基层组织和群众组织在加强党群关系中的纽带作用。基层组织是群众利益的直接相关者，也是群众意见、群众工作的直接承载者。八大党章规定基层组织的一般任务包括宣传和组织群众、反映群众利益和要求以及改善群众物质文化生活等多个方面。[②] 农会、工会、共青团、妇联等群众组织是党的可靠助手，也是八大提出加强党的群众基础和执政基础的重要抓手。

三、第二个历史决议：新时期群众路线的再诠释

可惜的是，党的八大确立的正确路线没有坚持下去，由于对国内外局势和社会主要矛盾的误判，"左"倾思想在党内逐渐占据主导地位，"文化大革命"打的是依靠群众的旗号，却完完全全脱离了党的领导和正确的群众路线。1978 年党的十一届三中全会停止使用"以阶级斗争为纲"的口号，彻底否定"两个凡是"错误方针，实现了政治路线、思想路线、组织路线的拨乱反正，为实现群众路线的再诠释打下了基础。

1981 年党的十一届六中全会通过的《关于建国以来党的若干历史问题的决议》（即第二个历史决议）是群众路线发展的第三个关键节点。其一，把群众路线确立为毛泽东思想的活的灵魂。其二，为改革开放新时期群众路线的进一步开展奠定了基础。其三，确定了改革开放新时期群众路线的"发展"主旋律。

首先，第二个历史决议重新诠释了毛泽东思想中的群众路线内容。第二个历史决议重申了"毛泽东同志就把马克思主义的认识论同党的群众路线统

① 《建国以来重要文献选编》第 9 册，中央文献出版社 2011 年版，第 272—273 页。

② 《建国以来重要文献选编》第 9 册，中央文献出版社 2011 年版，第 288 页。

一起来了”，将群众路线确定为毛泽东思想的活的灵魂。群众路线是我党在敌我悬殊的客观条件下夺取革命胜利最宝贵的历史经验之一，其基本内容是：“一切为了群众，一切依靠群众，从群众中来，到群众中去”；形成逻辑是：“把马克思列宁主义关于人民群众是历史的创造者的原理系统地运用在党的全部活动中”。①这一阐释是此后群众路线完整表述的基础。十二大党章将群众路线概括为：“一切为了群众，一切依靠群众，把党的正确主张变为群众的自觉行动。”②十四大党章进一步丰富：“党在自己的工作中实行群众路线，一切为了群众，一切依靠群众，从群众中来，到群众中去，把党的正确主张变为群众的自觉行动。”③这一论述在党章中一直沿用至今，是群众路线最权威的表述。

其次，第二个历史决议初步描绘了新时期群众路线实践的蓝图。决议继续强调了我国社会主要矛盾的变化，以及新时期党和国家工作的重点是以经济建设为中心，大力发展生产力，并逐步改善人民群众的物质文化生活。对于党群关系、干群关系等人民内部的矛盾，要采用“不同于阶级斗争的方法来正确地加以解决”④。此外，民主政治建设是新时期群众路线实践的根本任务。决议认为正是对民主政治建设的忽视酿成了“文化大革命”的悲剧。因此，必须“根据民主集中制的原则加强各级国家机关的建设”，“在基层政权和基层社会生活中逐步实现人民的直接民主”，加强社会主义法制建设，为维护人民权利提供法制保障。⑤在执政党建设层面，既要防止个人崇拜，也要维护党的领袖人物威信，完善和健全党的民主集中制。决议提出：“执政党的党风问题是关系到党的生死存亡的问题。”⑥全党须“深入群众，深入实际”，克服错误思想，整顿党组织，清除异质分子。

① 《改革开放三十年重要文献选编》(上)，中央文献出版社 2008 年版，第 209 页。
② 《中国共产党章程》，人民出版社 1987 年版，第 7 页。
③ 《中国共产党章程》，人民出版社 1992 年版，第 9 页。
④ 《改革开放三十年重要文献选编》(上)，中央文献出版社 2008 年版，第 213 页。
⑤ 《改革开放三十年重要文献选编》(上)，中央文献出版社 2008 年版，第 214 页。
⑥ 《改革开放三十年重要文献选编》(上)，中央文献出版社 2008 年版，第 215 页。

四、第三个历史决议：新时代群众路线的系统与优化

党的十九届六中全会审议通过的《中共中央关于党的百年奋斗重大成就和历史经验的决议》（即第三个历史决议）起草的重要原则是全面系统总结和聚焦重点相结合[①]，是群众路线发展的第四个关键节点。其一，决议对革命、建设、改革三个历史时期的群众路线实践作了高度凝练的概括；其二，决议重点总结了新时代群众路线实践的创新做法；其三，决议总结了“坚持人民至上”的历史经验和行动纲领。

首先，决议高度凝练地总结了革命、建设、改革三个历史时期的群众路线实践。三个历史决议形成于不同时期，是建构党的集体认知和集体记忆的权威文献。[②]其区别在于前两个历史决议以辩证唯物主义和历史唯物主义为立场着力解决党史的“重大是非”，第三个历史决议则从树立大历史观和正确党史观的角度来把握党史的主题主线、主流本质。习近平总书记强调：“群众路线是我们党的生命线和根本工作路线，是我们党永葆青春活力和战斗力的重要传家宝。”[③]在历史决议当中，群众路线这一“传家宝”在革命、建设、改革时期都有书写，是贯穿三个历史时期的主要线索之一：新民主主义革命时期，党努力建设“广大群众性”的马克思主义政党，领导广大中国人民“实现了中国从几千年封建专制政治向人民民主的伟大飞跃”，开辟了民族独立、人民解放的新纪元；[④]社会主义革命和建设时期，党“着重提出执政条件下党的建设的重大课题，从思想上组织上作风上加强党的建设、巩固党的领导”，带领人民荡涤了旧社会的污泥和资本主义制度的浊水，建立了人民民主专政的国体，确立了以人民代表大会制度为基础的人民当家作主的制度保证，消灭了一切剥削人民的制度体制，实现了“广泛而深刻的社会变革”；[⑤]改革开放和

① 李君如：《在把握中国特色社会主义21世纪根本走向中开创未来》，《当代世界与社会主义》2021年第6期。

② 齐卫平：《〈历史决议〉：中国共产党百年奋斗历史认知的建构》，《俄罗斯研究》2022年第1期。

③ 《习近平谈治国理政》第1卷，外文出版社2018年版，第27页。

④ 《中共中央关于党的百年奋斗重大成就和历史经验的决议》，人民出版社2021年版，第8页。

⑤ 《中共中央关于党的百年奋斗重大成就和历史经验的决议》，人民出版社2021年版，第12、14页。

社会主义现代化建设新时期，党领导人民探索了建设中国特色社会主义的正确道路，坚持以经济建设为中心，“使人民摆脱贫困、尽快富裕起来”，“加强党同人民群众联系”，“把党风廉政建设和反腐败斗争提高到关系党和国家生死存亡的高度”，党和人民始终站在一起，共同抵御了各种风险考验，推进了“中华民族从站起来到富起来的伟大飞跃”。[①]

其次，决议“聚焦我们正在做的事情”，重点突出当下中国特色社会主义新时代的历史方位，总结了新时代群众路线实践的历史成就和创新经验。关于新时代历史性成就和历史性变革的说明，决议共分为十三个方面，而群众路线作为一种政党基色内嵌于各方面，又集中体现在以下部分：在全面从严治党方面，“人民衷心拥护”是新时代党建目标之一，党一体推进“不敢腐、不能腐、不想腐”，确保为人民谋幸福是权力的唯一旨归，将坚持自我革命与全面从严治党相结合，继续深入推进新时代党的建设伟大工程。在政治建设方面，新时代党始终坚持党的领导、人民当家作主、依法治国的有机统一，建构了“全面、广泛、有机衔接”的全过程人民民主制度体系。党利用统一战线的法宝，赋能全过程人民民主和基层治理，广泛凝聚共识，汇聚力量。[②]在全面依法治国方面，新时代党将维护人民权益落实到了全面依法治国的各个领域，彰显了公平正义的社会主义法治观，以科学系统的中国特色社会主义法律体系保护广大人民群众的切身利益，以成熟完备的中国共产党党内法规体系筑牢密切党群关系、践行群众路线的制度空间。在文化建设方面，党着力解决对意识形态领域的领导弱化问题，尤其注重互联网这一“主阵地、主战场、最前沿”。习近平总书记高度重视“网民”和“网上民意”，指出“各级党政机关和领导干部要学会通过网络走群众路线”[③]。在这一重要论述的指导下，党中央建构了“互联网时代的群众工作机制”，延伸了新时代群众路线的媒介空间，进一步提升了党的互联网治理能力。在社会建设方面，以习近

① 《中共中央关于党的百年奋斗重大成就和历史经验的决议》，人民出版社 2021 年版，第 15、22 页。

② 陈家刚、赵佳豪：《坚持统一战线是中国共产党百年奋斗的宝贵经验》，《统一战线学研究》2022 年第 2 期。

③ 习近平：《在网络安全和信息化工作座谈会上的讲话》，人民出版社 2016 年版，第 7 页。

平同志为核心的党中央始终把脱贫攻坚摆在治国理政的最重要的位置，习近平总书记常说："脱贫攻坚是我心里最牵挂的一件大事"，"我最牵挂的还是困难群众"。[①] 新时代的脱贫攻坚工程是对群众路线的创造性运用，动员组织了全党全国全社会的力量，打赢了"人类历史上规模最大、力度最强的脱贫攻坚战"[②]。

最后，决议总结的"坚持人民至上"，不仅是党的百年奋斗史的一条基本经验，更是开创第二个百年奋斗历程的一条行动纲领。回顾过去，决议坚持"用具体历史的、客观全面的、联系发展的观点来看待党的历史"[③]。在决议中，党需要在辩证唯物主义和历史唯物主义方法论的指导下，科学回答"党为何能在百年中立于不败之地"这一关键问题。决议提炼的"坚持人民至上"的基本经验就是对这一问题的回答，即中国共产党成功的关键在于坚守人民这一执政根基和政治优势，关键在于自觉地实践和创造性地推进群众路线。"民之所好好之，民之所恶恶之"，中国共产党开展一切工作的出发点和落脚点都归结到"实现好、维护好、发展好最广大人民根本利益上来"[④]。因此党才能在纷繁复杂的形势中实现正确的领导，才能始终得到人民群众的衷心拥护。

立足当下，"建设什么样的长期执政的马克思主义政党、怎样建设长期执政的马克思主义政党"等重大时代课题摆在中国共产党面前，"坚持人民至上"经验的提炼，体现了新时代共产党人对这些重大时代课题的深邃思考和科学判断。立足新的历史方位，如何继续深化和推进群众路线实践，决议提供了最根本的行动指南："坚持全心全意为人民服务的根本宗旨，坚持党的群众路线，始终牢记江山就是人民、人民就是江山，坚持一切为了人民、一切依靠人民，坚持为人民执政、靠人民执政，坚持发展为了人民、发展依靠人民、

① 《创造了人类减贫史上的奇迹》，《人民日报》2022 年 3 月 14 日。

② 《中共中央关于党的百年奋斗重大成就和历史经验的决议》，人民出版社 2021 年版，第 47 页。

③ 《中共中央关于党的百年奋斗重大成就和历史经验的决议》，人民出版社 2021 年版，第 79 页。

④ 《坚持从严治党落实管党治党责任 把作风建设要求融入党的制度建设》，《人民日报》2014 年 7 月 1 日。

发展成果由人民共享，坚定不移走全体人民共同富裕道路。”① 只有始终牢记全心全意为人民服务的宗旨，只有始终牢记共产党人的初心使命，中国共产党才能始终把握历史大势，才能在新时代“推动中国特色社会主义事业航船劈波斩浪、一往无前”。

五、新时代群众路线的时代要求和实践逻辑

新时代中国共产党践行群众路线和“为中国人民谋幸福”初心使命的实践逻辑，就在于从整体上实现人民群众对美好生活的向往和需要，就在于“让人民共享经济、政治、文化、社会、生态等各方面发展成果，有更多、更直接、更实在的获得感、幸福感、安全感，不断促进人的全面发展、全体人民共同富裕”②。

在党的十九大报告中，习近平总书记首次将“三感”并列使用：“使人民获得感、幸福感、安全感更加充实、更有保障、更可持续。”③ “民生三感”适应了新时代改革发展的战略需要，顺应了社会主要矛盾的转变，是系统协调、辩证统一的有机整体。④ 获得感、幸福感、安全感，从个体对社会认知和感受的心态指标，转变为新时代党和国家改革成效和治理能力的重要标准，体现了新时代“以人民为中心”的发展思想。“民生三感”各有侧重，其中获得感指的是“个体对现实生活获益情况的主观评价”，幸福感指的是主观的生活满意度，安全感指的是个体所具有的一种长期而稳定的心理诉求与体验。⑤ 总体上来说，“三感”都落脚于人民在改革过程中的主观感受，其逻辑在于：在改革的需求侧建立起科学的、完整的绩效评估体系，通过可衡量的“三感”倒

① 《中共中央关于党的百年奋斗重大成就和历史经验的决议》，人民出版社 2021 年版，第 66 页。

② 习近平：《在庆祝改革开放 40 周年大会上的讲话》，人民出版社 2018 年版，第 25 页。

③ 习近平：《决胜全面建成小康社会 夺取新时代中国特色社会主义伟大胜利——在中国共产党第十九次全国代表大会上的报告》，人民出版社 2017 年版，第 45 页。

④ 郑建君：《中国公民美好生活感知的测量与现状——兼论获得感、安全感与幸福感的关系》，《政治学研究》2020 年第 6 期。

⑤ 侯静：《社会转型中社会心态的理论内涵、逻辑建构及变迁》，《北京社会科学》2022 年第 4 期。

逼供给侧创新群众路线的实现形式，不断提升治理的有效性和针对性。基于此，为了全面满足人民群众对美好生活的向往，新时代的中国共产党通过树立和践行正确的政绩观和权力观的形式，不断推进党的群众路线常态化和长效化。

首先，树立正确的政绩观，保障人的全面发展。“共产党人的政绩，就是做得人心、暖人心、稳人心的事，就是解决群众最关心、最迫切需要解决的问题，就是全面建设小康社会，促进人的全面发展。”[①] 党的十八大以来，全党将“坚持以人民为中心”作为新时代中国特色社会主义思想的一条基本方略，以“人民是否真正得到了实惠”，“人民生活是否真正得到了改善”作为检验一切工作成效的根据和标准。[②] 在脱贫攻坚方面，党中央将其作为全面建成小康社会的底线任务，十八大以来平均每年 1000 万人脱贫，“现行标准下 9899 万农村贫困人口全部脱贫，832 个贫困县全部摘帽，12.8 万个贫困村全部出列”[③]，贫困地区的面貌发生了历史性的变化。在社会事业方面，十八大以来，以习近平同志为核心的党中央统筹推进社会建设，以“努力办好让人民满意的教育”，“实现更高质量就业”，建成世界上规模最大的社会保障体系，“朝着共同富裕方向稳步前进”[④]。在疫情防控方面，党中央沉着应对突如其来的新冠疫情，举全国之力打赢疫情防控阻击战，最大限度保护了人民的身体健康，高效统筹了疫情防控和经济社会发展。哈佛大学肯尼迪政府学院 2020 年发布的《理解中国共产党韧性：中国民意长期调查》报告显示，2003 年以来中国民众对中国共产党的满意度持续超过 90%。[⑤] 人民对党的拥护反映了近年来改革开放的成效，也反映了人民对中国共产党正确政绩观的认同和支持。

其次，树立正确的权力观，将权力关进制度的笼子。列宁指出，对于执政的共产党来说，“最严重最可怕的危险之一，就是脱离群众”[⑥]。其实，对于所有类型的政党来说，都是如此。回顾世界政党政治的历史，一些长期执政

---

① 习近平：《之江新语》，浙江人民出版社 2007 年版，第 34 页。

② 习近平：《全面贯彻落实党的十八大精神要突出抓好六个方面工作》，《求是》2013 年第 1 期。

③ 习近平：《在全国脱贫攻坚总结表彰大会上的讲话》，人民出版社 2021 年版，第 1 页。

④ 《习近平关于社会主义经济建设论述摘编》，中央文献出版社 2017 年版，第 25 页。

⑤ 《我们为什么能够成功》，《人民日报》2021 年 9 月 27 日。

⑥ 《列宁选集》第 4 卷，人民出版社 1995 年版，第 626 页。

的大党跌落政坛最根本的教训就在于，长期脱离群众，甚至在党内形成“贵族阶层”。党的十八大以来，为了解决损害党群干群关系和群众深恶痛绝的问题，以习近平同志为核心的党中央旗帜鲜明地反对特权思想和特权现象，要求全党“公正用权、依法用权、为民用权、廉洁用权”①，凝聚了新时代贯彻群众路线的实践特色。

统筹推进作风建设和反腐败斗争是新时代树立正确权力观的核心内容。十八大以来，以习近平同志为核心的党中央着重从执政党兴衰存亡的高度来把握作风建设，强调：“党的作风就是党的形象，关系人心向背，关系党的生死存亡。”②此外，习近平总书记还从世界政党兴衰的规律来警示全党：“古今中外，因为统治集团作风败坏导致人亡政息的例子多得很！”③在这一共识下，党中央认真贯彻落实八项规定，持续保持遏制腐败的高压态势，“一体推进不敢腐、不能腐、不想腐”。习近平总书记特别强调：“要持续整治群众身边腐败和作风问题，让群众在反腐‘拍蝇’中增强获得感。”④十九大以来，全国共查处涉及民生领域、侵害群众利益的问题39万余件，处理35.9万人。⑤整体上来说，全党的反腐败斗争已经取得压倒性胜利并全面巩固。⑥

党中央不仅重视通过正风肃纪在全党“固本培元”，还着重加强群众路线相关的党内法规制度建设，将“思想建党”和“制度治党”同向同时发力。习近平总书记强调，很多作风问题没有及时遏制住，甚至更为猖狂的重要原因就在于“对很多作风问题都有一些制度性规范，但有些形同虚设、形同摆设，牛栏关猫”⑦。十八大以来，完善作风建设的党内法规和党内规范性文件

---

①《筑牢理想信念根基树立践行正确政绩观 在新时代新征程上留下无悔的奋斗足迹》，《人民日报》2022年3月2日。

②《坚持从严治党落实管党治党责任 把作风建设要求融入党的制度建设》，《人民日报》2014年7月1日。

③《十八大以来重要文献选编》（中），中央文献出版社2016年版，第99页。

④《充分发挥全面从严治党引领保障作用 确保“十四五”时期目标任务落到实处》，《人民日报》2021年1月23日。

⑤ 毛胜：《反腐败斗争取得压倒性胜利并全面巩固——党的十八大以来反腐败斗争重大成就》，《中国党政干部论坛》2022年第5期。

⑥ 中共中央宣传部：《中国共产党的历史使命与行动价值》，人民出版社2021年版，第70页。

⑦《习近平关于党风廉政建设和反腐败斗争论述摘编》，中国方正出版社、中央文献出版社2015年版，第86页。

成为推进群众路线制度化、常态化、长效化的重要依托，修订与通过的党内法规如《中国共产党廉洁自律准则》（2015 年 10 月）与《关于新形势下党内政治生活的若干准则》（2016 年 10 月）；《党政机关厉行节约反对浪费条例》（2013 年 10 月）、《中国共产党纪律处分条例》（2015 年、2018 年和 2023 年三次修订）、《中国共产党问责条例》（2016 年通过，2019 年修订）、《信访工作条例》（2022 年 2 月）；《中共中央政治局关于改进工作作风密切联系群众的规定》（2012 年 12 月）及其实施细则、《党政机关国内公务接待管理规定》（2013 年 12 月）、《关于严禁在历史建筑公园等公共资源中设立私人会所的暂行规定》（2014 年 10 月）等。发布的党内规范性文件如《关于在党的群众路线教育实践活动中严肃整治"会所中的歪风"的通知》（2013 年 12 月）、《关于进一步整治"会所中的歪风"的通知》（2014 年 5 月）、《关于深化"四风"整治、巩固和拓展党的群众路线教育实践活动成果的指导意见》（2014 年 11 月）、《关于进一步激励广大干部新时代新担当新作为的意见》（2018 年 5 月）、《关于加强新时代廉洁文化建设的意见》（2022 年 2 月）等。

政党政治是现代政治文明的主要特征，而无论何种政党制度或何种类型的政党，政党和民众的关系问题都是超越时代的永恒命题。唯物史观已经给了我们解题的方法："历史活动是群众的事业，随着历史活动的深入，必将是群众队伍的扩大。"① 从来不是政党选择人民，而是人民选择政党，不忘初心，方得始终。站在新的历史方位，准确把握世界百年未有之大变局和实现中华民族伟大复兴的战略全局，只有继续贯彻落实党的群众路线，创新群众路线的方法和实现形式，才能变信息化时代和新媒体时代的风险为机遇，不断释放群众路线在国家治理体系中的治理效能，凝聚实现中华民族伟大复兴的人民力量。

① 《马克思恩格斯全集》第 2 卷，人民出版社 1957 年版，第 104 页。

新时代全面加强党的纪律建设的主要成就

章舜粤 *

内容提要： 加强党的建设离不开加强纪律建设。党的十八大以来，以习近平同志为核心的党中央全面加强党的纪律建设，使党的纪律建设从理论到实践均有所创新，取得重要成就：坚持守正创新，发扬党纪律严密的传统和优势，丰富完善党的建设总体布局；正确理解和把握党纪与国法的关系，坚持纪严于法、纪在法前、纪法分开，推动纪法衔接，为各级党组织和党员干部划出底线、红线，深化运用监督执纪“四种形态”；推动纪律检查体制改革，向党和国家机关全面派驻纪检机构，充分发挥巡视利剑作用。

坚持党的全面领导是全面推进中华民族伟大复兴的关键所在，必须把我们党锻造成为纪律严明的坚强领导核心。习近平总书记在党的二十大报告中指出：“我们党作为世界上最大的马克思主义执政党，要始终赢得人民拥护、巩固长期执政地位，必须时刻保持解决大党独有难题的清醒和坚定。”[①]党的十八大以来，以习近平同志为核心的党中央推动全面从严治党向纵深发展，取得了突出成果，大大提高了新时代党的建设水平，生动说明了全面加强党的纪律建设是永葆清醒头脑、不断坚定信念的重要武器，为解决世界最大马克思主义执政党独有难题提供了重要方法和经验。

---

* 章舜粤，中国社会科学院当代中国研究所。

① 习近平：《高举中国特色社会主义伟大旗帜 为全面建设社会主义现代化国家而团结奋斗——在中国共产党第二十次全国代表大会上的报告》，《人民日报》2022 年 10 月 26 日。

一、坚持守正创新，锻造纪律严明的马克思主义政党

中国共产党是一个有 9900 多万党员的百年大党，肩负着马克思主义政党的伟大使命，这势必要求我们党通过严明纪律以增强党的凝聚力、战斗力和领导能力、执政能力。正如习近平总书记所指出的："党面临的形势越复杂、肩负的任务越艰巨，就越要加强纪律建设，越要维护党的团结统一，确保全党统一意志、统一行动、步调一致前进。"[①] 作为一个无产阶级政党，中国共产党自诞生以来就有着严明的纪律，并守正创新，不断推进党的纪律建设。党的十八大以来，以习近平同志为核心的党中央大力推进党的纪律建设，使得一个愈加纪律严明的百年大党出现在世人面前。

（一）纪律严明是马克思主义政党的光荣传统和独特优势

纪律严明是马克思主义政党区别于其他类型政党的鲜明特色，也是中国共产党的光荣传统和重要优势。马克思曾严肃指出："我们现在必须绝对保持党的纪律，否则将一事无成。"[②] 列宁缔造了坚强的无产阶级政党，使得组织严密、纪律严明成为列宁主义政党最鲜明的特征之一。他指出，"如果我们党没有极严格的真正铁的纪律，如果我们党没有得到整个工人阶级全心全意的拥护"[③]，必然无法保持布尔什维克政权。

早在中国共产党正式成立前夕，蔡和森就在写给毛泽东的信中指出，布尔什维克要求党员"须守党的'铁的纪律'"，"党的组织为极集权的组织，党的纪律为铁的纪律，必如此才能养成少数极觉悟极有组织的分子，适应战争时代及担负偌大的改造事业"。[④] 在大革命时期，由于革命形势的要求，中国共产党特别重视党的纪律建设。1922 年 7 月，党的二大通过了《关于共产党的组织章程决议案》，从制度上推进党的纪律建设。它阐明了严明的纪律对于革

① 《十八大以来重要文献选编》（上），中央文献出版社 2014 年版，第 131 页。

② 中国社会科学院马克思列宁主义毛泽东思想研究所：《马克思恩格斯列宁斯大林毛泽东邓小平江泽民论工人阶级政党的先进性》，人民出版社 2003 年版，第 54 页。

③ 《列宁选集》第 4 卷，人民出版社 2012 年版，第 134 页。

④ 《建党以来重要文献选编（1921—1949）》第 1 册，中央文献出版社 2011 年版，第 458 页。

命政党的重要性，强调“若是缺少严密的集权的有纪律的组织与训练，那就只有革命的愿望便不能够有力量去做革命的运动”[①]。基于这一认识，党的二大通过的党的第一个章程中，专为党的纪律设了一章，共列出九条，规定了“本党一切会议均取决多数，少数绝对服从多数”[②]等原则，开始构建党的纪律体系。

新中国成立后，党进一步加强了纪律建设。在开国大典仅仅一个多月之后，中央政治局通过《关于成立中央及各级党的纪律检查委员会的决定》，开始建立一套从上到下的纪律监督体系，以进一步加强党的组织纪律性。文件指出，为了保证党的一切决议的正确实施，必须“在党内加强纪律教育，使党员、干部严格地遵守党纪，实行党的决议与政府法令”[③]。1956年，党的八大通过的党章进一步严肃指明“没有纪律，党决不能领导国家和人民战胜强大的敌人而实现社会主义和共产主义”[④]。遗憾的是，在一段时间内，党内政治生活出现不正常现象，严重冲击了党的纪律建设。

改革开放以后，迎来了党史上具有深远意义的伟大转折。面对新形势和新任务，党的纪律建设不断加强与完善。邓小平在1978年召开的中央工作会议闭幕式上指出，解放思想的重要条件之一是民主，而很重要的一条就是要搞好党的纪律建设：“各级纪律检查委员会和组织部门的任务不只是处理案件，更重要的是维护党规党法，切实把我们的党风搞好。对于违反党纪的，不管是什么人，都要执行纪律，做到功过分明，赏罚分明，伸张正气，打击邪气。”[⑤]随后，新的中央纪律检查委员会在十一届三中全会上经选举产生。很快，中纪委第一次全体会议通过了《关于党内政治生活的若干准则》《中共中央纪律检查委员会关于工作任务、职权范围、机构设置的规定》等一系列重要文件，奠定了改革开放新时期党的纪律建设的重要基础。此后，中国共产党坚持高度重视党的纪律建设，与时俱进地提出新要求，修订党的章程，并

① 《建党以来重要文献选编（1921—1949）》第1册，中央文献出版社2011年版，第162页。
② 《建党以来重要文献选编（1921—1949）》第1册，中央文献出版社2011年版，第167页。
③ 《中共中央文件选集（1949.10—1966.5）》第1册，人民出版社2013年版，第72页。
④ 《中共中央文件选集（1949.10—1966.5）》第24册，人民出版社2013年版，第227页。
⑤ 《邓小平文选》第2卷，人民出版社1994年版，第147页。

通过实施了一系列重要文件，不断推动党的建设向前发展。

（二）把加强纪律建设作为新时代全面从严治党治本之策

习近平总书记一再强调："全面从严治党，重在加强纪律建设。"[①]党的十八大以来，面对新形势新情况新问题，习近平总书记敏锐地指出，过去一些年在干部监督问题上存在着弱化问题，"认为只要干部没有腐败问题，其他问题就都可忽略不计"。正是在这种观念支配下，出现了"七个有之"问题，而且未能得到注意，"发现了问题也没有上升到党纪国法高度来认识和处理"。[②]以习近平同志为核心的党中央针对这些新问题新挑战，在加强党的纪律建设方面提出明确部署和要求，严肃加以纠正，把纪律建设摆在更加突出位置。党的十八大报告在论述党的建设时，第一次专门强调党的纪律建设，列出"严明党的纪律，自觉维护党的集中统一"一条，强调自觉遵守党章和坚决维护中央权威的重要性，要求"加强监督检查，严肃党的纪律特别是政治纪律，对违反纪律的行为必须认真处理，切实做到纪律面前人人平等、遵守纪律没有特权、执行纪律没有例外"。[③]党的十九大报告与时俱进地提出要"全面推进党的政治建设、思想建设、组织建设、作风建设、纪律建设"[④]，首次将纪律建设与其他五大建设并列，"把纪律建设摆在更加突出位置，纳入党的建设总体布局，表明了用严明的纪律管党治党的坚定决心"[⑤]。

以制定和落实中央八项规定破题，坚持不懈纠正"四风"，推进全面从严治党，党风政风焕然一新。2012 年 12 月，就在党的十八大胜利闭幕后不久，中央政治局召开会议，审议通过《十八届中央政治局关于改进工作作风、密切联系群众的八项规定》，由党中央带头示范，领导率先垂范，各级纪检监察

---

① 《习近平关于全面从严治党论述摘编》，中央文献出版社 2021 年版，第 326 页。

② 《习近平关于党风廉政建设和反腐败斗争论述摘编》，中国方正出版社、中央文献出版社 2015 年版，第 50 页。

③ 胡锦涛：《坚定不移沿着中国特色社会主义道路前进 为全面建成小康社会而奋斗——在中国共产党第十八次全国代表大会上的报告》，人民出版社 2012 年版，第 55—56 页。

④ 习近平：《决胜全面建成小康社会 夺取新时代中国特色社会主义伟大胜利——在中国共产党第十九次全国代表大会上的报告》，人民出版社 2017 年版，第 62 页。

⑤ 《习近平谈治国理政》第 3 卷，外文出版社 2020 年版，第 508 页。

机关严肃执纪，对违反中央八项规定精神的问题，发现一起查处一起，及时通报曝光，从而以上率下加强党的作风建设。2013 年 6 月，党的群众路线教育实践活动正式开始。习近平总书记强调，党内形式主义、官僚主义、享乐主义和奢靡之风这“四风”还相当严重，必须“对作风之弊、行为之垢来一次大排查、大检修、大扫除”。[①] 自此，中国共产党持之以恒正风肃纪，以钉钉子精神纠治“四风”。2017 年 10 月，党的十九大闭幕后三天，十九届中央政治局第一次会议审议通过《中共中央政治局贯彻落实中央八项规定的实施细则》。2022 年 10 月，二十届中央政治局第一次会议审议《中共中央政治局贯彻落实中央八项规定实施细则》。新时代这十年，以习近平同志为核心的党中央修订完善中央八项规定实施细则，不断推进党的作风建设，管党治党宽、松、软状况得到根本扭转，风清气正的党内政治生态不断形成和发展。

进一步严明党的政治纪律和政治规矩，把纪律挺在前面。“政治纪律和政治规矩是党最根本、最重要的纪律，遵守政治纪律和政治规矩是遵守党的全部纪律的基础。”[②]2015 年 1 月，习近平总书记在十八届中央纪委五次全会上强调遵守政治纪律和政治规矩，必须做到“五个必须”“五个决不允许”。[③] 党的十九大报告强调推动全党尊崇党章，增强“四个意识”，“坚决维护党中央权威和集中统一领导，严明党的政治纪律和政治规矩”。[④] 新时代这十年，以习近平同志为核心的党中央坚持问题导向，把严守政治纪律和政治规矩放在首位，用铁的纪律管全党治全党，推动全党上下深刻领悟“两个确立”的决定性意义，增强“四个意识”，坚定“四个自信”，做到“两个维护”。

全面从严治党永远在路上。党的二十大报告强调，必须“全面加强党的纪律建设”，重申对于违反党纪的问题，“发现一起坚决查处一起”。[⑤] 相较于以

① 《习近平谈治国理政》第 1 卷，外文出版社 2018 年版，第 368—371 页。

② 《习近平谈治国理政》第 2 卷，外文出版社 2017 年版，第 181 页。

③ 《习近平关于严明党的纪律和规矩论述摘编》，中央文献出版社、中国方正出版社 2016 年版，第 27—28 页。

④ 习近平：《决胜全面建成小康社会 夺取新时代中国特色社会主义伟大胜利——在中国共产党第十九次全国代表大会上的报告》，人民出版社 2017 年版，第 7 页。

⑤ 习近平：《高举中国特色社会主义伟大旗帜 为全面建设社会主义现代化国家而团结奋斗——在中国共产党第二十次全国代表大会上的报告》，《人民日报》2022 年 10 月 26 日。

往的论述，党的二十大报告增加了“全面”二字，不仅凸显了新时代党的纪律建设内涵更加丰富，而且为新征程上继续加强党的纪律建设指明了方向。

二、深刻揭示纪法的辩证统一关系，把严的要求贯彻执纪监督全过程

推进党的纪律建设，首先有一个重大问题摆在眼前，即如何认识和处理党纪与国法的关系。在一定时期，一度存在党纪国法界限模糊不清，法严于纪、法先于纪或法纪重叠等情况。这就有可能造成只盯着严重违法的极少数，而忽略了大多数的纪律问题，容易导致党的纪律松弛，出现宽、松、软的现象。对此，党强调必须坚持纪严于法、纪在法前、纪法分开，使党的纪律建设理念有了新突破，为我们指明了方向、提供了根本遵循。

（一）正确理解和把握党纪与国法的关系

“党的纪律是党内规矩。”要正确理解和把握党纪与国法的关系，首先要正确理解和把握党的纪律和党的规矩的关系。所谓规矩，是“我们党在长期实践中形成的优良传统和工作惯例”，尽管没有形成具体的文字文本，但是约定俗成，而且经过实践检验证明行之有效，“反映了我们党对一些问题的深刻思考和科学总结”。[①] 纪律与规矩不是二元对立的，而是辩证统一的，“纪律是成文的规矩，一些未明文列入纪律的规矩是不成文的纪律；纪律是刚性的规矩，一些未明文列入纪律的规矩是自我约束的纪律”[②]。

法律是治国之重器，纪律是治党之戒尺。过去一段时间，曾存在“违纪只是小节、违法才去处理”的不正常状况。而无数案例证明，一些党员干部走到违法犯罪的道路上，往往就是从违反党的纪律开始的。2014 年 10 月，党的十八届四中全会进一步明晰党的纪律是党内规矩，并明确提出“党规党纪严于国家法律”，要求各级党组织和广大党员“要按照党规党纪以更高标准

① 《十八大以来重要文献选编》（中），中央文献出版社 2016 年版，第 348 页。

② 《十八大以来重要文献选编》（中），中央文献出版社 2016 年版，第 348 页。

严格要求自己”。[①] 党提出党纪严于国法，一方面是从国家法治建设的角度出发，推进全面依法治国；另一方面是从党自身建设的角度出发，坚持依规治党。法律是最低底线，一方面要依靠法律惩治贪渎腐败的极少数，另一方面要依靠党的规矩和党的纪律管住党员干部的大多数，以真正落实全面从严治党。因此，只有坚持纪在法前，才能用纪律管住大多数，防止党员领导干部小错酿成大祸，一步步坠入犯罪深渊，给党和国家带来巨大危害；同时，只有坚持纪严于法，实行严的标准、严的措施，才能凸显中国共产党的先锋模范作用。

（二）坚持纪严于法、纪在法前、纪法分开，推动纪法衔接

坚持纪严于法、纪在法前、纪法分开，要把执纪和执法贯通起来，严格依照纪律和法律的尺度，坚持纪严于法、纪法协同，强化日常管理和监督，抓早抓小、防微杜渐。这又是新时代纪律建设的一大创新与成果。

根据党的十八大和十八届三中、四中全会精神以及新时代全面从严治党新的实践需要，党中央在 2010 年《中国共产党党员领导干部廉洁从政若干准则》和 2003 年《中国共产党纪律处分条例》的基础上，于 2015 年全面修订出新的《中国共产党廉洁自律准则》和《中国共产党纪律处分条例》（后于 2018 年、2023 年再次修订），“实现了党内法规建设与时俱进，为全面从严治党提供了重要制度保障”[②]，成为新时代推进纪法衔接的重要成果。

《中国共产党纪律处分条例》创造性地将违纪行为分为违反政治纪律、组织纪律、廉洁纪律、群众纪律、工作纪律和生活纪律，在原条例中所列举的四种纪律基础之上，增加了群众纪律和生活纪律两种类别，鲜明体现了纪严于法、纪在法前、纪法分开。例如，该条例规定：“利用宗族或者黑恶势力等欺压群众，或者纵容涉黑涉恶活动、为黑恶势力充当‘保护伞’的，给予撤

---

① 《中共中央关于全面推进依法治国若干重大问题的决定》，人民出版社 2014 年版，第 35—36 页。

② 《坚持纪在法前、纪严于法——二论把党纪党规的笼子扎得更紧》，《人民日报》2015 年 10 月 23 日。

销党内职务或者留党察看处分；情节严重的，给予开除党籍处分。”[①] 通过开列负面清单，划清了红线、底线，有利于党员干部和各级党组织自我对照，严于律己，以免落入违纪深渊。

（三）深化运用监督执纪“四种形态”

坚持纪严于法、纪在法前、纪法分开，并不是说以纪律代替法律。党的各种纪律条例删除与刑法、治安管理处罚法等法律法规重复的条款，并不意味着党组织只管纪律问题，而是要通过纪法衔接，使党纪与国法之间没有空白地带，扎牢不敢腐、不能腐、不想腐的“笼子”。

制定纪律就是要执行的。新时代以来，通过运用监督执纪“四种形态”，经常开展批评和自我批评、约谈函询，让“红红脸、出出汗”成为常态；党纪轻处分、组织调整成为违纪处理的大多数；党纪重处分、重大职务调整的成为少数；严重违纪涉嫌违法立案审查的成为极少数。党的十九大以来五年，全国纪检监察机关运用“四种形态”批评教育帮助和处理933.6万人次。其中，运用第一种形态占总人次的67.2%，运用第二种形态占25.5%，占大多数；而运用第三种形态和运用第四种形态的分别占3.8%和3.5%，成为极少数。[②] 这一系列数据生动说明新时代党的纪律建设动真格、见真章，有效运用“四种形态”，推进全面从严治党。

三、一体推进党的纪律检查体制改革、国家监察体制改革、纪检监察机构改革

一体推进党的纪律检查体制改革、国家监察体制改革、纪检监察机构改革，是全面深化改革的重要组成部分，是党要管党、全面从严治党的必然要求。党的十八大以来，以习近平同志为核心的党中央立足纪检监察工作实际，坚持从具体问题抓起，立行立改，为新时代党的纪律建设提供体制机制的制

① 《中国共产党纪律处分条例》，人民出版社2018年版，第47页。

② 《十九届中央纪律检查委员会向中国共产党第二十次全国代表大会的工作报告》，《人民日报》2022年10月28日。

度保障。

（一）推动纪律检查工作双重领导体制具体化、程序化、制度化

2013 年 11 月，党的十八届三中全会决定“推动党的纪律检查工作双重领导体制具体化、程序化、制度化，强化上级纪委对下级纪委的领导”①。由此，一场影响深远的新时代纪律检查体制改革逐步展开。

深化纪律检查体制改革，强化党内监督，是加强党的纪律建设的题中应有之义。这一改革是有的放矢，有所针对的。在过去很长一段时间里，中央纪委由党的全国代表大会选举产生，而地方各级纪委虽然取消了“以同级党委为主”的规定，但在实际工作中，仍然是以同级党委领导为主的。在原来的纪律检查体制下，一些地方纪委如果发现本地重大案件线索，或者在查办重大腐败案件时，必须向同级党委主要领导报告，得到肯定之后才能进行初核或查处。这就给个别分子压案不报、瞒案不查提供了制度上的漏洞。而根据新的体制，地方纪委查办腐败案件时，在线索处置和案件查办阶段，就必须同时向同级党委和上级纪委报告，这对同级党委主要领导形成制约，也在一定程度上增强了地方纪委的相对独立性。

2014 年 1 月，中央全面深化改革领导小组第一次会议审议通过中央全面深化改革领导小组下设六个专项小组，其中就包括纪律检查体制改革小组，推进十八届三中全会各项改革举措得以落实落地。②2014 年 6 月，中央政治局审议通过《党的纪律检查体制改革实施方案》，立足纪检工作实际，对纪律检查体制改革的指导思想、目标要求、主要任务、方法措施和时间进度作出安排。

2017 年 1 月，中央纪委制定了《中国共产党纪律检查机关监督执纪工作规则（试行）》，主动强化自我约束，规范监督执纪权力。坚持纪律检查工作双重领导体制，保证监督权的相对独立性和权威性；实行“一为主两报告”，以增强监督权威性有效性；坚持党管干部原则，用好提名考察把关权。

---

① 《中共中央关于全面深化改革若干重大问题的决定》，人民出版社 2013 年版，第 36 页。

② 《把握大局审时度势统筹兼顾科学实施 坚定不移朝着全面深化改革目标前进》，《人民日报》2014 年 1 月 23 日。

2017 年 10 月，党的十九大对纪检监察机关依规依纪依法履职尽责提出了新的更高的要求，党的纪律检查体制改革和国家监察体制改革持续深化。党中央根据新形势新任务对规则进行完善，并上升为中央党内法规。

（二）向党和国家机关全面派驻纪检机构

向党和国家机关等全面派驻纪检机构，也是新时代深入推进纪律检查体制改革的重大举措。2012 年 11 月，党的十八大报告提出“健全纪检监察体制，完善派驻机构统一管理”①。2013 年 11 月，党的十八届三中全会提出“全面落实中央纪委向中央一级党和国家机关派驻纪检机构，实行统一名称、统一管理”②。以向中央一级党和国家机关派驻纪检机构为突破口，一场重大改革由上而下深入推进。

2014 年 1 月，十八届中央纪委三次全会工作报告进一步落实党中央关于改革和完善纪检监察派驻机构的决定，在制定加强派驻机构建设的指导性意见，明确派驻机构的职责任务和机构设置等，加强派出机关管理，完善考核、激励和责任追究机制等方面作出要求，并提出要“积极探索加强不同层级派驻机构建设的有效途径”。③

2014 年 6 月，《党的纪律检查体制改革实施方案》经中央政治局会议审议通过。

2015 年 1 月，十八届中央纪委五次全会指出要充分发挥“派”的权威和“驻”的优势，“坚持统筹兼顾、循序渐进、内涵发展”，“使党内监督不留死角、没有空白”。④

2018 年 3 月，十三届全国人大一次会议通过《中华人民共和国监察法》，各级监察委员会向本级党和国家机关派驻机构有了法律依据。

2018 年 6 月，根据党章党规和宪法、监察法有关规定，经党中央批准，

---

① 胡锦涛：《坚定不移沿着中国特色社会主义道路前进 为全面建成小康社会而奋斗——在中国共产党第十八次全国代表大会上的报告》，人民出版社 2012 年版，第 55 页。

② 《中共中央关于全面深化改革若干重大问题的决定》，人民出版社 2013 年版，第 37 页。

③ 《十八大以来重要文献选编》（上），中央文献出版社 2014 年版，第 733—734 页。

④ 《十八大以来重要文献选编》（中），中央文献出版社 2016 年版，第 341 页。

中央纪委国家监委统一设立派驻机构，对中央纪委国家监委负责，履行党的纪律检查和国家监察两项职责。10月，中共中央办公厅印发《关于深化中央纪委国家监委派驻机构改革的意见》，强调中央纪委国家监委派驻机构是中央纪委国家监委的重要组成部分，由中央纪委国家监委直接领导、统一管理，形成同向发力、协作互动的工作格局。

2021年12月，中共中央发布《中国共产党纪律检查委员会工作条例》，专设“派驻、派出机构”一章，进一步深化派驻监督体制机制改革。

2022年10月22日，党的二十大审议通过《中国共产党章程（修正案）》，进一步明确派驻纪律检查组的范围。由此，新时代向党和国家机关等全面派驻纪检机构的体制机制更加成熟定型。

（三）充分发挥巡视利剑作用

习近平总书记指出：“巡视是党章赋予的重要职责，是加强党的建设的重要举措，是从严治党、维护党纪的重要手段，是加强党内监督的重要形式。”[①]党的十八大以来，党中央充分发挥巡视“国之利器、党之利器”的重要作用，将其作为一种战略性制度安排，赋予其新的活力。

2013年4月，中央政治局常委会审议《关于中央巡视工作领导小组第一次会议研究部署巡视工作情况的报告》。2013年5月，经中央批准，开启了十八大后首次中央巡视。2013年11月，党的十八届三中全会提出“改进中央和省区市巡视制度，做到对地方、部门、企事业单位全覆盖”，对巡视全覆盖作出明确部署。[②]

党的十九大对巡视巡察工作提出新的更高要求。新修订的党章专列第十四条，对巡视制度作了相关规定。2018年2月，中共中央办公厅印发了《中央巡视工作规划（2018—2022年）》，确定了十九届中央巡视工作的“路线图”“任务书”。规划提出，坚持巩固、深化、发展，通过五年努力，使巡

① 《习近平关于党风廉政建设和反腐败斗争论述摘编》，中国方正出版社、中央文献出版社2015年版，第107页。

② 《中共中央关于全面深化改革若干重大问题的决定》，人民出版社2013年版，第37页。

视制度更加科学、更加严密、更加有效，为全面从严治党提供有力支撑。[①]

党的十八大以来，以习近平同志为核心的党中央两次修订修改巡视工作条例，不断将巡视工作的实践创新成果固化为制度。2013 年 10 月，党中央启动对 2009 年颁布的《中国共产党巡视工作条例（试行）》的修订工作。历经调研、论证、反复修改和不断完善，2015 年 8 月，中共中央颁布实施《中国共产党巡视工作条例》。2017 年 7 月又与时俱进地对条例作出修改，进一步完善了党的巡视制度。

四、结语

党的十八大以来，中国特色社会主义进入新时代，党坚持纪严于法、执纪执法贯通，用好监督执纪“四种形态”，带动各项纪律全面严起来，深入推进纪律检查体制改革，使党的纪律成为真正带电的高压线，党的纪律建设从理论到实践取得重大创新与突出成就，达到了新高度。党的二十大报告强调：“全党必须牢记，全面从严治党永远在路上，党的自我革命永远在路上，决不能有松劲歇脚、疲劳厌战的情绪，必须持之以恒推进全面从严治党，深入推进新时代党的建设新的伟大工程，以党的自我革命引领社会革命。”[②] 新时代十年，我们经历了三件大事，党和国家事业取得历史性成就、发生历史性变革。现在，我们正意气风发迈上新征程，必须继续全面加强党的纪律建设，敢于斗争、善于斗争，为全面建设社会主义现代化国家、全面推进中华民族伟大复兴而不懈奋斗。

---

① 《中央巡视办负责同志就学习贯彻〈中央巡视工作规划（2018—2022 年）〉答记者问》，《中国纪检监察报》2018 年 2 月 28 日。

② 习近平：《高举中国特色社会主义伟大旗帜 为全面建设社会主义现代化国家而团结奋斗——在中国共产党第二十次全国代表大会上的报告》，《人民日报》2022 年 10 月 26 日。

新时代全面依法治国的成就与经验

张金才、贾　楠*

内容提要：党的十八大以来，在习近平法治思想指引下，全面依法治国走过辉煌历程，取得重要成就：宪法实施取得积极成果；中国特色社会主义法律体系进一步完善；法治政府建设成效显著；司法体制改革取得重要进展；法治社会建设呈现新局面。在此过程中形成的主要经验是：必须坚持中国共产党的领导、必须坚持抓住领导干部这个“关键少数”、必须坚持依法治国和以德治国相结合、必须坚持通盘谋划和全面部署。

全面依法治国是坚持和发展中国特色社会主义的本质要求和重要保障，是实现国家治理体系和治理能力现代化的必然要求，事关我们党执政兴国，事关国家长治久安，事关人民幸福安康。党的十八大以来，以习近平同志为核心的党中央高度重视全面依法治国，围绕建设社会主义法治国家提出一系列重要举措，作出一系列战略部署，开展一系列生动实践，推动法治中国建设进入新的发展阶段。

一、新时代全面依法治国的发展历程

党的十八大以来，以习近平同志为核心的党中央从坚持和发展中国特色社会主义的全局和战略高度定位法治、布局法治、厉行法治，把全面依法治国纳入“四个全面”战略布局，放在党和国家事业全局中来谋划和推进，全面依法治国走过辉煌发展历程，社会主义法治国家建设得到有力推进。

* 张金才，中国社会科学院当代中国研究所；贾楠，中国社会科学院大学历史学院。

2012 年 11 月召开的党的十八大，把依法治国基本方略全面落实、法治政府基本建成、司法公信力不断提高、人权得到切实尊重和保障等确立为全面建成小康社会宏伟目标的重要内容，强调法治是治国理政的基本方式，并对全面依法治国作出总体部署，为新时代全面依法治国的健康发展奠定了重要基础。

2013 年 11 月，党的十八届三中全会首次对建设法治中国作出专门部署，围绕维护宪法法律权威、深化行政执法体制改革、确保依法独立公正行使审判权检察权、健全司法权力运行机制、完善人权司法保障制度等提出一系列重要举措。全会强调："建设法治中国，必须坚持依法治国、依法执政、依法行政共同推进，坚持法治国家、法治政府、法治社会一体建设。深化司法体制改革，加快建设公正高效权威的社会主义司法制度，维护人民权益，让人民群众在每一个司法案件中都感受到公平正义。"[①] 此后，如何在全面深化改革的过程中，把全面依法治国纳入党和国家工作大局中来考虑、来谋划、来推进，成为必须面对的重要问题。

2014 年 10 月，党的十八届四中全会审议通过《中共中央关于全面推进依法治国若干重大问题的决定》，对全面依法治国作出顶层设计。该决定提出：全面推进依法治国，总目标是建设中国特色社会主义法治体系，建设社会主义法治国家。[②] 这个总目标是我们党对全面依法治国作出的重大部署，是推进国家治理体系和治理能力现代化的重要里程碑。全会指出，要实现这个总目标，必须坚持中国共产党的领导，坚持人民主体地位，坚持法律面前人人平等，坚持依法治国和以德治国相结合，坚持从中国实际出发。[③] 全会还明确全面推进依法治国的重大任务是完善以宪法为核心的中国特色社会主义法律体系，加强宪法实施；深入推进依法行政，加快建设法治政府；保证公正司法，提高司法公信力；增强全民法治观念，推进法治社会建设；加强法治工作队伍建设；加强和改进党对全面推进依法治国的领导。党的十八届四中全会专题研究全面依法治国问题，这在党的历史上是第一次。全会在对全面依法治

① 《十八大以来重要文献选编》（上），中央文献出版社 2014 年版，第 529 页。

② 《十八大以来重要文献选编》（中），中央文献出版社 2016 年版，第 157 页。

③ 《十八大以来重要文献选编》（中），中央文献出版社 2016 年版，第 157—159 页。

国作出顶层设计的同时，还明确了任务和方向，为全社会积极投身全面依法治国伟大实践创造了重要条件。

从党的十八大把依法治国基本方略全面落实等内容纳入全面建成小康社会宏伟目标，到十八届三中全会对建设法治中国作出专门部署，再到十八届四中全会对全面推进依法治国作出战略安排，建设社会主义法治国家的理念和路线日益清晰。

2017 年 10 月召开的党的十九大，用“八个明确”和“十四个坚持”全面阐述了习近平新时代中国特色社会主义思想的科学内涵和实践要求。其中，将“明确全面推进依法治国总目标是建设中国特色社会主义法治体系、建设社会主义法治国家”作为“八个明确”之一[①]；将“坚持全面依法治国”作为“十四个坚持”之一，并将“法治国家、法治政府、法治社会基本建成”确定为到 2035 年基本实现社会主义现代化的奋斗目标。与此同时，为加强党对法治中国建设的统一领导，大会提出成立中央全面依法治国领导小组。党的十九大在改革开放以来特别是十八大以来法治建设基础上，对深化依法治国实践作出全面部署，为建设社会主义法治国家提供了科学指导。

2018 年 1 月，党的十九届二中全会审议通过的《中共中央关于修改宪法部分内容的建议》，把党的十九大确定的重大理论观点和重大方针政策载入国家根本法。这次全会专题研究宪法修改问题，在党的历史上也是第一次。全会强调，要以这次宪法修改为契机，深入推进科学立法、严格执法、公正司法、全民守法，加强对宪法法律实施情况的监督检查，把依法治国、依宪治国工作提高到一个新水平。这是对党的十九大关于深化依法治国实践总体部署的进一步落实。

2018 年 2 月，党的十九届三中全会通过《中共中央关于深化党和国家机构改革的决定》和《深化党和国家机构改革方案》。此次改革，新组建中央全面依法治国委员会，负责全面依法治国的顶层设计、总体布局、统筹协调、

① 2021 年 11 月，党的十九届六中全会通过的《中共中央关于党的百年奋斗重大成就和历史经验的决议》在党的十九大提出的“八个明确”的基础上，用“十个明确”对习近平新时代中国特色社会主义思想的核心内容作了进一步概括，“明确全面推进依法治国总目标是建设中国特色社会主义法治体系、建设社会主义法治国家”仍为“十个明确”之一。

整体推进、督促落实，是党中央决策议事协调机构。2018 年 8 月 24 日，习近平总书记在中央全面依法治国委员会第一次会议上的讲话中阐明了组建该机构的重要意义。他指出："党中央决定组建中央全面依法治国委员会，这是我们党历史上第一次设立这样的机构，目的是加强党对全面依法治国的集中统一领导，统筹推进全面依法治国工作。"[①]

2019 年 10 月召开的党的十九届四中全会，将"坚持全面依法治国，建设社会主义法治国家，切实保障社会公平正义和人民权利"明确为我国国家制度和国家治理体系的显著优势之一，对提高党依法治国、依法执政能力，推进国家治理体系和治理能力现代化作出部署，并强调，建设中国特色社会主义法治体系、建设社会主义法治国家是坚持和发展中国特色社会主义的内在要求。

2020 年 10 月召开的党的十九届五中全会，将"社会主义民主法治更加健全"作为"十四五"时期经济社会发展主要目标的重要内容，并将"基本实现国家治理体系和治理能力现代化，人民平等参与、平等发展权利得到充分保障，基本建成法治国家、法治政府、法治社会"作为到 2035 年基本实现社会主义现代化的远景目标之一。

2022 年 10 月召开的党的二十大，首次单独把法治建设作为专章论述、专门部署，充分体现了以习近平同志为核心的党中央对全面依法治国的高度重视，进一步宣示了我们党矢志不渝推进法治建设的坚定决心。报告从完善以宪法为核心的中国特色社会主义法律体系、扎实推进依法行政、严格公正司法和加快建设法治社会等方面对推进法治中国建设作出总体部署，为在法治轨道上全面建设社会主义现代化国家提供了根本遵循。

二、新时代全面依法治国的重要成就

2020 年 11 月召开的中央全面依法治国工作会议，是第一次以党中央工作会议的形式研究部署全面依法治国，是全面依法治国发展历程中一次十分重要的会议。在这次会议上，我们党顺应党心民心、顺应时代要求，确立习

① 习近平：《论坚持党对一切工作的领导》，中央文献出版社 2019 年版，第 266 页。

近平法治思想在全面依法治国工作中的指导地位。习近平法治思想内涵丰富、论述深刻、逻辑严密、系统完备，从历史和现实相贯通、国际和国内相关联、理论和实际相结合上深刻回答了新时代为什么实行全面依法治国、怎样实行全面依法治国等一系列重大问题，是顺应实现中华民族伟大复兴时代要求应运而生的重大理论创新成果，是马克思主义法治理论中国化最新成果，是习近平新时代中国特色社会主义思想的重要组成部分，是新时代全面依法治国的根本遵循和行动指南。

在习近平法治思想的指导下，党中央以前所未有的力度推进全面依法治国进程，抓住科学立法、严格执法、公正司法、全民守法等关键环节，加快推进中国特色社会主义法治体系建设，法律规范体系、法治实施体系、法治监督体系、法治保障体系和党内法规体系建设相互促进、共同发展，社会主义法治国家建设取得历史性成就。

（一）宪法实施取得积极成果

宪法是国家的根本大法，是国家各类制度和法律法规的总依据，是治国理政的总章程。坚持依宪治国、加强宪法实施是全面依法治国的首要任务，是习近平法治思想的重要内容，也是以习近平同志为核心的党中央治国理政的鲜明特点。党的十八大以来，依宪治国和宪法实施取得积极成果：

一是设立国家宪法日和宪法宣誓制度。为在全社会加强宪法宣传教育，进一步弘扬宪法精神，维护宪法权威，捍卫宪法尊严，保证宪法实施，2014年11月，十二届全国人大常委会第十一次会议通过决定，将每年的12月4日确立为国家宪法日。2015年7月，十二届全国人大常委会第十五次会议通过《关于实行宪法宣誓制度的决定》，明确规定由人大及其常委会选举任命的国家工作人员，人民政府、监察委员会、法院、检察院任命的国家工作人员在就职时进行宪法宣誓。这项制度的设立对于强化国家工作人员忠于宪法、遵守宪法、维护宪法的自觉性，激发国家工作人员的责任感和使命感发挥了重要作用。

二是设立宪法监督专门机构。2018年3月，十三届全国人大一次会议决定设立宪法和法律委员会，承担推动宪法实施、开展宪法解释、推进合宪性审查、加强宪法监督等职责。这一举措对于推进我国合宪性审查工作，完善宪法监督机制，保证宪法监督制度的实效性，具有重要意义。

三是推进合宪性审查工作。规范性文件备案审查是一项具有中国特色、符合中国国情的宪法监督制度。十八大后的十年间，全国人大常委会共接收各类报送备案的规范性文件 14261 件，对涉及生态环境保护、食品药品安全、人口与计划生育等领域的法规司法解释以及其他规范性文件组织开展专项审查和集中清理，对公民、组织提出的 1.4 万余件审查建议进行了逐件认真研究处理，累计推动、督促制定机关修改、废止各类规范性文件 2 万余件。[①] 通过推进合宪性审查，有力维护了宪法的权威和尊严，维护了国家的法治统一。

（二）中国特色社会主义法律体系进一步完善

党的十八大以来，全国人大及其常委会不断完善立法体制，着力加强重点领域立法，中国特色社会主义法律体系继续得到完善，立法工作取得新进展、新成效，为新时代坚持和发展中国特色社会主义提供了有力法治保障。

现行宪法颁布施行以来，在稳定中保持发展，在发展中保持稳定。2018 年 3 月，十三届全国人大一次会议通过了宪法修正案，把党和人民的理论创新成果、实践创新成果、制度创新成果体现到根本法之中。此次修改宪法，以国家根本法的形式确立习近平新时代中国特色社会主义思想在国家政治和社会生活中的指导地位，对于进一步巩固全党全国各族人民团结奋斗的共同思想基础，充分发挥习近平新时代中国特色社会主义思想对国家各项事业、各方面工作的指导作用，确保党和国家事业始终沿着正确方向前进，具有重大现实意义和深远历史意义。

在开门立法方面，全国人大及其常委会不断拓宽公民有序参与立法的途径和渠道，确保立法项目的确定，法律草案的起草、审议、通过等各个环节都能够听到来自人民群众的声音，确保立法反映人民群众的共同意志，生动体现全过程人民民主要求。十八大后的十年间，共有 217 件次的法律草案向

① 《中国特色社会主义法律体系完善取得显著进展（中国这十年·系列主题新闻发布）》，《人民日报》2022 年 4 月 26 日。

社会公布征求意见，收到120多万人次提出的380多万条意见建议。全国人大常委会法工委设立了22个基层联系点，覆盖全国三分之二的省份，带动省一级、设区市一级人大建立了5500多个基层联系点。①

在完善立法体制方面，党的十八大以来，立法工作不断实现制度化、规范化、程序化，体制机制更加顺畅高效，立法形式更加丰富多样。党领导立法工作坚强有力，立法工作及时完成党中央确定的重大立法项目，确保党的主张通过法定程序转变为国家意志。全国人大及其常委会充分发挥在立法工作中的主导作用，通过编制立法规划、立法工作计划、专项立法工作计划，发挥统筹协调作用。建立专门委员会、工作委员会牵头起草基础性、综合性、全局性重要法律草案，不断完善立法项目征集、立法重大利益调整论证咨询、法律草案征求意见、法律草案通过前评估等相关制度。与此同时，统筹运用立改废释纂等多种立法形式，发挥其在完善中国特色社会主义法律体系中的重要作用。

十八大后的十年间，全国人大及其常委会编纂完成新中国第一部以法典命名的重要法律——民法典。国家安全、卫生健康、公共文化等重要领域的基础性、综合性、统领性法律相继制定出台，生态环境、教育科技等重要领域的法律进行了系统全面修订，网络信息、生物安全等新兴领域立法取得突破，国内法治和涉外法治统筹推进，涉外领域立法不断加强，中国特色社会主义法律体系进一步完善。党的十八大以来，截至2022年6月，全国人大及其常委会新制定法律69件、修改法律237件，通过有关法律问题和重大问题的决定99件，作出立法解释9件。② 与上一个10年相比，立法数量大幅增加。

（三）法治政府建设成效显著

法治政府建设是全面依法治国的重点任务和主体工程。党的十八大以来，以习近平同志为核心的党中央深入推进依法行政，加快建设法治政府，法治

① 《人民代表大会制度更加成熟更加定型（中国这十年·系列主题新闻发布）》，《人民日报》2022年6月30日。

② 《人民代表大会制度更加成熟更加定型（中国这十年·系列主题新闻发布）》，《人民日报》2022年6月30日。

政府建设取得积极进展和明显成效。

一是各级政府依法履职能力进一步增强。政府依法履行职能，在法治轨道上开展工作，是法治政府的基本属性和重要标志。党的十八大以来，各级政府完善行政组织和行政程序法律制度，推进机构、职能、权限、程序、责任法定化，政府依法履行职能的意识和能力不断增强。在深化行政审批制度改革方面，中共中央、国务院高度重视清理规范国务院部门行政审批中介服务事项和取消中央指定地方实施行政审批事项，将其作为深化“放管服”改革的重要内容，多次作出明确部署，持续加大改革力度。到 2020 年底，国务院先后取消和下放部门行政审批事项的比例达 47%，彻底终结非行政许可审批，压减国务院部门行政审批中介服务事项达 71%。工商登记前置审批事项压减 87%。[①] 这些举措有效破除了制约创业创新的各种不合理束缚，降低了制度性交易成本，激发了市场活力和社会创造力，为政府依法履职、建设法治政府创造了有利条件。在推行政府权力清单制度方面，2015 年 3 月，中共中央办公厅、国务院办公厅印发《关于推行地方各级政府工作部门权力清单制度的指导意见》。到 2017 年，31 个省（自治区、直辖市）均已公布省市县三级政府部门权力清单和责任清单。这项制度的推行，为各级政府依法履行职能提供了制度依据和基本遵循，加强了政府依法履职能力，加快了法治政府建设进程。

二是依法决策机制不断健全。党的十八大以来，各级政府通过采取切实举措，完善行政决策法定程序，提高行政决策法治化水平，政府依法决策机制不断健全。在建立重大决策合法性审查机制方面，随着依法决策观念逐渐确立，把出台规范性文件等政策措施类决策和政府订立合同等涉法事项交由法制机构进行合法性审查，已成为各地区各部门决策实践的普遍做法。这项举措能够有效规范各级政府的重大行政决策行为，避免法外行政、违法决策，滥用决策权，对于提高各级政府重大行政决策的质量，深入推进法治政府建设，具有重要意义。在推行政府法律顾问制度方面，2016 年 6 月 16 日，中共

① 中央全面依法治国委员会办公室：《中国共产党百年法治大事记（1921 年 7 月—2021 年 7 月）》，人民出版社、法律出版社 2022 年版，第 237 页。

中央办公厅、国务院办公厅印发《关于推行法律顾问制度和公职律师公司律师制度的意见》，要求中央和国家机关各部委，县级以上地方各级党政机关普遍设立法律顾问、公职律师，乡镇党委和政府根据需要设立法律顾问、公职律师。这项制度的实行，对于提高决策质量，避免违法决策，提升行政决策公信力和执行力发挥了重要作用。截至2022年底，全国3.3万家党政机关开展了公职律师工作，公职律师达到9.4万名。①

三是行政执法体制改革继续深化。党的十八大以来，各级政府继续深化行政执法体制改革并取得显著成效，严格规范公正文明执法水平不断提高，有力推进了法治政府建设进程。在推进综合执法方面，各级行政机关在横向上整合执法主体，相对集中执法权，着力解决权责交叉、多头执法问题，建立权责统一、权威高效的行政执法体制；在纵向上根据不同层级政府的事权和职能，按照减少层次、整合队伍、提高效率的原则，合理配置执法力量，推进执法重心向市县政府下移，着力提高基层政府执法能力，有力促进了严格规范公正文明执法，加快了法治政府建设进程。在完善行政执法程序方面，2018年12月5日，国务院办公厅印发《关于全面推行行政执法公示制度执法全过程记录制度重大执法决定法制审核制度的指导意见》。行政执法“三项制度”的全面推行，对于有效避免执法机关随意执法、不按程序执法、不文明执法、损害群众利益的现象，对于解决执法证据不全、证据不固定等问题发挥了重要作用，对有效避免行政执法错案的发生，维护公民、法人和其他组织的合法权益具有重要意义。在严格行政执法人员资格管理制度方面，党的十八届四中全会提出，严格实行行政执法人员持证上岗和资格管理制度，未经执法资格考试合格，不得授予执法资格，不得从事执法活动。各地积极贯彻全会精神，行政执法人员持证上岗和资格管理制度得到严格落实。

（四）司法体制改革取得重要进展

党的十八大以来，以习近平同志为核心的党中央采取一系列措施，稳步

① 《司法部2022年法治政府建设年度报告》，中华人民共和国司法部官网，2023年3月22日，http://www.moj.gov.cn/pub/sfbgw/qmyfzg/fzgzzffz/fzzfndbg/202303/t20230321_474848.html。

推进司法体制改革，并在关键领域和重点环节取得突破性进展和明显成效，为促进法治中国建设提供了司法保障。

一是司法责任制得到全面准确实施。这主要包括实行法官、检察官员额制以及完善人民法院和人民检察院司法责任制等。2017 年 7 月，最高人民法院机关首批员额法官、最高人民检察院机关首批员额检察官选任工作完成。到 2021 年 6 月，全国共有员额法官 12.7 万名，员额检察官 6.8 万名。[①]2015 年 9 月 21 日，最高人民法院发布《关于完善人民法院司法责任制的若干意见》，提出改革的总体目标，即实现“让审理者裁判、由裁判者负责”；9 月 25 日，最高人民检察院发布《关于完善人民检察院司法责任制的若干意见》，取消检察机关长期以来实行的“三级审批制”办案模式，确立人民检察院“谁办案谁负责、谁决定谁负责”的检察官办案责任制。改革后，上海等地由法官、合议庭直接裁判的案件超过 98%以上，由检察官审查决定的公诉案件占 90%以上。[②] 去行政化的司法改革及严格的办案质量责任制，既调动了司法人员的工作积极性和主动性，提高了司法效率，又保证了办案质量及司法公正，司法责任制改革成效进一步显现。

二是对司法活动的制约监督不断强化。强化对司法活动的制约监督既是法治文明发展的必然要求，也是司法体制改革的重要内容，其中主要包括推进司法公开、完善人民陪审员和人民监督员制度以及确立检察机关提起公益诉讼制度等措施。在推进司法公开方面，全国各级法院重点建设审判流程、庭审公开、裁判文书、执行信息四大公开平台，让司法权在阳光下运行。在完善人民陪审员、人民监督员制度方面，主要针对人民陪审员广泛性和代表性不足、陪审案件范围不够明确以及在人民监督员选任管理方式、监督范围、监督程序、知情权保障等方面进行了改革，使司法权制约和监督机制得到进一步健全和完善。在确立检察机关提起公益诉讼制度方面，自 2017 年 7 月 1 日我国开始全面实施检察机关提起公益诉讼制度以来，公益诉讼检察工作持续保持良好发展态势。5 年间，检察机关共立案公益诉讼案件 67 万余件，通

① 中央全面依法治国委员会办公室：《中国共产党百年法治大事记（1921 年 7 月—2021 年 7 月）》，人民出版社、法律出版社 2022 年版，第 284 页。

② 《守住公平正义的司法防线》，《人民日报》2017 年 1 月 12 日。

过办案督促恢复被毁损的耕地、林地、湿地、草原约786万亩，回收和清理各类垃圾、固体废物4584万余吨，追偿生态修复、环境治理费用93.5亿元；督促查处、回收假冒伪劣食品约182万千克，查处、回收假药和走私药品约6万千克；督促保护、挽回国家所有财产和权益的价值约159.5亿元，追缴国有土地出让金约337.2亿元，收回被非法占用的国有土地5.8万余亩，[①] 有力维护了国家和社会公共利益，发挥了重要的法律监督作用。

三是司法公正性进一步增强。公正司法是维护社会公平正义的最后一道防线。党的十八大以来，党中央加快建设公正高效权威的社会主义司法制度，努力让人民群众在每一个司法案件中感受到公平正义，司法公正性进一步增强。2015年3月，中共中央办公厅、国务院办公厅和中央政法委分别印发《领导干部干预司法活动、插手具体案件处理的记录、通报和责任追究规定》《司法机关内部人员过问案件的记录和责任追究规定》，为司法机关依法独立公正行使职权提供了制度保障，有效健全了防止人为干扰司法制度。党的十八大以来，中央政法单位进一步健全错案防止、纠正、责任追究机制。全国各级法院以对法律负责、对人民负责、对历史负责的态度，对错案发现一起、纠正一起，全国法院依法办理各类审判监督案件178万件、刑罚执行变更案件386万件，再审改判刑事案件1.1万件。[②] 其中，“呼格吉勒图案”“聂树斌案”“张氏叔侄强奸杀人案”“于英生杀妻案”“陈满故意杀人案”等一批重大冤错案件得到依法纠正，并依法予以国家赔偿，让正义最终得到维护。

（五）法治社会建设呈现新局面

法治社会是构筑法治国家的基础。党的十八大以来，以习近平同志为核心的党中央，坚持法治国家、法治政府、法治社会一体建设，继续开展全民普法，加强法治文化建设，印发《法治社会建设实施纲要（2020—2025年）》，有力推进了法治社会建设。

---

① 《加强法律监督维护公平正义（中国这十年·系列主题新闻发布）》，《人民日报》2022年7月19日。

② 《“努力让人民群众在每一个司法案件中感受到公平正义”》，《人民日报》2021年7月7日。

全民普法是实施全面依法治国基本方略的长期基础性工作。从 2011 年开始实施的“六五”普法规划，在党的十八大后得到全面推进，并于 2015 年圆满完成。“六五”普法期间，突出学习宣传宪法，把学习宣传宪法作为全民普法首要任务，深入学习宣传中国特色社会主义法律体系。五年间，各地各部门坚持以领导干部、公务员、青少年、企业经营管理人员、农民为重点，采取各种群众喜闻乐见的方式，有力推动法治宣传教育向面上拓展、向基层延伸，更加贴近群众、贴近实际。各地各部门坚持法治宣传教育与法治实践相结合，扎实推进多层次多领域依法治理。此外，“六五”普法期间还切实加强队伍建设和阵地建设，全国成立普法讲师团 8250 个、成员达 13.4 万名，成立志愿者队伍 4.7 万支、成员达 157.3 万名，举办普法骨干培训 630 万人次。[①]党的十八大后，在中共中央、全国人大、国务院以及地方各级党委、人大、政府的正确领导和有力监督下，各地区、各部门、各单位和广大普法工作者扎实工作、开拓创新，“六五”普法规划顺利实施，法治宣传教育工作取得积极进展和明显成效。

2016 年 4 月 17 日，中共中央、国务院转发《中央宣传部、司法部关于在公民中开展法治宣传教育的第七个五年规划（2016—2020 年）》，并发出通知，要求各地区各部门结合实际认真贯彻执行。2017 年 5 月 17 日，中共中央办公厅、国务院办公厅印发《关于实行国家机关“谁执法谁普法”普法责任制的意见》。该意见的出台，为健全“七五”普法领导体制和工作机制提供了根本遵循，有力推动了普法工作的针对性和实效性。在习近平新时代中国特色社会主义思想特别是习近平法治思想的科学指引下，在党中央、国务院正确领导下，“七五”普法顺利实施，取得重要成果。

为适应时代需要，进一步提升公民法治素养，推动全社会尊法学法守法用法，进一步加大全民普法力度，2021 年 6 月，中共中央、国务院转发《中央宣传部、司法部关于开展法治宣传教育的第八个五年规划（2021—2025 年）》。在 14 亿多人口的大国持续开展全民普法，把法律的“手杖”通过普法真正交给人民，将法治的理念通过普法真正深入人心，这是人类法治史上的

① 《全国成立普法讲师团八千多个》，《人民日报》2016 年 4 月 26 日。

一大创举，是中国特色社会主义制度优势的体现，更是推进全面依法治国的关键之举。目前，“八五”普法规划正在蓬勃开展。

新时代以来的三次普法，充分发挥群团组织和社会组织在普法中的作用，推动普法志愿服务常态化、制度化，形成了人民群众广泛参与普法活动的实践格局，对推动法治中国和法治社会建设发挥了积极作用。

在推进全面依法治国的进程中，以习近平同志为核心的党中央高度重视社会主义法治文化建设。2021 年 4 月，中共中央办公厅、国务院办公厅印发《关于加强社会主义法治文化建设的意见》，提出了社会主义法治文化建设的总体目标，对今后一个时期的社会主义法治文化建设作出全面部署。为推动该意见的贯彻落实，司法部将法治文化建设纳入法治建设总体规划，与“八五”普法启动实施同部署、同落实、同检查。该意见的出台，是深入学习贯彻习近平法治思想的重要举措，是推进全面依法治国和建设社会主义文化强国的必然要求，是深化新发展阶段全民普法的有效途径。加强社会主义法治文化建设与普法教育一道为加强法治社会建设筑牢根基。

2020 年 12 月，中共中央印发《法治社会建设实施纲要（2020—2025 年）》，并发出通知，要求各地区各部门结合实际认真贯彻落实。通过制定纲要，明确法治社会的建设目标，明晰法治社会的建设任务，制定法治社会的建设举措，可以更有效地将以习近平同志为核心的党中央对统筹推进全面依法治国作出的重大决策部署落到实处，更好地推进法治社会建设。《法治社会建设实施纲要（2020—2025 年）》的制定和实施，与《法治中国建设规划（2020—2025 年）》和《法治政府建设实施纲要（2021—2025 年）》，一起构成法治中国建设的总蓝图、路线图、施工图，标志着新时代全面依法治国的总体格局基本形成，法治中国建设开启了新征程。

三、新时代全面依法治国的基本经验

党的十八大以来，社会主义法治国家建设取得历史性成就，形成一系列基本经验，主要包括以下四个方面：

一是必须坚持中国共产党的领导。办好中国的事情，关键在党。新时代全面依法治国能不能顺利推进，党的领导至关重要。中国共产党领导是中国特色社会主义最本质的特征，是中国特色社会主义制度的最大优势，是全面依法治国最根本的政治保证。离开党的领导，全面依法治国就难以有效进行，社会主义法治国家就无法建立起来。为加强党中央对全面依法治国的集中统一领导，健全党领导全面依法治国的制度和工作机制，更好地落实全面依法治国基本方略，党的十九届三中全会组建全面依法治国委员会，为加强党对全面依法治国的集中领导、高效决策、统一部署、重点推进发挥了重要作用。在实施全面依法治国的进程中，我们党一方面发挥总揽全局、协调各方的领导核心作用，确保党的主张贯彻到依法治国全过程和各方面；另一方面不断改善党对全面依法治国的领导，不断提高党领导依法治国的能力和水平，自觉在宪法和法律范围内活动，充分发挥各级党组织和广大党员干部在依法治国中的政治核心作用和先锋模范作用，真正做到了党领导立法、保证执法、支持司法，带头守法，成功实现了坚持党的领导、人民当家作主和依法治国的有机统一。

二是必须坚持抓住领导干部这个“关键少数”。各级领导干部在推进全面依法治国方面肩负着重要责任，是新时代全面依法治国的重要组织者、推动者和实践者，对全党全社会具有风向标作用。习近平总书记指出：“各级领导干部作为具体行使党的执政权和国家立法权、行政权、司法权的人，在很大程度上决定着全面依法治国的方向、道路、进度。”[①] 因此，在推进全面依法治国的具体实践中，必须牢牢抓住领导干部这个“关键少数”。党的十八大以来，党中央通过颁布各项政策、建立相关制度、实施相关方案、开展法治考核，推动领导干部学习法律知识、树立法治观念、提高法治素养，起到良好的示范和带动作用。在新时代以来的三次普法中，注重发挥领导干部的示范作用，始终把各级领导干部放在重点普法对象的首位，对领导干部的法治思维和法治能力提出了越来越高的要求，保证了领导干部这个“关键少数”在全面依法治国、建设法治国家中起到应有的作用，有力地推进了全面依法治国的进程。

---

① 《习近平关于全面依法治国论述摘编》，中央文献出版社 2015 年版，第 120 页。

三是必须坚持依法治国和以德治国相结合。习近平总书记指出："治理国家、治理社会必须一手抓法治、一手抓德治，既重视发挥法律的规范作用，又重视发挥道德的教化作用，实现法律和道德相辅相成、法治和德治相得益彰。"[①] 党的十八大以来，我们在法治建设进程中，始终坚持依法治国和以德治国相结合。既重视发挥法律的规范作用，又重视发挥道德的教化作用。一方面大力弘扬社会主义核心价值观，弘扬中华传统美德，培育社会公德、职业道德、家庭美德、个人品德，提高全民族思想道德水平；强化规则意识，倡导契约精神，弘扬公序良俗，引导人们自觉履行法定义务、社会责任、家庭责任。另一方面又发挥法治在解决道德领域突出问题中的作用，健全公民和组织守法信用记录，完善守法诚信褒奖机制和违法失信行为惩戒机制。通过以法治体现道德理念、强化法律对道德建设的促进作用，以道德滋养法治精神、强化道德对法治文化的支撑作用，实现了法律和道德相辅相成、法治和德治相得益彰。

四是必须坚持通盘谋划、全面部署。全面依法治国进入新阶段，对法治建设整体性、系统性、协同性要求更高。党的十八大以来，我们党在全面依法治国的进程中，坚持依法治国、依法执政、依法行政共同推进，法治国家、法治政府、法治社会一体建设，坚持依法治国和以德治国相结合，坚持依法治国和依规治党有机统一。这是对新时代全面依法治国基本规律的准确把握和成功运用。从形成习近平法治思想，到持续完善中国特色社会主义法律体系，到深入推进依法行政、加快建设法治政府，再到推进司法体制改革、加强法治社会建设，我们党始终以系统思维总体谋划全面依法治国，将科学立法、严格执法、公正司法、全民守法关键环节深度融入到一体化建设当中，取得了全面依法治国在各条战线、各个方面的巨大成就，深刻体现了通盘谋划、全面部署对于推进全面依法治国的重要性和必要性。

党的十八大以来，以习近平同志为核心的党中央以前所未有的力度全面推进依法治国，加快建设中国特色社会主义法治体系，法治中国建设取得历史性成就。当前，我国亿万人民的法治信仰日益坚定，法治的磅礴伟力不断

① 《习近平谈治国理政》第 2 卷，外文出版社 2017 年版，第 116 页。

汇聚，中国特色社会主义法治事业正在习近平法治思想的指引下蓬勃发展。全面依法治国的深入推进，为实现强国建设、民族复兴伟业奠定了法治基础，提供了政治保障。

第四届中国当代政治史年会部分特邀和入选论文

从“全能”向“效能”的转变：中国式现代化中的政府职能转变

武　力[*]

内容提要：通过新民主主义革命建立起来的新中国政府，在经济发展中具有极为强大的社会资源动员配置能力并处于领导地位，在向社会主义过渡和全面建设社会主义时期，政府职能逐渐达到了“全能型”的程度，虽然取得了很大的成就，但失误和教训也是深刻的。改革开放以来，中国由计划经济体制转变为市场经济体制、由相对封闭转变为全面开放，政府职能从计划经济时期的“全能型”逐渐转变为市场经济的“效能型”。十八大以来，党和政府促进中国经济发展方式转变和全面建设小康社会，党的十八届三中全会总结了改革开放以来的重要经验，突破性地提出“使市场在资源配置中起决定性作用和更好发挥政府作用”，对加快市场化改革、建立完善的社会主义市场经济体制具有重大的指导和推动作用，“效能型”政府职能不断得到完善。

党的二十大报告指出，中国式现代化“既有各国现代化的共同特征，更有基于自己国情的中国特色”。近代以来，世界各国从农业社会向工业社会转变，这被认为是现代化的标志。随着现代化的深入，人们越发认识到，现代化的核心是生产方式的革命性变化，它是经济、政治、文化、社会、生态等多领域的变革。本文根据新中国生产方式变革过程中政府职能的演变，来探讨中国特色社会主义政治经济学的核心问题，中国共产党和政府在经济发展中的地位和作用。

* 武力，中国社会科学院当代中国研究所。

一、“全能型”政府的形成及绩效

中华人民共和国成立以来，党领导的各级政府在经济发展中具有极强的社会资源动员和配置能力，这种政府职能通过社会主义改造和计划经济体制的建立，达到了“全能型”的程度。无论是宏观经济还是微观经济，无论是生产、流通还是消费，国家经济运行全在政府管理（治理）之下。而政府又在党的全面领导之下，因此我们讲的政府，实际上是广义的政府，不同于西方资本主义国家的政府。

（一）向社会主义过渡与“全能型”政府职能

新中国政府不仅具有治理国家的强大能力，而且在理论上也更倾向于“全能政府”。中国传统文化中的国家观念、旧中国遗留下来的控制国计民生的庞大官僚资本、朝鲜战争爆发后的国家安全忧患，以及苏联工业化的成功，都证明了斯大林的社会主义工业化道路适用于当时的中国。20 世纪 50 年代，我国经济体制由五种经济成分并存、计划与市场并重逐步转向单一公有制和以行政管理为特征的计划经济。这固然有理论认识上的原因，但更是当时中国的经济基础、发展要求和国际环境促成的。

“落后就要挨打”的历史教训和朝鲜战争的爆发，使得中国共产党将保证国家安全放在首位，而要做到这一点，就必须加快工业化步伐，尤其是重工业。由于当时中国还是一个人口众多的农业国，加上一百多年的战乱和西方封锁，工业化的资金只能主要来自农业积累，而农业的落后与经营分散，使得剩余不仅很少而且非常分散。而优先发展重工业又很紧迫，于是中国就学习苏联，走上了社会主义工业化道路，即通过对个体农业、手工业和资本主义工商业的社会主义改造，建立起单一公有制和计划经济体制，从而可以实行高积累政策并把资源集中到政府手中。同时这种体制又可以保证高积累下的社会稳定，即将农民束缚于以地域为单位的集体组织中，将城市居民纳入各类“单位”组织中，中国社会实现了高度组织化。

可以说，从 1949 年新中国成立到 1956 年社会主义改造基本完成，是国家权力由公共领域逐渐扩大到私人经济领域并最终取代私人在生产和消费方面自主权的过程，这种权力的取代是以生产资料的社会主义改造和实行计划经济这个经济基础变革为条件的。正是通过这种经济基础的变革，资产阶级和小资产阶级被消灭，社会上只存在集体经济中的农民阶级和各种“单位”中的工人阶级。

单一公有制和计划经济必然强化政府权力，从而形成“全能型”政府。但是，由于这个政府的经济基础还是一个以传统农业为主的社会，想有效地实现公有制和计划经济的优越性，是一个十分困难的事情。虽然在办大事时，可以举国之力建立起现代国防工业体系，但是随着工业化的推进和经济结构的复杂化，以下弊病越来越突出：在宏观经济层面，“计划失灵”成为常态；在微观经济层面，“活力不足”形成痼疾；“一统就死，一放就乱”成为经济运行的周期性规律；在供求关系方面，“短缺”和“卖方市场”成为常态；在发展速度方面，“投资冲动”、“供给约束”导致经济波动。

从1956年起中国共产党就开始探索改善社会主义经济管理体制，提出了不少好的思想，如陈云提出“三个主体和三个补充”，李富春提出“两种计划方法”，周恩来提出“稳步前进”，刘少奇提出“利用市场”，毛泽东提出“十大关系”和“消灭资本主义，还可以再搞资本主义”等。但是1957年反右运动以后，由于毛泽东把公有制、计划经济、按劳分配看成是不能动摇的社会主义基石，因此改革就被局限在经营管理层面。从1958年开始，从政府与市场、社会的关系来看，是一个政府权力强化、市场作用式微、社会管制严厉的走向。由于单一公有制和计划经济超出了当时党内外干部的管理能力，而权力又过于集中并缺乏有效监督，因此脱离实际和群众的官僚主义现象就难以避免，而把这些归结为阶级斗争的表现，则进一步扭曲了政府、市场、社会的关系。

（二）“全能型”政府职能的历史贡献

“全能型”政府职能是建立在单一公有制和计划经济基础之上的。由于中国的公有制和计划经济不是建立在资本主义经济高度发达之后的生产社会化基础之上的，因此其所面临的任务就不是解决生产社会化与生产资料私人占有所导致的“无政府”状态，而是如何加快工业化，这实际上成为中国政府的主要目标，即解决工业化的资金问题、优先发展重工业问题、城市化问题。上述任务，在一定程度上使得计划经济的作用不是体现在能否准确地计算社会生产与需求之间的平衡和资源的最佳配置，而是表现为最大限度地动员社会资源，加速工业化，实现赶超战略。从这个角度观察问题，计划经济所表现出的低水平、粗放型和随意性很大的管理，就显得不那么重要了，重要的是这种自上而下的行政性管理所具有的最大限度集中资源用于工业化的特性。这可以说是计划经济为什么能在中国形成并持续20年之久的主要原因。也是我们今天对计划经济的历史作用褒贬不一的重要原因。

从1956年到1978年，尽管经历了严重曲折，但社会主义建设仍然取得很大成就，并积累了不少经验。

第一，在经济建设方面，在贫穷落后、温饱还没有解决的条件下，保证了较快的经济发展速度。计划经济确保了在人均收入极低水平下的剩余索取和投资达到最大限度，并以此建立起独立的工业体系和强大的国防工业。根据发展经济学的理论，一个国家经济起飞的重要条件之一是投资超过国内生产总值的11%。而新中国1978年以前的资本积累率远远高于11%，最低为1963—1965年的22.7%，最高为“四五”计划时期的33.27%，被认为最合理的“一五”计划时期则为24.2%。中国在一穷二白的基础上，始终保持了较快的工业增长速度，重工业和国防工业得到优先发展，初步建立起独立的、比较完整的工业体系和国民经济体系，包括大规模的水利设施和尖端国防工业，这不仅为国家安全提供了保障，也为后来的发展奠定了基础。

第二，教育事业得到较快发展，特别是基础教育水平明显提高。旧中国是一个教育落后、文盲充斥的国家。新中国成立后，开始大力发展教育，尤其是基础教育。1949—1978年，普通小学数量从34.7万所发展到94.9万所，在校学生从2439万人增加到14624万人，小学儿童入学率从49.2%提高到95.5%；普通中学数量从4045所发展到162345所，在校学生从103.9万人增加到6548.3万人；普通高等学校从205所发展到598所，在校学生从11.7万人增加到85.6万人。基础教育的快速发展，为改革开放后经济快速发展积累了丰富的人力资本。

第三，科技水平得到较大提高，取得一批重要科技成果，并培养出大批科技人才。这一时期，中国在核技术，航空、航天技术领域，都取得了突破性进展。1964 年 10 月，中国爆炸了第一颗原子弹；1965 年 9 月，首次人工合成结晶牛胰岛素；1967 年 6 月，爆炸了第一颗氢弹；1970 年 1 月，第一枚中远程导弹发射成功；1970 年 4 月，第一颗人造地球卫星发射成功；1970 年 12 月，第一艘核潜艇下水；1972 年，袁隆平育成籼型杂交水稻；1975 年，可回收人造地球卫星试验成功……这些成就表明，中国在尖端科技的某些方面正接近或赶上世界先进水平。

20 多年的计划经济，在当时不仅满足了中国为保障国家安全尽快建立独立工业体系和强大国防工业的需要，还具有以下两个市场经济体制在短期内无能为力的作用：（1）在经济落后的条件下，保证了高积累和优先快速发展重工业，建立了比较完整的独立的工业体系和基础设施。（2）在经济落后和高积累的情况下，除了在个别非正常时期外，保证了人民的基本生活和社会安定。

还应该看到，20 多年的计划经济体制，虽然管理水平很低，力不从心，但是毕竟提高了中国政府管理经济的能力，积累了比较丰富的经济管理经验，培养了一批干部。这对改革开放后中国政府的宏观经济调控，保障国民经济的持续快速增长起到一定作用。

（三）“全能型”政府的弊病和历史局限

单一公有制和计划经济时期的“全能型”政府及其治理，虽然成就很大，但是失误和教训也是深刻的。其中最重要的就是对计划经济和单一公有制的认识发生了偏差。市场调节和指导性计划基本上被排除在政府调控经济的手段之外。1957—1978 年的五年计划，没有一个是正式通过和确定下来的，都具有较大的随意性和变动性。从中央政府到地方政府，对经济发展的管理都是自上而下的行政性管理，即使对基本“靠天吃饭”的农业和集体经济，也是在人民公社体制下指令性管理下沉到生产队，管理到生产、流通、分配，甚至消费。

计划经济一旦建立起来，以毛泽东同志为主要代表的中国共产党人就发现，要实现原来预期的计划经济优越性，将是非常困难的。

首先，中国还处于工业化前期，传统农业和小生产者所占比重还很大，远没有达到生产的社会化程度。因此，计划经济赖以发挥优越性的关键——足够信息的及时获得和及时处理，就成为制订正确计划的最大难题。而且这种困难几乎看不到因工业化的进展和计划人员的加强而可以明显改善。计划决策者难于及时获得足够准确的信息，不仅是由于经济本身的复杂多变和管理手段落后，还由于这些信息是经过多层政府和许多机构收集和上报的，在此过程中，有关机构和人员很自然地根据自己的认识和偏好（除个人利益外，还有阶层、集团、单位、行业、地区等多种因素在起作用），对信息加以过滤甚至扭曲。例如，陈云在 1954 年 2 月主持编制第四稿“一五”计划草案时就说：“现在的问题是，财政收入越算越少，而投资越算越多，因此要确实计算每个项目的单价。各部门不要把次要项目算进去，而把重要项目有意漏掉。”[①]

其次，在单一公有制和计划经济体制下，人们处于自上而下的金字塔型的权力等级中，不仅自主的权力很小，企业和个人能力很难充分发挥，而且其工作绩效也很难与其收益挂钩。例如，新疆石油管理局独山子炼油厂厂长段振廷在 1979 年就说：“我们厂游泳池的两个看门的退休老工人，利用工余时间捡些破砖头，盖了两间没有顶棚的更衣室。这本来是件好事，可是银行却找上门来，指责你没有事先报计划。”[②] 于是在计划经济体制下，就普遍存在着缺乏激励机制的问题。正如当时流行的一副对联所描写的那样：“人财物各有所管，产供销互不见面”，横批是“书记难当”。[③] 中央也看到了这种弊病，曾经实行过两次权力下放改革，但每次都是“一放就乱”，不得不重新回到中央集权，但是随后就“一统就死”。

总之，当国际环境变化，和平与发展成为时代的主题，当国内国防工业和相对独立完整的工业体系基本建立起来之后，为保证高积累和“勒紧裤带”搞建设的单一公有制和计划经济体制就失去了它继续存在的合理性，它的弊

---

① 《陈云年谱》中卷，中央文献出版社 2000 年版，第 198 页。

② 中共中央书记处研究室经济组编：《经济问题研究资料（1979）》，中国财政经济出版社 1983 年版，第 212—213 页。

③ 中共中央书记处研究室经济组编：《经济问题研究资料（1979）》，中国财政经济出版社 1983 年版，第 46—47 页。

端就上升为矛盾的主要方面，就成为阻碍生产力发展、调动各种积极因素和迅速改善人民生活的体制障碍。

二、改革开放与政府职能的转变

从 1978 年改革开放到 2012 年党的十八大，是中国由计划经济体制转变为市场经济体制、由相对封闭转变为全面开放的 30 多年，也是中国的工业化快速推进并基本实现的过程。经济基础的巨大变化，必然要求上层建筑也要与其相适应，发生相应的变化，即政府职能从计划经济时期的“全能型”转变为市场经济的“效能型”。

（一）改革开放引发政府职能转变（1978—1991 年）

以 1978 年底召开的党的十一届三中全会为标志，中国拉开了改革开放大幕。初期由于缺乏经验，改革开放的基本思路实际上是革除和改变已经被事实证明阻碍经济发展的体制机制和政策，但是到底哪种体制机制好，还需要探索。因此，在这个时期，实际上实行的是“诱致性变迁”，亦即常说的“摸着石头过河”。

改革从农业农村开始，以家庭联产承包责任制为主体的农村改革实际上突破了计划经济和单一公有制。1983 年，实行了 25 年的人民公社解体。截至 1984 年底，全国 569 万个生产队，99% 以上实行了包产（干）到户。对农户来说，除了耕地的所有权仍然归属集体外，其使用权和其他生产资料基本上已经为农户所有。而且更重要的是，农民不仅被从土地中解放出来，可以从事非农产业，乡镇企业“异军突起”（尽管提倡“离土不离乡，进厂不进城”）；而且可以脱离区域的限制，进城销售农副产品和“长途贩运”也得到允许。虽然城乡之间的分隔因户籍制度（包含粮票）尚未突破，但是农民已经率先脱离以“生产队”为单位的“农村共同体”。1987 年 11 月，全国人大通过了《中华人民共和国村民委员会组织法（试行）》，对村民委员会的性质、地位、职责、生产方式、工作方式等作了具体明确的规定，正式确立了我国农村基层实行村民自治的法律地位。至此，我国农村基层形成了“乡政村治”的新的治理体制。

城市改革实际上是与农村改革同步进行的。但是进展和成效都没有农村改革那么快，即便如此，在所有制结构和计划经济方面也有了很大突破。首先，在所有制结构方面，在城市就业压力下，个体经济如雨后春笋般蓬勃兴起，原来那些没有稳定职业的城市底层或待业青年在从事“光彩事业”的鼓励下，自行就业，大大活跃了城市经济，成为当时作为补充的“市场”主体。个体经济的发展，也刺激了体制内人员，从而在 80 年代形成了两次“下海经商潮”。另一个变化就是开始引进外资，尤其是在 80 年代后期，由于外资企业的工资普遍大幅度高于国有企事业单位，从而成为令人羡慕的单位，在城市就业导向上具有很强的诱导性。

在公有制企业的经营管理方面，也从初期的“放权让利”到 1984 年以后吸收农村改革的经验，“包字进城”，推广“资产经营责任制”和“拨改贷”，将企业承包给全体职工，并实行“价格双轨制”，于是出现计划管理与市场调节并行的经济运行格局。

是通过改革来继续完善原有的计划经济体制，还是打破原有经济体制、建立一个新的经济体制？这是改革开放进入 1987 年后党的十三大需要回答的最重要问题。中国共产党根据改革开放以来的成功经验，提出了与社会主义初级阶段相适应的新经济体制：政府调控市场，市场引导企业。这里虽然没有使用“社会主义市场经济体制”这个词，但是内涵已经具备，“市场经济”已经呼之欲出，被称为“只差一层窗户纸”了。与这个新体制的改革目标相适应，明确了政府机构改革的方向，加大了改革的力度。以 1988 年国务院机构改革为例，这是一次弱化专业经济部门分钱分物、直接干预企业经营活动的职能，增强政府宏观调控能力和转向行业管理的改革。通过这次政府机构改革，不仅使机构设置和人员进一步减少，而且使政府的经济管理部门开始从直接管理为主转变为间接管理为主，在弱化微观管理的同时，大大加强了宏观管理。

但是由于改革开放以来经济发展中积累的矛盾以及改革过程中存在的急于求成情绪和部分措施失当，最终导致 1988 年的抢购风潮等严峻形势，国民经济因此转入“治理整顿”。在政府与市场关系方面，政府的指导思想经历了从“计划经济为主，市场调节为辅”的主从结构，到“计划管理与市场调节相结合”的板块结构再到“政府调控市场、市场引导企业”的上下结构，最后又回到“计划经济与市场调节相结合”的含混提法。

（二）加快政府职能转变，建立市场经济框架（1992—2002年）

随着非公有制经济的发展，特别是乡镇企业的迅速发展和外资的大量引进，到20世纪90年代初期，工业化中的投资主体已经呈现多元化，传统的计划经济体制被打破，新的经济体制初见端倪，但还没有全面建立起来，政府的角色也逐渐由唯一决策者和实施者向领导和协调者转变。党的十四大报告指出：“实践的发展和认识的深化，要求我们明确提出，我国经济体制改革的目标是建立社会主义市场经济体制，以利于进一步解放和发展生产力。”[①] 正式确定了社会主义市场经济体制改革的目标，但是光有目标还不行，离市场经济真正建立还有一段距离，这就对党和政府提出了新的要求，政府在这个过程中间究竟应该扮演什么角色、发挥什么作用，政府和市场的关系应该是什么样子？

党的十四大以后，经济体制改革的步伐逐渐加快，十四届三中全会提出培育和发展市场体系和转变政府职能，改革政府机构，建立健全宏观经济调控体系。前者主要是推进价格改革、发展商品市场，以及重点培育和发展金融市场、劳动力市场、房地产市场、技术市场和信息市场等；后者主要明确政府管理经济的基本职能以及建立健全宏观经济调控体系，包括积极推进财税体制改革、加快金融体制改革、深化投资体制改革、加快计划体制改革、发挥中央和地方两个积极性等。这样就将培育和发展市场经济和转变政府职能作为经济体制改革的关键问题提出。以十四大确定的社会主义市场经济体制改革目标为蓝本，历届报告都在上一届的基础上围绕这一改革目标逐步发展、完善和突破。如党的十五大报告指出：“按照建立社会主义市场经济体制的要求，大步推进了财政、税收、金融、外贸、外汇、计划、投资、价格、流通、住房和社会保障等体制改革，市场在资源配置中的基础性作用明显增

① 《江泽民文选》第1卷，人民出版社2016年版，第226页。

强，宏观调控体系的框架初步建立。”① 在加快推进国有企业改革中明确规定：“政府不能直接干预企业经营活动，企业也不能不受所有者约束，损害所有者权益。”② 十六届三中全会提出：“更大程度地发挥市场在资源配置中的基础性作用，增强企业活力和竞争力，健全国家宏观调控，完善政府社会管理和公共服务职能，为全面建设小康社会提供强有力的体制保障。”③ 十七大报告提出：“完善基本经济制度，健全现代市场体系”，“加快行政管理体制改革，建设服务型政府”，④ 并就探索“大部门”体制机构改革提出部署安排。

进入 20 世纪 90 年代后期，我国经济社会发展呈现出新特点：第一，长期困扰我国的短缺经济时代基本结束，买方市场形成，扩大需求成为经济工作的重要内容；第二，城乡居民生活向小康目标迈进的同时工业化进入中期阶段，工业发展和城市化发展速度加快，转变增长方式和解决城市建设及农民工问题，成为当务之急；第三，以建立社会主义市场经济体制为目标的改革，进入了攻坚阶段；第四，经济结构调整的途径转向主要依靠加大科技投入和存量重组。这些都要求党和政府坚定不移地促进经济体制和经济增长方式的根本转变，“两个转变”进入攻坚阶段。

这个阶段，依据邓小平“两个大局”构想和 20 世纪末中国经济发展的实际情况，党和中央政府开始实施区域经济均衡发展战略，相继于 1999 年提出实施西部大开发战略、2003 年明确实施东北地区等老工业基地振兴战略、2005 年明确提出中部崛起设想。

以上，我们可以看出政府仍然是经济发展的主角，而随着中国经济总量的迅速扩大和财政收入的大幅度增加，我国的投资能力也迅速提高。此外我国政府的财力也越来越大，能够承担起诸如三峡工程这样投资大的高效工程，也能够承担起诸如“退耕还林”、治理污染这样的“不赚钱”项目。但是，在市场经济体制框架基本形成的条件下，怎样运用“政府之手”来弥补“市场失灵”，例如维护市场秩序、保护公平竞争，解决城乡之间、地区之间、阶层

① 《改革开放三十年重要文献选编》（下），中央文献出版社 2008 年版，第 892 页。

② 《改革开放三十年重要文献选编》（下），中央文献出版社 2008 年版，第 901—902 页。

③ 《改革开放三十年重要文献选编》（下），中央文献出版社 2008 年版，第 1348—1349 页。

④ 《改革开放三十年重要文献选编》（下），中央文献出版社 2008 年版，第 1725、1728 页。

之间收入差距过大等，都要求政府自身通过改革来消除其在市场经济中的越位、缺位和错位问题。

“两个转变”、“两个大局”、“两个利用”的明确提出，一方面为这一时期经济发展及经济体制改革指明方向，另一方面对政府和市场的关系提出新的考验，对在实施过程中应该怎么做，提出更高要求。要求政府在深化政府机构改革、加快转变政府职能、改进经济管理方式方法、努力建设服务型政府、提高依法行政能力、大力加强政风建设等方面端正位置、转变职能、提高效能。

（三）加强政府主导，突出社会建设（2002—2012 年）

进入 21 世纪以后，市场经济体制基本确立和全面建设小康社会任务的提出，要求政府必须加快职能转变，即由过去的管理为主转向服务为主，政府财政也由“建设型”向“公共型”转变。因此，2002 年党的十六大提出深化行政管理体制改革任务，十六届二中全会审议通过《关于深化行政管理体制和机构改革的意见》，2003 年 3 月举行的十届全国人大一次会议通过了国务院机构改革方案。这次政府机构改革的目的是进一步转变政府职能，改进管理方式，推进电子政务，提高行政效率，降低行政成本。改革的目标是逐步形成行为规范、运转协调、公正透明、廉洁高效的行政管理体制。改革的重点是深化国有资产管理体制改革，完善宏观调控体系，健全金融监管体制，继续推进流通体制改革，加强食品安全和安全生产监管体制建设。

这个阶段，也是突出社会建设，发挥政府作用，努力缩小城乡之间、阶层之间收入差距的阶段。进入 21 世纪后，中国经济发展和社会转型都进入加速阶段，一方面，工业化、城市化速度加快，另一方面，工农差距、城乡差距也更加突出，“农村真苦、农民真穷、农业真危险”一时成为全社会高度关注的问题。因此党的十六大明确提出：“统筹城乡经济社会发展，建设现代农业，发展农村经济，增加农民收入，是全面建设小康社会的重大任务。”[①] 胡锦涛在 2003 年初召开的中央农村工作会议上明确指出：更多地关注农村，关心

① 《十六大以来重要文献选编》（上），中央文献出版社 2011 年版，第 17 页。

农民，支持农业，把解决好农业、农村和农民问题作为全党工作的重中之重。2004 年 2 月，中共中央公布一号文件《中共中央、国务院关于促进农民增加收入若干政策的意见》，这是中共中央在时隔 18 年后重新将解决“三农”问题作为一号文件。此后到 2012 年，连续出台了 8 个解决“三农”问题的中央一号文件。在此期间，我国取消了长达 2700 多年的农业税，实现了“工业反哺农业，城市支持乡村”的历史性转变。这一时期也是我国城镇化最快的时期，城镇化率由 2002 年的 39.1% 提高到 2012 年的 52.6%，我国开始成为一个城市人口为主的国家，这是一个历史性的突破。

这十年也是中国教育投入增长最快的阶段，全国财政性教育经费投入由 2002 年的 3366 亿元提高到 2012 年的 22236 亿元。但同时又是国家教育资源重点向农村、边远、民族、贫困地区倾斜的阶段，教育公平取得明显进步，全面实现了城乡九年免费义务教育，惠及 1.6 亿学生。从 2006 年开始，国家全部免除西部地区农村义务教育阶段学生学杂费，2007 年开始扩大到中部和东部地区，同时对贫困家庭学生免费提供教科书并补助寄宿生生活费。

这一时期，政府发挥主导作用的另一个重要领域和亮点是对生态环境的保护。党的十七大报告首次提出生态文明的概念，生态文明建设成为科学发展观的重要内涵。2005 年 10 月，党的十六届五中全会提出要加快建设资源节约型和环境友好型社会。12 月，国务院发布《落实科学发展观加强环境保护的决定》，强调要把环境保护摆在更加重要的战略地位，经济社会发展必须与环境保护相协调。党的十七大报告进一步提出“必须把建设资源节约型、环境友好型社会放在工业化、现代化发展战略的突出位置，落实到每个单位、每个家庭。”为了落实中央提出的生态文明建设战略，“十一五”和“十二五”规划中都将“节能减排”和环境保护列为约束性指标，加大了对环境保护的执法力度。

在这个阶段，随着经济的快速发展和市场化的推进，特别是上个阶段国企改革（抓大放小、减员增效）和积极发展非公经济，阶层之间的收入和财富占有差距持续扩大，达到国际公认的警戒线，出现了局部社会的不稳定，群体性事件多发。2004 年，中共中央办公厅发出《关于积极预防和妥善处置群体性事件的工作意见》。针对进入社会建设滞后、社会矛盾多发期，党和政府一方面加大力度缩小城乡之间、区域之间的差距，扩大社会保障和医疗保险的覆盖面，并积极采取措施保障农民工的权益；另一方面积极探索在户籍制松散、人口自由流动、绝大多数人口在非公有制经济和个体经济就业、原有人民团体基层组织影响力降低的市场经济下，如何建立与之相适应的有效社会治理体系。

2002 年，党的十六大把“社会更加和谐”列为全面建设小康社会的重要目标，将社会管理作为政府的四大职能之一，并从维护社会稳定的角度提出要“改进社会管理、保持良好的社会秩序”。2006 年 10 月，党的十六届六中全会审议通过《中共中央关于构建社会主义和谐社会若干重大问题的决定》，从健全社会管理格局、健全社会管理机制、完善社会治安防控体系等三个方面对加强社会管理的具体途径进行了部署。2007 年，党的十七大报告对建设更加健全的社会管理体系提出新要求：“最大限度激发社会创造活力，最大限度增加和谐因素，最大限度减少不和谐因素”[①]，并提出进行以民生为重点的社会建设。2011 年 7 月，中共中央、国务院又专门出台了我国第一个关于创新社会管理的正式文件——《关于加强和创新社会管理的意见》，以构建社会主义和谐社会为目标，将社会秩序与社会发展贯通起来，实现社会建设与社会管理并举。

应该看到，这十年里，经济与社会发展取得了巨大成就，尽管受到了国际金融危机的冲击，但是这十年仍然是中国经济发展最快、最平稳的十年，人民的物质生活水平上了一个大台阶。但是，就政府、市场、社会的关系来看，没有解决的问题也不少，政府与市场的关系界定还不够清晰；政府自身的改革还不到位，权力寻租和腐败问题严重；市场机制导致的收入差距过大问题依然严重；生态环境恶化趋势还未遏止。

三、加强党的全面领导与“效能型”政府职能不断完善

2012 年 11 月召开的党的十八大，针对改革开放 30 多年来政府职能转变

① 《十七大以来重要文献选编》（上），中央文献出版社 2009 年版，第 31 页。

与市场经济体制存在的问题，又一次提出通过改革促进政府经济职能转变，从而进一步促进中国经济发展方式转变和保证全面建设小康社会目标的实现。十八大报告指出："深化改革是加快转变经济发展方式的关键。经济体制改革的核心问题是处理好政府和市场的关系，必须更加尊重市场规律，更好发挥政府作用。"[①] 十八届三中全会总结改革开放以来的经验，突破性地提出"使市场在资源配置中起决定性作用和更好发挥政府作用"。"决定性作用"的提法，是中国共产党在理论上的又一重大飞跃，对加快市场化改革、建立完善的社会主义市场经济体制具有重大的指导和推动作用。

使市场在资源配置中起决定性作用，并没有否定或忽视政府作用，而是要求更好发挥政府作用。社会主义市场经济体制的本质特征，是把坚持社会主义制度与发展市场经济结合起来，核心是把公有制为主体、多种所有制经济共同发展与市场经济体制有机结合起来。社会主义市场经济体制比资本主义自由主义的市场经济体制更有优势，就在于社会主义市场经济兼顾了效率和公平。兼顾效率和公平，一个很重要的原因就是政府在参与资源配置过程中作用更加积极全面，更能发挥保持宏观经济稳定、弥补市场失灵、熨平经济波动的作用。在社会主义市场经济条件下，政府不仅仅充当"守夜人"的角色，而且要通过以国家发展战略和规划为导向、以财政政策和货币政策为主要手段的宏观调控体系，对经济进行宏观调控。市场化改革越深化，社会主义市场经济体制越完善，越要发挥好政府在保持宏观经济稳定，加强和优化公共服务，保障公平竞争，加强市场监管，维护市场秩序，推动可持续发展，促进共同富裕、弥补市场失灵等方面的职责和作用。当然，更好发挥政府作用，不等于政府可以更好地直接参与资源配置、干预微观经济活动，更不等于代替市场在资源配置中的决定性作用。

新时代我国国家政府机构改革稳步推进，较好地解决了一些政府机构设置和职责划分不够科学，职责缺位和效能不高问题凸显，政府职能转变还不到位的问题。通过着眼于转变政府职能，坚决破除制约使市场在资源配置中起决定性作用、更好发挥政府作用的体制机制弊端，着力推进重点领域和关

① 《十八大以来重要文献选编》（上），中央文献出版社 2014 年版，第 16 页。

键环节的机构职能优化和调整。2018 年机构改革中，中央层面核减部级机构 21 个，核减班子正副职数 58 个；减少设置部长助理职位的部门 9 个，减少职数 25 个；中央一级重新制定"三定"规定的部门，精简内设机构 107 个，精简司局级领导职数 274 个。在国务院机构改革方面，从调整机构数量上看，组建了 7 个组成部门、重新组建了 2 个组成部门、优化了 2 个组成部门的职责、不再保留 6 个组成部门；组建了 8 个其他机构、重新组建了 1 个其他机构。改革后，国务院组成部门除国务院办公厅外共 26 个，正部级机构减少了 8 个。①

从调整机构的性质上看，这次改革不仅大力调整了国务院组成部门，也对国务院直属机构、国务院办事机构、国务院直属事业单位、国务院部委管理的国家局进行了相应的改革。例如，组建国家市场监督管理总局。改革市场监管体系，实行统一的市场监管，是建立统一开放竞争有序的现代市场体系的关键环节。为完善市场监管体制，推动实施质量强国战略，营造诚实守信、公平竞争的市场环境，进一步推进市场监管综合执法、加强产品质量安全监管，让人民群众买得放心、用得放心、吃得放心，将国家工商行政管理总局的职责，国家质量监督检验检疫总局的职责，国家食品药品监督管理总局的职责，国家发展和改革委员会的价格监督检查与反垄断执法职责，商务部的经营者集中反垄断执法以及国务院反垄断委员会办公室等职责整合，组建国家市场监督管理总局，作为国务院直属机构。②

金融是现代经济的核心，必须高度重视防控金融风险、保障国家金融安全。我国还组建中国银行保险监督管理委员会。进一步深化金融监管体制改革，解决现行体制存在的监管职责不清晰、交叉监管和监管空白等问题，强化综合监管，优化监管资源配置，更好统筹系统重要性金融机构监管，逐步建立符合现代金融特点、统筹协调监管、有力有效的现代金融监管框架，守住不发生系统性金融风险的底线，将中国银行业监督管理委员会和中国保险

① 《图解国务院机构改革方案的说明——国务院组成部门调整》，中央人民政府网，2018 年 3 月 13 日，http://www.gov.cn/xinwen/2018-03/13/content_5273844.htm。

② 《中国共产党第十九届中央委员会第三次全体会议文件汇编》，人民出版社 2018 年版，第 81—82 页。

监督管理委员会的职责整合，组建中国银行保险监督管理委员会，作为国务院直属事业单位。不再保留中国银行业监督管理委员会、中国保险监督管理委员会。[①]新组建的中国银行保险监督管理委员会将更好地找准监管定位，明确监管目标，坚决打好防范化解金融风险攻坚战，引导银行保险业进一步提升服务实体经济质效。

营商环境建设，是我国有效处理政府与市场关系、推进政府职能转变的重要突破与创新。党的十八大以来，党中央、国务院高度重视营商环境建设，大力推进“放管服”改革和营商环境建设。2013年，国务院就把简政放权作为行政体制改革的“先手棋”和“当头炮”，大力取消和下放行政审批事项。2014年，国务院在简政放权基础上，又进一步提出强化“放管结合”。2015年，国务院又将优化服务纳入改革内容，形成“放管服”三管齐下的改革格局。从2019年起，国务院连续两年把优化营商环境与全面深化“放管服”改革一体化部署、一体化推进，连续两年召开以“深化‘放管服’改革优化营商环境”为题的全国电视电话会议。经过近年来的持续推进，我国营商环境建设取得超过预期的改革成效。[②]

① 《中国共产党第十九届中央委员会第三次全体会议文件汇编》，人民出版社2018年版，第85—86页。

② 魏礼群、王满传主编:《中国行政体制改革报告（2018—2021）No.7》，社会科学文献出版社2021年版，第41—42页。

推动共建“一带一路”高质量发展：动力、挑战与路径

王巧荣 *

内容提要： 推动共建“一带一路”高质量发展是中国对“一带一路”建设提出的更高目标。共建“一带一路”高质量发展是以高标准、惠民生、可持续性为目标的发展。国际社会寻求加强合作、共克时艰的诉求，“一带一路”既有的建设取得明显成效，国内发展理念的转变是推动共建“一带一路”高质量发展的动力。大国竞争加剧，世界经济增长乏力，全球安全形势动荡，“一带一路”沿线存在地缘政治安全风险等，是推动共建“一带一路”高质量发展面临的挑战。高度重视战略应对，加强机制化建设，完善投融资模式，防范化解重大风险等是推进共建“一带一路”高质量发展的主要路径。

2013 年，国家主席习近平在出访哈萨克斯坦和印度尼西亚时先后提出共建“丝绸之路经济带”和“21 世纪海上丝绸之路”的重大倡议，即“一带一路”倡议。倡议实施 10 年来，促进了参与方的互联互通，加强了中国与相关国家和地区间的合作，为中国与沿线国家和地区带来新的发展机遇。为进一步推动“一带一路”建设走深走实，2018 年 8 月，在出席“一带一路”建设工作 5 周年座谈会上，习近平将推动共建“一带一路”向高质量发展，作为未来这项工作的基本要求。之后，随着国内关于新发展理念的不断丰富和完善，“一带一路”高质量发展的内涵也得到不断充实。2019 年 4 月，习近平在第二届“一带一路”国际合作高峰论坛开幕式上的讲话中，阐述了推动共建“一带一

* 王巧荣，中国社会科学院当代中国研究所。

路”高质量发展的基本内涵。[①]2022 年 10 月，中共二十大将推动共建“一带一路”向高质量发展作为推进高水平开放的重要路径和方向。在“一带一路”倡议提出 10 周年之际，本文基于对深刻而复杂的国际国内形势的研判，从历史与现实相结合的视角，在借鉴已有研究成果的基础上，对推动共建“一带一路”高质量发展面临的动力、挑战及发展路径作进一步的分析。

一、推动共建“一带一路”高质量发展的动力

推动共建“一带一路”高质量发展，是中国因应国际环境变化和国际社会的关注，在总结共建“一带一路”实践经验基础上对其进一步发展提出的新目标，也是中国经济进入高质量发展阶段的必然要求。

迄今，学界对何为共建“一带一路”高质量发展还缺乏系统的研究。从领导人相关讲话及官方相关文献的论述可见，其基本内涵包括：坚持共商共建共享原则；坚持开放、绿色、廉洁理念；实现高标准、惠民生、可持续性的目标。可持续性是共建“一带一路”高质量发展的关键，它具有双重含义：既在中国有可持续性，也在国际社会有可持续性。对中国而言，作为“一带一路”建设的倡导者，可持续性意味着共建“一带一路”要满足自身利益诉求，能够切实维护国家的主权、安全和发展利益，特别是发展利益。对国际社会而言，可持续性意味着共建“一带一路”需要得到国际社会广泛接受。这不仅需要相关参与方接受，还需要与现行全球治理体系构成良好的互动关系[②]。对相关参与方而言，参与共建“一带一路”时要确保这些国家债务的可持续性、环境的可持续性和社会发展的可持续性，最重要的是要惠及民生、使民众具有实实在在的获得感。

（一）国际社会寻求发展合作共克时艰的诉求成为重要动力

近年来，百年变局以前所未有的烈度向纵深演化，国际局势动荡变革的

---

① 《习近平谈治国理政》第 3 卷，外文出版社 2020 年版，第 491—493 页。

② 李向阳:《“一带一路”的高质量发展与机制化建设》,《世界经济与政治》2020 年第 5 期。

特征更加突出。受新冠疫情、地缘政治紧张、单边主义、保护主义抬头以及全球粮食、能源和债务危机等影响，经济全球化遭遇逆流，世界经济在艰难中缓慢复苏，许多国家的经济活力出现不同程度下降。一方面，国家间和各国内部发展不平衡、不充分问题严重，一些国家社会矛盾激化。主要经济体缺乏政策协调，一些国家滥用制裁，鼓吹“脱钩”，全球产业链、供应链遭到冲击。发展中国家的需求未能得到发达国家应有的重视，发展中国家尤其是贫困国家所获得的发展援助严重不足。另一方面，全球发展进程遭受严重冲击，落实联合国2030年可持续发展议程面临挑战。2022年9月，联合国开发署发布的《2021/2022年人类发展报告》指出，32年来，开发署一直用人类发展指数来衡量一个国家的健康、教育和生活水平。2022年，全球人类发展指数首次出现连续两年下降的情况。人类发展已倒退至2016年的水平，逆转了实现可持续发展目标所需的大部分进展。[①]在经济全球化时代，面对如此复杂严峻的挑战，各国很难独善其身，加强国际合作势在必行。因此，联合国在其发布的《2023世界经济形势与展望》中强调，面对多重全球危机并使世界重回实现可持续发展目标的轨道上来，国际合作比以往任何时候都重要。[②]可见，加强国际合作、共克时艰，是国际社会的共同诉求，特别是发展中国家的共同心声。

“一带一路”倡议提出以来，与联合国2030年可持续发展议程实现对接，并通过帮助弥补可持续发展目标落实方面的若干差距，助力实现2030年议程。作为国际经济合作倡议，“一带一路”倡议的最高目标，“是在‘一带一路’建设国际合作框架内，各方携手应对世界经济面临的挑战，开创发展新机遇，谋求发展新动力，拓展发展新空间，实现优势互补、互利共赢，不断朝着人类命运共同体方向迈进”[③]。当前，国际社会寻求国际合作、共同应对世界发展问题的共同愿望，成为推进共建“一带一路”高质量发展的重要动力。

---

① United Nation Development Programme，*Human Development Report 2021/2022*，https://hdr.undp.org/system/files/documents/global-report-document/hdr2021-22pdf_1.pdf.

② United Nations，*World Economic Situation and Prospects 2023*，https-//desapublications.un.org/file/1113/download.

③《习近平新时代中国特色社会主义思想学习纲要》，学习出版社、人民出版社2023年版，第278页。

（二）共建“一带一路”的实践成效转化为新助力

10年来，“一带一路”倡议取得了显著成效。在共建“一带一路”框架下，中方通过与沿线国家在重点领域的务实合作，增进了相互间的政治互信、理解和支持，加强了互利合作的基础，为推进共建“一带一路”高质量发展提供了新助力。

广泛的合作共识推动了共建“一带一路”高质量发展。政治互信是国际间开展合作的基础和保障。共建“一带一路”在政策沟通方面取得了显著成效，发挥了重要保障和行动引领作用。10年来，中国与有关国家和国际组织充分沟通协调，形成了共建“一带一路”的广泛国际合作共识。截至2022年9月，中国已与149个国家和32个国际组织签署了200多份共建“一带一路”合作文件。[①]

这些政策沟通和对接是建立在互尊、互商、互谅基础上的。“一带一路”倡议是沿线国家开放合作的经济愿景，沿线国家由于社会制度、经济发展水平，历史背景、价值取向、宗教信仰不同，各自的发展战略、利益诉求也不相同，在一些合作问题上存在分歧在所难免。对此，中国政府在推进共建“一带一路”的过程中，始终“倡导文明宽容，尊重各国发展道路和模式的选择”[②]，通过互商、互谅，切实尊重和照顾各方的利益关切，照顾合作方的感受，积极寻求达成合作的共识。这些共识增进了中方与沿线国家的政治互信，必将助力共建“一带一路”向高质量发展。

务实、互利合作不断深化拓展。寻求共同利益或利益交汇点是国际合作关系得以建立的基础，也是推动国际合作向更深更广领域拓展的动力。基础设施是“一带一路”建设的优先领域。10年来，在各方共同努力下，“六廊六路多国多港”的互联互通架构已基本形成，一大批合作项目如中老铁路、匈塞铁路、雅万高铁、瓜达尔港等合作项目成功落地和运行。已逐步形成的全方位、多层次、复合型基础设施网络，在促进跨区域资源要素的有序流动和

---

① 《国家发展改革委新闻发布会 介绍深化改革开放有关工作情况》，国家发展改革委员会网，2022年9月29日，https://www.ndrc.gov.cn/xwdt/wszb/jsshggkfyggzqk/wzsl/202209/t20220929_1337553.html。

② 《十八大以来重要文献选编》（中），中央文献出版社2016年版，第444页。

优化配置方面的积极作用已经显现。“一带一路”其他优先领域也取得显著进展。如在资金融通方面，在中方积极推动下，经各方努力，多边金融合作机构如亚洲基础设施投资银行、丝路基金等相继成立并投入运营，为“一带一路”建设提供投融资支持。截至 2023 年 1 月，亚投行已累计批准了 202 个项目，融资总额超过 388 亿美元，带动资本近 1300 亿美元。项目分布在全球 33 个国家。[①] 共建“一带一路”取得的这些成效，为推动沿线国家持续发展带来了新机遇，也为推动共建“一带一路”向高质量发展提供了新助力。

（三）国内发展理念的转变注入新动力

中共十九大提出“我国经济已由高速增长阶段转向高质量发展阶段”后，构建新发展格局、推进高质量发展逐渐成为新时代中国关于推动发展的新理念。中共二十大更是强调指出，“高质量发展是全面建设社会主义现代化国家的首要任务”[②]。

高质量发展，“就是能够很好满足人民日益增长的美好生活需要的发展，是体现新发展理念的发展，是创新成为第一动力、协调成为内生特点、绿色成为普遍形态、开放成为必由之路、共享成为根本目的的发展”[③]。高水平对外开放格局的形成是推动高质量发展的必由之路。随着对外开放的不断推进，中国形成了更大范围、更宽领域、更深层次对外开放格局，“成为一百四十多个国家和地区的主要贸易伙伴，货物贸易总额居世界第一，吸引外资和对外投资居世界前列”[④]。《推动共建丝绸之路经济带和 21 世纪海上丝绸之路的愿景与行动》提出后，各省区市以此为引领，纷纷发布了“一带一路”建设的总体规划、实施方案和行动计划，以“一带一路”建设为重点推进新的开放格局的形成。但国内各重要区域的开放水平仍存在高低不一问题，东西南北纵横联动发展新格局有待进一步优化。推进共建“一带一路”高质量发展，要

① 《开业运营 7 周年 亚投行“朋友圈”何以越来越大？》，新华网，2023 年 1 月 17 日，http://www.news.cn/2023-01/17/c_1129291516.htm。

② 《中国共产党第二十次全国代表大会文件汇编》，人民出版社 2022 年版，第 23 页。

③ 《十九大以来重要文献选编》（上），中央文献出版社 2019 版，第 139 页。

④ 《中国共产党第二十次全国代表大会文件汇编》，人民出版社 2022 年版，第 8 页。

求各地区应加强“一带一路”建设同京津冀协同发展、长江经济带发展、粤港澳大湾区建设、自贸区建设等国家战略对接，切实把握好切入点和关键点，推动形成全方位、深层次对内对外开放合作的新格局，利用国际国内两个市场、两种资源促进中国经济社会持续健康发展和区域协调发展。

二、推动共建“一带一路”高质量发展面临的挑战

当前，国际竞争摩擦呈上升之势。地缘博弈色彩明显加重。国际社会信任和合作受到侵蚀。复杂多变的安全形势，特别是俄乌冲突对国际局势尤其是亚欧局势带来深刻影响，世界和平稳定秩序受到严重破坏；美西方国家对“一带一路”建设倡议极尽打压等对推动共建“一带一路”高质量发展带来严重的挑战。

（一）面临更趋复杂的国际形势

当前，经济全球化遭遇逆流，单边主义、保护主义抬头上升，俄乌冲突等地缘政治博弈引发国际政治、经济、安全等格局的深刻调整。这些将使国际发展环境更加困难，各国面临的风险和挑战上升。

首先，大国竞争加剧。随着中国快速崛起，美国等西方国家对中国防范和遏制加剧。美国视中国为其面临的最大的地缘政治挑战，加快其“印太战略”部署的步伐，开启全方位对华竞争的模式。“一带一路”倡议提出之初，美西方对其未来前景与影响不甚了解，既妄加猜测又担心错过机会。七国集团（G7）中有五国加入了亚投行，美日两国虽在观望，但也出席了首届“一带一路”国际合作高峰论坛。随着共建“一带一路”不断取得新进展，西方主要国家对“一带一路”倡议的态度发生了变化。一方面，他们对“一带一路”倡议的质疑和指责不断，或质疑中国借着共建“一带一路”，增强其在沿线的地缘政治经济影响力，或指责“一带一路”建设没有遵守“国际公认规则”，缺乏“透明度”和“环境社会保障”措施，制造了“债务陷阱”，不尊重所在国劳工合法权益等，目的是对“一带一路”沿线国家施加影响，降低其参与合作的积极性。

另一方面，美西方对此提出一系列替代性方案，强化对华竞争。2021年6月，拜登提出“重建更好世界倡议”（B3W），宣布至2035年筹集40万亿美元，向发展中国家提供基础设施建设及援助资金，[①] 目的是要向世界表明，富裕的“民主国家”可以提供中国以外的另一种选择。2022年6月，G7峰会期间，美联手其他发达国家，启动了旨在对抗“一带一路”倡议的新计划，即“全球基础设施与投资伙伴关系”，规模据称将近6000亿美元。[②] 此外，日本、印度、欧盟等也都提出了类似计划。在大国竞争日益加剧背景下，这对“一带一路”高质量发展提出了更高的要求。

其次，全球经济前景不明。新冠疫情持续多年，再加上俄乌冲突，世界经济受到严重影响。2023年4月，国际货币基金组织（IMF）发布的《世界经济展望》估计，2023年全球经济增速将降至约2.5%。如果不包括2020年新冠疫情危机初期和2009年全球金融危机期间，那么这将是2001年以来最为疲弱的增长表现。发达经济体的经济增速将降至1%以下。经济前景面临的风险显著偏向下行，“硬着陆”的可能性急剧上升。[③]IMF对世界经济发展前景的这一判断无疑对未来包括“一带一路”倡议在内的国际经济合作带来挑战。

最后，国际安全形势日趋严峻。地区安全热点此起彼伏，传统安全和非传统安全问题复杂交织，全球动荡源和风险点明显增多。特别是乌克兰冲突对“一带一路”建设造成不利影响。俄乌都是“一带一路”节点上的重要国家，俄乌冲突致使中欧班列受阻，进而影响中欧贸易和“一带一路”合作。乌克兰是最早响应中国“一带一路”倡议的国家，是中国“一带一路”建设联通欧洲市场的重要门户，为中欧贸易提供了重要的经贸走廊。俄乌冲突使中国

---

① *President Biden and G7 Leaders Launch Build Back Better World（B3W）Partnership*，https://www.whitehouse.gov/briefing-room/statements-releases/2021/06/12/fact-sheet-president-biden-and-g7-leaders-launch-build-back-better-world-b3w-partnership/.

② *President Biden and G7 Leaders Formally Launch the Partnership for Global Infrastructure and Investment*，https://www.whitehouse.gov/briefing-room/statements-releases/2022/06/26/fact-sheet-president-biden-and-g7-leaders-formally-launch-the-partnership-for-global-infrastructure-and-investment/.

③ International Monetary Fund, *World Economic Outlook*，April 2023，https://www.imf.org/en/Publications/WEO/Issues/2023/04/11/world-economic-outlook-april-2023.

在乌克兰的投资项目陷入停滞。与此同时，俄罗斯也是新亚欧大陆桥的必经之路，承载着中欧班列的主要运输线路。美国及其盟友对俄罗斯发起的制裁提高了交通成本，冲击中欧陆上交通运输，而这必然会影响到中欧贸易，继而对“一带一路”建设产生不利影响。

（二）建设资金缺口巨大

“一带一路”基础设施建设投资大、周期长，如“六廊六路多港”建成需要数以万亿美元投入。2018 年，二十国集团（G20）授权成立的全球基础设施中心发布的《全球基础设施展望》报告预测，到 2040 年，为满足经济和日益增长的人口需要，全球基础设施投资需要有 94 万亿美元。到那时，全球基础设施投资缺口将达到约 15 万亿美元。只有将每年的基础设施投资占全球 GDP 的比重从目前的 3.0% 增加到 3.5%，才能弥补这一缺口。[①] 据亚洲开发银行报告预测，到 2030 年，亚洲地区基础设施投资需要 26 万亿美元，每年大概需要 1.7 万亿美元，目前每年大体投资 8800 多亿美元，[②] 缺口达一半。[③] “一带一路”巨额投资主要来自中国方面，而且主要由国有及政策性信贷机构以及国有企业投资。相对于沿线基础设施建设资金需求而言，这一相对单一的融资渠道和模式难于满足实际需要。巨大的资金缺口急需拓宽融资渠道和创新融资模式。

（三）面临合规风险

合规风险是指，企业因未能遵循法律、监管规定、规则、自律性组织制定的有关准则，而可能遭受法律制裁或监管处罚、重大财务损失或声誉损失

---

① Global Infrastructure Hub, *Global Infrastructure Outlook：Infrastructure investment needs 56 countries, 7sectors to 2040*, https://cdn.gihub.org/outlook/live/methodology/Global+Infrastructure+Outlook+factsheet+-+June+2018.pdf .

② Asia Development Bank, *Meeting Asia's Infrastructure needs*, https://www.adb.org/sites/default/files/publication/227496/special-report-infrastructure.pdf.

③ *Africa's Infrastructure：Great Potential but Little Impact on Inclusive Growth*, https://www.afdb.org/fileadmin/uploads/afdb/Documents/Publications/2018AEO/African_Economic_Outlook_2018_-_EN_Chapter3.pdf.

的风险。[①]“一带一路”建设是在与国内完全不同的环境下展开的，企业需要对项目所在国的相关制度、政策、法律、文化、技术等规则及商业习惯、合作伙伴经营模式和习惯等有比较深入的了解和相当程度的把握。这有助于项目顺利开展。然而，中国参与“一带一路”建设的相当一些企业对经营项目面临的上述环境因素不熟悉，缺乏经营国际项目实践经验，在项目经营中往往习惯沿用国内规矩和方法，从而导致项目经营障碍重重。[②]

（四）应对各种风险的能力不高

中国企业大规模走出去是近十几年的事，应对各种风险的经验严重不足。“一带一路”建设中各种风险因素叠加，对中国企业甚至中国外交带来很大的挑战。一是地缘政治风险。“一带一路”沿线国家因其特殊的地理位置，具有重要的战略价值，诸如东南亚、南亚、中亚、西亚等都是大国博弈的重点区域。区域内热点问题不断，文化、宗教、种族、民族的矛盾与冲突频发，地缘政治关系相对紧张。二是政治、商业风险。“一带一路”沿线国家大多数是发展中国家，其中一些国家的政治、经济、社会正处于转型中，国内政治经济的稳定性较差，容易引发政治风险、商业风险。三是债务违约风险。共建“一带一路”重点合作项目是大型基础设施建设，涉及债务融资的大型基础设施投资会带来债务可持续性风险。2019 年，世界银行的一份报告对共建“一带一路”所有债务进行了分析，报告显示，在 43 个拥有详细数据的低收入和中等收入国家里，12 个国家会面临债务可持续性中期前景恶化的问题。即使“一带一路”投资促进了增长，这个问题也在所难免。[③]四是环境问题等。

① 王志乐：《增强企业合规管理能力和合规竞争力，实现“一带一路”高质量发展》，贸法通，2022 年 8 月 10 日，https://www.ctils.com/articles/6516。

② 郑雪平、林跃勤：《“一带一路”建设进展、挑战与推进高质量发展对策》，《东北亚论坛》2020 年第 6 期。

③ 世界银行：《一带一路经济学：交通走廊的机遇与风险》（2019），https://documents1.worldbank.org/curated/pt/448361569922674511/pdf/Main-Report.pdf。

三、推进共建“一带一路”高质量发展的路径

共建“一带一路”作为国际合作的新平台，覆盖区域广泛，参与国众多，各参与国在国力、经济发展水平、政治、社会制度和历史文化传统等方面存在较大差异，加之大国战略博弈日益加深，地缘政治形势复杂多变，实践中面临这样那样的问题甚至严峻的挑战在所难免。对此，我们要高度重视，“坚持对外开放的基本国策，坚定奉行互利共赢的开放战略”[①]。同时，加强战略规划，统筹发展和安全、统筹国内和国际，积极应对挑战、趋利避害，推动共建“一带一路”高质量发展。

（一）加强战略应对和规划

推动共建“一带一路”高质量发展面临的复杂国际环境，是当前世界百年未有之大变局加速演进的综合表现。针对美西方国家对共建“一带一路”的遏制、围堵，我们要加强战略谋划，积极应对。对于国际社会特别是美西方关于“规则”“透明度”及“环境”等问题的诟病，不要一概以“抹黑”“造谣”“无中生有”视之，也不要简单地通过官方发表否定性声明，予以简单化处理。纵观国际关系发展史，一个新崛起大国在崛起过程中提出的任何重要倡议，通常都会引发守成大国对其战略意图的关注、猜测甚至是疑虑。捕风捉影、吹毛求疵、无中生有是常事，目的是降低、压制崛起国借此提升的国际影响力。对此，我们应以有则改之，无则加勉的态度对待。在保持足够多忍耐力的同时，通过积极的、卓有成效的攻关活动，树立良好的国际形象，使一些谣言不攻自破。如邀请具有全球影响力的知名媒体对共建“一带一路”标志性的合作项目及国际社会关注的焦点问题进行实地采访报道，尽可能多地邀请国际知名专家、智库学者到项目所在国开展学术调研，或与项目所在国联合举办专题国际研讨会等，让各国人民广泛了解共建“一带一路”的积极成效，扩大影响。共建“一带一路”这样一个新型的国际合作平台，只有经得起国际监督，才能实现高质量的发展。针对美西方国家提出的应对共建

① 《中国共产党第二十次全国代表大会文件汇编》，人民出版社 2022 年版，第 51 页。

“一带一路”的主要方案，应采取审慎的态度，在高度警惕其战略意图的同时，也要认真进行分析，对这些方案倡导的合作理念、原则和领域进行研判，仔细甄别其中有没有可与共建“一带一路”的对接点。“一带一路”倡议的一个重要特点是开放性，主张任何感兴趣的国家都可以参加，致力于加强与国际和区域发展议程对接。美西方国家方案中的一些理念、合作领域与共建“一带一路”也有重合、交叉之处，如他们的方案中也都将基础设施建设作为重要合作领域，倡导绿色清洁理念，这为双方在某些领域合作乃至战略对接提供了可能。共建“一带一路”高质量发展在基础设施建设方面存在着巨大的资金缺口，这需要通过国际社会的广泛合作加以解决。因此，推动共建“一带一路”高质量发展应采取更加包容性的策略，积极与一切有利于实现共建“一带一路”高质量发展目标的方案、战略有效对接。

同时，要进一步加强国内对接“一带一路”建设、推动区域协调发展的战略规划。“一带一路”建设是中国扩大对外开放的重大战略举措。在各方共同努力下，在《推动共建丝绸之路经济带和21世纪海上丝绸之路的愿景与行动》引领下，经过近10年的实践，“一带一路”建设对于促进中国陆海内外联动、东西双向互济的高水平开放格局的形成发挥了积极作用。但“一带一路”建设存在摊子太大、扩展面过广的现象。一些地方、一些领域、一些部门，在推进开放发展、处理与沿线国家的交往事务时，一度到了几乎言必称“一带一路”的地步，出现有条件上、条件不具备也硬上的状况。这显然不利于共建“一带一路”向高质量发展。加强战略规划，主要是进一步围绕推动共建“一带一路”高质量发展的目标、原则要求，通过战略性、前瞻性、储备性的顶层设计，使目标更清晰，合作领域更明确，对推动共建“一带一路”高质量发展充分发挥战略引领作用。

（二）推动建立资金多元、利益风险共担的投融资模式

“一带一路”建设融资需求量大，远不是一家乃至一国的金融机构能够满足的，也不符合共建共享原则。缓解基础设施建设方面的资金缺口问题较

为有效的方式是寻求建立资金来源多元、利益风险共担的投融资机制。[①]其重点是加强国际合作，拓宽投融资渠道。要着重加强与国际多边金融组织合作，特别是诸如亚洲开发银行、欧洲复兴银行、欧洲投资银行和非洲开发银行等地区金融机构一起开展项目合作；中国企业还可以牵头组织国际性的银团对“一带一路”大型建设项目提供金融支持；加强与当地的大型银行合作，共同投资项目。此外，商业机构或企业的投融资要走商业化道路，实现商业可持续。要创新投融资模式，通过股权、贷款、债券、租赁等多种金融工具，提供投行服务、咨询顾问和可行性研究等多种金融服务。[②]总之，通过吸纳尽可能多的国际投融资机构参与“一带一路”建设，使共建“一带一路”融资“蓄水池”不断加大、加深。

（三）强化合规管理意识，依法合规经营

合规经营和遵守国际惯例是企业做大做强和“一带一路”高质量发展的内在要求。中国企业走出去，参与共建“一带一路”的合作项目要有可行性，要合乎经济规律，包括国际社会关注的绿色、环境、社会责任等等，一定要遵循市场原则。[③]要建立完善合规经营管理体系，根据外部具体的法律、法规及规则，结合行业特征、业务性质、规模、经营所在地等特点，梳理履行的合规义务和合规要求，明确各专项合规领域，针对各个领域，梳理、优化与完善各类专项合规管理制度。要将合规管理要求融入业务流程，建立合规控制关键点，实施内部控制。[④]建立合规管理体系后，要完善合规培训、汇报、考核、咨询、调查、问责等运行机制。在经营合作项目中，国内企业的各个层级人员要全面掌握经营所在地关于劳工权利保护、环境保护、数据和隐私保护、知识产权保护、反腐败、反贿赂、反垄断、贸易管制、财务税收等方

---

① 《肖钢、戴相龙、姜建清详解“一带一路”投融资新体系》，中国经济网，2019 年 5 月 15 日，http://www.ce.cn/xwzx/gnsz/gdxw/201905/15/t20190515_32092410.shtml。

② 《肖钢、戴相龙、姜建清详解“一带一路”投融资新体系》，中国经济网，2019 年 5 月 15 日，http://www.ce.cn/xwzx/gnsz/gdxw/201905/15/t20190515_32092410.shtml。

③ 王志乐:《增强企业合规管理能力和合规竞争力，实现“一带一路”高质量发展》，贸法通，2022 年 8 月 10 日，https://www.ctils.com/articles/6516。

④ 丁继华:《建立合规管理体系提升企业合规竞争力》,《国际工程与劳务》2020 年第 3 期。

面的具体要求。要严格遵守中国和项目所在国法律法规和相关国际规则标准。[①]依法合规经营，要求企业走国际化和本土化相结合的发展道路，树立企业良好的国际形象和品牌。

（四）防范化解重大风险

面对动荡的世界局势，面对充满挑战的当今时代，推动共建“一带一路”高质量发展，必须坚定不移贯彻总体国家安全观，提高防范化解重大风险能力。坚持统筹发展和安全两件大事，加强风险识别研判，织密风险防控网络，有效应对和防范重大风险挑战。应尽快建立常态化风险监控和防范机制。为此，应搭建更加完善的、包含对东道国投资信息的收集、处理与分析等内容的大数据平台，充分利用商务部、商业银行等各类金融机构以及民间组织团体的作用，全面评估东道国经济、金融、政治、社会、对华关系等各维度投资风险程度，向有关企业和公众公布各国投资安全变化的相关信息。在此基础上，建立“一带一路”重大项目风险防范体系，针对每一个重大项目的特定项目层级的风险评估、监测和预警体系，构建重大项目风险事前、事中风险防范及事后风险处置体系。[②]要进一步加强对海外项目巡查和常态化检查工作，督促企业应切实承担建设主体和风险主体责任，提高风险防范水平，落实风险防控制度，制定风险防控预案。实现“一带一路”高质量发展，要切实加强债务风险防范，充分考虑每一个国家的总体债务承受能力，加强投融资的统筹协调，确保债务问题的可持续性。

① 张文合:《“一带一路”建设中企业合规风险与管理》,《国际工程与劳务》2022年第7期。

② 杨权:《“一带一路”重大项目融资绩效及其风险防范》，中国社会科学网，2023年1月18日，http://www.cssn.cn/jjx/jjx_jjxp/202301/t20230118_5583656.shtml。

概念史视角下的“中国式现代化”

张旭东、陈　钰[*]

内容提要：“中国式现代化”概念可以追溯到 modernization 的汉译，其理论源于马克思主义中国化时代化和中国共产党人团结带领全国各族人民建成社会主义现代化强国、实现“两个一百年”奋斗目标的不懈追求。新民主主义革命时期，中国共产党人对“现代化”进行了早期运用；社会主义革命和建设时期，对“四个现代化”概念进行了初步探索；改革开放和社会主义现代化建设新时期，“中国式的现代化”概念不断孕育与发展；中国特色社会主义新时代，“中国式现代化”概念正式提出并逐渐走向成熟。“中国式现代化”概念丰富和发展了中国特色社会主义话语，创新了现代化话语和文明话语。

一、“中国式现代化”渊源与变迁

概念是理论的结晶。以“中国式现代化”全面推进中华民族伟大复兴是“中国共产党中心任务”中最重要的概念之一，具有深远的理论渊源，其形成不是一蹴而就的，是中国共产党百年奋斗的重要成果。

（一）理论渊源：“现代化”概念的多重意蕴

“现代化”是一个舶来词，是 modernization 的汉译，大致形成于 17—18 世纪[①]，起初主要指落后国家或地区的社会变革发展和追求文明进步的过程。在马克思主义话语语境中，“现代化”一词最早可见于恩格斯在《英国工人阶

---

* 张旭东，中共中央党校（国家行政学院）中共党史教研部；陈钰，中共中央党校（国家行政学院）中共党史专业。

① 黄兴涛、陈鹏：《民国时期“现代化”概念的流播、认知与运用》，《历史研究》2018 年第 6 期。

级状况》中对英国工业的分析，即认为“曼彻斯特的现代化的生产已达到了完善的地步”[①]。此处的“现代化”一词有多重意蕴，既表示一种目标，又作为一种状态，包含追求进步、发展变革等内涵。

此后，马克思、恩格斯对“现代化”概念进行了系统的阐述。在《共产党宣言》中，马克思指出：“古老的民族工业被消灭了”，“它们被新的工业排挤掉了，新的工业的建立已经成为一切文明民族的生命攸关的问题”。[②]在《资本论》中，马克思又指出：“工业较发达的国家向工业较不发达的国家所显示的，只是后者未来的景象。”[③]这里所提的“新的工业”、“工业较发达”，推动了“不发达的国家”向“较发达的国家”的转变，是“现代化”的最早意蕴。

值得注意的是，工业化在推动“不发达的国家”向“较发达的国家”转变的同时，也为“不发达国家”的现代化带来了迷茫。恩格斯在《德国的革命与反革命》中指出：“德国的旧式工业因蒸汽的采用和英国工业优势的迅速扩张而被摧毁了”，“在国内其他地方建立的现代化的工业，既不足以补偿旧式工业的损失，也不能保证工业有足够强大的影响”。[④]有鉴于此，马克思指出：“资产阶级的工业和商业正为新世界创造这些物质条件”，“只有在伟大的社会革命支配资产阶级时代的成果”，从而为社会主义现代化指明了方向，“社会主义现代化”概念也随之而生。1920 年 12 月，列宁在《关于电气化的意见》一文中提出了“共产主义 = 苏维埃政权 + 电气化”的著名公式。这里的“电气化”其实就是科学技术的现代化，并为苏联社会主义现代化奠定了重要基础。

（二）新民主主义革命时期：“现代化”概念的引入与早期实践

中国共产党对“现代化”概念的使用最早是在经济领域。1921 年 6 月 10 日，张太雷在《致共产国际第三次代表大会的书面报告》中总结中国农村妇女打短工现象的原因时指出：“因为近几年中国的粗放养蚕业受到现代化大

① 《马克思恩格斯全集》第 2 卷，人民出版社 1957 年版，第 322 页。
② 《马克思恩格斯选集》第 1 卷，人民出版社 2012 年版，第 404 页。
③ 马克思：《资本论》第 1 卷，人民出版社 2018 年版，第 8 页。
④ 《马克思恩格斯选集》第 1 卷，人民出版社 2012 年版，第 568 页。

工厂廉价生产的排挤，妇女便常常到这些工厂去打短工。”[①]1923 年 7 月 1 日，陈独秀在《给萨法罗夫的信》中指出：“现代化工人的数量很少”，“这些工人中政治觉悟开始发展”。可见，“现代化大工厂”、“现代化工人”都是工业化催生的，说明早期中国共产党人对“现代化”概念的使用主要在经济领域。

大革命至抗日战争爆发前，中国共产党又将“现代化”概念引入政治和文化领域。1924 年 9 月 3 日，蔡和森在《义和团与国民革命》中认为：“义和团是因为没有近代化而失败，辛亥革命却反因为效颦近代资产阶级化而失败。”[②]1925 年 2 月瞿秋白在《孙中山与中国革命运动》一文中指出：“半欧化的知识阶级及军官”，“受着新式的教育，应当能代表当时的民族资产阶级之意识，所以也是革命中的重要部分”。[③]“近代化”、“近代资产阶级化”、“半欧化”等体现政治现代化推动社会革命进程。1931 年，瞿秋白在《苏维埃的文化革命》中认为：“要发动新的文字革命，主张绝对的白话文，肃清一切文言的余孽以及五四式的假白话，直到实现中国现代化的罗马化。”[④]值得注意的是，虽然中国共产党这一时期已将“现代化”概念运用到经济、政治和文化领域，但其内涵指向仍未明确界定。

抗日战争爆发后，“军事现代化”、“作战现代化”、“军队现代化”、“装备现代化”、“军制现代化”等概念应运而生。1938 年 1 月 7 日，周恩来在《怎样进行持久抗战？》中指出：“要最后战胜日本帝国主义，不仅要发挥我军在运动战中的特长，并且要在提高技术条件和军队现代化的基础上，使我军转入阵地战的壕沟工事里去。”[⑤]毛泽东在《论新阶段——抗日民族战争与抗日民族统一战线发展的新阶段》中指出：“多方设法从外国输入新式武器，用以逐渐改善军队的装备，创立真正现代化的机械兵团。”[⑥]可见，实现“现代化的机械兵团”、“现代化装备”、“现代化的军队”等，成为抗日战争时期军队和国防发展的目标指向。

---

① 《张太雷文集》，人民出版社 2013 年版，第 21 页。

② 《蔡和森文集》（下），人民出版社 2013 年版，第 656 页。

③ 《建党以来重要文献选编（1921—1949）》第 2 册，中央文献出版社 2011 年版，第 286 页。

④ 《瞿秋白文集：政治理论编》第 7 卷，人民出版社 2013 年版，第 229 页。

⑤ 《建党以来重要文献选编（1921—1949）》第 15 册，中央文献出版社 2011 年版，第 9 页。

⑥ 《建党以来重要文献选编（1921—1949）》第 15 册，中央文献出版社 2011 年版，第 614 页。

解放战争时期，中国共产党多用“近代化”来指称“现代化”，“近代化”也即“现代化”，主要指“工业化”及工业化带来的社会转型。1945 年 4 月 24 日，毛泽东在《论联合政府》中指出：“没有中国共产党的努力”，“中国的工业化和农业近代化也是不可能的”。[①]“近代化的国家”，逐渐成为中国共产党的一个政治目标。毛泽东在七届二中全会第二次全体会议上指出，革命胜利后要“使中国稳步地由农业国转变为工业国，把中国建设成一个伟大的社会主义国家”。由此可见，中国共产党开始灵活运用并扩充和发展“现代化”概念，以动员和凝聚民众力量夺取战争胜利，从而建立现代化的中国。

（三）社会主义革命和建设时期：“四个现代化”概念的孕育与发展

新中国成立后，为了夺取抗美援朝战争的胜利，“国防现代化”、“军队现代化”、“现代化装备”等军事方面的“现代化”话语高频出现于正式文件中。1951 年 12 月 1 日《军委总政治部关于部队整编工作的政治指示》指出，“我们当前的中心任务，就是建设强大的现代化、正规化的国防军”[②]。抗美援朝胜利后，社会主义现代化建设提上日程，“现代化”内涵的重心逐步从军事方面至经济领域，而经济现代化的基础和核心在于工业现代化。毛泽东在《实行增产节约，反对贪污、浪费和官僚主义》一文中提出，从 1953 年开始，“准备以二十年时间完成中国的工业化”[③]。1953 年 9 月 8 日，周恩来在《过渡时期的总路线》中提出，要在“一五”计划期间集中力量发展重工业，“建立国家工业化和国防现代化的基础”[④]。此时，“工业现代化”是社会主义现代化建设的关键，为新中国社会主义建设奠定了重要物质基础。1956 年 9 月 26 日，党的八大通过的《中国共产党章程》将“使中国具有强大的现代化的工业、现代化的农业、现代化的交通运输业和现代化的国防”的奋斗目标写入党章。这表明中国共产党在社会主义革命和建设过程中进一步深化了对社会主义现代化概念的认识和理解。

---

① 《毛泽东选集》第 3 卷，人民出版社 1991 年版，第 1098 页。

② 《建国以来重要文献选编》第 2 册，中央文献出版社 2011 年版，第 428 页。

③ 《毛泽东文集》第 6 卷，人民出版社 1999 年版，第 207 页。

④ 《建国以来重要文献选编》第 4 册，中央文献出版社 2011 年版，第 306 页。

随着第一个五年计划的提前完成，毛泽东视野更宽、思考更加深入，逐渐意识到科学文化技术对于工业、农业和国防建设的重要性。1957 年 2 月 27 日，毛泽东在《关于正确处理人民内部矛盾的问题》的讲话中指出，“将我国建设成为一个具有现代工业、现代农业和现代科学文化的社会主义国家”①，正式提出“现代科学文化”这一概念。在读苏联《政治经济学教科书》时，毛泽东又指出，“建设社会主义，原来要求是工业现代化，农业现代化，科学文化现代化，现在要加上国防现代化”②，首次提出工业现代化、农业现代化、科学文化现代化、国防现代化这一“四个现代化”概念。1960 年 3 月 18 日，在同尼泊尔首相柯伊拉腊谈话时，毛泽东指出：“我们可以建设我们国家现代化的工业、现代化的农业、现代化的科学文化和现代化的国防。”③ 这里的“四个现代化”就是“社会主义的四个现代化”建设方向。1964 年 12 月 13 日，在审阅政府工作报告草稿时，毛泽东指出：“我们必须打破常规，尽量采用先进技术，在一个不太长的历史时期内，把我国建设成为一个社会主义的现代化的强国。”④1964 年召开的三届全国人大正式提出 20 世纪末把“我国建设成为一个具有现代农业、现代工业、现代国防和现代科学技术的伟大强盛的社会主义国家”⑤。至此，“四个现代化”成为中国共产党在社会主义革命和建设时期一个重要的政治概念。

（四）改革开放和社会主义现代化建设新时期：“中国式的现代化”概念的提出与实践探索

“文化大革命”结束后，“四个现代化”和建设“社会主义的现代化强国”的目标被重新提上日程。1977 年 9 月 19 日，邓小平在《教育战线的拨乱反正问题》上提出：“不抓科学、教育，四个现代化就没有希望，就成为一句空话。”⑥ 次年 3 月 18 日，邓小平在全国科学大会开幕式上指出，要在 20 世纪末

① 《毛泽东文集》第 7 卷，人民出版社 1999 年版，第 207 页。
② 《毛泽东文集》第 8 卷，人民出版社 1999 年版，第 116 页。
③ 《毛泽东文集》第 8 卷，人民出版社 1999 年版，第 162 页。
④ 《毛泽东文集》第 8 卷，人民出版社 1999 年版，第 341 页。
⑤ 《建国以来重要文献选编》第 20 册，中央文献出版社 2011 年版，第 9 页。
⑥ 《邓小平文选》第 2 卷，人民出版社 1994 年版，第 68 页。

“全面实现农业、工业、国防和科学技术的现代化，把我们的国家建设成为社会主义的现代化强国”，明确实现“四个现代化”的目标就是把我国建成“社会主义的现代化强国”。[①]1978年12月召开的十一届三中全会正式提出，“本世纪内把我国建设成为社会主义的现代化强国”[②]。

在实现“四个现代化”的实践中，邓小平结合中国具体国情适时提出了“中国式的现代化”概念。1979年3月30日，邓小平在《坚持四项基本原则》讲话中指出，“中国式的现代化，必须从中国的特点出发”[③]，并在同年10月与中共省、市、自治区委第一书记座谈会上讲话强调，“中国式的现代化”是对“四个现代化”的新表述，区别于西方现代化提出，“所谓政治，就是四个现代化。我们开了大口，本世纪末实现四个现代化。后来改了个口，叫中国式的现代化，就是把标准放低一点”。[④]

（五）中国特色社会主义新时代：“中国式现代化”概念走向成熟

进入新时代，“中国式现代化”概念的内涵和外延得以丰富和拓展。新时代，我们比历史上任何时期都更接近中华民族伟大复兴的目标，比历史上任何时期都更有信心、有能力实现这个目标。

中国式现代化实践一往无前，“中国式现代化”概念也不断形塑。2021年7月1日，习近平在庆祝中国共产党成立100周年大会时指出：我们“创造了中国式现代化新道路，创造了人类文明新形态”，大大拓展了邓小平的“中国式的现代化”内涵。虽然“中国式现代化”概念是在庆祝中国共产党成立100周年大会上的讲话中使用的，但其原创性的理论内涵是党的十八大以来逐步形成的。

2013年11月召开的十八届三中全会正式提出“推进国家治理体系和治理能力现代化”这一目标，将“中国式的现代化”概念外延延伸至国家制度和国家治理层面。“国家治理体系和治理能力现代化”既是“四个现代化”的继

---

① 《邓小平文选》第2卷，人民出版社1994年版，第85—86页。
② 《三中全会以来重要文献选编》（上），人民出版社2011年版，第4页。
③ 《邓小平文选》第2卷，人民出版社1994年版，第164页。
④ 《邓小平文选》第2卷，人民出版社1994年版，第194页。

续发展，也是“全面建设社会主义现代化”的题中应有之义，极大地丰富了“中国式的现代化”概念的内涵和外延。

2017年10月，党的十九大在“三步走”战略步骤上继续完善发展，“在全面建成小康社会基础上”，“基本实现社会主义现代化”和“建成富强民主文明和谐美丽的社会主义现代化强国”。

2020年，在党的领导下，全面建成小康社会如期完成，为基本实现社会主义现代化奠定了重要基础。为了基本实现现代化，党的十九届五中全会先后提到“国家治理体系和治理能力现代化”、“产业链供应链现代化”、“农业农村现代化”、“国防和军队现代化”、“人与自然和谐共生的现代化”等，开启了“全面建设社会主义现代化国家”新征程和“全面建成社会主义现代化强国”的第二个百年奋斗目标。至此，“现代化”概念已从“四个现代化”走向“全面现代化”，“中国式现代化”呼之欲出。

2021年1月11日，习近平在省部级领导干部学习贯彻党的十九届五中全会精神专题研讨班上指出：“我们建设的现代化必须是具有中国特色、符合中国实际的，我在党的十九届五中全会上特别强调了5点，就是我国现代化是人口规模巨大的现代化，是全体人民共同富裕的现代化，是物质文明和精神文明相协调的现代化，是人与自然和谐共生的现代化，是走和平发展道路的现代化。”虽然没有明确使用“中国式现代化”概念，但所概括的特点就是“中国式现代化”的特点，党的二十大报告沿用了这一概括。在党的十九届六中全会上，习近平提出“中国式现代化道路”，指出“中国式现代化道路”，“拓展了发展中国家走向现代化的途径”。“中国式现代化新道路”、“中国式现代化道路”是对“中国式现代化”概念的丰富和提升，也是对邓小平所提的“中国式的现代化”概念的继承和发展。习近平还对“中国式现代化道路”与“西方现代化道路”作了区分，“中国式现代化道路”，“破解了人类社会发展的诸多难题”，摒弃了西方“以资本为中心”、“两极分化”、“物质主义膨胀”、“对外扩张掠夺”的现代化老路，拓展了“发展中国家走向现代化的途径”，“为人类对更好社会制度的探索提供了中国方案”。[①]

① 习近平:《以史为鉴、开创未来 埋头苦干、勇毅前行》,《求是》2022年第1期。

2022 年 10 月，党的二十大报告对中国式现代化原创性理论内涵及特征作了一个总结：“中国式现代化是人口规模巨大的现代化”，“是全体人民共同富裕的现代化”，“是物质文明和精神文明相协调的现代化”，“是人与自然和谐共生的现代化”，“是走和平发展道路的现代化”；也对中国式现代化的本质要求作出概括：“中国式现代化的本质要求是：坚持中国共产党领导，坚持中国特色社会主义，实现高质量发展，发展全过程人民民主，丰富人民精神世界，实现全体人民共同富裕，促进人与自然和谐共生，推动构建人类命运共同体，创造人类文明新形态”。党的二十大报告明确提出了中国式现代化的“中国特色”和“中国式现代化的本质要求”，拓展和总结了“中国式现代化”概念的原创性内涵。

二、“中国式现代化”概念的话语创新

“现代化”作为一个包含经济、政治、文化等若干个子系统的概念，既是当代我国政治话语体系中出现频率较高的词语，也是理解当代中国发展道路的重要政治术语。[①]“现代化”概念自 1921 年被引入中共话语体系以来，经过百年发展，现已成为当代中国广泛使用并持久为之奋斗的政治目标。“中国式现代化”概念是中国共产党人对中国特色社会主义现代化实践经验的总结提炼和认识升华。“中国式现代化”概念的生成蕴含着深刻的历史逻辑、理论逻辑和实践逻辑。“中国式现代化”概念的原创性贡献支撑了中国现代化的话语创新。

（一）丰富了中国特色社会主义话语体系

概念提炼具有重大理论和现实意义，重要的理论概念就是解释现实的范式，在一定程度上就是话语。中国式现代化是在贫穷落后基础上建设社会主义的正确路径选择，是中国特色社会主义话语体系的创新。

① 黄晓娟：《中国共产党“现代化”概念及其话语演变的系统考察》，《系统科学学报》2023 年第 4 期。

在新中国成立特别是改革开放以来的长期探索和实践基础上，党的十八大以来在理论和实践上持续创新突破，成功推进和拓展了中国式现代化。面对世界百年未有之大变局，以习近平同志为核心的党中央把马克思主义基本原理同新时代中国具体实际结合起来，统筹国内国际两个大局，统揽伟大斗争、伟大工程、伟大事业、伟大梦想，统筹推进“五位一体”总体布局、协调推进“四个全面”战略布局，坚持和完善中国特色社会主义制度、推进国家治理体系和治理能力现代化，以中国式现代化全面推进中华民族伟大复兴。

思想源于时代，中国的现代化实践就是对中国时代课题的解决，中国式现代化理论是对中国现代化实践的理论概括，是中国共产党对“三大规律”认识的深化，也是进一步推进现代化的理论指导。“中国式现代化”概念是从中国的现代化实践中提炼和概括出来的适合中国的概念，也是中国现代化话语的集中体现，只有用“中国式现代化”概念所彰显的范式来讲中国的现代化故事，才能把中国的现代化故事讲清楚。

（二）进一步创新了现代化话语体系

世界上既不存在定于一尊的现代化模式，也不存在放之四海而皆准的现代化标准。中国式现代化是中国共产党领导的社会主义现代化。党的领导直接关系中国式现代化的根本方向、前途命运、最终成败。中国人民和中华民族之所以能够扭转近代以来的历史命运、取得伟大成就，最根本的原因就在于坚持党的集中统一领导，创立了一套体现人民意志、保障人民权益、激发人民创造活力的社会主义制度。只有确保党总揽全局、协调各方，才能够摆脱以往一切政党受阶级利益束缚的历史局限，才能最大限度地凝聚建设中国式现代化的磅礴力量，保证政治稳定和国家长治久安，保证现代化建设始终沿着正确方向前进。

人口规模巨大是中国的基本国情，也是中国式现代化的重要特征。中国式现代化，就是要从人口规模巨大的基本国情出发，在不断推进社会主义现代化建设的伟大实践中，团结带领全国各族人民不断实现对美好生活的向往，努力实现人的全面发展、社会全面进步。中国共产党坚持以人民为中心的发展思想，发展为了人民、发展依靠人民、发展成果由人民共享，维护人民根本利益，促进社会公平，增进民生福祉，完成了消除绝对贫困的艰巨任务，建成世界上规模最大的社会保障体系。

共同富裕是社会主义的本质要求，是中国式现代化的重要特征。富裕是各国现代化追求的目标，中国式现代化追求的是共同富裕。所有人共富还是少数人富裕，这是中国式现代化与西方现代化的根本区别。把实现共同富裕作为现代化建设的重要目标，既是社会主义本质特征的内在要求，更是面对世界百年未有之大变局，正确处理效率与公平关系、更好地解决新发展阶段发展“不平衡不充分”问题的迫切需要。

（三）大大拓宽了文明话语

中国式现代化是人类文明新形态的基础，创新了文明话语。中国式现代化对文明话语的创新体现在推动了物质文明、政治文明、精神文明、社会文明、生态文明协调发展。现代化不仅是物质财富的积累，更是精神文明的发展。中国式现代化是社会主义性质的现代化，强调物质文明和精神文明协调发展、物质力量和精神力量全面增强、人民群众物质生活和精神生活同步改善。“没有社会主义文化繁荣发展，就没有社会主义现代化。”[①] 增强文化自信、将精神文明建设推向更高水平，始终是中国式现代化的重要目标指向。实现中华民族伟大复兴不懈奋斗的每个阶段、每个环节，都要推动物质文明与精神文明协调发展。

中国式现代化推动了世界文明模式的创新。当下世界的文明形态可以用“主—客”的模式来概括，以美国为首的西方发达国家是“主”，别人都是“客”，“客”必须服从“主”的利益，这是“美国优先”的逻辑。[②]2013 年，习近平提出，“一带一路”应当遵循“共商、共建、共享”的原则，“丝路精神”是“和平合作、开放包容、互学互鉴、互利互赢”。2021 年，习近平在庆祝中国共产党成立 100 周年大会上的讲话中指出：“我们坚持和发展中国特色社会

---

① 习近平：《在教育文化卫生体育领域专家代表座谈会上的讲话》，《人民日报》2020 年 9 月 23 日。

② 李永杰、陈世宇：《“中国式现代化”概念的渊源考释与话语创新》，《福建师范大学学报（哲学社会科学版）》2023 年第 1 期。

主义，推动物质文明、政治文明、精神文明、社会文明、生态文明协调发展，创造了中国式现代化新道路，创造了人类文明新形态。”这些主张超越了“中心—边缘”“文明—野蛮”二元对立的思维，提出互利共赢的文明发展理念、交流互鉴的文明交往思维，这是文明观的创新，文明话语的创新。

三、“中国式现代化”概念内涵演进的现实启示

从“中国式现代化”概念的理论渊源、变迁历程和话语创新来看，审视中国式现代化的历程更应该基于历史事实，从更长的历史时期来分析和把握中国特色社会主义发展史，抓住历史中纷繁复杂的事物联系，以整体性、科学性、客观性的视角总结中国式现代化建设的基本经验，并且立足于全球化的历史潮流来看待这一历史变迁。以史为鉴，以史为资，从正反两方面经验中提炼方法论启示，以坚定文化自信、历史自信，以中国式现代化全面推进中华民族伟大复兴。

（一）以长时段的理论审视中国式现代化

分析中国式现代化不仅要研究新时代 10 年不同领域的巨大变化，还要以“长时段”理论自觉，从中华民族 5000 多年发展史中审视中国式现代化在文明发展中所发挥的价值，从近代以来近 180 年的历史中看待“我们比历史上任何时期都更接近中华民族伟大复兴的目标”，更应该从社会主义 500 年、十月革命以来 100 余年和新中国成立 70 多年、改革开放 40 多年的历史中，审视新时代 10 年在中国特色社会主义中所扮演的关键角色，对于社会主义多样性实践所贡献的独特价值。

（二）以大历史的观念总结基本经验

回顾历史是为了看清当下，更是为了明确未来的方向。回顾中国式现代化是为了洞悉历史变化的原因，分析变动背后的历史合力，在审视历史轨迹的基础上坚定道路自信，在梳理思想演进过程的基础上坚定理论自信，在分析中国式现代化建设与中国特色社会主义价值衔接的基础上坚定制度自信，

在剖析马克思主义中国化时代化内在逻辑的基础上坚定文化自信。

大历史观给我们的启示就是以历史逻辑分析当下的路径，并用当下的发展实际判断未来的走向。党的百年奋斗积累了宝贵的经验，这些经验和取得的实践成就、理论成果是坚定自信的重要基石，要从多个维度、多个层面、多个视角对这些经验进行全方位的总结，深入把握一般性规律和特殊性规律之间的关系，辩证分析蕴含其中的方法论启示。

（三）以全球化视角回应社会发展诉求

近 200 年的中国现代化进程，以新中国成立为分水岭，呈现出鲜明的由被动到主动、由片面到全面、由物的现代化到人的现代化的历史向度。中国正处在深度调整并致力于建构一个公正合理的世界政治经济新秩序的进程中，全球化中的新问题给中国式现代化建设增加了更多的挑战。在中国共产党的领导下，通过 70 多年社会主义现代化探索，40 多年的改革开放实践，我们通过大力推进国家治理体系和治理能力现代化，以推进共同富裕、实现物质与精神协调发展、促进人与自然和谐共生、建设人类命运共同体等新理念，避免了西方现代化进程中的战争频仍、资源掠夺、环境污染、贫富分化、精神颓废等现象，使“中国式现代化”日臻成熟，最终创生出新的人类文明形态，为中华民族实现伟大复兴开辟了“中国道路”，为发展中国家实现现代化提供了“中国方案”，为人类建设更加美好世界贡献了“中国智慧”。

因此，从全球化视角分析中国式现代化的发展趋向有助于增强政策的科学性、系统性、协同性，有助于统筹国内和国际两个大局，协调政党治理、国家治理与全球治理的关系，在加快实现社会主义现代化的同时，为世界贡献中国价值、中国智慧和中国方案，并以具有中国特色的文明形态为人类的发展进步提供崭新的路径选择。

坚定不移走中国特色社会主义政治发展道路

张星星 *

内容摘要：中国特色社会主义政治发展道路，是中国共产党团结带领中国人民开创的符合中国国情和人民民主要求的正确道路。中国特色社会主义政治发展道路是在改革开放新时期形成的，同时也是近代以来中国人民长期奋斗历史、理论、实践逻辑的必然结果；中国特色社会主义政治发展道路从奠基、开创到发展、完善，有深厚的历史、理论和实践积淀；中国特色社会主义政治发展道路有着显著的中国特色和政治优势，也有着广阔的拓展空间。

中国特色社会主义政治发展道路是中国特色社会主义道路的重要组成部分，在中国特色社会主义“五位一体”总体布局中占有重要地位，是确保和推动中国特色社会主义经济、文化、社会、生态等健康发展的政治保证。中共十八大、十九大、二十大报告都强调“坚定不移走中国特色社会主义政治发展道路”。中共二十大报告指出：“必须坚定不移走中国特色社会主义政治发展道路，坚持党的领导、人民当家作主、依法治国有机统一，坚持人民主体地位，充分体现人民意志、保障人民权益、激发人民创造活力。”[①] 中共十八大以来，在以习近平同志为核心的党中央坚强领导下，加强和维护党中央集中统一领导，积极发展全过程人民民主，坚持和完善中国新型政党制度，推进社会主义协商民主广泛多层制度化发展，社会主义民主政治的制度化、规范化、程序化建设取得显著成效，中国特色社会主义政治发展道路得到不断拓展和完善。

---

* 张星星，中国社会科学院当代中国研究所。

① 习近平：《高举中国特色社会主义伟大旗帜 为全面建设社会主义现代化国家而团结奋斗——在中国共产党第二十次全国代表大会上的报告》，人民出版社 2022 年版，第 37 页。

一、中国特色社会主义政治发展道路的形成

中国特色社会主义政治发展道路是在改革开放新时期，伴随着中国特色社会主义道路的开创而形成和发展起来的，是中国特色社会主义道路的重要组成部分。2012 年 11 月，胡锦涛在中共十八大报告中指出：“改革开放以来，我们总结发展社会主义民主正反两方面经验，强调人民民主是社会主义的生命，坚持国家一切权力属于人民，不断推进政治体制改革，社会主义民主政治建设取得重大进展，成功开辟和坚持了中国特色社会主义政治发展道路，为实现最广泛的人民民主确立了正确方向。”①2012 年 12 月，习近平在首都各界纪念现行宪法公布施行 30 周年大会上的讲话中指出：“改革开放以来，我们党团结带领人民在发展社会主义民主政治方面取得了重大进展，成功开辟和坚持了中国特色社会主义政治发展道路，为实现最广泛的人民民主确立了正确方向。”②

中共中央领导核心亦多次从更为宽广的历史视野，总结和阐述中国特色社会主义道路的形成，认为，中国特色社会主义道路“是在改革开放三十多年的伟大实践中走出来的，是在中华人民共和国成立六十多年的持续探索中走出来的，是在对近代以来一百七十多年中华民族发展历程的深刻总结中走出来的，是在对中华民族五千多年悠久文明的传承中走出来的，具有深厚的历史渊源和广泛的现实基础”③。中共十九大报告指出：“中国特色社会主义政治发展道路，是近代以来中国人民长期奋斗历史逻辑、理论逻辑、实践逻辑的必然结果，是坚持党的本质属性、践行党的根本宗旨的必然要求。”④这一宽广的历史视野和历史思维，对研究和认识中国特色社会主义政治发展道路的形成具有重要指导意义。

首先，中国共产党团结带领中国人民历经国共合作的北伐战争、土地革命战争、抗日战争、人民解放战争的浴血奋战，打败日本帝国主义，推翻美

---

① 《十八大以来重要文献选编》(上)，中央文献出版社 2014 年版，第 19—20 页。
② 《十八大以来重要文献选编》(上)，中央文献出版社 2014 年版，第 88 页。
③ 《十八大以来重要文献选编》(上)，中央文献出版社 2014 年版，第 234 页。
④ 《中国共产党第十九次全国代表大会文件汇编》，人民出版社 2017 年版，第 29 页。

帝国主义支持的国民党反动统治，取得了新民主主义革命的胜利。废除了帝国主义强加给中国的不平等条约和在中国的一切特权，实现了中华民族独立；终结了旧中国半殖民地半封建社会的悲惨命运，开启了中华民族历史的新纪元；结束了旧中国四分五裂、一盘散沙的局面，实现了国家统一、民族团结和社会安定。特别是工人阶级领导的以工农联盟为基础的人民民主专政国家政权的建立，根本改变了中国人民的政治地位，实现了从封建专制政治到人民民主政治的伟大跨越。

其次，中国共产党团结带领中国人民迅速恢复国民经济，建立和巩固各级人民民主政权，不失时机地提出过渡时期的总路线，开展了对生产资料私有制的社会主义改造，创造性地开辟了一条适合中国特点的社会主义改造道路，实现了由新民主主义到社会主义的转变，消灭了剥削制度和剥削阶级，确立了社会主义基本经济制度，建立了人民代表大会的根本政治制度，中国共产党领导的多党合作和政治协商、民族区域自治、基层群众自治等基本政治制度，使占世界人口四分之一的东方大国进入了社会主义社会，实现了中国历史上最广泛最深刻的制度变革和社会变革，为当代中国一切发展进步奠定了根本的制度基础。

最后，中国共产党团结带领中国人民进行改革开放新的伟大革命，开创、坚持、发展中国特色社会主义。中国共产党在探索中国社会主义建设道路的基础上，总结国内国际的历史经验，在十一届三中全会上实现了具有深远意义的伟大转折，把党和国家的工作重点转移到社会主义现代化建设上来，实行改革开放的新政策，经过艰辛的探索，开辟了中国特色社会主义道路，形成了中国特色社会主义理论体系，确立了中国特色社会主义制度，发展了中国特色社会主义文化，推动社会主义现代化建设取得举世瞩目的伟大成就，实现了中国人民从站起来到富起来、强起来的伟大飞跃，使社会主义在中国展现出蓬勃的生机和活力。

中国近代以来的政治发展深刻证明：中国新民主主义革命的胜利和中华人民共和国的建立，实现了从封建专制政治向人民民主政治的伟大跨越，为中国特色社会主义政治发展道路的形成奠定了根本的政治前提；生产资料私有制社会主义改造的完成和社会主义基本制度的确立，实现了中国历史上最为广泛而深刻的政治变革，为中国特色社会主义政治发展道路的形成奠定了根本的制度基础；改革开放新时期，中国共产党团结带领中国人民拨乱反正、改革创新，在坚持四项基本原则基础上，加强和改善党的领导，发展社会主义民主，健全社会主义法制，逐步开辟和形成了中国特色社会主义政治发展道路。中国特色社会主义政治发展道路是在改革开放新时期开辟的，同时也是近代以来中国人民长期奋斗历史逻辑、理论逻辑、实践逻辑的必然结果。

二、中国特色社会主义政治发展道路的提出

“中国特色社会主义政治发展道路”理论概念的提出，与中国特色社会主义政治发展道路的形成在时间上并不同步，与中国特色社会主义伟大主题的提出也不同步，而是在改革开放之后通过深入总结正反两方面经验，加强和改善党的领导、发展社会主义民主、健全社会主义法制、积极稳妥推进政治体制改革等实践探索和理论探索基础上，逐步形成和提出的。

1997 年 9 月，中共十五大报告提出和阐述了建设中国特色社会主义政治的基本纲领，指出，“建设有中国特色社会主义的政治，就是在中国共产党领导下，在人民当家作主的基础上，依法治国，发展社会主义民主政治。这就要坚持和完善工人阶级领导的、以工农联盟为基础的人民民主专政；坚持和完善人民代表大会制度和共产党领导的多党合作、政治协商制度以及民族区域自治制度；发展民主，健全法制，建设社会主义法治国家。实现社会安定，政府廉洁高效，全国各族人民团结和睦，生动活泼的政治局面”①。围绕建设中国特色社会主义政治，报告还提出了“依法治国”的基本方略和“建设社会主义法治国家”的目标。

2002 年 5 月，江泽民在中共中央党校省部级干部进修班毕业典礼上发表讲话，首次使用“政治发展道路”的概念，指出，“推进政治体制改革，要从我国国情出发，坚定不移地走自己的政治发展道路，坚持社会主义政治制度的自我完善和发展。我们要发展的是有中国特色社会主义民主政治，决不照

① 《十五大以来重要文献选编》(上)，中央文献出版社 2011 年版，第 16 页。

搬西方政治制度模式”[①]。同年 11 月，中共十六大报告再次指出：“社会主义民主政治具有强大的生命力和优越性。中国共产党和中国人民对自己选择的政治发展道路充满信心，将坚定不移地把中国特色社会主义政治建设推向前进。”报告还首次提出“建设社会主义政治文明”的目标，指出，“发展社会主义民主政治，建设社会主义政治文明，是全面建设小康社会的重要目标”[②]。“建设社会主义政治文明”的提出产生了重要影响，“大家普遍反映，党的十六大关于建设社会主义政治文明的任务提得好，适应了我国改革开放和社会主义现代化建设发展要求；按照促进社会主义物质文明、政治文明、精神文明协调发展的要求来推进各方面工作，党和国家事业一定能够更好向前发展”[③]。

中共十六大之后，胡锦涛对“建设社会主义政治文明”、“走自己的政治发展道路”等问题作了更深入的思考和总结，在 2003 年 2 月十六届二中全会上对“如何正确认识和把握建设社会主义政治文明的任务”和“如何把社会主义政治文明建设切实推向前进”等问题作了进一步阐述。他指出：“建设社会主义政治文明必须从我国国情出发，坚持走自己的路。我们党和人民选择的政治发展道路，是党领导人民经过长期探索和实践而开辟出来的，是一条符合中国特色社会主义事业发展要求的政治发展道路，也是一条充分体现全国各族人民根本意愿和根本利益的政治发展道路，我们要始终不渝走下去。”[④]

2004 年 9 月，纪念全国人民代表大会成立 50 周年之际，胡锦涛、吴邦国先后发表讲话，分别使用了“中国特色的政治发展道路”和“中国特色社会主义政治发展道路”的提法。胡锦涛在讲话中指出：“发展社会主义民主政治，建设社会主义政治文明，是中国特色社会主义伟大事业的有机组成部分。人民代表大会制度是中国社会主义民主政治最鲜明的特点。我们要珍视五十年来人民代表大会制度建设的经验，坚持从中国国情出发，紧密结合新的实际，坚持走中国特色政治发展道路，坚定不移把社会主义民主政治建设不断推向

---

① 《十五大以来重要文献选编》（下），中央文献出版社 2011 年版，第 598 页。

② 《十六大以来重要文献选编》（上），中央文献出版社 2011 年版，第 29、24 页。

③ 《胡锦涛文选》第 2 卷，人民出版社 2016 年版，第 29 页。

④ 《胡锦涛文选》第 2 卷，人民出版社 2016 年版，第 33 页。

前进。”[①] 吴邦国的讲话指出：“坚持和完善人民代表大会制度，一定要从我国的国情和实际出发，走中国特色社会主义政治发展道路。”“坚持正确的政治方向，关键是必须从我国国情和实际情况出发，坚持中国特色社会主义政治发展道路，绝不照搬西方政治制度的模式。”[②] 由此，“中国特色社会主义政治发展道路”的概念完整出现在党和国家领导人的重要讲话中。

2007 年 10 月，中共十七大报告正式采用了“中国特色社会主义政治发展道路”的提法，在“坚定不移发展社会主义民主政治”部分对中国特色社会主义政治发展道路作了系统阐述，指出，“要坚持中国特色社会主义政治发展道路，坚持党的领导、人民当家作主、依法治国有机统一，坚持和完善人民代表大会制度、中国共产党领导的多党合作和政治协商制度、民族区域自治制度以及基层群众自治制度，不断推进社会主义政治制度自我完善和发展”[③]。中共十七大还把“走中国特色社会主义政治发展道路”的内容正式写入大会通过的《中国共产党章程（修正案）》，使其成为全党共同遵循的指导原则和政治规范。

中共十七大之后，胡锦涛又在 2008 年 2 月十七届二中全会上对“发展社会主义民主政治的战略思想”和“中国特色社会主义政治发展道路”作出进一步阐述，强调了三个“始终牢记”：一是“要始终牢记，发展社会主义民主政治是党始终不渝的奋斗目标，必须更高举起人民民主旗帜”；二是“要始终牢记，中国特色社会主义政治发展道路是我国发展社会主义民主政治的正确道路，必须更加坚定不移走中国特色社会主义政治发展道路”；三是“要始终牢记，政治体制改革是社会主义政治制度自我完善和发展，必须深化政治体制改革”。胡锦涛强调：“我们一定要从发展中国特色社会主义全局出发，始终坚持党的领导、人民当家作主、依法治国有机统一，积极推进社会主义民主政治建设，使中国特色社会主义政治发展道路越走越宽广。”[④]

2012 年 11 月，中共十八大报告专设了“坚持走中国特色社会主义政治发

① 《胡锦涛文选》第 2 卷，人民出版社 2016 年版，第 238 页。
② 《十六大以来重要文献选编》(中)，中央文献出版社 2011 年版，第 263、269 页。
③ 《中国共产党第十七次全国代表大会文件汇编》，人民出版社 2007 年版，第 27 页。
④ 《胡锦涛文选》第 3 卷，人民出版社 2016 年版，第 71—76 页。

展道路和推进政治体制改革”一章，强调“人民民主是我们党始终高扬的光辉旗帜。改革开放以来，我们总结发展社会主义民主正反两方面经验，强调人民民主是社会主义的生命，坚持国家一切权力属于人民，不断推进政治体制改革，社会主义民主政治建设取得重大进展，成功开辟和坚持了中国特色社会主义政治发展道路，为实现最广泛的人民民主确立了正确方向”[①]。

政治发展如同人类社会其他领域的发展一样，既是一个不依人的主观意志为转移的自然过程，又是一个人们在一定条件下能够作出自主选择的自觉过程。说其是一个自然过程，在于政治发展有一定的历史基础、客观条件和发展规律，有一个由低级向高级不断演进的过程；脱离历史基础，超越客观条件，违背政治发展规律，都将受到惩罚。说其是一个自觉的过程，是因为政治发展离不开人或政治组织的介入和选择，特别是政治领袖、政治组织正确认识和掌握政治发展规律，对政治发展目标、发展道路、发展战略等作出正确选择，就有可能在与经济、文化、科技、社会等其他领域条件相辅相成的互动中，实现创新性或跨越式发展。中国特色社会主义政治发展道路，是在党的领导、人民民主、法治建设、依法治国、政治文明等一系列探索基础上提出的，凝结着对正反两方面经验的深刻总结，有着丰富而深厚的历史、实践和理论积淀，并且为中国经济快速发展、社会长期稳定的实践成就所证实。

三、中国特色社会主义政治发展道路的内涵

伴随中国特色社会主义政治发展道路的提出，中共中央主要领导多次对中国特色社会主义政治发展道路作出系统阐述，特别强调了正确认识、理解和把握中国政治发展道路的重要意义。胡锦涛指出：“政治发展道路是否正确，对一个国家盛衰兴亡具有决定性意义。由于政治发展道路选择错误而导致人亡政息的例子，古今中外比比皆是。对于我们这样一个有着十三亿多人口、五十六个民族的发展中大国来说，始终坚持正确政治发展道路，更是一

① 《中国共产党第十八次全国代表大会文件汇编》，人民出版社 2012 年版，第 23 页。

个关系全局的重大问题。发展社会主义民主政治是我们党始终不渝的奋斗目标，但选择什么样的发展道路和体制模式，必须从我国国情出发，充分考虑我国的社会历史背景、经济发展水平、文化发展水平等重要因素。只有这样，我们才能在政治发展道路上作出正确选择。”[①] 习近平也指出：“以什么样的思路来谋划和推进中国社会主义民主政治建设，在国家政治生活中具有管根本、管全局、管长远的作用。古今中外，由于政治发展道路选择错误而导致社会动荡、国家分裂、人亡政息的例子比比皆是。中国是一个发展中大国，坚持正确的政治发展道路更是关系根本、关系全局的重大问题。”[②] 因此，正确认识和准确把握中国特色社会主义政治发展道路的内涵，是一个必须认真对待的重大政治问题和理论问题。

2003 年 2 月，胡锦涛在中共十六届二中全会上指出：“推进社会主义政治文明建设，是一个内容广泛的系统工程，需要我们进行多方面长期努力。政治文明建设涉及政治思想、政治制度、行政管理、法制建设等方面，需要有领导有步骤全面加以推进。”[③] 他强调，在政治思想方面，要坚持以马克思列宁主义、毛泽东思想、邓小平理论和“三个代表”重要思想为指导，坚持和发展社会主义政治思想，为社会主义政治文明建设提供强有力的理论指引和思想保证；在政治制度方面，要大力加强政治制度建设，不断完善社会主义民主政治各项制度，丰富民主形式，扩大公民有序政治参与，保证人民实行民主选举、民主决策、民主管理、民主监督，依法管理国家和社会事务，管理经济和文化事业；在法治建设方面，要坚持依法治国，建设社会主义法治国家，健全社会主义法制，加强立法工作，提高立法质量，推行依法行政，维护司法公正，为推进改革开放和发展社会主义市场经济，为保持良好社会秩序和维护社会政治稳定提供有力的法律保障。

中共十七大之后，吴邦国在 2008 年 3 月十一届全国人大常委会第一次会议上对“中国特色社会主义政治发展道路”的内涵作了进一步阐述，指出，“中国特色社会主义政治发展道路是中国共产党带领全国各族人民，经过长期

① 《胡锦涛文选》第 3 卷，人民出版社 2016 年版，第 73 页。
② 《十八大以来重要文献选编》(中)，中央文献出版社 2016 年版，第 59 页。
③ 《胡锦涛文选》第 2 卷，人民出版社 2016 年版，第 33—34 页。

奋斗和实践找到的正确道路。……这条道路既有科学的指导思想，又有严谨的制度安排，既有明确的价值取向，又有有效的实现形式和可靠的推动力量，集中体现了中国特色社会主义民主政治的特点和优势”①。根据中央领导讲话和相关文件精神，主要可以从指导思想、领导核心、理论基础、制度设计、基本方针、组织原则、实现形式、发展动力八个层面对中国特色社会主义政治发展道路的科学内涵展开具体研究。即在指导思想上坚持以马克思主义及其中国化的理论成果为指导；在领导核心上坚持中国共产党的领导；在理论基础上坚持人民民主专政的国体理论；在制度设计上坚持社会主义根本和基本政治制度；在基本方针上坚持中国共产党领导、人民当家作主、依法治国的有机统一；在组织原则上坚持民主集中制原则；在实现形式上主要是民主选举、民主协商、民主决策、民主管理、民主监督；在发展动力上主要依靠政治体制改革。

2012 年 12 月，习近平在首都各界纪念现行宪法公布施行 30 周年大会上发表讲话，以《中华人民共和国宪法》为依据对“中国特色社会主义政治发展道路”作了权威阐述，指出，“改革开放以来，我们党团结带领人民在发展社会主义民主政治方面取得了重大进展，成功开辟和坚持了中国特色社会主义政治发展道路，为实现最广泛的人民民主确立了正确方向。这一政治发展道路的核心思想、主体内容、基本要求，都在宪法中得到了确认和体现，其精神实质是紧密联系、相互贯通、相互促进的。国家的根本制度和根本任务，国家的领导核心和指导思想，工人阶级领导的、以工农联盟为基础的人民民主专政的国体，人民代表大会制度的政体，中国共产党领导的多党合作和政治协商制度、民族区域自治制度以及基层群众自治制度，爱国统一战线，社会主义法制原则，民主集中制原则，尊重和保障人权原则，等等”②。这里特别强调了《中华人民共和国宪法》是中国特色社会主义政治发展道路的集中体现，凸显了中国特色社会主义政治发展道路的宪法依据；同时强调了工人阶级领导的、以工农联盟为基础的人民民主专政的国体，这是中国特色社会主

① 《十七大以来重要文献选编》（上），中央文献出版社 2009 年版，第 346—347 页。

② 《十八大以来重要文献选编》（上），中央文献出版社 2014 年版，第 88 页。

义政治发展道路的根本政治前提。

中国特色社会主义政治发展道路是中国特色社会主义道路、理论、制度、文化的重要组成部分，从其自身框架体系上说，亦应包括道路、理论、制度、文化等诸多方面内容。从目前的历史研究和理论研究状况来看，较多停留在一般性的宣传阐释上，要从历史与逻辑的统一上构建中国特色社会主义政治发展道路、理论、制度、文化的学科体系、学术体系和话语体系，还有比较大的研究和发展空间。

四、坚持和拓展中国特色社会主义政治发展道路

中国特色社会主义政治发展道路仍是“进行时”，而非“完成时”。习近平指出：“中国特色社会主义民主是个新事物，也是个好事物。当然，这并不是说，中国政治制度就完美无缺了，就不需要完善和发展了。制度自信不是自视清高、自我满足，更不是裹足不前、固步自封，而是要把坚定制度自信和不断改革创新统一起来，在坚持根本政治制度、基本政治制度的基础上，不断推进制度体系完善和发展。我们一直认为，我们的民主法治建设同扩大人民民主和经济社会发展的要求还不完全适应，社会主义民主政治的体制、机制、程序、规范以及具体运行上还存在不完善的地方，在保障人民民主权利、发挥人民创造精神方面也还存在一些不足，必须继续加以完善。”① 这些对中国特色社会主义政治建设的辩证分析，为我们在坚定“四个自信”、坚定不移走中国特色社会主义政治发展道路的基础上，积极稳妥推进政治体制改革，使中国特色社会主义政治发展道路越来越完善、越走越宽广指明了前进方向。

2013 年 11 月，中共十八届三中全会作出《中共中央关于全面深化改革若干重大问题的决定》，提出：“全面深化改革的总目标是完善和发展中国特色社会主义制度，推进国家治理体系和治理能力现代化。”该决定还强调：“紧紧围绕坚持党的领导、人民当家作主、依法治国有机统一深化政治体制改革，加快推进社会主义民主政治制度化、规范化、程序化，建设社会主义法治国

① 《十八大以来重要文献选编》(中)，中央文献出版社 2016 年版，第 62 页。

家，发展更加广泛、更加充分、更加健全的人民民主。”[①]坚持党的领导、人民当家作主、依法治国有机结合和辩证统一，是坚持中国特色社会主义政治发展道路的关键。中共十九大报告指出：“党的领导是人民当家作主和依法治国的根本保证，人民当家作主是社会主义民主政治的本质特征，依法治国是党领导人民治理国家的基本方式，三者统一于我国社会主义民主政治伟大实践。”[②]要全面而不是孤立、联系而不是割裂、一致而不是对立地认识和把握三者的辩证统一关系，以加强党的集中统一领导、增强国家和社会活力、调动人民积极性为目标，以社会主义民主政治建设的实践成效为检验标准，不断完善和拓展中国特色社会主义政治发展道路。

2014 年 10 月，中共十八届四中全会作出《中共中央关于全面推进依法治国若干重大问题的决定》，围绕全面推进依法治国，提出了“建设中国特色社会主义法治体系，建设社会主义法治国家”的总目标，并对总目标作出具体阐释，“这就是，在中国共产党领导下，坚持中国特色社会主义制度，贯彻中国特色社会主义法治理论，形成完备的法律规范体系、高效的法治实施体系、严密的法治监督体系、有力的法治保障体系，形成完善的党内法规体系，坚持依法治国、依法执政、依法行政共同推进，坚持法治国家、法治政府、法治社会一体建设，实现科学立法、严格执法、公正司法、全民守法，促进国家治理体系和治理能力现代化”[③]。该决定对落实全面推进依法治国的战略举措，坚持和拓展中国特色社会主义政治发展道路、中国特色社会主义法治道路，具有重要指导意义。

2018 年 2 月，中共十九届三中全会审议通过《中共中央关于深化党和国家机构改革的决定》和《深化党和国家机构改革方案》，确定了深化党和国家机构改革的目标，即“构建系统完备、科学规范、运行高效的党和国家机构职能体系，形成总揽全局、协调各方的党的领导体系，职责明确、依法行政的政府治理体系，中国特色、世界一流的武装力量体系，联系广泛、服务群众的群团工作体系，推动人大、政府、政协、监察机关、审判机关、检察机

① 《十八大以来重要文献选编》(上)，中央文献出版社 2014 年版，第 512 页。
② 《中国共产党第十九次全国代表大会文件汇编》，人民出版社 2017 年版，第 29 页。
③ 《十八大以来重要文献选编》(中)，中央文献出版社 2016 年版，第 157 页。

关、人民团体、企事业单位、社会组织等在党的统一领导下协调行动、增强合力，全面提高国家治理能力和治理水平”[①]。中共十九届三中全会关于深化党和国家机构改革的决策部署，在解决党和国家机构职能体系中存在的障碍和弊端，完善和发展中国特色社会主义政治发展道路，推进国家治理体系和治理能力现代化等方面迈出了重要一步。

2019 年 10 月，中共十九届四中全会通过《中共中央关于坚持和完善中国特色社会主义制度　推进国家治理体系和治理能力现代化若干重大问题的决定》，充分肯定中国国家制度和国家治理体系的显著优势，确定了坚持和完善中国特色社会主义制度、推进国家治理体系和治理能力现代化的总体目标，为坚持和拓展中国特色社会主义政治发展道路指明了方向。该决定强调：“必须坚持人民主体地位，坚定不移走中国特色社会主义政治发展道路，健全民主制度，丰富民主形式，拓宽民主渠道，依法实行民主选举、民主协商、民主决策、民主管理、民主监督，使各方面制度和国家治理更好体现人民意志、保障人民权益、激发人民创造，确保人民依法通过各种途径和形式管理国家事务，管理经济文化事业，管理社会事务。”[②]

1980 年 8 月，邓小平在《党和国家领导制度的改革》中指出：“我们进行社会主义现代化建设，是要在经济上赶上发达的资本主义国家，在政治上创造比资本主义国家的民主更高更切实的民主，并且造就比这些国家更多更优秀的人才。达到上述三个要求，时间有的可以短些，有的要长些，但是作为一个社会主义大国，我们能够也必须达到。所以，党和国家的各种制度究竟好不好，完善不完善，必须用是否有利于实现这三条来检验。”[③] 新中国成立以来，中国人民在中国共产党正确领导下不断战胜各种艰难险阻，中国经济实力、综合国力、人民生活不断跨上新台阶，中国各民族长期共同团结奋斗、共同繁荣发展，中国社会长期保持和谐稳定。“这些事实充分证明，中国社会主义民主政治具有强大生命力，中国特色社会主义政治发展道路是符合中国

---

① 《中共中央关于深化党和国家机构改革的决定》，《人民日报》2018 年 3 月 5 日。

② 《中共中央关于坚持和完善中国特色社会主义制度 推进国家治理体系和治理能力现代化若干重大问题的决定》，《人民日报》2019 年 11 月 6 日。

③ 《邓小平文选》第 2 卷，人民出版社 1994 年版，第 322—323 页。

国情、保证人民当家作主的正确道路。”[①] 在中国共产党的正确领导下，中国人民将继续坚持和拓展中国特色社会主义政治发展道路，为创新和发展社会主义政治文明，丰富人类社会政治文明多样性作出积极的贡献。

① 《十八大以来重要文献选编》（中），中央文献出版社 2016 年版，第 62 页。

2022年当代中国政治史研究述评

李　夏*

内容提要：2022年的当代中国政治史研究，既密切关注中国式现代化、党的建设、改革开放等重要学术议题，也集中关注政治制度、政治人物、国防与军队建设、新中国成立初期的城市接管与政权建设、土地改革、中国共产党的宣传教育与政治动员等政治史领域的重点、热点问题。当代中国政治史研究的前沿视角有政治概念史研究、中国共产党的历史叙事研究、毛泽东著作的传播与影响研究、妇女解放与家国关系研究等，将持续为政治史研究带来新意与活力。今后继续推进学科建设，既要深化对大历史观的认识，也需要学界在研究方法、学术规范等方面共同努力。

2022年的当代中国政治史（以下简称政治史）研究有如下亮点：一是学界通过准确把握当代中国政治发展的主题主线、主流本质，回应了重要理论问题，许多学者从政治史研究视角切入中国式现代化、党的建设、改革开放等综合性、整体性重要学术议题，展现了政治史研究路径的独特优势。二是政治制度史研究、政治人物研究、国防与军事史研究等重点领域取得显著成果，新中国成立初期的城市接管与政权建设、土地改革、中国共产党的宣传教育与政治动员等热点问题取得研究进展。三是新意迭出，政治概念史研究、中国共产党历史叙事研究、毛泽东著作的传播与影响研究、妇女解放与家国关系研究等前沿视角逐渐兴起，展现了政治史研究较强的创新性与生命力。本文围绕政治史研究的重点、热点与前沿，对研究成果择要进行述评，尽可能呈现政治史研究的整体面貌与发展趋势，并提出对政治史学科建设的初步思考。

*　李夏，中国社会科学院当代中国研究所。

一、重要学术议题

中国式现代化、党的建设、改革开放等，是学界关注的重要学术议题，这些学术议题具有综合性、整体性，既是政治史研究的重点，也受到政治学、历史学、马克思主义研究等多个学科的关注。

（一）中国式现代化研究

中共二十大报告围绕中国式现代化提出了一系列重要论断，进一步促进了政治史学科对中国式现代化的研究，这些研究通过政治史视角下的梳理，推进了学界对中国式现代化政治维度的认知。

在政治史视角下开展对中国式现代化的研究，应首先明确中国式现代化的政治内涵。对于中国式现代化的政治内涵与政治意蕴，学界进行了热烈讨论，共同强调了中国共产党的领导、中国特色社会主义道路、全过程人民民主、民主集中制、依法治国、统一战线等，其中最受到学界关注的是中国共产党的领导与人民政治。① 尤其在中国共产党的领导、统一战线等方面有一些代表性成果。例如，王建华从中国共产党政治领导力的视角，总结了中国式现代化道路的历史经验。② 唐皇凤研究了政党主导型现代国家建设的历史逻辑，认为中国现代化进程的国家建设和国家治理，都体现出政党主导的特征。③ 徐理响等则从统一战线的视角考察了中国式现代化中的团结政治，梳理了统一战线在各个历史时期如何助推中国式现代化。④

---

① 杨光斌：《中国式现代化与人类文明新形态》，《教学与研究》2022 年第 10 期；王衡：《全过程人民民主：中国式现代化的政治之维》，《前线》2022 年第 11 期；李应瑞：《中国式现代化道路的政治文明意蕴探析——以新型国家制度为中心》，《社会主义研究》2022 年第 6 期；庞金友：《中国式现代化的政治意蕴与实现路径》，《人民论坛（学术前沿）》2022 年第 24 期；朱仁显等：《中国式现代化道路与中国特色政治制度——学习贯彻党的二十大精神（笔谈）》，《阅江学刊》2023 年第 1 期。

② 王建华：《中国式现代化道路的历史经验——基于中国共产党政治领导力的观察视角》，《东南学术》2022 年第 6 期。

③ 唐皇凤：《政党主导型现代国家建设：基于中国式现代化理论和历史逻辑的阐释》，《四川大学学报（哲学社会科学版）》2022 年第 6 期。

④ 徐理响、胡文婷：《中国式现代化中的团结政治探析：统一战线视角》，《统一战线学研究》2022 年第 6 期。

上述研究成果，发挥了政治史研究在把握当代中国政治发展的主题主线、主流本质上的优势，也体现了政治史研究从历史视野进行梳理考察的优势。今后要继续推进政治史视角下对中国式现代化的研究，重点是准确把握中国式现代化的政治内涵。学界关于新时代在政治方面的理论创新与实践创新的研究[①]，也有助于分析中国式现代化的政治内涵。政治史研究应充分发挥历史视角的优势，深入总结中国共产党推进和拓展中国式现代化的历史经验。

（二）党的建设研究

进入新时代，党中央将政治建设置于党的建设的统领与首要地位，因此关于新时代党的政治建设成就与经验有丰富的研究成果。李正华、穆兆勇等围绕新时代党的政治建设进行了梳理与分析[②]，丰富了对党的政治建设的理论阐释，对政治史学科从长时段大历史视野研究党的建设史也具有参考价值。

从政治史视角对党的建设展开的研究，还集中于党的自我革命这一议题，主要研究角度包括党内监督、纪律建设、反对官僚主义等。张桂林对百年以来中国共产党的公权力监督思想进行了研究，总结了各个历史时期形成的公权力监督思想主题，并分析了公权力监督思想的演进逻辑。[③]向杨从人事制度的视角研究了中国共产党纪律检查体制，分析了纪律检查机关领导体制的演变与纪委书记职位的特点。[④]周思睿梳理和分析了 1949—1953 年中国共产党对官僚主义成因的认识。[⑤]这些研究从历史视角出发，围绕政治思想与人事制度等方面进行了深入研究，展现了政治史的研究路径。

整风运动是党的自我革命的一种形式。常利兵从群众路线的角度，认为

---

① 参见当代中国研究所编著、张金才主编：《新时代的政治建设》，当代中国出版社、重庆出版社 2022 年版。

② 穆兆勇：《十八大以来党的政治建设的重大成就》，《中共党史研究》2022 第 2 期；李正华：《党的政治建设是一个永恒课题——党的十八大以来政治建设主要成就》，《中国党政干部论坛》2022 年第 5 期；李正华、顾训宝：《新时代党的政治建设历程及经验》，《毛泽东邓小平理论研究》2022 年第 10 期。

③ 张桂林：《百年来中国共产党公权力监督思想研究》，《政治学研究》2022 年第 5 期。

④ 向杨：《新中国成立以来中国共产党纪律检查体制的变迁——基于 1949—2020 年省级纪委书记群体的考察》，《江汉论坛》2022 年第 2 期。

⑤ 周思睿：《从“党外影响”到分散主义：一九四九至一九五三年中共对官僚主义成因的认知》，《党史研究与教学》2022 年第 2 期。

中国共产党在整风运动中不断动员各级领导干部参加体力劳动，重申群众路线对于克服官僚主义、宗派主义和主观主义问题的重要性，重新构造了群众路线的工作方法。[①]这一研究推进了学界对群众路线的认知，也体现了党的群众路线是政治史研究的重要内容。

在以政治史视角对党的建设的研究中，学者往往强调中国共产党在当代中国的领导核心地位，从党治国理政、加强党的全面领导这一视野对党的建设进行分析。例如，有学者认为，应当从中国共产党管党治党、治国理政的角度来理解党的公权力监督思想[②]；有学者认为，党的纪律检查机关设立的主要目的是为实施、巩固和加强党的领导服务[③]；还有学者认为，在整风运动研究中要探析中国共产党如何从执政党的角度来进行自身建设[④]。总之，在党的建设研究中强调中国共产党在中国政治中的领导核心作用，是政治史学者的共识。这一认识，既体现了对当代中国政治发展的主流本质的准确把握，也使党的建设研究更为立体和深入。

（三）改革开放研究

学界在政治史视角下对改革开放的研究重点，主要包括改革开放与中国特色社会主义，改革开放的原因、主题与本质，改革开放时期党的重要会议等。

中国特色社会主义制度是在改革开放的过程中确立、完善和发展的。围绕中国特色社会主义制度与中国特色社会主义理论体系，学界取得了一系列研究成果。姜淑萍等人认为，邓小平为中国特色社会主义制度的形成确立了基本的思路和原则：一是明确制度和方法的区别；二是明确制度改革的社会

① 常利兵：《作为方法的群众路线——1957 年中共关于干部参加体力劳动的实践及影响》，《上海大学学报（社会科学版）》2022 年第 4 期。

② 张桂林：《百年来中国共产党公权力监督思想研究》，《政治学研究》2022 年第 5 期。

③ 向杨：《新中国成立以来中国共产党纪律检查体制的变迁——基于 1949—2020 年省级纪委书记群体的考察》，《江汉论坛》2022 年第 2 期。

④ 常利兵：《作为方法的群众路线——1957 年中共关于干部参加体力劳动的实践及影响》，《上海大学学报（社会科学版）》2022 年第 4 期。

主义性质；三是明确制度改革的艰巨性和长期性。[①] 齐卫平研究了邓小平在改革开放中推进马克思主义中国化的实践过程，论述了邓小平与中国特色社会主义理论体系的形成。[②] 这些研究成果既深化了对中国特色社会主义的学理阐释，也为学界深化对邓小平的研究提供了重要参考。

对改革开放原因、主题与本质等方面的研究也有所推进。关海庭对中国共产党成功启动改革开放的政治原因进行了分析，他认为，"中国共产党对宗旨的坚持和人民群众的认可是基本的政治前提"，中国共产党优良传统的继承和发扬使其具备了强大领导能力，统一战线和政治协商制度则对改革启动产生了直接影响。[③] 谢迪斌认为，改革开放的历史书写必须坚持大历史观原则下的贯通性叙事、主题性叙事和本质性叙事，他强调，改革开放的历史主题就是中国特色社会主义，改革开放的本质就是社会主义现代化。[④] 这些研究为大历史观视野下的改革开放史研究提供了借鉴。

总的来说，政治史视角下的改革开放史研究，紧密围绕中国特色社会主义这个主题，反映了学界对改革开放的主题主线、主流本质的关注。改革开放初期的真理标准问题讨论[⑤]、中共十一届三中全会、党的理论工作务虚会等内容，长期以来是学界的研究重点，在今后的改革开放史研究中，通过改革开放初期的重要事件对历史转折进行透视，仍然是主要的研究取向。

二、主要研究领域

政治制度史、政治人物、国防与军事史是政治史研究中的几个主要领域，2022 年均取得了丰硕的研究成果。在上述领域中，政治制度史的研究成果较

① 姜淑萍、吕春阳：《在改革中完善和发展中国特色社会主义制度》，《当代世界与社会主义》2022 年第 1 期。

② 齐卫平：《邓小平与马克思主义中国化的"第二次结合"》，《当代世界与社会主义》2022 年第 1 期。

③ 关海庭：《中国共产党成功启动改革开放原因再分析》，《中共党史研究》2022 第 3 期。

④ 谢迪斌：《论大历史观下的改革开放叙事》，《广东党史与文献研究》2022 年第 1 期。

⑤ 关于真理标准问题讨论，代表性的研究成果有周元刚：《浙江真理标准问题讨论始末》，《浙江档案》2022 年第 3 期。2022 年度的国家社科基金也有关于真理标准问题讨论的研究立项，即肖建平的"真理标准问题讨论'补课'史料的收集、整理与研究"青年项目。

为显著，资料建设上的进展与学界对全过程人民民主的关注，也将继续促进政治制度史研究的发展。

（一）政治制度史研究

政治制度史的资料建设取得进展，金冲及主编的大型历史文献丛书《复兴文库》2022 年已由中华书局出版了前三编，第三编收入 1949—1978 年的重要文献，其中包括“人民代表大会制度的建立和实施”“人民政协和统一战线的理论与实践”“民族区域自治的理论与实践”等以政治制度为主题的卷目，是政治制度史研究的重要资料。

从政治制度史研究成果的分布来看，学界的研究主题主要集中于人民代表大会制度、中国共产党领导的多党合作和政治协商制度以及民族区域自治制度。在研究的时间段上，学界更为关注新中国成立初期各项政治制度的建设和各项政治制度在新时代的发展。

在人民代表大会制度史研究中，学界的关注重点是人民代表大会制度的建立过程、人民代表大会的组织与职能、人民代表大会制度在新时代的发展等。第一次全国普选是人民代表大会制度建立的重要前提，韩同友等对江苏基层普选中选举权审查的偏向与纠正进行了研究[①]，赵连稳等梳理了从各界代表会议到人民代表大会的演进过程[②]。刘松山、刘维芳从人大组织和立法过程的角度对人民代表大会行使职权的问题进行了研究。[③]万其刚总结了新时代人民代表大会制度和人民代表大会工作的重大创新成果[④]，钟金燕围绕人民代表大会制度在新时代的坚持和完善进行了论述[⑤]。这些成果既有对人民代表大会制度的整体研究，又有对具体职能与特定历史实践的研究，体现了人民代表

① 韩同友、金子求：《1953—1954 年江苏基层普选中选举权审查的偏向与纠正》，《当代中国史研究》2022 年第 1 期。

② 赵连稳、马伟宣：《从各界代表会议到人民代表大会——中共地方民主建政的成功探索》，《北京联合大学学报（人文社会科学版）》2022 年第 3 期。

③ 刘松山：《人大组织与行使职权若干问题研究》，光明日报出版社 2022 年版。刘维芳：《监督法从酝酿到出台的历程考察》，《当代中国史研究》2022 年第 3 期。

④ 万其刚：《新时代人民代表大会制度和人大工作创新发展的重大成果》，《当代中国史研究》2022 年第 5 期。

⑤ 钟金燕：《新时代坚持和完善人大制度：逻辑、价值和路径》，《人大研究》2022 年第 1 期。

大会制度的历史演进与运行机制。

在中国共产党领导的多党合作和政治协商制度方面，学界重点关注的是新中国成立初期的政治协商制度。“协商民主是实践全过程人民民主的重要形式”[①]，张青红聚焦新中国成立初期，对中国共产党协商民主的理论体系、制度建设、实践运作进行了分析[②]。马岭认为，1949—1954 年的宪法形式是由《中国人民政治协商会议共同纲领》《中华人民共和国中央人民政府组织法》《中国人民政治协商会议组织法》和一系列宪法性文件构成的多文本成文宪法。[③]对政协第一届全体会议的研究，长期以来是学界的热点，这使政协制度史研究一直有较强的生命力。

在民族区域自治制度方面，“铸牢中华民族共同体意识”是学界研究的热点与重点。沈雁昕等对习近平总书记关于铸牢中华民族共同体意识的重要论述进行了梳理分析。[④]对于中国共产党的民族政策，段世雄研究了新中国成立初期“旗县并存、蒙汉分治”问题的解决，认为中国共产党在制度设计、建制设立和人事安排上尽量平衡各方利益，做到了“尊重历史、照顾现实”。[⑤]刘鹤认为，在新中国成立初期的西南民族民间武装改造过程中，中国共产党的做法既坚持了马克思主义民族平等、民族团结原则，又有因地制宜、因时制宜的特点。[⑥]谭世圆认为，新中国成立初期组织少数民族参观活动是少数民族代表人士归属中华人民共和国的政治象征。[⑦]这些研究通过聚焦于民族地区进行具体考察，总结了中国共产党开展民族工作的历史经验。

总的来说，在对各项政治制度的历史研究中，对基层群众自治制度史的

① 习近平：《高举中国特色社会主义伟大旗帜 为全面建设社会主义现代化国家而团结奋斗——在中国共产党第二十次全国代表大会上的报告》，人民出版社 2022 年版，第 38 页。

② 张青红：《新中国成立初期协商民主探索与实践》，华南理工大学出版社 2022 年版。

③ 马岭：《我国 1949—1954 年的政体、宪法形式及其反思》，《甘肃社会科学》2022 年第 3 期。

④ 沈雁昕、李正华：《习近平总书记关于铸牢中华民族共同体意识的重要论述探析》，《中国井冈山干部学院学报》2022 年第 4 期。

⑤ 段世雄：《新中国成立初期“旗县并存、蒙汉分治”问题的解决》，《中共党史研究》2022 第 1 期。

⑥ 刘鹤：《中华人民共和国成立初期中共对西南民族民间武装的改造》，《党史研究与教学》2022 年第 2 期。

⑦ 谭世圆：《连通心灵之旅：1950 年云南少数民族国庆参观团考论》，《云南民族大学学报（哲学社会科学版）》2022 年第 1 期。

研究相对较为薄弱，中共二十大关于“基层民主是全过程人民民主的重要体现”[①]的论断进一步加强了学界对基层民主的关注，也将促进基层群众自治制度史的研究。

（二）政治人物研究

在政治人物研究中，学界梳理了毛泽东、刘少奇等领导人对社会主义建设的分析。聂文婷以毛泽东在 1957 年《关于正确处理人民内部矛盾的问题》的讲话为中心，梳理分析了毛泽东关于社会主义社会中存在的矛盾的论述，总结了毛泽东归纳的正确处理人民内部矛盾的方法。[②]马慧怡以刘少奇 1959 年在苏联《政治经济学教科书》学习讨论会上的发言为中心，梳理了刘少奇关于社会主义社会的基本特点、社会主义建设的实质和目的、自主探索社会主义建设道路的方法论原则等问题的观点。[③]

在以邓小平为中心的研究中，以《邓小平西南工作文集》为基础对邓小平主政西南时期进行考察，是学界常见的研究视角，其中较具代表性的研究成果有：史会景梳理了邓小平主政西南时期对群众工作的认识和思考[④]，王义平考察了邓小平主政西南时期的农村治理实践[⑤]等等。张金才强调了邓小平在中共十一届三中全会及此前中央工作会议上发挥的关键作用，梳理了邓小平在提出会议主题、引导会议进程、发表主题讲话等方面发挥的作用。[⑥]另外，2022 年是邓小平南方谈话发表 30 周年，有学者把邓小平南方谈话分别放在党史、新中国史、改革开放史、社会主义发展史四个维度中加以考察，总结了

---

① 习近平：《高举中国特色社会主义伟大旗帜 为全面建设社会主义现代化国家而团结奋斗——在中国共产党第二十次全国代表大会上的报告》，人民出版社 2022 年版，第 39 页。

② 聂文婷：《正确处理人民内部矛盾，团结一致建设社会主义——重温毛泽东〈关于正确处理人民内部矛盾的问题〉》，《党的文献》2022 年第 4 期。

③ 马慧怡：《刘少奇对我国社会主义建设的思考——以〈在苏联《政治经济学教科书》学习讨论会上的发言〉为中心》，《党的文献》2022 年第 4 期。

④ 史会景：《邓小平主政西南时期对群众工作的认识和思考》，《党的文献》2022 年第 6 期。

⑤ 王义平：《城乡共荣：邓小平主政西南时期农村治理实践与启示》，《邓小平研究》2022 年第 3 期。

⑥ 张金才：《邓小平对党的十一届三中全会实现历史转折所起的关键作用》，《邓小平研究》2022 年第 2 期。

南方谈话的重要意义。[①]

总之，在围绕政治人物的政治史研究中，学界通过梳理分析重要政治人物的思想与实践，对社会主义建设、中国特色社会主义与改革开放等重要主题进行了探讨，既体现了政治史研究的主要关注点，也反映了学界通过历史研究回应时代议题的努力。

（三）国防与军事史研究

国防与军事史研究领域，学界的关注点主要集中于军兵种的建设、国防建设，以及军队的整顿改革等方面。

在军兵种建设方面，研究成果集中于对军兵种建设的历史梳理与对军队领导体制的研究。贺雪娇等围绕1949—1960年苏联援助中国陆军建设进行了研究，认为中国陆军始终坚持立足自主发展为主，寻求外援为辅的方针。[②] 贺怀锴对1949—1956年炮兵的建设历程进行了梳理，并论述了炮兵在抗美援朝战争中的作用。[③] 姬文波梳理了1959—1966年公安部队的领导体制和名称的变动，从体制和编制方面对武警（公安）部队进行了研究，认为公安部队的各项建设必须既要服从公安保卫任务的需要，又要按照军事部队的要求进行。[④]

在国防建设方面，对边防与海防的研究均得到了学者的重视。在边防研究方面，新疆生产建设兵团一直是学界的研究重点，姚勇对新疆兵团边境团场创建的背景与过程进行了梳理，论述了边境团场的作用。[⑤] 在海防研究方面，唐明胜对浙东前线的海防斗争进行了历史梳理，认为1949—1955年浙东的海防斗争在当代中国海防建设史上具有重要地位。[⑥]

---

① 刘贵军、张云珊：《从“四史”角度看邓小平南方谈话的重大意义》，《世界社会主义研究》2022年第2期。

② 贺雪娇、贺怀锴：《苏联援助中国陆军建设述论（1949—1960）》，《安徽史学》2022年第4期。

③ 贺怀锴：《人民炮兵的创建与奠基（1949—1956）》，《东岳论丛》2022年第9期。

④ 姬文波：《1959—1966年武警（公安）部队体制变更和编制变化》，《当代中国史研究》2022年第2期。

⑤ 姚勇：《“伊塔事件”与新疆兵团边境团场的创建》，《新疆大学学报（哲学社会科学版）》2022年第6期。

⑥ 唐明胜：《从被动防守到主动进攻：20世纪50年代初期浙东前线的海防斗争》，《军事历史研究》2022年第1期。

军队改革对军队建设具有重要意义，因此军队的整顿与改革历程受到学界的重点关注。于化民对邓小平主持的1975年军队整顿进行了梳理，总结了军队整顿取得的成果，认为这次整顿开启了新时期军队全面改革的先河。[①]聂文婷从军队领导指挥体制、组织形态、政策制度体系、军民融合等方面，论述了中共十八大以来深化国防和军队改革的成就与启示。[②]这些研究总结了军队整顿与改革的经验，深化了军队建设研究，具有较强的现实价值。

三、热点问题

政治史研究的热点问题，包括新中国成立初期的城市接管与政权建设、土地改革、中国共产党的宣传教育与政治动员等。相关研究成果既体现了对传统研究范式的延续发展，也有对研究方法的反思与创新。

（一）新中国成立初期的城市接管与政权建设研究

新中国成立初期的城市接管，与政权建设、干部南下等历史过程密切相关，一直是学界的热点问题。关于城市接管与政权建设的研究已有丰富成果，连文妹在此基础上进行了学术述评，通过梳理城市接管、群众运动、干部队伍、基层社会组织等角度的研究，展现了新中国成立初期城市政权建设与社会改造研究的总体概况。[③]何志明通过考察20世纪50年代晋绥南下干部对成都的接管与改造，探讨了中国共产党工作重心从乡村到城市的转移过程。[④]左方敏等以皖南为中心考察了1949年接管政权的情况。[⑤]总之，新中国成立初期的城市接管、政权建设等是学术积累较为深厚的研究领域，其研究成果往往

① 于化民：《军队全面改革的前奏曲——论邓小平与1975年军队整顿》，《东岳论丛》2022年第1期。

② 聂文婷：《中共十八大以来深化国防和军队改革的成就与启示》，《当代中国史研究》2022年第5期。

③ 连文妹：《新中国成立初期城市政权建设与社会改造研究述评》，《中共党史研究》2022第2期。

④ 何志明：《从乡村到城市：1950年代晋绥南下干部对成都的接管与改造》，《成都大学学报（社会科学版）》2022年第1期。

⑤ 左方敏、姚宏志：《挺进皖南：1949年干部南下与政权接管》，《安徽史学》2022年第2期。

具有较清晰的问题意识，也展现了地域史等研究取向。

（二）土地改革研究

在土地改革研究的成果中，虽然学者的研究视角各有不同，但均将土地改革的经济意义与政治意义作为研究的出发点，通过实证研究对土地改革的深层意义和影响进行了深入分析；也有学者针对土地改革的研究方向进行了专门探讨，促进研究进一步走向深化。李灏哲等从历史社会学视角关注了农民流动与土地改革之间的关系，认为土地改革使众多农民从流动转向定居，国家也得以重建与农民的政治联系，并通过各类新型组织强化了乡村社会治理。[①] 何志明从干部的角度考察了土地改革，认为 20 世纪 50 年代初期的土改工作队起到了培养乡村干部的作用，农民不仅在经济上“翻身”，还在政治上“翻身”,“形成了自己的领导核心”。[②] 满永针对土地改革研究的拓展方向提出，学界在关注土地改革的经济影响、政治影响时，应关注土地改革在社会文化层面造成的影响，拓宽土地改革史研究的视野。[③] 从经济政治到社会文化的拓展方向，将进一步深化学界对土地改革的社会文化意义的认识。

（三）中国共产党的宣传教育与政治动员研究

有关中国共产党的宣传教育，学界的关注点主要在于党史宣传与爱国主义教育。在《党史研究与教学》组织的笔谈中，周龙燕论述了新中国成立初期宣传党史的紧迫性，梳理了全国的党史学习宣传情况[④]；钱崇君总结了宣讲中共党史的多种措施[⑤]。此外，也有学者考察了新中国成立初期上海市的党史学习运动[⑥]与北京市在抗美援朝运动中的爱国主义教育[⑦]。

---

① 李灏哲、李里峰:《流动与现代化：一项关于土改的历史社会学分析》,《学海》2022 年第 2 期。

② 何志明:《1950 年代初期新区乡村干部的生成逻辑——以土改工作队为中心的考察》,《史林》2022 年第 5 期。

③ 满永:《土地改革研究的再思考：从经济政治到社会文化》,《广东党史与文献研究》2022 年第 2 期。

④ 周龙燕:《中华人民共和国成立初期宣传党史的紧迫性》,《党史研究与教学》2022 年第 3 期。

⑤ 钱崇君:《宣讲中共党史的多种措施》,《党史研究与教学》2022 年第 3 期。

⑥ 王龙:《新中国成立初期上海党史学习运动的历史考察》,《当代中国史研究》2022 年第 2 期。

⑦ 刘肖委:《抗美援朝运动中的爱国主义教育——以北京市为例》,《党的文献》2022 年第 3 期。

在政治动员的研究中，对国庆纪念的研究是一项热点。王倩从政治仪式的角度，考察了新中国成立初期少数民族代表赴京参加国庆活动的过程，强调国庆仪式实现了政治动员、达成了政治共识。[①] 周游总结了国庆纪念中体现的国家认同，并梳理了国庆纪念中进行民众动员的方式。[②] 此外，新中国成立初期爱国卫生运动中的社会动员也受到学界关注，有学者对此进行了专题研究。[③]

在对中国共产党的宣传教育与政治动员的研究中，许多研究的模式较为相似，即介绍背景、梳理举措、总结成效。在研究对象与研究方式较为相似的情况下，如何在研究角度与材料使用上避免重复性、体现创新性，应是今后研究的努力方向。

四、研究前沿

在政治史研究中，近年来兴起的一些研究思路具有创新性，如政治概念史研究、中国共产党的历史叙事研究、毛泽东著作的传播与影响研究、妇女解放与家国关系研究等。采取这些研究视角的成果日益增多，影响力逐渐增强，反映了政治史研究的前沿。

（一）政治概念史研究

概念史研究是史学界较为流行的研究范式，但学界以往的概念史研究主要集中于近现代史范畴。近年来，概念史研究方法对当代政治史研究的影响逐渐增强，2022 年学界的研究涵盖了中国共产党话语体系中的一系列重要政

---

① 王倩：《新中国成立初期少数民族代表赴京参加国庆活动探析》，《云南民族大学学报（哲学社会科学版）》2022 年第 1 期。

② 周游：《节庆、认同与动员：新中国建立初期的国庆纪念研究（1949—1956）》，《社会科学论坛》2022 年第 4 期。

③ 崔丹：《新中国成立初期爱国卫生运动中的社会动员——以上海为考察中心》，《毛泽东邓小平理论研究》2022 年第 3 期；胡靖：《新中国初期爱国卫生运动中的宣传动员》，《湖南社会科学》2022 年第 3 期；王野汀、段文健：《健康的重塑：新中国成立初期中国共产党对爱国卫生运动的社会动员》，《兰州学刊》2022 年第 8 期。

治概念。

“中华民族”概念受到学界的重点关注。周竞红研究了“中国民族”“中华民族”两个词汇在党的重要历史文献中使用频度的变迁，认为新中国成立后“中华民族”逐步取代“中国民族”成为核心词，百年来“中华民族”词语演进的历史进程就是中国共产党不断推进马克思主义民族理论中国化并取得丰富成果的进程。[①] 励轩围绕“中华民族”相关概念的翻译及其内涵进行了研究，认为中国共产党在对概念的翻译中体现了对现代国家建设的看法，中国共产党要建设一个统一的多民族国家，所以在翻译上既要突出中华民族代表中国全体国民，也要强调各民族具有民族地位。[②]

对于中国共产党话语体系中的关键概念，一些学者围绕“中华民族伟大复兴”概念[③]、中国共产党的“人民”概念[④]、“中国特色社会主义”概念[⑤]、中国共产党的“马克思主义政党”概念[⑥]进行了考察，探讨了这些政治概念的来源、历史演变与特征等。

中共十八大以来强调的一些政治概念成为学界关注的重点。柳宝军认为，中共十九大报告提出的“以组织力为重点，突出政治功能”，是在党代会报告中首次出现“组织力”的概念，他围绕“组织力”概念的历史变迁进行了考察。[⑦] 冷兆松认为，“政治站位”是近年来重要的政治话语概念之一，他强调，

---

① 周竞红：《“中国民族”“中华民族”在党的百年文献中使用频度变迁管窥——以党的重要文献选编为主要考察文本》，《中国边疆史地研究》2022年第1期。

② 励轩：《中国共产党对“中华民族”相关概念的翻译——基于汉文、藏文、维吾尔文版〈毛泽东选集〉的研究》，《中央民族大学学报（哲学社会科学版）》2022年第2期；《近代以来“中华民族”相关概念的英译及其内涵演变》，《学术月刊》2022年第2期。

③ 肖贵清、张鉴洲：《“中华民族伟大复兴”概念的历史演进》，《四川师范大学学报（社会科学版）》2022年第3期。

④ 张飞岸、李海林：《中国共产党“人民”概念的历史政治学考察》，《教学与研究》2022年第11期。

⑤ 胡国胜、黄晓娟：《“中国特色社会主义”概念的源流考释与话语演变》，《当代世界社会主义问题》2022年第1期。

⑥ 黄晓娟、胡国胜：《中国共产党“马克思主义政党”概念的源流考释与语义演变》，《科学社会主义》2022年第1期。

⑦ 柳宝军：《百年党史视野中“组织力”概念的历史嬗变与时代意蕴》，《人文杂志》2022年第9期。

对关键政治话语概念的探讨，能够从微观视角拓展新时代政治史研究。[①]

围绕政治概念史的研究方法，郭若平论述了中共政治概念史研究与中共政治思想史研究之间的关系，认为可以在中国共产党思想史问题域中观察政治概念的生成、定型、变迁及其语义更新。[②] 这一论述强调了思想史视角在政治概念史研究中发挥的作用，对当代政治史研究具有一定的启发。

总的来说，学界对政治概念史的研究有三个共同特点：以概念研究为切入点，从不同侧面透视马克思主义中国化的过程；在研究中注重概念的政治性，有学者强调政治概念反映了政治理念[③]，有学者强调政治概念具有历史与政治的双重特性，要注重理解概念的政治内涵[④]；中国共产党在新时代的理论创新，对政治概念史研究起到了引领作用。

（二）中国共产党的历史叙事研究

在对中国共产党的历史叙事研究中，有学者从《中共中央关于党的百年奋斗重大成就和历史经验的决议》的角度对中国共产党的历史叙事进行分析。朱佳木指出，党的第三个历史决议叙述历史的过程更加突出主线主流，对待存在的问题更多地采用正面表述的方式。[⑤] 齐卫平指出，党的第一个历史决议的叙事方式是对党犯各种错误的经过、特征、原因做深入的论述，以期分辨是非；党的第二个历史决议既坚持了邓小平提出的“宜粗不宜细”的历史叙事原则，又体现了粗中见细的重点叙事特点；党的第三个历史决议是对中国共产党百年奋斗历程的全景式叙事。[⑥] 陈金龙对第三个历史决议的叙史方法做

---

① 冷兆松：《拓展新时代政治史研究的微观视角刍议——以政治站位相关概念为例》，《当代中国史研究》2022 年第 6 期。

② 郭若平：《思想史场域：中共概念史的政治因应》，《中共党史研究》2022 年第 4 期。

③ 励轩：《近代以来“中华民族”相关概念的英译及其内涵演变》，《学术月刊》2022 年第 2 期。

④ 张飞岸、李海林：《中国共产党“人民”概念的历史政治学考察》，《教学与研究》2022 年第 11 期。

⑤ 朱佳木：《深刻认识党的第三个历史决议的时代特色》，《马克思主义研究》2022 年第 1 期。

⑥ 齐卫平：《中国共产党百年奋斗历程的全景式叙事——学习〈中共中央关于党的百年奋斗重大成就和历史经验的决议〉》，《思想理论教育》2022 年第 1 期；《百年大党历史叙事的大检阅——以中国共产党的历史决议为文本》，《教学与研究》2022 年第 6 期。

了概括，并建议拓展对党的第三个历史决议叙史方法的研究。[①]

由中央党史和文献研究院编写的《中国共产党的一百年》于 2022 年出版，是一部权威党史著作。有学者指出，中共党史有革命史叙事、现代化叙事等多种方式，近年来，民族复兴叙事方式逐渐兴起，《中国共产党的一百年》是运用民族复兴叙事的权威著作，为学界建立民族复兴新叙事奠定了基础。[②]

有学者通过分析《毛泽东选集》的著作编排体例，认为《毛泽东选集》的内容是以毛泽东为中心的新民主主义革命的历史叙事，在新中国成立初期重塑民众历史思想的诉求下，此种历史叙事经《毛泽东选集》和《中国共产党的三十年》两种权威著述吸纳、完善，权威的革命史叙事成为新政权形塑新人、巩固执政正当性的基础思想资源。[③]

总之，学者强调的“历史叙事成为中共政治文化中的一个重要元素”[④]体现了历史叙事研究的意义，《中国共产党的一百年》将促进历史叙事研究的进一步深化。党的第三个历史决议也为历史叙事研究的深化提供了重要的指导。

（三）毛泽东著作的传播与影响研究

在以毛泽东为中心的历史研究中，学界传统的研究视角是对毛泽东思想或毛泽东的著作文本进行研究，而近年来对毛泽东著作传播与影响的研究视野更为广阔，不仅仅局限于毛泽东本人的思想与文本，而是通过考察毛泽东著作的传播与影响，对新中国政治史进行审视。

较有代表性的研究有邬国义、赵诺等学者对毛泽东讲话的研究。邬国义通过分析毛泽东《斯大林是中国人民的朋友》与《在延安各界庆祝斯大林六十寿辰大会上的讲话》数次修改与流传的情况，梳理分析了毛泽东著作经典化的过程。[⑤]赵诺等研究了毛泽东《关于正确处理人民内部矛盾的问题》讲

---

① 陈金龙：《第三个历史决议与中共党史研究的视域拓展》，《求索》2022 年第 2 期。

② 陈海平、刘志新：《〈中国共产党的一百年〉出版座谈会综述》，《中共党史研究》2022 年第 5 期。

③ 黄江军：《〈毛泽东选集〉著作编排与革命史叙事的经典化》，《党史研究与教学》2022 年第 2 期。

④ 黄江军：《〈毛泽东选集〉著作编排与革命史叙事的经典化》，《党史研究与教学》2022 年第 2 期。

⑤ 邬国义：《毛泽东〈斯大林是中国人民的朋友〉及〈讲话〉两文本的历史考察》，《史林》2022 年第 6 期。

话的传播过程与“正确处理人民内部矛盾”理论在不同时期的运用情况。[①] 上述研究以毛泽东著作的传播与影响作为线索，将研究范围延伸到较长的历史时期，提供了观察与透视长时段政治史的独特角度。

（四）妇女解放与家国关系研究

在政治史研究中，新中国的妇女解放、家庭与国家关系受到学界关注。婚姻法是学者研究的重点，张华认为，1950 年婚姻法通过确立“民主和睦”“团结生产”的新家庭建设目标，理顺了家庭在新社会中的位置，新家庭建设不仅理顺了个人、家庭、国家之间的关系，完成了近代个人—家—国连续体的重构任务，而且对于重新理解妇女解放有重要启示。[②]

对于妇女解放与国家建构之间的联系，学者进行了创新性解读。尹红群等在对基层社会治理的研究中强调，妇女解放是在国家建构的语境中展开的，当厂矿和政府部门成为男性化的组织机构时，家庭、街道成为妇女的主场，管理家庭的妇女延伸为街道的管理者，凝结在“治街如治家”的表述中。[③] 丛小平认为，妇女在婚姻上的自主，国家在国际社会反抗殖民主义、帝国主义霸权的斗争是同步的，因此，妇女的自主和国家的自主形成了一种同构关系，带动了妇女与家庭和国家关系的联动性变革。[④]

总之，这种研究取向的优势在于，在对法律与基层治理等问题的研究中引入妇女解放与家国关系的视角，是一种全景式的研究，采用更广阔的总体史的视域对政治史、社会史、文化史进行了超越与吸纳。[⑤] 这也是政治史研究的一种有前景的发展方向。

---

① 赵诺、高红兵：《〈关于正确处理人民内部矛盾的问题〉的传播与运用历程》，《毛泽东研究》2022 年第 6 期。

② 张华：《“团结生产”：1950 年〈婚姻法〉实施与新家庭建设研究》，《开放时代》2022 年第 6 期。

③ 尹红群、张敏：《“戴红袖章的街道大妈”与新中国初期城市街道治理》，《安徽史学》2022 年第 5 期。

④ 丛小平：《中国革命的实践与概念形成：婚姻、法律与女性观念》，《妇女研究论丛》2022 年第 5 期。

⑤ 宋少鹏：《把“党的妇女工作”带回来：以总体史视域推进“妇女与革命”的研究》，《妇女研究论丛》2022 年第 5 期。

五、对 2022 年政治史研究的思考

2022 年的当代政治史研究成果显著，重点、热点较为突出，体现了政治史学者对中国式现代化、党的建设、改革开放、政治制度、国防与军队建设等主题的密切关注与深入探索，也反映了政治史研究的学科特点与优势。今后，政治史学科建设仍需要学界在研究理论与方法、学术规范等方面共同努力。

（一）运用大历史观，把握当代中国政治发展的主题主线、主流本质

习近平在致国史学会成立 30 周年的贺信中强调：“牢牢把握国史的主题主线、主流本质，不断提高研究水平。”① 这一要求是政治史研究必须遵循的原则，也指明了政治史研究继续发展的方向。2022 年的政治史研究成果，反映了学界从政治史角度对国史主题主线、主流本质的把握。

具体来说，学界对中国式现代化的政治内涵的剖析，以及从政治史角度对中国式现代化的历史透视，深化了对当代中国政治发展主题主线、主流本质的认知。在从政治史视角进行的党的建设研究中，学界从政治思想与制度等方面围绕党的自我革命与党的政治建设进行了考察，其共同的特点是在党的建设研究中体现了党治国理政的视角，强调党在中国政治中的领导核心作用，凸显了“中国共产党领导是中国特色社会主义最本质的特征”。在从政治史视角对改革开放史的研究中，学界既从大历史观的视野论述了改革开放的原因、主题、本质，又通过细致的史实梳理，深入研究了改革开放的历史转折。这些研究成果体现了政治史学科在准确把握当代中国政治发展主题主线、主流本质的前提下进行历史研究的学科优势。

今后推进当代政治史研究，要不断深化对大历史观的认识。大历史观是唯物史观的重要体现，与政治史关系密切，有学者指出，大历史观的“核心议题是党和国家，出发点和落脚点是政党和国家这一最重要的政治范畴，首

① 《坚定历史自信增强历史主动 更好凝聚团结奋斗的精神力量》，《人民日报》2022 年 12 月 9 日。

要的指向恰恰是政治史”。[①]大历史观对当代政治史研究的启示，主要有三个方面：一是从古代史到当代史的延续性，即中国政治传统对当代政治发展的影响。汪仕凯认为，当代中国国家的形成史，内在地包含了五千年中国文明史、三千年中国政治传统以及现代政治文明的核心要素和基本线索。[②]二是从近代史到当代史的延续性。杨凤城强调，要从近代史的视野来看新中国单一制国家下民族区域自治制度的建构和行稳致远。[③]李里峰认为，百年党史具有一以贯之的历史逻辑，中国共产党“以具有高度凝聚力的党组织为一体，以行之有效的动员和治理为两翼，形成了相对稳定的政治风格”。[④]三是政治制度在改革开放前后的延续性。杨凤城指出，改革开放前奠定的党的领导制度、人民代表大会制度、多党合作与政治协商制度、民族区域自治制度等，既有延续性继承性，也是改革的对象和内容之一，是在基本架构内基本原则下的自我健全和完善。[⑤]

（二）明确政治史的学科定位与研究优势，推进学科建设

政治制度、政治思想、政治事件等是政治史研究的重点。这些内容也是政治学、社会学等学科的关注对象，近年来历史政治学、历史社会学等研究视角的兴起，也为学界提供了更多可借鉴的研究理论与方法。在这一趋势下，如何保持政治史学科的特色并发挥政治史学科研究方法的优势，是学科建设的关键问题。政治史学科的特点与优势，应该体现在研究视野、研究的理论基础、史学研究方法这三者的结合中。大历史观的研究视野、对当代中国政治发展的理论与历史过程的整体把握以及扎实的史学方法与史料，是政治史研究的基础。

回顾2022年的政治史研究成果可以看出，高质量的政治史研究成果往往具备“以小见大”的特点，既对史料进行了详细爬梳，又通过研究回答了

① 杨凤城：《大历史观与中华人民共和国史研究》，《当代中国史研究》2022年第4期。
② 汪仕凯：《走向历史深处的政治学》，《党史研究与教学》2023年第2期。
③ 杨凤城：《大历史观与中华人民共和国史研究》，《当代中国史研究》2022年第4期。
④ 李里峰：《中国政治的变与常：长时段的历史透视》，《江苏社会科学》2023年第1期。
⑤ 杨凤城：《大历史观与中华人民共和国史研究》，《当代中国史研究》2022年第4期。

理论问题。例如，在对改革开放史的研究中，学者通过历史梳理深化了对改革开放的理论认识；在对土地改革史的研究中，学界对土地改革意义的认知不断深入；在对政治概念使用与演变的研究中，进一步揭示了马克思主义中国化的过程；在对中国共产党历史叙事的研究中，透视了中国共产党的政治文化。

在政治史学科建设上，学界需要在以下几个方向上继续努力：一是加强对政治史学科研究方法的总结与反思。目前，与当代政治史研究取得丰硕成果现状不相称的是，学界围绕当代政治史学科研究方法的论述还很少，在这方面，既需要学习党史国史中的各个分支学科对研究方法的论述，也需要学习中国古代政治史对研究方法的论述与反思。二是加强对政治史学科中各个研究领域与研究专题的学术述评。连文妹对新中国成立初期城市政权建设与社会改造研究的述评[①]与满永对土地改革研究的回顾与分析,[②]是较有代表性的高质量学术述评，对学界研究相关问题具有促进作用。三是提高当代政治史研究的学术规范性。需要注重在研究中加强学术对话，以促进政治史研究学术体系的建设。

总之，在 2022 年的政治史研究中，学界的问题意识较为明确，研究思路方法不断创新，学科体系、学术体系与话语体系的建设得到稳步推进。不断积累的政治史研究成果，反映出学界对重要理论问题、历史问题的关注，也展示了通过政治史研究来回答这些问题的可行路径。在研究主题上，以中国共产党治国理政为中心的研究将是政治史研究的重点；在研究时间段上，贯通新中国成立前后、贯通改革开放前后的历史时期将成为趋势；在研究视角上，政治概念史、中国共产党的历史叙事研究等将为政治史研究带来活力。政治史研究大有可为。

① 连文妹：《新中国成立初期城市政权建设与社会改造研究述评》,《中共党史研究》2022 第 2 期。

② 满永：《土地改革研究的再思考：从经济政治到社会文化》,《广东党史与文献研究》2022 年第 2 期。

中华民族现代文明的“现代”内涵阐析

李栩诺[*]

内容提要：文明具有历史进步性，解决当今问题，应努力创造符合时代发展要求的现代文明。不同的人类文明各有千秋，中华文明倡导和而不同，拥有海纳百川、兼容并包的独特生命力。建设中华民族现代文明首先要理解把握其“现代”内涵，关于“现代”的定义学术史背景中的基本叙述框架以费正清等汉学家的“冲击—回应”范式为主，认为鸦片战争以来西方工业文明的冲击刺激是中华文明走向“现代”的开端，而从中国历史演化的内在动因出发的“传统—近代”范式摒弃了从西方视角出发观察中国历史的西方中心主义。建设中华民族现代文明，要以大历史观对中华民族五千多年文明史精准画像，从变革传统历史语境的“现代”、马克思主义指导下的“现代”、面向当代中国实践的“现代”、关怀世界发展大势的“现代”多维度出发，与马克思主义内在规定性相结合，与当代中国和当今世界相适应，探索实现符合时代需要的现代性转化。

文明是社会进步的概念，表明社会进步的尺度，是一个国家、民族的精神图腾，中华民族现代文明的崛起关乎中华民族的伟大复兴。汤因比以文明为单位的分析方法把历史发展分成若干种文明形态[①]，马克思把人类社会依据经济形态演进划分为依次更替的五种文明形态[②]，文明的发展大体上沿着社会形态的变化呈现出前进和上升的过程。建设中华民族现代文明是党和国家站在新的历史起点上，立足当代实践、着眼民族复兴、赓续千年文脉，丰富和

---

* 李栩诺，澳门科技大学社会和文化研究所，当代中国研究所访问学者。

① 如游牧文明、农耕文明、工业文明、生态文明之类。

② 原始社会文明、奴隶社会文明、封建社会文明、资本主义文明、社会主义文明。

发展新时代中国特色主义理论体系的重大课题，既是一个非常重要的理论问题，更是广大干群普遍关注的现实问题。

2023 年 6 月 2 日，习近平总书记在文化传承发展座谈会上指出：“在新的起点上继续推动文化繁荣、建设文化强国、建设中华民族现代文明，是我们在新时代新的文化使命。要坚定文化自信、担当使命、奋发有为，共同努力创造属于我们这个时代的新文化，建设中华民族现代文明。”[①] 学界对“建设中华民族现代文明”进行了多维度的探讨，已有学者从学理逻辑出发提倡进行中华民族现代文明自主知识体系建设[②]；有学者对中华民族现代文明的历史要义、基本内涵和理论逻辑进行挖掘[③]；还有学者通过“第二个结合”的视域考察和探究中华民族现代文明的独特价值[④]。在吸收学界已有研究的基础上，本文主要通过四大方面对中华民族现代文明的“现代”内涵进行分析阐释，旨在更好地总结新时代的中国经验和中国理论，提升历史自信和文化自信。

一、变革传统历史语境的“现代”

人类四大文明中，只有中华大地上滋生的中华文明源远流长从未中断，在人类文明史上独树一帜。王朝更替，帝国纷争，自秦始皇统一中国后曾有多个民族的政权入主中原与华夏文明碰撞融合，而中华五千年历史洪流中政权和王朝短期的分裂从未改变中华文明一脉相承、一以贯之的内核，统一的中国始终处于主导地位，反而嬗变出中华文明突出的包容性，逐渐在世界文明激荡中站稳脚跟。建设中华民族现代文明首先需要从历史语境厘清其“现代”的内涵，中华文明之所以是“现代”的，是相较于“传统”历史语境而言，

① 《担负起新的文化使命 努力建设中华民族现代文明》，《人民日报》2023 年 6 月 3 日。

② 朱碧波：《中华民族现代文明自主知识体系建设：学理逻辑与实践省思》，《中南民族大学学报（人文社会科学版）》2023 年第 8 期。

③ 田凯华：《中华民族现代文明的历史方位、理论要义与战略功能》，《统一战线学研究》2023 年第 4 期；罗文东：《中华民族现代文明的历史与理论逻辑》，《中国社会科学报》2023 年 6 月 12 日。

④ 于颖：《“第二个结合”视域下中华民族现代文明的生发逻辑、独特内涵及重大价值》，《统一战线学研究》2023 年第 4 期；张志强：《把握中华文明发展规律 奋力建设中华民族现代文明》，《中国社会科学报》2023 年 6 月 6 日。

不仅以传承和发扬中华民族五千多年传统文明精神命脉为重要源泉，同时需要涵养出由社会主义生产方式建造出的文明新形态。

（一）深刻把握中华文明的突出特性

在文化传承发展座谈会上，习近平总书记以连续性、创新性、统一性、包容性、和平性等五个关键词对中华文明突出特性作出精准提炼和系统总结。这“五个突出特性”，充分体现出中华文明有别于其他文明的独特性，是中华文明最核心、最有生命力的特性，充分彰显了中华文明一脉相承、守正创新、凝聚统一、开放包容、崇尚和合的精神特质和发展形态，很好地回答了如何为伟大复兴中国梦提供强大的价值引导力、文化凝聚力、精神推动力。对中华文明的内涵进行准确认识、深邃思考和全面把握，我们才能更好地理解古代文明和现代文明，才能找准引导中华民族走向未来辉煌的根基。以大历史观、大文化观对中华民族五千多年文明史进行精准画像，深刻认识中华优秀传统文化中的重要元素，“天下为公、天下大同的社会理想，民为邦本、为政以德的治理思想，九州共贯、多元一体的大一统传统，修齐治平、兴亡有责的家国情怀，厚德载物、明德弘道的精神追求，富民厚生、均调民安的经济伦理，天人合一、万物并育的生态理念”①，其中蕴含的执两用中、守中致和的思维方法，知行合一、笃行致远的实践哲学共同塑造出中华文明的突出特性。中华文明的连续性居于首位，中华文明绵延五千多年而没有中断，其创新性、统一性、包容性、和平性分别决定了中华文明能够很好地处理守正与创新、共性与个性、独立与开放、战争与和平之间的辩证统一关系，深刻揭示了中华文明有源有流、有根有脉的自立之本，光前裕后、开放包容的自信之基，与时偕行、革故鼎新的自强之道，彰显了中华文明不同于其他文明的鲜明特色。

（二）有效推动中华优秀传统文化的创造性转化

“只有全面深入了解中华文明的历史，才能更有效地推动中华优秀传统文化创造性转化、创新性发展，更有力地推进中国特色社会主义文化建设，建

① 《担负起新的文化使命 努力建设中华民族现代文明》，《人民日报》2023 年 6 月 3 日。

设中华民族现代文明。”[①] 中华文明是革故鼎新、辉光日新的文明，与时俱进是中华文明永恒的精神气质，创新精神是中华民族最鲜明的禀赋。“除了由于西方文明在物质领域所取得的世界性成功而产生的错觉之外，对历史统一性的误解包括这样一种假设，即只有我们自己的西方文明一条河流，所有其他河流要么是它的支流，要么就是消失在沙漠中的内陆河还可以追溯到三个来源：自我中心的错觉，‘东方不变’的错觉，进步是直线运动的错觉。”[②] 几百年来，西方文明被当作人类文明的普遍标准，以西方中心主义的理论视角衡量人类历史上的其他文明，正如汤因比谈到的以西方为中心的文明建构中包含的“东方不变”的错觉。新中国成立以来，润泽人心的中华文明早已从尊孔重儒的土壤迸发出新的活力。中华优秀传统文化是实现文化认同与价值认同的丰厚土壤，同时是涵养其“现代”特质的重要源泉。新时代催生新理论，理论界和思想界也在不断地开展关于文明问题的讨论，“党的十八大以来，我国意识形态领域形势发生全局性、根本性转变，全党全国各族人民文化自信明显增强，全社会凝聚力和向心力极大提升，为新时代开创党和国家事业新局面提供了坚强思想保证和强大精神力量”[③]，党中央提出的一系列新思想新观点新论断，是新时代党领导文化建设实践经验的理论总结，是新时代对传承中华优秀传统文化的新发展，是弘扬新时代社会主义文明的体现。

（三）坚定立足中华文明永续传承的战略高度

建设中华民族现代文明具有极强的政治性、思想性、战略性、指导性，没有中华文明的繁荣兴盛，就没有中华民族的伟大复兴；没有文化上的自信自强，就没有中国式现代化建设的成功。十八大以来，党带领人民立足于中华民族伟大历史实践和当代实践，用中国道理总结好中国经验，在坚定文化自信上下功夫，把中国经验提升为中国理论，以“传统”滋养“现代”，不断推动中华文明在新时代的永续传承。十八大以来，党中央深刻认识到重大理

---

① 《担负起新的文化使命 努力建设中华民族现代文明》，《人民日报》2023 年 6 月 3 日。

② ［英］汤因比（Toynbee,AJ.）:《历史研究》，郭小凌等译，上海人民出版社 2010 年版，第 48 页。

③ 《中共中央关于党的百年奋斗重大成就和历史经验的决议》，人民出版社 2021 年版，第 46 页。

论是指引和解决现实问题的根基，正在系统丰富中华文明传承发展的一系列重大理论，正在深入地阐释“两个结合”重要论断的科学内涵，为新的起点上继续推动文化繁荣、建设文化强国指明前进方向、提供根本遵循，以“传统”丰富“现代”。在新时代，文明日益成为民族凝聚力和创造力的源泉与综合国力竞争的要素，文化自信越来越成为一个民族承载自身精神力量的思想标识。十八大以来，党和国家始终把文化建设摆在全局工作的重要位置，站在中华民族伟大复兴和中华文明永续传承的战略高度，致力于不断增强中华文明的传播力和影响力，在回答新时代坚持和发展什么样的中国特色社会主义文化以及如何坚持和发展中国特色社会主义文化的课题中，探索以“传统”锤炼“现代”。建设中华民族现代文明是党和国家践行历史主动精神的体现，是建设社会主义文化强国的行动指南，是中华民族走向伟大复兴进程的彰显。

二、马克思主义指导下的“现代”

文明是社会政治、经济、文化制度综合的体现，一个社会的文明形态与它的生产方式直接相关，资本主义的萌芽推动人类社会由传统的农业文明迈向比较先进的现代工业文明，一个崭新的社会形态催生与之相适应的文明。开启人类新文明是人类社会发展的必然需要，历史的发展也孕育出了社会主义，马克思主义在世界范围内的传播为创造新的人类文明提供了条件，十月革命的光辉至今照耀着中华民族现代文明的生成与发轫，把握时代特征，站在时代前列，与时俱进，是马克思主义的生命力，中华民族现代文明的“现代”，是在坚持马克思主义为中心的理论形态上的现代，是对资本主义所创造的现代文明的超越。

（一）资本主义现代文明的局限性与文化霸权主义

资本主义社会的文明萌芽、兴起、发展以及成熟的过程是循序渐进的。16 世纪英国珍妮纺织机的发明所推动的纺织业、手工业等商品经济贸易引发工业革命变革了传统的生产力与生产关系，也带来社会政治、经济以及文化形式的快速转变，推动社会的人类文明迈向一个崭新的阶段。中国的资本主义萌芽追溯到明代初期纺织业的发展留下的资本主义经济模式的痕迹，晚清洋务运动的开展大规模引进了西方比较先进的生产方法与科学技术，“师夷长技以制夷”以及“中体西用”的先进指导思想真正推动西方工业文明在中国的发展与进步。关于中国自身能否孕育资本主义萌芽以及这些萌芽能否发展成资本主义生产方式，马克思通过对东西方封建生产方式，中国与西欧小农经济和商品经济的考察的深入比较研究，认为“说不上它们有什么本质上的差异。它们的发展都有导向资本主义的可能性。……中国资本主义在1840年以前虽有一定程度的发展，但总的来看比西欧落后，缓慢”[①]。关于资本主义的发展带来的工业文明造成的几百年来的东西方文明中心之争，因马克思主义从历史唯物主义的角度揭示的资本主义文明的历史限度及其被未来社会文明形态超越的可能性而终止，文化霸权主义隐蔽性的外衣已逐渐被识破，站在新的历史起点上的当今中国，担负起创造和建构人类文明新形态的时代重任。

（二）马克思主义对资本主义现代文明的突破与超越

资本主义所创造的人类文明，同样在资本主义本身的“礼崩乐坏”中逐渐式微。马克思主义是在19世纪欧洲资本主义迅猛发展的经济环境和思想成果基础上诞生的，马克思从历史唯物主义出发以人类社会历史发展的视角揭示了人类文明演变的内在逻辑，指出人类文明发展的几大历史形态和必然趋势，彻底突破了西方中心主义和资本主义现代文明的桎梏。马克思对资本主义的批判侧重于对资本主义社会经济基础和本质的批判，“社会所拥有的生产力已经不能再促进资产阶级文明和资产阶级所有制关系的发展；相反，生产力已经强大到这种关系所不能适应的地步，它已经受到这种关系的阻碍；而它一着手克服这种障碍，就使整个资产阶级社会陷入混乱，就使资产阶级所有制的存在受到威胁。资产阶级的关系已经太狭窄了，再容纳不了它本身所造成的财富了”[②]。马克思对人类文明历史逻辑和发展趋势的判定基于世界历史的宏大视野，对资本主义制度的批判上升为对资本主义文明的揭露，主张

① 马克垚：《资本主义起源理论问题的检讨》，《历史研究》1994年第1期。

② 《马克思恩格斯选集》第1卷，人民出版社2012年版，第406页。

人类文明的发展是由低级到高级逐步发展的过程。鸦片战争以后，西方工业文明压倒中国传统封建农业文明，资本主义的西方战胜封建主义的东方，腐朽的清政府所代表的中国封建社会以儒学为主导意识形态失去它原来的地位，五四新文化运动的觉醒审视了中国社会向何处去的问题，也解决了如何对待中国传统文化的问题。马克思主义挽救了中国传统文化，在资本主义所建构起的西方中心主义的文明和现代化建设中另辟蹊径，摒弃了以西方资本主义文明为中心的殖民主义，指引东方文明走上不同于西方文明所创造的现代化道路，为中华文明复兴开辟了道路，中华民族在漫长历史发展中形成的独具特色的文化传统决定了马克思主义与中华文明的碰撞在中华大地上结出丰硕的果实。

（三）“第二个结合”是马克思主义中国化与时代化的成果

中华文明具有突出的创新性，中国特色的关键就在于“两个结合”。马克思主义的强大力量在于与中国实际的结合，与中国历史和传统文化的结合。习近平总书记深刻论述了“两个结合”的丰富内涵，强调“在五千多年中华文明深厚基础上开辟和发展中国特色社会主义，把马克思主义基本原理同中国具体实际、同中华优秀传统文化相结合是必由之路”①，“两个结合”是我们取得成功的最大法宝，中国特色的关键就在于“两个结合”。将马克思主义作为中国共产党人的信仰之本，中华优秀传统文化是中华民族的“根”与“魂”，二者在中华大地深度结合、互相成就，不断巩固了文化主体性，创立习近平新时代中国特色社会主义思想就是这一文化主体性的最有力体现。“第二个结合”是又一次的思想解放，让我们能够在更广阔的文化空间中，充分运用中华优秀传统文化的宝贵资源，探索面向未来的理论和制度创新，不仅闪耀着马克思主义真理光芒，也充盈着中华文化独特气韵的光辉；不仅闪耀着文化自信自强的思想光芒，也焕发着马克思主义的真理光芒和与时俱进的时代光芒。“第二个结合”是对中华文明发展规律的深刻把握，表明我们党对中国道路、理论、制度的认识达到了新高度，表明我们党的历史自信、文化自信达

① 《担负起新的文化使命 努力建设中华民族现代文明》，《人民日报》2023 年 6 月 3 日。

到了新高度，表明我们党在传承中华优秀传统文化中推进文化创新的自觉性达到了新高度。深刻领悟“两个结合”特别是“第二个结合”的理论逻辑、历史逻辑和实践逻辑，坚持把马克思主义思想精髓同中华优秀传统文化精华贯通起来、同人民群众日用而不觉的共同价值观念融通起来，推动中华优秀传统文化创造性转化、创新性发展，对于我们在新时代新征程上继续推动党的理论创新，进一步坚定文化自信自强，建设中华民族现代文明，谱写马克思主义中国化时代化新篇章，具有重大现实意义和深远历史意义。

三、面向当代中国实践的“现代”

建设中华民族现代文明不仅需要理解历史中国，还需要认识现实中国、把握未来中国，发展扎根实践解决党和国家现实问题的“现代”。当代中国走出了一条有别于资本主义和传统社会主义的发展路径，中国共产党已成立一百多年，党和国家事业取得了历史性成就，实现了第一个百年奋斗目标，全面建成了小康社会，迈上全面建设社会主义现代化国家新征程，创立了新时代中国特色社会主义，实现马克思主义中国化时代化新的飞跃。新时代赋予中华文明的现代转向以更为强大的动力和更为广阔的空间，中华民族现代文明内蕴中华传统优秀文明成果，通过与马克思主义有机结合统一形成的中国特色社会主义思想，贯穿在推进中国式现代化实践的时代任务中，能够推动中华文明与中国特色社会主义的共同进步，成为进一步铸牢中华民族共同体意识、实现中华民族伟大复兴的精神动力。

（一）根植中国共产党一百多年来的历史成就的“现代”

文明的建构遵循人类社会生活的实践性，而不是纯理论层面的，历史是过去的现实的综合，现实建构出未来的历史，建设中华民族现代文明必须立足当前国情和党在政治、经济、文化方面已经取得的成就，坚持党的领导，坚定正确的政治方向，坚持中国特色社会主义实践的成功经验。“我们中国的人文社会科学研究，必须立足中国实际，解决中国问题，这样才能有中国风格和中国气派。我们做学问，既要有历史感，也要有现实感。”[1] 中国共产党成立以来，始终是中华优秀传统文化坚定的传承者，中国共产党人始终是中华优秀传统文化的弘扬者。回顾中国共产党一百多年来的光辉历程，在领导全体中国人民进行革命、建设、改革的实践中始终自觉传承中华优秀传统文化，坚定不移地运用辩证唯物主义和历史唯物主义推进文化建设和文明发展，在创造性转化和创新性发展中赓续中华文脉，改变了一代又一代中国人的精神世界。实践和理论相辅相成，党带领全国人民坚持和发展中国特色社会主义，不断丰富中国特色社会主义文化的实质和内涵，为全体国民构建起宽广的文化与精神空间，书写出新的中华文明史。历史已经向世界证明，中国共产党的领导是建设中华民族现代文明的坚强根基。在科学引领下，中华民族现代文明已经形成一种新的文明形态，为世界文明发展提供一条崭新的现代化的行动指南。

（二）立足新时代中国特色社会主义新的历史定位的“现代”

建设中华民族现代文明要明确新时代国家发展的新定位、新目标和新要求，习近平总书记强调，在新的历史起点上继续推动文化繁荣、建设文化强国、建设中华民族现代文明，要坚定文化自信，坚持走自己的路，立足中华民族伟大历史实践和当代实践，用中国道理总结好中国经验，把中国经验提升为中国理论，实现精神上的独立自主。建设中华民族现代文明是新时代的新使命，应当融入新时代新征程党和国家的使命任务中，融入全面建成社会主义现代化强国的全局性谋划中。党的二十大报告指出：“全面建成社会主义现代化强国，总的战略安排是分两步走：从二〇二〇年到二〇三五年基本实现社会主义现代化；从二〇三五年到本世纪中叶把我国建成富强民主文明和谐美丽的社会主义现代化强国。”[2] 新时代的新要求、新方向决定了建设中华民族现代文明的前进方向，建设中华民族现代文明是新时代国家意识形态建

---

① 陈先达、臧峰宇：《从历史深处走来——马克思主义哲学谈话录》，河北人民出版社 2022 年版，第 112 页。

② 习近平：《高举中国特色社会主义伟大旗帜 为全面建设社会主义现代化国家而团结奋斗——在中国共产党第二十次全国代表大会上的报告》，人民出版社 2022 年版，第 24 页。

设的现实需要。中国特色社会主义进入新时代的重大政治判断，是在深刻把握我国社会发展新的阶段性特征的基础上，立足于党和国家事业发展的角度，总结改革开放以来特别是党的十八大以来所取得的伟大成就和历史性变革提出的。新时代特指中国特色社会主义发展的新的历史定位，具有特有的鲜明特征和中国标志[①]，坚持正确的方向是建设中华民族现代文明的根基和命脉，融入到习近平新时代中国特色社会主义思想的理论体系中，拓展中国特色社会主义的时代纵深，以深厚的文明底蕴为广大人民群众提供强劲持久、源源不断的精神动力，充分调动广大干群的积极性、主动性、创造性，凝聚起亿万中华儿女建设中华民族现代文明的磅礴力量，以生生不息、欣欣向荣的生命力走向光明的未来。

（三）融汇世界性和民族性的“现代”

建设中华民族现代文明并不是要消解过去的文明或者出现文明的断裂，而是在当代中国社会发展的实践基础上通过不懈探索融入新时代中国特色社会主义思想。中华民族现代文明是中国特色社会主义现代化建设过程中创造出的文明新形态，这种“现代”有别于传统文明和西方文明，是一种文明的更新，“因为中国特色社会主义道路是在5000多年中华文明深厚基础上开辟和发展出来的，是会通古今中西一切文明成果的产物，因此，中华民族现代文明也必定是实现了社会主义、中华文明与现代化融合发展、内在统一的文明新形态”[②]。从世界文明发展的视角来看，建设中华民族现代文明具有极强的民族性特色，是立足于中国化的马克思主义和中华优秀传统文化“第二个结合”不断进展和突破的过程形成的新的文化生命体，是以中国式现代化全面推进中华民族伟大复兴的文化形态。以看待新的文化生命体的视角剖析“传统”与“现代”之间的关系就真正顺应了文明发展的规律，以把握历史主动性的主体性姿态厘清了传统文明的延续性和西方外来文明的可借鉴性，真正立足当代中国社会发展，以守正创新的正气和锐气，勇于接受新理论的视角

① 姜辉:《新中国马克思主义研究70年》，中国社会科学出版社2019年版，第283页。

② 张志强:《把握中华文明发展规律 奋力建设中华民族现代文明》，《中国社会科学报》2023年6月6日。

去继承和发展中华民族的文化基因和精神基础，为建设中华民族现代文明创造条件。

四、关怀世界发展大势的“现代”

经过一百多年的奋斗，中国共产党带领中国人民站起来、富起来、强起来，为开启中国式现代化提供了政治前提和物质基础，为建设中华民族现代文明奠定了历史自信和文化自信的基础。工业革命以来，西方文明成为人类文明的普遍衡量标准，西方中心主义的文明观占据文化霸权地位，某种程度上扼杀了人类文明的无限可能性。中华文明自古以来就始终以开放包容闻名于世，建设中华民族现代文明符合唯物史观所揭示的人类文明演进的内在逻辑，是文明层面的复兴与赶超，是重建中国与世界关系的新尺度，是开创人类文明新形态的理论前提，为人类文明的发展提供了新方向，是解决世界课题的“现代”。

（一）推动构建人类命运共同体，实现文明交流互鉴的“现代”

当今时代，东西方文明之争已经成为意识形态领域至关重要的战略因素。自晚清西方的坚船利炮打开中国大门至今，西方文明与中华文明的互动从洋务运动、戊戌变法到五四运动经历了多层面多维度的融合。西方近代的产业技术革命，信息科学革命都体现出文化软实力的重要性。改革开放以来，我国物质文明建设取得了举世瞩目的成就，而建设社会主义现代化强国不仅要扎根于当前全新的历史条件，还需要升华出更加鲜明的精神文明。在新时代新的历史起点上建设中华民族现代文明，需要保持开放的姿态借鉴当代人类文明的一切优秀成果，在对话和交往中寻求自我发展，实现自我超越。“毛泽东思想作为第一个结合的科学产物就深刻地体现了中华民族的文化主体性，习近平新时代中国特色社会主义思想作为第一个结合基础上实现第二个结合的科学产物，则在新的时代高度上更加有力更加自觉地体现了中华民族的文化主体性。建设中华民族现代文明，就是要用中华民族的文化主体性把握中华文明现代创制的主导权，把握住开创中国式现代化和人类文明新形态的主动性，在为人民谋幸福、为民族谋复兴、为人类谋进步、为世界谋大同中，展现中华民族的蓬勃生机和旺盛生命力。”[①] 当今中国，中国式现代化与中华民族现代文明有机统一于中国特色社会主义伟大实践，中国式现代化的发展真正意义上为推动中华文明的崛起提供了迈向“现代”的力量，赋予了中华民族现代文明与“他者”实现自如对话最佳的时代条件。

（二）弘扬全人类共同价值，秉承“包容性”与“和平性”的“现代”

在五千多年历史中，中华文明始终传承着“和平”与“包容”的理念，尊重文明多样性是中华文明一以贯之的经世哲学。建设中华民族现代文明，应发扬兼具“传统”与“现代”、中国与世界、海内与海外互融的中国气派、中国风范。今天，人类各大文明的世界性交往比历史上的任何时代都更加深入和广泛，习近平总书记在讲话中强调：“在新的历史起点上继续推动文化繁荣、建设文化强国、建设中华民族现代文明，要坚定文化自信，坚持走自己的路，立足中华民族伟大历史实践和当代实践，用中国道理总结好中国经验，把中国经验提升为中国理论，实现精神上的独立自主。要秉持开放包容，坚持马克思主义中国化时代化，传承发展中华优秀传统文化，促进外来文化本土化，不断培育和创造新时代中国特色社会主义文化。”[②] 中华文明具有突出的包容性，纵观中华民族对外交往交流交融的历史，自信、包容、开放的国际形象赢得了国际社会广泛尊重、理解和支持，各宗教信仰多元并存的和谐格局，世界文明兼收并蓄的开放胸怀；中华文明具有突出的和平性，中国始终是世界和平的建设者、全球发展的贡献者、国际秩序的维护者，不将自身的价值观念与政治体制强加于人，旗帜鲜明反对文化霸权，广泛借鉴一切人类优秀文明成果，这些特质都促使中华文明在全世界范围内的传播极具标识性，为全面建成社会主义现代化强国和实现中华民族伟大复兴提供思想和文化助力，展示出中国式现代化文明的鲜明时代特征。

---

① 张志强：《把握中华文明发展规律 奋力建设中华民族现代文明》，《中国社会科学报》2023年6月6日。

② 罗文东：《中华民族现代文明的历史与理论逻辑》，《中国社会科学报》2023年6月12日。

（三）创造人类文明新形态，表征人类命运的“现代”

中华文明是中国各民族文化交流互鉴而形成的文明，也是同其他文明不断交流互鉴而形成的文明。中华民族一直善于借鉴各大文明的优秀成果，在吸纳基础上再创造以补自身之不足。纵观上下五千年中国历史上的盛世，无不散发着兼容并蓄的大气与风度，文明交流互鉴推动中华优秀传统文化与世界各民族文化相互融合，不断焕发新的生命力。马克思从人类社会历史发展的高度深入剖析出文明演进的内在逻辑、文明系统的结构层次、文明发展的历史形态及其必然趋势，新中国成立后，中国正是因为遵循人类文明发展的普遍规律，彻底摆脱西方中心主义的桎梏，基于自身国情进行制度探索，以鲜明的民族特色在百年后迸发出巨大的时代价值，为全人类的发展提供了中国方案。中华民族现代文明不仅是对中华传统文明的继承和发展，也是对西方近代文明的超越。人类历史上全世界范围内文明互鉴的链条促进了文明的繁荣，推动着人类文明的进步。交流互鉴是人类文明新形态的发展路径，建设中华民族现代文明，要从人类文明的整体循环和衰落中谋求路径，人类文明的发展具有广阔的发展空间和美好的发展前景。放眼全球化激烈震荡的今天，中华民族现代文明的内核是促进人的自由全面发展的新型文明，是坚决维护世界和平与发展、致力于构建人类命运共同体的“现代”文明。

五、结语

人类文明经过五千多年的发展抵达今天，关于“现代文明”的悖论的探讨已经十分广泛，当今世界人口问题、贫穷问题、安全问题、发展问题等诸多时代课题都还没有解决，且有愈演愈烈之势，“可是很多问题不得不使我们去问这最后一个问题：现代文明将把人类带向何方？现代文明是从西方首先开始的，但人类将走向何方？”[①]这样的发问始终难以得到回应。当代中国正在探索发展新时代中国特色社会主义，以中国式现代化推动国家在世界发展进程中积极承担历史责任，“中国式现代化的本质要求是：坚持中国共产党领

① 钱乘旦：《西方那一块土》，北京大学出版社 2015 年，第 332 页。

导，坚持中国特色社会主义，实现高质量发展，发展全过程人民民主，丰富人民精神世界，实现全体人民共同富裕，促进人与自然和谐共生，推动构建人类命运共同体，创造人类文明新形态”[①]。为人民谋幸福、为民族谋复兴、为人类谋进步、为世界谋大同、为未来谋光明，是蕴含在建设中华民族现代文明中的殷切期望。“文明研究不仅是学术问题，而且与文化自信、历史自信紧密相关。文明研究将进一步拓展人类文明新形态的理论广度和思想深度，引领人类文明逐步从‘必然王国’迈入‘自由王国’”[②]，建设中华民族现代文明需要在历史与现实、理论与实践、民族与世界交汇中把握“现代”，不断激活古老的中华文明焕发新的生命力，随着中国式现代化道路的进一步拓展为世界贡献人类文明新形态。

① 习近平：《高举中国特色社会主义伟大旗帜 为全面建设社会主义现代化国家而团结奋斗——在中国共产党第二十次全国代表大会上的报告》，人民出版社2022年，第23—24页。

② 郑飞：《文明研究为人类文明新形态提供理论支撑》，《光明日报》2023年5月15日。

新时代以来纪检监察体制的改革及成效

钟金燕 *

内容提要：纪检监察体制深刻影响着纪检监察工作的实效。新时代以来，深化纪检监察体制改革是以习近平同志为核心的党中央作出的重大战略部署。在党中央坚强领导下，纪检监察体制进行了全方位改革，健全和完善了党和国家监督体系，推动了纪检监察工作高质量发展，为强化对权力的监督和制约提供有力支撑。

习近平总书记强调，腐败是危害党的生命力和战斗力的最大毒瘤，反腐败是最彻底的自我革命。近年来，反腐败斗争取得压倒性胜利并全面巩固，但形势依然严峻复杂，面临不少顽固性、多发性问题，铲除腐败滋生土壤任务依然艰巨。纪检监察机关是开展反腐败斗争的专门力量，纪检监察监督在党和国家监督体系中处于主干位置。以习近平同志为核心的党中央结合我国反腐败斗争的历史经验，不断创新纪检监察工作的理念思路和方法路径，围绕纪检监察体制进行了重要改革，使纪检监察制度更加成熟、更加定型。

一、新时代以来纪检监察体制的改革

（一）推动国家监察体制改革

党的十八大以来，党中央就一直思考和谋划如何适应全面从严治党新形势，在强化党内各方面监督的同时，更好发挥监察机关职能作用，强化国家监察，把公权力关进制度的笼子。在党中央领导下，中央纪委组织协调，从

* 钟金燕，当代中国研究所当代中国政治与行政制度史研究中心。

北京、浙江、山西试点探索到全国推开，再到组建国家和省市县监察委员会，同纪律检查委员会合署办公，改革取得重要阶段性成果。2013 年 11 月，党的十八届三中全会对全面深化改革作出顶层设计，纪检监察体制改革是其中的一项重要内容。党的十九大提出构建集中统一、权威高效的国家监察体系，把组建国家监察委员会列在深化党中央机构改革方案第一条，形成以党内监督为主、其他监督相贯通的监察合力。党的十九届二中、三中全会先后对全面推开改革试点工作，修改宪法、制定监察法，设立监察机关作出部署。十三届全国人大一次会议审议通过监察法，国家监察委员会依法组建，各级纪委监委全面贯彻合署办公要求，依法行使监察职权，对所有行使公权力的公职人员实施监察。党的十九届四中、五中全会进一步强调加强党的领导、深化纪检监察体制改革，完善监察权运行和监督机制，完善党和国家监督制度。党的十九届六中全会强调要构建以党内监督为主导、各类监督贯通协调的机制。党的二十大指出要深入推进新时代党的建设新的伟大工程，推动完善党的自我革命制度规范体系。以上改革将全面从严治党积累的党内监督的丰厚经验拓展到国家监察层面，体现了以习近平同志为核心的党中央解决党和国家自我监督这个历史性难题的非凡智慧。

（二）改革纪检监察机关组织结构

组织结构对组织的绩效产生直接影响。纪检监察机关是党内监督和国家监察的专责机关，是我们党进行伟大自我革命的重要力量，推进纪检监察组织的改革非常必要。从横向来看，中央纪委监察部对内设机构进行整合优化。“中央纪委监察部合署后，共设 23 个厅室局，比原来两个部门的 30 个厅室局减少了 23%。”[①] 在不增加建制编制的前提下，将纪检监察室从 8 个增加到 12 个，使执纪监督力量占到内设机构人员的 70%。这表明中央纪委监察部已全面启动纪检监察体制改革的顶层设计，对于地方的改革起到示范作用。“省级纪委、监察厅（局）参与议事协调机构由 4619 个减至 460 个，纪检监察室新

① 《“三转”——纪检监察机关合署办公以来的职能之变》，中央纪委国家监委网，2018 年 4 月 10 日，https://www.ccdi.gov.cn/lswh/lilun/201804/t20180410_169606.html。

增 61 个，增幅达到了 36%，执纪监督人员占总编制比例平均将近 60%。”[①] 纪检监察机关的主业、主责是强化执纪监督，通过改革使更多的人员力量转移到了办案和监督工作领域，其实质是纪检监察机关职能转变的深化、对监察资源的优化和整合，这是改革开放以来纪委监察部机关运行机制的重要变革。机构改革后，纪检监察机关责任更加明确、任务更加清晰、主业更加突出。从纵向来看，派驻监督是党和国家监督体系的重要组成部分，党中央先后印发《关于加强中央纪委派驻机构建设的意见》《关于全面落实中央纪委向中央一级党和国家机关派驻纪检机构的方案》《关于深化中央纪委国家监委派驻机构改革的意见》等重要文件，进一步明确派驻机构职能定位，完善派驻工作领导体制和运行机制。2022 年 6 月，中共中央办公厅印发了《纪检监察机关派驻机构工作规则》，要求各级纪委监委要推动派驻机构聚焦主责主业，更好发挥政治监督作用，加强对派驻机构及其干部的管理约束。该规则着眼健全系统集成、协同高效的派驻监督体制机制，对各级纪检监察机关派驻机构的组织设置、领导体制、工作职责、履职程序、管理监督作出全面规范，对于推进派驻机构工作规范化、法治化、正规化，推动新时代派驻监督工作高质量发展，具有重要意义。

（三）充分履行纪检监察机关的主要职能

监督是纪委监委的首要职责基本职责，巡视是加强监督的利剑。党的二十大以来，中央对巡视工作高度重视。习近平总书记和党中央从推进党的自我革命、全面从严治党的战略高度，对巡视工作作出一系列新部署，引领新时代巡视工作理论创新、实践创新、制度创新。2013 年颁布了《中央纪委中央组织部关于进一步加强巡视工作的意见》和《中央巡视工作 2013—2017 年规划》。党的十八届三中全会决定改进中央和省区市巡视制度，做到对地方、部门、企事业单位全覆盖；2018 年中共中央办公厅印发了《中央巡视工作规划（2018—2022 年）》，确定十九届中央巡视工作的“路线图”和“任务

---

① 《“三转”——纪检监察机关合署办公以来的职能之变》，中央纪委国家监委网，2018 年 4 月 10 日，https://www.ccdi.gov.cn/lswh/lilun/201804/t20180410_169606.html。

书”。十九届中央完成第一轮巡视，开展脱贫攻坚专项巡视，对30个地方、单位党组织开展常规巡视，首次将10个副省级城市四套班子主要负责人纳入巡视范围。党的二十大对巡视工作作出新部署，强调“发挥政治巡视利剑作用，加强巡视整改和成果运用”。2023年3月，经党中央同意，中共中央办公厅印发了《中央巡视工作规划（2023—2027年）》；2023年3月27日，全国巡视工作会议召开。中央巡视工作领导小组组织2次中央巡视动员部署会议、9次领导小组会议，全面贯彻中央巡视工作方针，深化政治巡视，采取一系列举措推动巡视工作向深拓展、向专发力、向下延伸。2023年，中央巡视组开展两轮巡视，共巡视57家中管企业、5家中管金融企业、7家中央国家机关单位，完成对中管企业全覆盖。各省区市巡视巡察机构认真学习领会习近平总书记关于巡视工作的重要论述，推动巡视巡察工作在坚持中深化、在深化中发展，不断开创新局面、取得新成效。在中央巡视的示范带动下，各省区市党委巡视组发现反映领导干部问题线索5.8万余件，推动纪检监察机关对1225名厅局级、8684名县处级干部立案审查。[①] 通过巡视工作的开展，纪检监察机关的主要职能得到了更充分地履行。

（四）完善纪检监察的法律法规

实现反腐败工作制度化、规范化、法治化，前提是纪检监察工作要制度化、规范化、法治化。纪检监察工作具有很强的政治性、政策性、专业性。随着纪检监察体制改革深入推进，纪委监委监督范围扩大、监督对象增加、权限更加丰富，规范用权的需求更加紧迫。加强法规制度建设不仅对纪检监察机构自身建设具有重大现实意义，同时对整个国家的民主法治建设也具有示范引领作用。新时代以来，党中央颁布实施《中国共产党纪律检查机关监督执纪工作规则》，审议批准《监察机关监督执法工作规定》，进一步规范了监督执纪执法权力的运行机制和工作流程。中央纪委国家监委在党中央领导下，出台了一批规范纪检监察工作的党内法规和规范性文件，例如《中华人

① 《锻造巡视监督利剑 探索自我净化路径 推动全面从严治党向纵深发展——党的十八大以来中央巡视工作综述》，《人民日报》2017年9月29日。

民共和国监察法实施条例》《中华人民共和国监察官法》等，完善了信访举报、线索处置、案件监督管理、监督检查、审查调查、办案安全、案件审理和涉案财物管理等方面制度，进一步规范了监督执纪执法权力的运行机制和工作流程；协助全国人大常委会做好公职人员政务处分法立法工作，制定《纪检监察机关处理检举控告工作规则》《纪检监察机关处理主动投案问题的规定（试行）》等法规制度，促进与司法机关、执法部门互相配合、互相制约，为推进监察工作规范化、法治化、正规化提供有力保证。2018 年 3 月，十三届全国人大一次会议表决通过《中华人民共和国监察法》。作为反腐败国家立法，作为对国家监察工作起统领性和基础性作用的法律，监察法的出台对于创新和完善国家监察制度产生重大而深远的影响，是反腐败工作法治化的重要里程碑。2021 年 12 月 6 日，习近平总书记在中共中央政治局会议上指出，加强纪检监察机关规范化、法治化、正规化建设，更好发挥监督保障执行、促进完善发展作用。加强规范化、法治化、正规化建设，是新时代新征程纪检监察工作高质量发展的必然要求。从监察法颁布实施，到公职人员政务处分法、监察官法、监察法实施条例等一系列配套法律法规陆续出台，监督执纪工作规则、纪委工作条例、派驻机构工作规则等一系列党内法规印发施行，纪检监察法规制度体系不断完善，纪检监察体制改革成果持续拓展。

（五）提升纪检监察机关权力运行的监督力度

纪检监察机关作为党内监督和国家监察的专责机关、全面从严治党的重要力量，肩负着维护党的先进性和纯洁性的神圣使命。纪检监察队伍一旦出现问题，势必影响党的集中统一领导、损害党的公信力和权威性、侵蚀党的执政根基。总的来看，当前纪检监察队伍政治生态持续向好，但仍存在一些突出问题。例如，从受处分纪检监察干部违纪违法行为构成看，违反政治纪律和政治规矩问题仍比较突出，违反工作纪律、廉洁纪律问题占比依然较高；从纪检监察权力运行各环节存在的问题看，信访受理、线索处置、初步核实和审查调查等前端、中端环节风险较为集中，案件审理、案件监督管理等后端环节风险也不容忽视。从不同层级纪检监察干部风险分析看，掌握的职权和面临的廉政风险随职务层级自下而上逐级增加，特别是“关键少数”利用职务便利或影响力谋私造成的影响更为恶劣；基层点多、面广、战线长，内控机制不够健全，监督管理力量薄弱，出问题数量随机构层级自上而下呈现逐级递增的态势。因此，净化纪检监察机关政治生态、加强纪检监察权力运行制约监督的任务依然艰巨。新时代以来，进一步加强了对纪检监察机关的监督工作。一是健全内部监督机制，强化上级纪委干部监督部门对下级纪委干部监督部门的领导，建立完善的监察干部监管制度，加强内部监督的相对独立性。2017 年 1 月，中央纪委颁布了《中国共产党纪律检查机关监督执纪工作规则》，为进一步强化纪检监察机关的自我监督提供有力保障。2021 年颁布的《中国共产党纪律检查委员会工作条例》是党的历史上首部全面规范纪律检查委员会工作的条例。在加强上级纪委对下级纪委的领导方面，该条例明确了八个方面具体内容，包括“对下级纪委的工作作出部署、提出要求”“检查下级纪委的工作”“定期听取工作汇报”等，规定上级纪委督促指导和支持下级纪委开展同级监督，要求各级纪委将审查特别重要或者复杂案件中的问题和处理的结果，在向同级党委报告的同时，即向上级纪委一并报告。二是逐步建立健全监督纪检监察机关的外部制度体系，充分发挥各级党组织、人大、司法机关的监督，以及群众监督和舆论监督作用，主动加强与人大监督、民主监督、行政监督、司法监督、舆论监督等贯通协调，健全同政法、行政执法、审计、财会、统计、金融监管、法治督察等监督主体的协作配合制度，汇聚各类监督整体合力。这些改革充分彰显了监委作为监督者更要接受监督的理念，成为对“谁来监督监委”的一种现实回应。

（六）加强纪检监察工作的信息化建设

纪检监察信息化建设是国家电子政务工程在纪检监察系统的重要组成部分。纪检监察信息化建设有助于优化纪检监察工作流程、拓宽公众参与渠道、提升纪检监察工作效率。在纪检监察机关工作中全面运用信息化技术，可以拓宽监督领域、创新监督方式，从而推动形成“发现—整改—检视—完善”的监督治理闭环。2017 年 10 月，党的十九大报告明确提出，要“善于结合实际创造性推动工作，善于运用互联网技术和信息化手段开展工作”，针对运用互联网和信息技术反腐败特别要求“建设覆盖纪检监察系统的检举举报平台”。2018 年 5 月，《中央纪委国家监委信息化工作规划（2018—2022 年）》印发实施，该规划要求探索运用互联网大数据和信息化手段，助力纪检监察工作提质增效。十九届中央纪委四次全会提出要建立权力运行可查询、可追溯的反馈机制，加强信息化监督平台建设，以公开促公正、以透明保廉洁。十九届中央纪委六次全会提出要善于运用信息化手段提升监督水平、规范化水平。2020 年 1 月，中共中央办公厅印发《纪检监察机关处理检举控告工作规则》。该规则首次将运用信息化处理检举控告工作以党内法规形式予以明确规定。这充分彰显了党和国家对于积极推进纪检监察信息化建设的重视。从技术层面来看，地方纪检监察机关加快纪检监察核心业务应用一体化平台、大数据应用子平台等软件研发，规范纪检监察大数据的获取、存储、处理、挖掘等技术标准，完善和规范地方信息化平台的技术功能、业务领域和监督领域的设置，推动地方纪检监察信息化平台逐步向多功能集成、多层级互联、纪检监察业务全覆盖的综合性、智能化方向发展，充分利用信息技术服务于监察权运行，更好地应对了新时代的监察挑战。

二、新时代以来纪检监察机关改革取得的成效

新时代以来，在党中央坚强领导下，纪检监察体制改革扎实推进、持续深化，取得显著成效，纪检监察工作高质量发展迈出新步伐、呈现新局面，以反腐败治理显著成效回答了历史之问。

（一）纪检监察机关运行效能显著提高

通过机构改革与信息化建设，纪检监察机关的业务水平和运作效率得到了较大的提升。以全国各级纪检监察机关立案数量为例。2013—2018 年，全国纪检监察机关立案总数和处分人数均连续五年增长，其中，立案总数年增长率分别为 31.4%、46%、25.2%、27.6%、21.1%。2018 年的立案件数比 2013 年增加 46.6 万件。处分人数年增长率分别为 27.5%、44.8%、23.5%、27%、

17.8%。2018 年的处分人数比 2013 年增加 43.9 万人。[①]2018 年 1—11 月，全国共有 1.1 万个单位党委（党组）、党总支、党支部，224 个纪委（纪检组），5.3 万余名党员领导干部被问责，失责必问、问责必严成为常态。[②]党的十八大以来，全国纪检监察机关共立案 464.8 万余件，其中，立案审查调查中管干部 553 人，处分厅局级干部 2.5 万多人、县处级干部 18.2 万多人。[③]纪检监察工作取得新进展、新成效，这与新时代持续深化纪检监察体制改革密切相关。

（二）纪检监察队伍的综合素质不断提升

纪检监察机关是党的“纪律部队”，是推进全面从严治党的重要力量。随着社会的不断发展，违纪案件涉及的领域越来越多，违纪人员的作案手段也越来越隐秘，呈现出高智能化、高科技化的趋势，反调查能力在不断增强，必须不断提升纪检监察干部的专业知识和技能。党的十八大以来，习近平总书记高度重视纪检监察干部队伍，连续 11 年在中央纪委全会上对纪检监察干部队伍建设作出重要部署，推动各级纪检监察机关从严从实加强自身建设，着力打造忠诚干净担当、敢于善于斗争的纪检监察铁军。纪检监察干部队伍选育管用机制不断健全，各级纪检监察机关以政治引领提升专业化站位，统筹公务员招录、公开招聘、接收军转干部、集中选调年轻工作骨干力量等渠道，引进法律、财政、金融、审计、信息化、外事等专业化人才；以严格标准锤炼专业化队伍，加大干部挂职锻炼、交流轮岗力度，健全培训教学机制，不断提高干部日常监督、执纪审查、依法调查本领，为深入推进反腐败斗争提供队伍保障。

（三）纪检监察机关的独立性增强

独立的法律地位是执法公正性、客观性和有效性的保障。独立性是纪检监察机关保持其监督权的权威和力量。监察委员会的监察权的行使，本质上是

① 《全国纪检监察机关立案总数和处分人数连续五年增长》，国际在线百家号，2019 年 2 月 22 日，https://baijiahao.baidu.com/s?id=1626157351410058435&wfr=spider&for=pc。

② 《让党和国家监督体系更健全——党的十九大以来全面从严治党成果巡礼之二》，《人民日报》2019 年 1 月 8 日。

③ 《中纪委：十八大以来全国纪检监察机关共立案 464.8 万余件》，中新网视频，2022 年 10 月 17 日，https://www.chinanews.com/shipin/cns-d/2022/10-17/news940546.shtml。

一种监督权，是一种制约权力的权力。监察委员会的权威性和工作实效性在一定的幅度内与监察委员会地位的独立性程度成正比关系。2018 年修宪的重大成果之一，就是宪法规定设立监察委员会。宪法第 123 条规定："中华人民共和国各级监察委员会是国家的监察机关。"第 127 条规定："监察委员会依照法律规定独立行使监察权，不受行政机关、社会团体和个人的干涉。"监察委员会的独立性又是相对的，监察委员会是人民代表大会制下的专司监察的国家机关，必须对人大负责，接受人大的监督。人民代表大会对监察机关的监督，并不意味着人民代表大会可以直接干预监察机关的监察活动。即便是作为国家最高权力机关的全国人民代表大会，也不可逾越其宪定化的权力边界，不可充当监察机关的上级机关，直接介入个案的监察活动中去。在此体制下，最高监察委员会向全国人大负责并报告工作，地方各级监察委员会除了向本级人大负责外，在业务上只接受上一级监察机关的领导，从而保障了监察工作的高效。

（四）纪检监察机关的运作进一步规范化

随着国家监察体制改革深入推进，完善监察权运行机制，构建与之相适应的完善的监察工作程序势在必行。中央纪委国家监委在党中央领导下，出台了一批规范纪检监察工作的党内法规和规范性文件，配合全国人大常委会研究制定公职人员政务处分法、监察官法等法律。监察体制改革的深入发展，监察工作的持续深化，对加强制度的系统集成、协同高效提出了更高要求，迫切需要制定一部全面系统规范监察工作的基础性法规。围绕检举控告处理、问题线索管理处置、立案审查调查、措施使用、处分处置、以案促改等方面，2019 年 7 月，中央纪委国家监委出台了《监察机关监督执法工作规定》；2019 年 10 月 26 日，十三届全国人大常委会第十四次会议通过关于国家监委制定监察法规的决定，授权国家监委根据宪法和法律制定监察法规。2021 年 9 月 20 日，国家监察委员会第 1 号公告公布了《中华人民共和国监察法实施条例》，该条例将监察法规定的监察程序分解为线索处置、初步核实、立案、调查、审理、处置、移送审查起诉 7 个具体环节，在各环节中贯通落实法治原则和从严要求，形成执纪执法贯通、有效衔接司法，权责清晰、流程规范、制约有效的程序体系，解决了实践中一些程序不具体不细致的问题。该条例是推进监察法规制度建设系统集成、协同高效的重大制度成果，为推进监察工作规范化、法治化、正规化提供有力保证。各地纪委监委也不断总结实践经验，完善相关制度，建构科学化、流程化、标准化的监察权运行程序，助推制度优势不断转化为治理效能。

（五）纪检监察机关权威性日益增强

要提高反腐败各职能机构之间的协同度，有必要加强反腐败机构的地位，提高权威性。新时代以来，党中央将全面从严治党提到了前所未有的高度，纪检监察机关的受关注度和权威性也随之得到显著增强。国家监察委的设立使隶属于政府的行政监察部门这一依附性的地位变为与行政机关相平行、相对独立的新型国家机构的地位；又使隶属于政府的行政监察权上升为内嵌于国家监察机构的国家监察权，其法律属性与作为行政机关的行政监察权有着根本区别。2022 年 1 月，中共中央印发《中国共产党纪律检查委员会工作条例》，明确规定，党的中央纪律检查委员会（国家监察委员会）在党中央领导下进行工作，履行党的最高纪律检查机关（国家最高监察机关）职责。党的中央纪律检查委员会与国家监察委员会合署办公，党的地方各级纪律检查委员会与地方各级监察委员会合署办公，实行一套工作机构、两个机关名称，履行党的纪律检查和国家监察两项职责，实现纪委监委领导体制和工作机制的统一融合，集中决策、一体运行，坚持纪严于法，执纪执法贯通。监察委员会与中国共产党各级纪律检查委员会合署办公，形成了强大的监察权威，而这也使得监察委员会在我国政治体系中更有话语权，有利于破解同级监督不力等一系列难题。随着改革的深入推进，一个集中统一、权威高效的国家监察体系正在逐渐成形，将实现党内监督与国家监督、党的纪律检查与国家监察有机统一，逐步构筑起“不能腐”的制度体系。

综观新时代以来纪检监察体制的改革，以习近平同志为核心的党中央为新征程上加强纪检监察机关自身建设提出了明确要求、指明了前进方向，构建起一套行之有效的权力监督制度和执纪执法体系，并在实践中不断完善和发展，日益展现出巨大的制度优越性，从制度层面解决了“其兴也勃焉，其亡也忽焉”的历史性课题，为党和国家各项事业发展提供了坚强政治保障。

中国式现代化的文化溯源及创新贡献*

吕彦瑶 **

内容提要：中国式现代化不是凭空产生的，它深深植根于中华优秀传统文化。它坚持以人民为中心，具有独特的价值观、治理观、生态观与交往观，有着深厚的传统文化渊源。实现人民美好生活是中国式现代化的价值旨归。坚持党的领导、实现共同富裕、发展全过程人民民主、确保社会主义文化发展方向、促进社会治理现代化，是中国式现代化创造美好生活的本质要求。中国式现代化是崭新的人类文明形态，具有丰富文明意蕴和重大文明贡献。它拓展了走向现代化的路径选择，主张推进构建人类命运共同体，弘扬全人类共同价值，走和平发展、合作共赢的文明新路，是对世界现代化理论与实践的创新和发展。

现代化是在传统中创造新的传统的过程，它总是在“直接碰到的、既定的、从过去承继下来的条件下创造”①，在回应新的时代课题中彰显着独具特色的传统风格、传统气派和传统力量。中国式现代化是从中华五千年文明史中走出来的，有着深厚的中华优秀传统文化底蕴。习近平总书记指出：“如果没有中华五千年文明，哪里有什么中国特色？如果不是中国特色，哪有我们今天这么成功的中国特色社会主义道路？”②凝练概括和初步建构中国式现代化理论体系，是党的二十大的一个重大理论创新，为研究中国式现代化的科学

* 本文系国家社科基金重大项目“习近平新时代中国特色社会主义思想对科学社会主义的理论贡献研究”（21 & ZD002）的阶段性成果。

** 吕彦瑶，山东师范大学马克思主义学院。

①《马克思恩格斯文集》第 2 卷，人民出版社 2009 年版，第 470—471 页。

②《习近平谈治国理政》第 4 卷，外文出版社 2022 年版，第 315 页。

内涵、本质要求和实践路径奠定坚实根基。随着社会主要矛盾的变化，第二个百年奋斗目标的提出对经济社会发展有了更高要求，只有系统研究挖掘中国式现代化的文化溯源、本质要求和创新贡献，才能走好真正实现人的现代化和全面发展的社会主义文明新路。

一、文化溯源：中国式现代化深深根植于中华优秀传统文化

文化是一个国家和民族的根本所在、命脉所在，是现代化推进和拓展的最深层、最持久的精神力量。作为中华文明的独特精神标识，中华优秀传统文化承载着中华民族的文化传统和精神追求，“是中华民族的突出优势，是我们在世界文化激荡中站稳脚跟的根基”①。中国式现代化的成功开创，源于中华优秀传统文化的厚植和滋养。正如习近平总书记所说，“我们开辟了中国特色社会主义道路不是偶然的，是我国历史传承和文化传统决定的”②。新时代新征程，传承和弘扬好中华优秀传统文化，就是守好了中国式现代化的根和魂、源和流。

（一）传统民本思想是中国式现代化以人民为中心思想的根脉

民为国之本是传统民本思想的形象表达，是传统民本思想的核心内容。“民惟邦本，本固邦宁”（《尚书·五子之歌》）开创了中国历史上民本思想的先河，孔子的“仁政”思想、孟子的“民贵君轻”思想、荀子的“君舟民水”思想，奠定了古代两千多年传统民本思想的主基调，其影响深远、根深蒂固。中国共产党在领导中国革命、建设和改革的百年进程中，坚持马克思主义人民主体论，传承和发展了优秀传统民本思想，形成了坚持以人民为中心和人民至上的政治理念。毛泽东提出“为人民服务”宗旨、邓小平主张“领导就是服务”、江泽民提出“执政为民”的理念、胡锦涛倡导“以人为本”，这些思想是对传统民本思想的“开显”与创新，彰显出中国共产党人矢志不渝的

① 《中共中央关于党的百年奋斗重大成就和历史经验的决议》，人民出版社 2021 年版，第 46 页。

② 习近平：《论党的宣传思想工作》，中央文献出版社 2020 年版，第 90 页。

初心使命。

人民是国家的根本，“是决定党和国家前途命运的根本力量”①。作为中华优秀传统文化的忠实传承者和弘扬者，中国共产党所以创造百年辉煌，关键在于我们党坚持科学理论指导，始终坚守初心使命。这是党百年奋斗取得重大成就的成功密码和宝贵经验。习近平总书记指出：“江山就是人民，人民就是江山。中国共产党领导人民打江山、守江山，守的是人民的心。治国有常，利民为本。为民造福是立党为公、执政为民的本质要求。”②“两山”论是对传统政治理念“民为国本”“政得其民”“利民为本”的创新与升华，“为民造福”彰显出马克思主义人民性的本质属性，是中国式现代化的原则要求和价值目标。中国式现代化是全体中国人民的现代化，坚持以人民为中心、人民至上的发展理念深深植根于优秀传统政治理念。

（二）中国式现代化的国家制度和治理体系与优秀传统治理思想具有内在契合性

制度兴则民族兴，制度强则国家强。国家制度和治理体系，关乎国家富强、民族复兴和人民幸福。坚持和巩固、完善和发展什么样的国家制度和治理体系，是由这个国家的文化传统、阶级性质和生产力水平决定的。习近平总书记指出：“一个国家的治理体系和治理能力是与这个国家的历史传承和文化传统密切相关的。”③他强调，“中国特色社会主义制度和国家治理体系具有深厚的历史底蕴”④。这是中国特色社会主义制度和国家治理体系有着显著优势的根基所在。因此，只有深深根植于中国历史文化沃土，中国特色社会主义制度和国家治理体系才能根深叶茂，更好发挥其固根本、利长远的作用。

中国古代历经辉煌，形成了一整套国家制度和国家治理体系，沉淀着中华民族一脉相承的精神要义和精神传统。四海一家的天下观，以德化人的德

---

① 《习近平新时代中国特色社会主义思想的世界观和方法论专题摘编》，党建读物出版社、中央文献出版社 2023 年版，第 11 页。

② 《习近平重要讲话单行本》（2022 年合订本），人民出版社 2023 年版，第 118 页。

③ 习近平：《论党的宣传思想工作》，中央文献出版社 2020 年版，第 90 页。

④ 《十九大以来重要文献选编》（中），中央文献出版社 2021 年版，第 300 页。

治观，等贵贱均贫富的平等观，法不阿贵的正义观，孝悌忠信礼义廉耻的道德观，协和万邦的外交观，以和为贵的和平观，等等。这些是传统治理思想的精华，呈现出浓厚的中华民族精神，是中国式现代化的国家制度和治理体系的精神滋养，发挥着传承和弘扬好优秀传统治理观的优势。中国特色社会主义制度和国家治理体系，展现出中国共产党领导中国式现代化的鲜明特色与显著优势，是中国式现代化继往开来的重要制度保障和科学理论指南。

（三）中国式现代化的核心价值观是对优秀传统文化价值观的承继

核心价值观是中华民族赖以维系的精神纽带和道德基础，是全国各族人民团结奋斗的最持久、最深层的力量。中华优秀传统文化所以经久不衰，中国式现代化所以持续推进，关键是中华民族始终保持精神独立性，始终传承和延续核心价值观。

中华优秀传统文化历来倡导修身、齐家、治国、平天下理念，形成了以讲仁爱、重民本、守诚信、崇正义、尚和合、求大同为内核的传统价值观，是中国式现代化核心价值观的源头活水。习近平总书记指出："我们提倡的社会主义核心价值观，就充分体现了对中华优秀传统文化的传承和升华。"[①]"古之为政，爱人为大"[②]、"凡治国之道，必先富民"[③]的传统政治理念，"逍遥"的自由观、"兼爱非攻"的平等观、"法不阿贵"的法治观，"苟利国家，不求富贵"[④]的爱国精神、"执事敬"的敬业精神等，从国家、社会和个人层面厚植社会主义核心价值观的文化土壤。习近平总书记强调："培育和弘扬社会主义核心价值观必须立足中华优秀传统文化。牢固的核心价值观，都有其固有的根本。抛弃传统、丢掉根本，就等于割断了自己的精神命脉。"[⑤]中国式现代化的核心价值观，正是在同中国人民正在进行的伟大事业相结合，在与优秀传统价值观相契合中，将国家、社会和个人的价值要求融为一体，完成了对优秀

① 习近平：《论党的宣传思想工作》，中央文献出版社 2020 年版，第 75—76 页。

② 胡平生、张萌译注：《礼记·哀公问》（下），中华书局 2017 年版，第 960 页。

③ 李山、轩新丽译注：《管子》（下），中华书局 2019 年版，第 715 页。

④ 胡平生、张萌译注：《礼记》（下），中华书局 2017 年版，第 1155 页。

⑤ 习近平：《论党的宣传思想工作》，中央文献出版社 2020 年版，第 54—55 页。

传统文化“修齐治平”思想的接续发展和创新转化。在新时代，抓紧抓好培育和弘扬社会主义核心价值观这一根本任务，就是抓住了中国式现代化的民族特性和时代特征，就是握住了巩固党的执政地位、实现国家长治久安的稳定器。

（四）传统天人合一思想是中国式现代化人与自然和谐共生理念的渊源

生态问题决定文明兴衰，是一个国家和民族永续发展的根本问题。实现人与自然和谐共生，是中华民族历来的共识和呼声，代表人类文明的发展走向。中国自古主张“人为万物之灵”，道法自然、天人合一是传统生态观的核心理念。庄子提出“天地与我并生，而万物与我为一”[①]，孔子主张“四时行焉，百物生焉”[②]，董仲舒倡导“天人之际，合而为一”[③]等，这些思想旨在“天—地—人”中实现天人合一的至上境界，对后世影响深远。当代生态观是历史生态观的延续和发展。中国式现代化人与自然和谐共生理念，须从天人合一的传统生态观中追根溯源。习近平总书记指出：“中华文明历来崇尚天人合一、道法自然，追求人与自然和谐共生。”[④]“我们应该遵循天人合一、道法自然的理念，寻求永续发展之路。”[⑤]实现人与自然和谐共生，是中国式现代化实现中华民族永续发展的根基和财富，规避和超越了西方现代化发展的老路，独立自主探索出一条符合中国国情、彰显党的初心使命的正道。基于新时代生态发展新要求，中国式现代化，汲取传统生态观精华，在惠民利民为民中实现了现代化与生态化的统一，筑牢了现代化高质量发展的生态根基。

（五）中国式现代化走和平发展道路传承和弘扬了传统和合思想

中国式现代化成功推进和拓展的成功密码，在于我们始终走和平发展、合作共赢的文明道路，向着构建人类命运共同体的正确方向，以携手应对

① 孙通海译注：《庄子》，中华书局 2017 年版，第 40 页。

② 陈晓芬译注：《论语》，中华书局 2016 年版，第 240 页。

③ 张世亮、钟肇鹏、周桂钿译注：《春秋繁露》，中华书局 2012 年版，第 369 页。

④ 习近平：《论坚持人与自然和谐共生》，中央文献出版社 2022 年版，第 277 页。

⑤《习近平关于社会主义生态文明建设论述摘编》，中央文献出版社 2017 年版，第 144 页。

挑战，以合作开创未来。“治国常富，而乱国常贫。”（《管子·治国》）中华民族曾饱经战乱之苦，深知和平弥足珍贵、来之不易。“百姓昭明，协和万邦”[①]“礼之用，和为贵”[②]的传统和合思想，镌写着中华民族亲邻善邻的邦交准则和文明传统，成为中国共产党走和平发展道路的厚重底蕴。习近平总书记指出：中国式现代化“走和平发展道路，是中华民族优秀文化传统的传承和发展”[③],“和平、和睦、和谐的追求深深植根于中华民族的精神世界之中”[④]。他还说：“中国不认同‘国强必霸论’，中国人的血脉中没有称王称霸、穷兵黩武的基因。”[⑤]以文明共生超越霸权排他，用文明对话取代文明博弈，以文明互鉴超越文明独尊。这是走和平发展道路的中国式现代化对传统和合思想的传承与创新，彰显中国共产党坚持和平发展、实现共荣应有的大国胸襟和气度。走和平发展道路，体现中国式现代化的鲜明特色和本质要求，是打造人类命运共同体的和平稳定锚。中国共产党作为为人民谋幸福、为人类而奋斗的政党，要胸怀“国之大者”，以和平发展理念引领中国式现代化，为开拓人类文明新形态新局面创造条件。

二、本质要求：中国式现代化旨在实现人民美好生活

中国式现代化是全体人民的现代化，人民的现实需要构成中国式现代化的逻辑起点。习近平总书记指出：“我们坚持把实现人民对美好生活的向往作为现代化建设的出发点和落脚点，着力维护和促进社会公平正义”[⑥]，他还说，“我们推动经济社会发展，归根到底是为了不断满足人民群众对美好生活的需要”[⑦]。创造人民美好生活，满足人民美好生活需要，是中国式现代化着力推进政治、经济、文化、社会、生态发展的鲜明价值指向。

---

① 顾迁译注：《尚书》，中华书局 2016 年版，第 2 页。
② 陈晓芬译注：《论语》，中华书局 2016 年版，第 7 页。
③ 习近平：《论坚持推动构建人类命运共同体》，中央文献出版社 2018 年版，第 1 页。
④ 习近平：《论坚持推动构建人类命运共同体》，中央文献出版社 2018 年版，第 156 页。
⑤ 习近平：《论坚持推动构建人类命运共同体》，中央文献出版社 2018 年版，第 134 页。
⑥《中国共产党第二十次全国代表大会文件汇编》，人民出版社 2022 年版，第 19 页。
⑦《习近平谈治国理政》第 4 卷，外文出版社 2022 年版，第 55 页。

（一）坚持党的全面领导是实现人民美好生活的坚强保证

党的领导决定美好生活的性质和方向，是创造美好生活的核心力量。中国式现代化是创造人民美好生活的人间正道，关键在于它坚持中国共产党的全面领导。习近平总书记在学习贯彻党的二十大精神研讨班开班式上明确指出："党的领导直接关系中国式现代化的根本方向、前途命运、最终成败。"[①] 历史和现实表明，中国的事情，中华民族的事情，中国人民的事情，关键在党。党的性质和宗旨、初心和使命，决定了中国式现代化是坚持以人民为中心、实现人民美好生活的现代化。习近平总书记指出："中国共产党始终代表最广大人民根本利益，与人民休戚与共、生死相依，没有任何自己特殊的利益，从来不代表任何利益集团、任何权势团体、任何特权阶层的利益。"[②] 中国共产党始终将坚持以人民为中心、人民至上理念贯彻到各领域各方面各环节，在经济、政治、文化、社会、生态等方面"不断实现发展为了人民、发展依靠人民、发展成果由人民共享"[③]。实现全体人民美好生活，要求发挥党总揽全局、协调各方的领导核心作用，凝聚起全体人民团结奋进、共创未来的磅礴伟力，不断提升人民的获得感、幸福感、安全感。只有确保党的政治凝聚力、坚定党领导发展的自信心，增强党领导人民创造美好生活的志气、骨气和底气，才能有力保障中国式现代化创造人民美好生活的正确航向。

（二）实现全体人民共同富裕是人民追求美好生活的坚实基础

实现全体人民共同富裕，是为人民谋幸福、实现美好生活的着力点，是不断夯实党长期执政基础的关键。适应经济发展新常态，推动实现共同富裕，是当前和今后持续推进和拓展中国式现代化、开创人民美好生活的大逻辑。高质量发展是中国式现代化的首要任务，没有坚实的经济基础，就不可能有美好生活。党的二十大报告明确指出，"中国式现代化是全体人民共同富裕的

---

① 《正确理解和大力推进中国式现代化》，《人民日报》2023 年 2 月 8 日。

② 习近平：《在庆祝中国共产党成立 100 周年大会上的讲话》，人民出版社 2021 年版，第 11—12 页。

③ 《中国共产党第二十次全国代表大会文件汇编》，人民出版社 2022 年版，第 23 页。

现代化”[①]。正确认识和把握中国式现代化和共同富裕的辩证关系，首先应将实现人民美好生活作为发展的出发点和落脚点。邓小平指出：“社会主义的目的就是要全国人民共同富裕，不是两极分化。”[②] 中国式现代化成功走出实现人民美好生活的新道路，科学回答了什么是美好生活、怎样实现美好生活等重大理论与实践课题。开展高质量发展的中国式现代化，就是走“生产将以所有的人富裕为目的”[③] 的美好生活之路。习近平总书记指出：“我们说的共同富裕是全体人民共同富裕，是人民群众物质生活和精神生活都富裕，不是少数人的富裕，也不是整齐划一的平均主义。”[④] 汇聚人民群众的勤劳智慧，制定科学有效的行动纲要，分阶段扎实推进共同富裕，是新时代党领导人民保障和改善民生、促进共同富裕取得实质进展的宝贵经验和原则遵循。实现全体人民共同富裕，必须解决好发展不平衡不充分问题，充分发挥各类制度在实现共同富裕中的保障作用，优化中国式现代化的整体布局，使中国式现代化朝创造人民美好生活的方向扎实迈进。

（三）发展全过程人民民主是加快实现美好生活的制度保障

党的二十大报告指出：“人民民主是社会主义的生命，是全面建设社会主义现代化国家的应有之义。”[⑤] 没有人民民主就没有社会主义，就没有社会主义现代化和人民美好生活。全面发展全过程人民民主是党领导人民创造美好生活的有力制度保障。中国人民和中华民族所以扭转近代以后的历史命运，从封建专制走向人民当家作主，归根结底是中国共产党从人民民主中找到了实现美好政治生活的钥匙。全过程人民民主，拓展了人民美好生活在政治领域的广度和深度，是前人没有说过也没有做过的崭新命题。习近平总书记指出：“全过程人民民主是社会主义民主政治的本质属性，是最广泛、最真实、最管用的民主。”[⑥] 全过程人民民主是中国特色社会主义民主的精髓，是中国共产

---

① 《中国共产党第二十次全国代表大会文件汇编》，人民出版社 2022 年版，第 19 页。

② 《邓小平文选》第 3 卷，人民出版社 1993 年版，第 110—111 页。

③ 《马克思恩格斯全集》第 46 卷（下），人民出版社 1980 年版，第 222 页。

④ 《习近平著作选读》第 2 卷，人民出版社 2023 年版，第 501 页。

⑤ 《中国共产党第二十次全国代表大会文件汇编》，人民出版社 2022 年版，第 31 页。

⑥ 《中国共产党第二十次全国代表大会文件汇编》，人民出版社 2022 年版，第 31 页。

党领导人民开创美好政治生活的积极探索和时代回答。它贯穿在人民当家作主的全过程、各环节，集中体现了人民意志，有效保障了人民权益，以现代化制度体系激活了实现人民美好政治生活的创造活力，是保障人民权利、促进社会公平正义的现代化政治形态。全面发展全过程人民民主，必须警惕和防范西方“宪政”等政治思潮的侵蚀，发挥中国制度和治理体系的显著优势，推动现代政治与人类文明的有机融合，在实现人民美好政治生活中丰富和发展人类文明新形态。

（四）坚持社会主义文化发展方向是实现美好生活的精神支撑

社会主义文化是凝聚人心、汇聚民力的强大力量，是增强创造人民美好生活的精神支撑。进入新时代，我们党从创造美好生活高度增强文化自觉和文化自信，把丰富人民物质生活和精神生活作为中国式现代化繁荣兴盛的有力武器。习近平总书记指出：“没有社会主义文化繁荣发展，就没有社会主义现代化。”[①]没有社会主义现代化，就没有人民美好生活。有了社会主义文化的培根铸魂，中国式现代化开创出实现人民美好生活的正确道路，实现了中华文明从传统到现代的跃迁，在彰显文化自信的显著优势中不断满足了人民对美好生活的向往和追求。人民美好生活的实现，需要统筹推进文化培育、文化实践和文化创建，繁荣发展更多满足人民美好生活需要的文化事业和文化产业，实施一批文化惠民工程，为开辟中国式现代化新境界提供强大思想保证和强大精神力量。根据新的时代条件和实际需要，推动中国式现代化更好走向世界，满足人民的精神文化需求，就要坚定文化自信，不断提升中华文化的凝聚力、影响力和感召力，促进中华文化的创造性转化和创新性发展，为巩固创造美好生活的中国式现代化奠定共同思想基础。

（五）夯实社会治理的民生基础是实现美好生活的必要条件

社会治理关乎民生，紧系民心，是中国共产党治国理政的重大任务，也是中国式现代化和人类文明新形态创新发展的重要保障。改善和保障民生是

① 《习近平关于社会主义精神文明建设论述摘编》，中央文献出版社 2022 年版，第 29 页。

党最大的现实政治问题，也是关系党的“初心”“宗旨”、影响党与人民群众关系的关键问题。造福人民是中国共产党的最大政绩。习近平总书记指出：“保障和改善民生没有终点，只有连续不断的新起点。”[①] 在创新社会治理中增进民生福祉，在发展中保障和改善民生，是中国式现代化的根本目的。党的十八大以来，党中央将保障和改善民生放在优先发展地位，脱贫攻坚、乡村振兴等一大批惠民生、暖民心的保障工程持续推进，社会保障制度体系、脱贫攻坚制度体系等不断健全和完善，在破解上学难、看病难等问题上取得突破性进展，为新时代促进民生福祉达到新水平提供了制度保障。习近平总书记指出：“人民对美好生活的向往就是我们的奋斗目标，增进民生福祉是我们坚持立党为公、执政为民的本质要求。”[②] 党的百年历史充分证明，人民是党执政的最大底气，也是党执政的最深厚根基。而这一根基，也可以成为民心。民之所望，政之所向。新使命要求我们汇聚民意、凝聚共识，让更多民生红利惠及广大人民，夯实中国式现代化的价值基础，为实现共同富裕和人民美好生活注入强大动能。

三、创新贡献：中国式现代化是全新的人类文明形态

中国式现代化扎根中华大地，坚持在发展中创造人民美好生活，所取得的根本成就是创造社会主义文明新形态。习近平总书记指出：“中国式现代化，深深植根于中华优秀传统文化，体现科学社会主义的先进本质，借鉴吸收一切人类优秀文明成果，代表人类文明进步的发展方向，展现了不同于西方现代化模式的新图景，是一种全新的人类文明形态。”[③] 这是中国式现代化鲜明特色和创新贡献的凝结概括，对世界现代化理论与实践的丰富发展具有重要理论与现实意义。

① 《习近平谈治国理政》第 2 卷，外文出版社 2017 年版，第 362 页。
② 《中共中央关于党的百年奋斗重大成就和历史经验的决议》，人民出版社 2021 年版，第 47 页。
③ 《正确理解和大力推进中国式现代化》，《人民日报》2023 年 2 月 8 日。

（一）实现中华文明的现代转型，创造出人类文明新形态

道路承载着文明，决定着文明兴衰。面对世界百年未有之大变局，在中国向何处去的重大历史关头，中华民族必须顺应时代潮流，切中文明现代化的深层脉搏。习近平总书记指出："一个国家实行什么样的主义，关键要看这个主义能否解决这个国家面临的历史性课题。"[①] 新时代，以新理论范式为指南的中国式现代化，开启现代化文明的中国叙事，创造出人类文明新形态。这是中国式现代化符合中国国情和人民需要的重大创新和伟大成果。

人类文明新形态以文明协调发展展现了中国式现代化伟大实践的文明表征和文明贡献，是人类文明迎来新发展阶段的重要标识。在物质文明方面，人类文明新形态力求建设与精神文明相统一的共同富裕的物质文明；在政治文明方面，"中国共产党以中国式民主擘画出人类政治文明新形态的壮丽图景"[②]，以全过程人民民主的政治文明打造出人的文明发展的政治平台；在精神文明方面，人类文明新形态贯彻以人民为中心的文化发展理念，构建中国特色社会主义文化的精神文明；在社会文明方面，人类文明新形态打造共建共治共享的社会文明，促进社会治理体系和治理能力现代化；在生态文明方面，人类文明新形态重塑人与自然关系，建设人与自然和谐共生的生态文明。这是人类文明新形态超越西方文明的根本特征，是世界文明发展的崭新样式和发展模式。

（二）打破"现代化 = 西方化"的迷思，展现走向现代化的新图景

打破西方现代化神话，走独立自主的现代化道路，是中国式现代化发展的根本逻辑。长期以来，西方文明自诩是现代文明的典型样板和范例，但资本自身的弊病和缺陷必然导致西方现代化走向末路。马克思指出："由于文明时代的基础是一个阶级对另一个阶级的剥削，所以它的全部发展都是在经常的矛盾中进行的。"[③] 相形之下，中国式现代化站在历史正确的一边，打破了西方化等于现代化的神话，是引领人类文明发展方向、具有远大前途的正确

① 《习近平谈治国理政》第 1 卷，外文出版社 2018 年版，第 22 页。
② 颜晓峰等:《创造人类文明新形态》，社会科学文献出版社 2022 年版，第 144 页。
③ 《马克思恩格斯文集》第 4 卷，人民出版社 2009 年版，第 196—197 页。

道路。

中国式现代化破解了现代化悖论，为世界呈现出现代文明新景象。首先，它正确看待经济发展与生态保护的辩证关系，实现经济和生态的良性双向发展。中国式现代化践行“两山”论，将生态转化为生产力，旨在实现人、自然与社会的和谐共生，走人类文明永续发展的道路。其次，它正确认识和处理整体布局和重点突破的关系。中国式现代化在政治、经济、文化、社会、生态等方面，要求全面布局、全面发展，做到统筹兼顾、协调可持续发展。最后，它正确处理传统与现代的关系，实现传统与现代的共生共融。现代化不是对传统的全面否定，没有传统，现代化发展就成了无源之水、无本之木。实现传统文明与现代文明的融合共生，是中国式现代化不忘本来、面向未来的必由之路。中国式现代化的推进，展现走向现代化的新图景，引领人类文明朝社会主义的正确方向更好发展。

（三）催生出中国式现代化理论，深化拓展世界现代化理论体系

中国式现代化理论体系是中国共产党领导人民在长期现代化伟大实践中形成的智慧结晶，科学回答了“什么是中国式现代化、怎样推进中国式现代化”的时代课题，为全面建成社会主义现代化强国、实现中华民族伟大复兴提供科学理论指导。习近平总书记指出：“中国式现代化蕴含的独特世界观、价值观、历史观、文明观、民主观、生态观等及其伟大实践，是对世界现代化理论和实践的重大创新。”[①] 这是科学社会主义的重大创新贡献，是推进世界现代化理论与实践发展的关键一环。

从世界观看，中国式现代化以和平发展超越殖民掠夺，以多元现代性取代一元现代性，走百花齐放的现代化文明道路；从价值观看，中国式现代化坚持以人民为中心，以实现全体人民共同富裕消除两极分化，促进人的自由全面发展和物的全面丰富；从历史观看，中国式现代化统一于特殊性和普遍性之中，承载着实现中华民族伟大复兴的文明使命，是独立自主、开拓创新的崭新道路；从文明观看，中国式现代化是“五大文明”协调发展的现代化

① 《正确理解和大力推进中国式现代化》，《人民日报》2023 年 2 月 8 日。

文明新形态，遵循平等互鉴对话包容的文明观，为文明共存共荣贡献了中国智慧；从民主观看，中国式现代化以全面发展全过程人民民主有力保障人民当家作主，真正实现人民对美好政治生活的需要，为世界现代化政治文明作出贡献；从生态观看，中国式现代化主张人与自然是生命共同体，在实现人与自然和谐共生中实现经济与生态的良性发展，为世界现代化的永续发展找到出路。

（四）弘扬全人类共同价值，开辟文明共生共融的康庄大道

全人类共同价值是中国式现代化的内在要求，是人类文明交融共生的重要基石。中国式现代化弘扬全人类共同价值，拆穿了西方主导的“普世价值”，是扩大文明价值交集的实践结晶，代表了当代世界历史发展的人心所向。习近平总书记指出：“人类文明多样性是世界的基本特征，也是人类进步的源泉。”[①] 面对世界市场的扩大和普遍交往的发展，以全人类共同价值引领文明多元共生，是中国式现代化的重大文明贡献。这既体现了中国式现代化对“西方中心论”的结构性超越，又彰显中国式现代化对“文明冲突论”的系统性批判。中国式现代化以多元共存取代文明优越，以共生共荣超越零和博弈，为人类文明永葆生机活力提供内生动力。

中国式现代化坚持平等互鉴对话包容的文明观，是文明多元共生的康庄大道。首先，中国式现代化以文明平等对话化解文明冲突，实现了交流互鉴的文明交往，维护了人类文明多样性。如何正确处理多元文明间的关系，维护世界文明多样性，是中国式现代化发展亟待解决的重大问题。习近平总书记指出：“企图建立单一文明的一统天下，只是一种不切实际的幻想。”[②] 中国式现代化的成功开辟，诠释了人类文明多样性不是文明冲突的根源。其次，中国式现代化实现了对西方文明自私自利文明理念的超越和批判，打造出互利共赢、协同共进的文明发展新模式。只有改变资本霸权，建立新的文明发展模式和全球政治经济新秩序，才能开创多元文明互利共赢的文明新格局。

① 《习近平谈治国理政》第 2 卷，外文出版社 2017 年版，第 543 页。

② 习近平：《弘扬和平共处五项原则 建设合作共赢美好世界——在和平共处五项原则发表 60 周年纪念大会上的讲话》，人民出版社 2014 年版，第 10 页。

最后，中国式现代化蕴含丰富的天下情怀，彻底扭转了人类文明发展失衡的历史态势，开拓了共同繁荣的文明发展新路径，为实现多元文明形态共生共荣贡献力量。

（五）推动构建人类命运共同体，贡献解决人类重大问题的中国方案

构建人类命运共同体是解决人类共同难题的中国方案，是中国式现代化的实践创新和文明使命。习近平总书记指出："构建人类命运共同体是世界各国人民前途所在。"[①] 人类社会是命运与共、相互依存的共同体。加快构建人类命运共同体，是实现人民美好生活、引领人类文明走向光明的唯一正道。党的二十大报告将构建人类命运共同体作为中国式现代化的本质要求，指明了中国式现代化的文明意蕴、文明价值与文明贡献。

人类命运共同体是对"虚假共同体"的反思与批判，是破解人类文明危机与变局的新方案。真正的共同体是解放个性、实现自由的理想社会。而"虚假共同体"是对自由个性的制约和阶级差别的遮蔽，无法实现真正自由和真正的联合。人类命运共同体是对"虚假共同体"的扬弃，是对"真正共同体"的价值同构。首先，它强调现实的人的整体特性，以相互依存界定人与共同体的关系。人的类本质的实现仍需诉诸共同体的方式，坚持共同体思维是破解人类共同难题的方法论要求。其次，它主张以命运与共诠释共同利益，文明间的相互依存关系要求各文明必须关注共同利益，这是构建人类命运共同体的根基所在。最后，它坚持合作共赢引领未来发展，强调特殊利益与共同利益的统一，追求更广泛、更深层的全球性共同利益，真正超越单一而浅显的国家利益，满足世界人民对美好生活的向往。

---

① 《习近平重要讲话单行本》（2022 年合订本），人民出版社 2023 年版，第 135 页。

毛泽东“人民共治”思想初探——基于全过程人民民主的考察

杨斐然 *

内容提要： 毛泽东在关于人民民主问题的思考过程中，不仅重视权力的归属，还强调一切权力属于全体人民，体现为“人民共和”的思想。同时，毛泽东也十分重视人民通过各种途径和形式参与国家和社会事务的管理。毛泽东关于“人民共治”的思想，是一种全过程全方位的人民民主，是最广泛最真实最管用的民主，体现着全过程人民民主的鲜明理论特色。基于全过程人民民主的维度认真梳理和总结这些重要思想，对于新时代坚持和发展全过程人民民主有着重要的意义。

近年来，国内学术界探讨的一个热点问题，就是习近平在上海市长宁区虹桥街道调研考察时提出的重要理论命题——“全过程人民民主”。这一命题被认为是对中国民主政治性质、特点和优势的新概括，进一步凸显了社会主义民主的真实性、广泛性和有效性的特质。虽然“全过程人民民主”是一个新概念，但并不是一个全新的民主形式。当我们在系统梳理毛泽东关于人民民主的思想资源时，可以清晰地看到这一民主的形式是始终存在的。从全过程人民民主的维度来考察，毛泽东关于“人民共治”的思想体现出非常鲜明的全过程人民民主的理论色彩。

一、“人民共治”是毛泽东人民民主思想的重要内容

“人民共治”是毛泽东人民民主思想的重要内容，在毛泽东关于人民民主

* 杨斐然，江汉大学马克思主义学院。

问题的思考中，一个突出的特点是他不仅重视权力归人民所有，还高度关注各阶级各阶层人民参与国家和社会治理的全过程。毛泽东在参与湖南自治运动的过程中，就提出了“湖南人自决自治”①的主张，提倡实行“各省人民自决主义”②。毛泽东设想中的“湖南共和国”，实行“乡长民选，县长民选，省长民选”③，是以普选制为基础的直接民主政体，是按照人民自治的原则来建设的，实现湖南人完全自治自决。不仅全体人民“都有言论、出版、集会、结社之自由”，并且要求“三千万人，人人要发言，各出独到之主张，共负改造之责任”。④毛泽东的“湖南自治”和“湖南共和国”的设想体现了“主权在民”的原则，他认为政治不是特殊阶级参与的事情，政治法律“不装在穿长衣的先生们的脑子里，而装在工人们农人们的脑子里。他们对于政治，要怎么办就怎么办。他们对于法律，要怎么定就怎么定”⑤。从毛泽东提出的这些政治主张中可见其“人民共治”思想的最初发轫。

毛泽东认为国家的治理是全体人民的共同事业，人民是国家治理的共同主体。土地革命时期，中国共产党在局部执政条件下开始了国家治理的最初实践。毛泽东在领导革命根据地苏维埃政权建设的过程中，参与领导制定了《中华苏维埃共和国宪法大纲》，其中规定：“在苏维埃政权下，所有工人、农民、红军兵士及一切劳苦民众都有权选派代表掌握政权的管理”，“讨论和决定一切国家的地方的政治事务”，使苏维埃真正成为广大群众自己管理自己的政权。⑥这些规定体现了中国共产党“使全中国最广大的人民群众参加到政治生活中来”⑦的主张。此外，毛泽东还特别重视工农群众直接参与基层苏维埃政权的管理工作，他认为“苏维埃的民主，见之于市与乡的代表会议。市乡代表会议制度是苏维埃组织的基础，是使苏维埃密切接近于广大民众的机

① 《毛泽东早期文稿》，湖南人民出版社 2013 年版，第 454 页。
② 《毛泽东早期文稿》，湖南人民出版社 2013 年版，第 454 页。
③ 《毛泽东早期文稿》，湖南人民出版社 2013 年版，第 470 页。
④ 《毛泽东早期文稿》，湖南人民出版社 2013 年版，第 442 页。
⑤ 《毛泽东早期文稿》，湖南人民出版社 2013 年版，第 466 页。
⑥ 《建党以来重要文献选编（1921—1949）》第 8 册，中央文献出版社 2011 年版，第 650 页。
⑦ 《建党以来重要文献选编（1921—1949）》第 13 册，中央文献出版社 2011 年版，第 284 页。

关"[1]。毛泽东指示作为全乡最高政权机关的乡苏维埃主席团要"推动代表、委员会与群众团体去动员全乡群众执行各种工作。而不应该离开代表、委员会与群众团体，只是少数人忙着干"[2]。他要求乡苏维埃政权要让"各种群众团体（工会，贫农团，女工农妇代表会，反帝拥苏同盟，互济会，儿童团，劳动互助社，犁牛合作社，消费，生产，粮食，信用各合作社，托儿所，消灭文盲协会，识字运动委员会，俱乐部等）"参与管理工作，"依靠他们的努力去动员广大群众完成各种革命工作"，使各级苏维埃政权真正成为工农群众为主体的人民管理国家和经济社会事务的机关。[3]苏维埃共和国的最高权力机关采取代表制，实行间接民主形式，但是这种苏维埃代表制的民主并没有排斥人民参政，反而是紧紧地与直接民主联系在一起，广大人民群众不只是在口头上，而是在事实上真正参与国家管理。中华苏维埃共和国建立的民主制度和开展的民主实践，保证了人民能更便捷、更有效地参与全部的民主政治生活，"是真正广大民众的政权"[4]，是人民当家作主在政治领域初现雏形。

抗日战争时期，毛泽东在指导抗日根据地民主政权建设的实践中，强调要由各阶级各阶层（各党派各团体）人民共同参与国家和政府的管理。他认为："中国的事情是一定要由中国的大多数人作主"，我们现在要的是新民主主义的政治，"它不是旧的、过了时的、欧美式的、资产阶级专政的所谓民主政治；同时，也还不是苏联式的、无产阶级专政的民主政治"。[5]在和记者谈话中，毛泽东明确指出中国共产党主张的，"不是一个阶级的国家和政府，而是排除汉奸卖国贼在外的一切抗日阶级互相联盟的国家和政府"[6]。此后，他又在《团结到底》《论政策》《中国革命和中国共产党》中指出中国共产党"既不赞成别的党派的一党专政，也不主张共产党的一党专政，而主张各党、各派、各界、各军的联合专政"[7]，"只要是赞成抗日又赞成民主的人们，不问属于何

① 《建党以来重要文献选编（1921—1949）》第11册，中央文献出版社2011年版，第104页。
② 《毛泽东文集》第1卷，人民出版社1993年版，第344页。
③ 《毛泽东文集》第1卷，人民出版社1993年版，第356页。
④ 《建党以来重要文献选编（1921—1949）》第11册，中央文献出版社2011年版，第105页。
⑤ 《毛泽东选集》第2卷，人民出版社1991年版，第732页。
⑥ 《毛泽东选集》第2卷，人民出版社1991年版，第382页。
⑦ 《毛泽东选集》第2卷，人民出版社1991年版，第760页。

党何派，都有参加这个政权的资格”[①]。1940 年 2 月 20 日，毛泽东在延安各界宪政促进会成立大会上发表的演说《新民主主义的宪政》中指出：“中国的事情是一定要由中国的大多数人作主。”[②] 毛泽东认为，国家和社会治理事务就不能由一党一派垄断或包办，而应当“有事大家做”，让各阶级各阶层（各党派各团体）人民共同参与。毛泽东形象地比喻为“有饭大家吃”，他说：“既然有饭大家吃，就不能由一党一派一阶级来专政”[③]，“那种‘一人独吞’、‘人莫予毒’的派头，不过是封建主的老戏法，拿到二十世纪四十年代来，到底是行不通的”[④]。1941 年 11 月 20 日，毛泽东在陕甘宁边区参议会的演说中明确指出：“国事是国家的公事，不是一党一派的私事。”[⑤] 为了保证各方面人民都能参与中国共产党领导的抗日民主政权，毛泽东在亲自起草的《抗日根据地的政权问题》的指示中明确规定，“在人员分配上，应规定为共产党员占三分之一，非党的左派进步分子占三分之一，不左不右的中间派占三分之一”，他指出，“必须使党外进步分子占三分之一，因为他们联系着广大的小资产阶级群众”，“给中间派以三分之一的位置，目的在于争取中等资产阶级和开明绅士”，他特别强调“上述人员的分配是党的真实的政策，不能敷衍塞责”。[⑥] 他责成各中央局、中央分局、各区党委、各军队首长“不论政府人员中或民意机关中，共产党员只占三分之一，而使其他主张抗日民主的党派和无党派人士占三分之二”[⑦]。“三三制”原则在各抗日根据地的民主建政实践中也普遍得到了实现，各抗日根据地“由村级政权开始，逐渐完成各级民选政权”[⑧]。《陕甘宁边区施政纲领》明确规定：各党各派及无党无派人士均能参加边区民意机关之活动与边区行政之管理，从这些规定来看，中国共产党在各抗日根据地通过建立“三三制”政权让群众有说话、办事的权利，能够更好地彰显民众的意志和主

① 《毛泽东选集》第 2 卷，人民出版社 1991 年版，第 648 页。
② 《毛泽东选集》第 2 卷，人民出版社 1991 年版，第 732 页。
③ 《毛泽东选集》第 2 卷，人民出版社 1991 年版，第 733 页。
④ 《毛泽东选集》第 2 卷，人民出版社 1991 年版，第 683 页。
⑤ 《毛泽东选集》第 3 卷，人民出版社 1991 年版，第 809 页。
⑥ 《毛泽东选集》第 2 卷，人民出版社 1991 年版，第 742 页。
⑦ 《毛泽东选集》第 2 卷，人民出版社 1991 年版，第 760 页。
⑧ 《建党以来重要文献选编（1921—1949）》第 18 册，中央文献出版社 2011 年版，第 234 页。

张，是一种体现“人民共治”特征的新型政权模式，是“民主中国的模型”[①]。

1954年新中国首部社会主义性质的宪法诞生，其中明确规定：“中华人民共和国的一切权力属于人民”[②]，“人民民主的原则贯串在我们整个宪法中”[③]，人民获得了政治地位，以国家主人的身份参与管理国家事务。1956年9月15日至27日，中国共产党第八次全国代表大会，进一步强调了社会主义民主的人民属性。刘少奇在受毛泽东委托所作的政治报告中指出：“我们的民主不是属于少数人的，而是属于绝大多数人的，是属于工人、农民和其他一切劳动人民以及一切拥护社会主义和爱国的人民的。”[④]这就清晰地揭示了我国的民主与少数人统治多数人、剥削者统治劳动人民的资产阶级国家的民主不同，我国的民主应有人民的广泛参与，民主权利应为广大人民群众所享有，人民有权直接参与上层建筑的管理。在毛泽东的主持下，中共八大从扩大企业职工的民主权利着手，赋予劳动者管理企业的权利，并以此作为推进基层民主建设的途径，将由工会主持的企业职工代表会议，改为党委领导下的职工大会制。毛泽东在给中共鞍山市委《关于工业战线上的技术革新和技术革命运动开展情况的报告》的批示中，提出的“两参一改三结合”[⑤]原则，和随后形成的“鞍钢宪法”，确立了在党委领导下的职工代表大会制度，成为扩大企业民主，吸引广大职工参加管理、监督行政的有效形式，体现出人民参与管理、共同治理的思想意蕴。

二、“人民共治”是人民民主的突出特征

“人民共治”是毛泽东人民民主思想中的一个突出的特点，在毛泽东关于人民民主的思想中，他不仅重视权力的归属问题，强调一切权力属于全体人

① 《毛泽东选集》第3卷，人民出版社1991年版，第1045页。

② 《中华人民共和国宪法（1954年9月20日第一届全国人民代表大会第一次会议通过）》，人民出版社1954年版，第3页。

③ 《毛泽东文集》第6卷，人民出版社1999年版，第326页。

④ 《中共中央文件选集（1949.10—1966.5）》第24册，人民出版社2013年版，第93页。

⑤ 即干部参加劳动、工人参加管理，改革不合理的规章制度，工人群众、领导干部和技术员三结合。

民，同时重视广大人民群众通过各种途径和形式参与国家和社会事务的管理，这一特征体现了毛泽东的人民民主思想是一种全过程全方位的人民民主，是最广泛最真实最管用的民主。

毛泽东始终强调由人民大众治理自己的国家，他认为国家治理不是特权阶级独享的权利，人民应当参与国家治理决策的各个环节，最集中体现在“从群众中来，到群众中去”的群众路线，群众路线不仅是中国共产党的根本的领导方法和工作方法，也是实现“人民共治”的重要路径。新中国成立之初，毛泽东就强调了新中国的人民性，他强调，“各级政府都要加上‘人民’二字，各种政权机关都要加上‘人民’二字，如法院叫人民法院，军队叫人民解放军”[①]。

从新政协的参会人员名单不难发现，社会各阶层都参与到国家决策、治理的方方面面，中华人民共和国是一个“人民共治”的国家。1949 年 9 月 21 日至 30 日，中国人民政治协商会议第一届全体会议在北平召开，出席会议的代表包括党派代表、区域代表、军队代表、团体代表、特邀代表五大类，共 45 个单位 662 人，代表着“全中国的人民大众”的各个方面。“中国人民政治协商会议”的名称本身就体现着“人民共治”的鲜明特征，这个代行全国人民代表大会职权的机构也是新中国成立初期实现“人民共治”的机构。中共代表林伯渠在报告新政治协商会议筹备的情况及经过时说道：“中国人民政治协商会议在本质上是全国人民代表会议，这就是我们在许多事情上，譬如国家的大政方针采取了协商的办法，真正的发扬了民主的精神，使各方面的意见集合起来。”[②]周恩来在关于共同纲领草案的报告中指出：新中国的政权制度，“是民主集中制的人民代表大会制度，它完全不同于旧民主的议会制度，……从人民选举代表、召开人民代表大会、选举人民政府直到由人民政府在人民代表大会闭会期间行使国家政权的这一整个过程，都是行使国家政权的民主集中的过程，而行使国家政权的机关就是各级人民代表大会和各级

① 《毛泽东文集》第 5 卷，人民出版社 1996 年版，第 135 页。

② 《开国盛典：中华人民共和国诞生重要文献资料汇编》上编，中国文史出版社 2009 年版，第 205 页。

人民政府”[①]。《中国人民政治协商会议共同纲领》明文规定：“中华人民共和国的国家政权属于人民。人民行使国家政权的机关为各级人民代表大会和各级人民政府。各级人民代表大会由人民用普选方法产生之。各级人民代表大会选举各级人民政府。”[②]实行人民民主，保证人民当家作主，要求中国共产党在治国理政时在人民内部各方面进行广泛商量。毛泽东后来在同工商界人士座谈时也说道：我们政府的性格，“是跟人民商量办事的，是跟工人、农民、资本家、民主党派商量办事的，可以叫它是个商量政府”[③]。周恩来说过：“新民主主义的议事精神不在于最后的表决，主要是在于事前的协商和反复的讨论。”[④]这样的主张，具有鲜明的“人民共治”意蕴。新中国成立后确立的中国共产党领导下的多党合作和政治协商制度，就是最能体现“人民共治”的最佳形态——协商共治，协商民主可以说“是党的群众路线在政治领域的重要体现”[⑤]。

毛泽东还特别重视由人民大众监督政府的权利，他认为党和国家与人民之间形成的是“权力委托—代表负责”的关系，并非简单的代理关系。他认为党领导下的国家治理体系，这种权力是“人民给的”。[⑥]人民“把权力委托给能够代表他们的、能够忠实为他们办事”的中国共产党，经人民授权后党的责任“是向人民负责”。[⑦]这就明确了中国共产党领导的国家，权力来自人民的“委托”。因此，他强调共产党“应该受人民的监督，而决不应该违背人民的意旨”[⑧]。在苏区时期，他就旗帜鲜明地指出：“苏维埃必须吸引广大民众对于自己工作的监督与批评，每个革命的民众都有揭发苏维埃工作人员的错误、缺点之权”[⑨]，“政府工作人员由选举而任职，不胜任的由公意而撤换，一切问

① 《周恩来统一战线文选》，人民出版社 1984 年版，第 147—148 页。

② 《建党以来重要文献选编（1921—1949）》第 26 册，中央文献出版社 2011 年版，第 760 页。

③ 《毛泽东文集》第 7 卷，人民出版社 1999 年版，第 178 页。

④ 《建党以来重要文献选编（1921—1949）》第 26 册，中央文献出版社 2011 年版，第 697 页。

⑤ 《习近平谈治国理政》第 1 卷，外文出版社 2018 年版，第 82 页。

⑥ 《毛泽东选集》第 4 卷，人民出版社 1991 年版，第 1128 页。

⑦ 《毛泽东选集》第 4 卷，人民出版社 1991 年版，第 1128 页。

⑧ 《毛泽东选集》第 3 卷，人民出版社 1991 年版，第 809 页。

⑨ 《建党以来重要文献选编（1921—1949）》第 11 册，中央文献出版社 2011 年版，第 106 页。

题的讨论解决根据于民意，所以苏维埃政权是真正广大民众的政权。”① 他领导制定的《陕甘宁边区施政纲领》规定：人民可以有“用无论何种方式控告任何公务人员非法行为之权利”②。在抗战时期，毛泽东在陕甘宁边区参议会的演说中指出：“共产党是为民族、为人民谋利益的政党，它本身决无私利可图。它应该受人民的监督，而决不应该违背人民的意旨。”③ 新中国成立前夕，毛泽东在与黄炎培的“窑洞对”中，更是旗帜鲜明地提出“只有让人民来监督政府”④ 才能跳出历史的周期率。这样的主张，具有鲜明的“人民共治”的意蕴。毛泽东关于“人民共治”的思想资源非常丰富，涵盖了民主协商、民主决策、民主管理、民主监督各个环节，真正体现为“全过程的人民民主”。

三、毛泽东“人民共治”思想是全过程人民民主的重要思想资源

“中国的民主是人民民主，人民当家作主是中国民主的本质和核心。”⑤ 习近平对全过程人民民主思想的最早阐发，是在 2014 年 9 月 21 日庆祝中国人民政治协商会议成立 65 周年大会上，他在讲话中指出：“协商民主深深嵌入了中国社会主义民主政治全过程”⑥，“社会主义民主不仅需要完整的制度程序，而且需要完整的参与实践”⑦，人民不仅要在“选举时有投票的权利”，也要在日常政治生活中“有持续参与的权利”⑧。习近平讲话中的一系列重要观点，实际上就已经包含了全过程人民民主的基本思路。2017 年 10 月 18 日，中国共产党第十九次全国代表大会的报告中指出：要“保证党领导人民有效治理

① 《建党以来重要文献选编（1921—1949）》第 11 册，中央文献出版社 2011 年版，第 105 页。

② 《建党以来重要文献选编（1921—1949）》第 18 册，中央文献出版社 2011 年版，第 242 页。

③ 《毛泽东选集》第 3 卷，人民出版社 1991 年版，第 809 页。

④ 《毛泽东年谱（1893—1949）》（中），中央文献出版社 2013 年版，第 611 页。

⑤ 《中国的民主》，人民出版社 2021 年版，第 1 页。

⑥ 习近平：《在庆祝中国人民政治协商会议成立 65 周年大会上的讲话》，人民出版社 2014 年版，第 15 页。

⑦ 习近平：《在庆祝中国人民政治协商会议成立 65 周年大会上的讲话》，人民出版社 2014 年版，第 13 页。

⑧ 习近平：《在庆祝中国人民政治协商会议成立 65 周年大会上的讲话》，人民出版社 2014 年版，第 13 页。

国家；扩大人民有序政治参与，保证人民依法实行民主选举、民主协商、民主决策、民主管理、民主监督”[①]。2018 年 5 月 4 日，习近平在纪念马克思诞辰 200 周年的大会上，在谈到新时代中国共产党人如何学习和践行马克思主义时，特别强调要“更加切实、更有成效地实施人民民主”[②]。2019 年 11 月 2 日，习近平在上海市长宁区虹桥街道古北市民中心考察调研时，首次提出了“人民民主是一种全过程的民主”这一重大的理论命题，习近平指出：“人民民主是一种全过程的民主，所有的重大立法决策都是依照程序、经过民主酝酿，通过科学决策、民主决策产生的。”[③]这一重要论断是从新时代中国民主政治发展和运行的具体实践中，深刻揭示了人民民主是一种与广大人民群众利益紧密联系，并且具有充分可实践性的民主形态。“全过程的民主意味着民主的所有环节一个都不能少”[④]，从而在制度上和实际运行中能够有效地保证民主体现在政治参与的全过程之中。2021 年 7 月 1 日，习近平在庆祝中国共产党成立 100 周年大会上的讲话中，将“发展全过程人民民主”作为党“团结带领中国人民不断为美好生活而奋斗”的重要目标。[⑤]

全过程人民民主是一个新的概念，这一概念的内涵在毛泽东和中国共产党的人民民主思想中，在中国共产党新民主主义实践和社会主义实践中是始终存在的，它是“在总结新中国人民民主实践的基础上”[⑥]提出的，其本身就包含了对毛泽东“人民共治”思想的吸收和思考。中国“人民民主”被赋予了双层意蕴：第一层意蕴是价值层面的，即人民主权和人民权利；第二层意蕴是工具层面的，即“人民共治”。必须同时具备这两层意蕴才能是真正的“人民民主”，这也就是说中国的民主制度理应包含人民当家作主的制度和人民广泛参与治理的体系，这里面就包含了人民共和、人民主权和人民共治的

---

① 习近平：《决胜全面建成小康社会 夺取新时代中国特色社会主义伟大胜利——在中国共产党第十九次全国代表大会上的报告》，人民出版社 2017 年版，第 37 页。

② 习近平：《在纪念马克思诞辰 200 周年大会上的讲话》，人民出版社 2018 年版，第 19 页。

③ 习近平：《中国的民主是一种全过程的民主》，新华社，2019 年 11 月 3 日，http://jhsjk.people.cn/article/31434694。

④ 辛向阳：《人民民主是一种全过程的民主》，《光明日报》2020 年 5 月 29 日。

⑤ 习近平：《在庆祝中国共产党成立 100 周年大会上的讲话》，人民出版社 2021 年版，第 11—12 页。

⑥ 《习近平谈治国理政》第 2 卷，外文出版社 2017 年版，第 293 页。

思想，其中“人民共治”就包含了人民广泛参与治理和人民以多种形式参与治理的全过程。毛泽东关于人民依法享有各种民主权利和自由，国家的一切权力属于人民的人民主权原则解决了民主的价值问题，而完整的民主还应包含人民有序政治参与的问题。参与式的民主不是在价值层面，而是在实践层面的民主，参与式的民主往往包含两个环节：一个是民主选举，西方式的代议制民主更重视的是选举和投票，民众依法有权利参与选举，选举出自己的代表治理国家和管理社会，当人民通过民主选举选出代表后就不再参与国家和社会的管理，这并不是完整的民主更不是全过程的民主。由此可见，“参与”还有第二个层次，即人民直接参与国家和社会的治理，这就是毛泽东关于“人民共治”的思想，也就是说全过程人民民主 = 人民共和 + 人民权利 + 人民权力（人民主权）+ 人民共治 = 人民当家作主。一切权力属于人民、人民依法享有各种民主权利和自由并不等于人民当家作主，只有人民直接参与国家和社会的治理，以民主管理、民主决策、民主监督、民主协商的方式参与其中，才能真正体现人民当家作主。

毛泽东十分重视民主运行过程中的整体人民在场，“每一个环节实际上都只是整体人民的环节”[①]，新中国成立后，围绕制订新中国宪法的三次大讨论、政治协商会议的召开、各民主党派共商国是和群众路线的开展，都具体体现着“人民共治”这一特征。随后确立的新中国第一部宪法，从法律的层面确保了人民参与国家治理的权利。“中华人民共和国”是“人民共和国”，其实质就是人民共治的国家。国旗所表达的就是“人民共和”的意蕴。新中国成立之初，五星红旗表达的意蕴就是在中国共产党领导下，四个革命阶级共同治理国家；而在今天，五星红旗表达的意蕴是在中国共产党的领导下，社会主义劳动者，社会主义建设者，拥护社会主义的爱国者，拥护祖国统一、致力于中华民族伟大复兴的爱国者共同治理国家。

全过程人民民主有别于西方的代议制民主，代议制民主的重心在通过选举产生在形式上代表民意行使国家权力的议会，代表人民治理国家。习近平在庆祝中国人民政治协商会议成立 65 周年大会上的讲话中指出：“古今中外

① 《马克思恩格斯全集》第 3 卷，人民出版社 2002 年版，第 39 页。

的实践都表明，保证和支持人民当家作主，通过依法选举、让人民的代表来参与国家生活和社会生活的管理是十分重要的，通过选举以外的制度和方式让人民参与国家生活和社会生活的管理也是十分重要的”，这就明确表明了，除了选举代表参与国家治理以外，让人民直接参与国家治理也很重要，“人民只有投票的权利而没有广泛参与的权利，人民只有在投票时被唤醒。投票后就进入休眠期，这样的民主是形式主义的”[①]。西方代议制民主本身是一种精英民主，其本质是将权力和治理分开，人民通过民主选举选出自己的代表来治理国家，人民的选举权是有保障的，但是国家和社会的治理则有精英参与，这是西式民主面临的问题所在，而全过程人民民主相对于西式民主而言最核心的区别就是人民参与的范围、参与的过程、参与的程度是不一样的。西式民主中人民的参与主要是参与选举这一个环节，而在我国人民的参与是整个国家社会治理的全过程，这种参与的形式也是多元化的。习近平强调：“人民是否享有民主权利，要看人民是否在选举时有投票的权利，也要看人民在日常政治生活中是否有持续参与的权利；要看人民有没有进行民主选举的权利，也要看人民有没有进行民主决策、民主管理、民主监督的权利。社会主义民主不仅需要完整的制度程序，而且需要完整的参与实践。”[②]

全过程人民民主的政治理念，不仅强调民主选举在民主制度运行中的重要性，还强调在民主选举解决权力授权的问题后，还包括民主协商、民主决策、民主管理、民主监督，后四项就是人民参与国家治理的全过程，可以称为“民主治理”。“不仅有完整的制度程序，而且有完整的参与实践”，“实现了过程民主和成果民主、程序民主和实质民主、直接民主和间接民主、人民民主和国家意志相统一，是全链条、全方位、全覆盖的民主，是最广泛、最真实、最管用的社会主义民主”。[③]只有人民全过程参与民主的所有环节，才是真正意义的人民民主。在中华人民共和国，人民参与国家治理有许多制度渠道，如人大、政协、政党、群团组织、自治组织等。

---

① 习近平：《在庆祝中国人民政治协商会议成立 65 周年大会上的讲话》，人民出版社 2014 年版，第 14 页。

② 《习近平谈治国理政》第 2 卷，外文出版社 2017 年版，第 292 页。

③ 《坚持和完善人民代表大会制度 不断发展全过程人民民主》，《人民日报》2021 年 10 月 15 日。

党的十九大报告使用了“人民当家作主的制度体系”的概念，可以说每一项制度都体现着“人民共治”的精神。人民当家作主是全过程人民民主的本质特征，是社会主义民主政治的出发点和归宿。“健全全面、广泛、有机衔接的人民当家作主制度体系，构建多样、畅通、有序的民主渠道，丰富民主形式，从各层次各领域扩大人民有序政治参与，使各方面制度和国家治理更好体现人民意志、保障人民权益、激发人民创造。”[①] 人民不仅是国家的主人享有充分民主权利，而且是国家治理的主体参与国家治理。实现了“人民共治”的人民民主，才是真正的人民当家作主。

全过程人民民主不是一种全新的民主形式，这一民主形式是始终存在的。全过程人民民主不仅是价值理念和权力归属的问题，不仅是人民参与选举的问题，它是人民参与国家和社会治理全过程的问题，是价值与工具体的统一，权利与权力的统一、参与选举与参与治理的统一。只有这几个层次作为一个整体，才能真正体现人民当家作主，是真正实现人民当家作主的一种民主的模式。梳理和总结毛泽东关于“人民共治”的思想，对新时代坚持和完善人民当家作主的制度体系，发展全过程人民民主有着重要的意义。

① 《中共中央关于党的百年奋斗重大成就和历史经验的决议》，人民出版社 2021 年版，第 39 页。

习近平总书记关于中国式现代化的重要论述

乔奕钦 *

内容提要：习近平总书记科学总结历史经验，深刻把握现代化建设规律，基于新发展阶段，围绕“什么是中国式现代化、为什么要实现中国式现代化、怎样才能实现中国式现代化”的重大时代课题发表了一系列重要论述，深刻揭示了中国式现代化的理论内涵、时代意义和实践要求，为新时代新征程全面建设社会主义现代化国家提供了思想武器和行动指南。中国式现代化以社会主义现代化为本质属性，以五个重要特征为中国特色，以人的现代化为价值取向，构成了中国式现代化的理论内核。中国式现代化展现了中华民族伟大复兴的光明前景，为发展中国家走向现代化贡献了中国经验、中国智慧和中国方案，具有重大的时代意义。实现中国式现代化必须坚持的五项重大原则凝结着党和人民长期奋斗的宝贵经验，是全面建设社会主义现代化国家的实践要求。

习近平总书记在党的二十大报告中指出，“从现在起，中国共产党的中心任务就是团结带领全国各族人民全面建成社会主义现代化强国、实现第二个百年奋斗目标，以中国式现代化全面推进中华民族伟大复兴”[①]。站在全面建设社会主义现代化国家开局起步的关键时间节点，深刻理解和精准把握习近平总书记关于中国式现代化的重要论述，对于增强以中国式现代化全面推进中华民族伟大复兴的思想自觉、政治自觉和行动自觉具有重要意义。

---

* 乔奕钦，武汉理工大学马克思主义学院。

① 习近平:《高举中国特色社会主义伟大旗帜 为全面建设社会主义现代化国家而团结奋斗——在中国共产党第二十次全国代表大会上的报告》，人民出版社 2022 年版，第 21 页。

一、习近平总书记科学阐释了中国式现代化的理论内涵

现代化是人类社会发展与进步的显著标识，是近代以来世界各国共同追求的发展目标。现代化不是一成不变的固定概念，而是一个历史范畴，随着人类社会对现代化探索而动态发展。从整体上理解和领会习近平总书记关于中国式现代化的重要论述，首先需要从人类社会现代化发展普遍规律与我国现代化发展特殊规律的辩证统一中把握中国式现代化的科学内涵。

（一）中国式现代化的本质属性——社会主义现代化

习近平总书记在党的二十大报告中指出，“中国式现代化，是中国共产党领导的社会主义现代化”①，与资本主义现代化有着本质区别。资本主义现代化以资本增值为核心，以政治同化和文明殖化为其本真目的，是以资本为中心的、两极分化的、物质主义膨胀的、对外扩张掠夺的现代化。“我国不走一些国家通过战争、殖民、掠夺等方式实现现代化的老路，那种损人利己、充满血腥罪恶的老路给广大发展中国家人民带来深重苦难”②，由于社会制度的原则性差异，作为现代化后发国家的中国不可能照搬资本主义现代化的理论框架或实践模式，中国是社会主义国家，这一制度属性决定了社会主义是中国式现代化的本质属性。回望我国现代化发展历程，中国式现代化的生发过程深刻熔铸于新民主主义向中国特色社会主义的历史转变这一宏观过程，中国式现代化的形成与社会主义在中国的发展相互交织、共促共进。中国共产党开拓了在社会主义制度下建设现代化的新局面，实现了科学社会主义基本原则与现代化生动实践的高度融合。中国用几十年时间走完了西方发达国家几百年走过的工业化历程，使中华民族迎来了从站起来、富起来到强起来的伟大飞跃，宣告了“社会主义失败论”的“失败”、“历史终结论”的“终结”，实现了社会主义现代化从“理之当然”到“势之必然”的跨越。

---

① 习近平：《高举中国特色社会主义伟大旗帜 为全面建设社会主义现代化国家而团结奋斗——在中国共产党第二十次全国代表大会上的报告》，人民出版社 2022 年版，第 22 页。

② 习近平：《高举中国特色社会主义伟大旗帜 为全面建设社会主义现代化国家而团结奋斗——在中国共产党第二十次全国代表大会上的报告》，人民出版社 2022 年版，第 23 页。

（二）中国式现代化的中国特色——“五个重要特征”

习近平总书记在党的二十大报告中开宗明义地指出，中国式现代化“既有各国现代化的共同特征，更有基于自己国情的中国特色”[①]，并高度概括了中国式现代化的五个基本特征，这些特征互动互生、同向同行，共同构成了中国式现代化的显著标识和独特优势。

中国式现代化是人口规模巨大的现代化。“我国14亿人口要整体迈入现代化社会，其规模超过现有发达国家的总和，将彻底改写现代化的世界版图，在人类历史上是一件有深远影响的大事。”[②]中国是世界上最大的发展中国家，人口基数大是我国的基本国情，一方面体现了我国实现现代化的艰巨性和复杂性，另一方面巨大的人口规模蕴含着丰富的人才资源和强劲的发展动能。党的十八大以来，以习近平同志为核心的党中央打赢了人类历史上规模最大的脱贫攻坚战，显著提升了人口质量、优化了人口结构、提高了人力资本水平，促使占世界五分之一的人口持续释放人口红利，逐步形成人才红利，发挥人民群众在现代化建设中的积极性、主动性和创造性。

中国式现代化是全体人民共同富裕的现代化。“共同富裕是社会主义的本质要求，是中国式现代化的重要特征。”[③]党的十八大以来，以习近平同志为核心的党中央带领全国各族人民决胜全面建成小康社会，为促进共同富裕创造了良好条件，我国已全面进入扎实推动共同富裕的历史阶段。习近平总书记将共同富裕嵌入现代化强国的战略框架之中，印证了中国式现代化与实现共同富裕在战略实施中的叠加价值，把推进中国式现代化与实现全体人民共同富裕有机统一起来。

中国式现代化是物质文明和精神文明相协调的现代化。“物质富足、精神富有是社会主义现代化的根本要求。物质贫困不是社会主义，精神贫乏也不是社会主义。”[④]物质文明与精神文明是社会发展的一体两面，社会主义现代

① 习近平：《高举中国特色社会主义伟大旗帜 为全面建设社会主义现代化国家而团结奋斗——在中国共产党第二十次全国代表大会上的报告》，人民出版社2022年版，第22页。

② 《习近平谈治国理政》第4卷，外文出版社2022年版，第123页。

③ 《习近平谈治国理政》第4卷，外文出版社2022年版，第142页。

④ 习近平：《高举中国特色社会主义伟大旗帜 为全面建设社会主义现代化国家而团结奋斗——在中国共产党第二十次全国代表大会上的报告》，人民出版社2022年版，第22—23页。

化强国既要物质的丰裕富强，也要精神的自信自强，两者缺一不可。习近平总书记要求“推动社会主义精神文明和物质文明协调发展”①。要以高质量发展作为首要任务，厚植现代化的物质基础，夯实满足人民美好生活向往所必需的物质条件。同时也要坚持中国特色社会主义文化发展道路，增强文化自信，大力弘扬中华优秀传统文化，传承民族精神与时代精神，继承在长期实践中培育的传统美德，传播社会主义核心价值观，不断满足人民群众多样化、多层次、多方面的精神文化需求。

中国式现代化是人与自然和谐共生的现代化。人类文明正是在人与自然的双向互动之中被创造的，二者之间的关系经历了信仰、利用、征服，现已发展到和谐共存的历史阶段。习近平总书记指出：“大自然是人类赖以生存发展的基本条件。尊重自然、顺应自然、保护自然，是全面建设社会主义现代化国家的内在要求。”②要坚决摒弃西方国家“先污染后治理”的现代化发展模式，牢牢守住自然的安全边界和底线，建立人与自然和谐共生的发展格局，走更高质量、更有效率、更加公平、更可持续、更为安全的发展道路，实现中华民族永续发展。

中国式现代化是走和平发展道路的现代化。中国“坚持和平发展道路，既通过维护世界和平发展自己，又通过自身发展维护世界和平”③。在社会主义现代化建设过程中，中国始终怀揣着“独善其身”和“兼济天下”的世界情怀，始终坚守“和平、发展、公平、正义、民主、自由”为内涵的全人类共同价值，始终以推动构建人类命运共同体为己任，是世界和平的贡献者、全球发展的建设者、国际秩序的维护者。正如习近平总书记所说，“中国共产党是为中国人民谋幸福、为中华民族谋复兴的党，也是为人类谋进步、为世界谋大同的党”④，“中国共产党愿同各国政党交流互鉴现代化建设经验，共同丰富走

① 《习近平谈治国理政》第3卷，外文出版社2020年版，第32页。

② 习近平：《高举中国特色社会主义伟大旗帜 为全面建设社会主义现代化国家而团结奋斗——在中国共产党第二十次全国代表大会上的报告》，人民出版社2022年版，第49—50页。

③ 《中共中央关于党的百年奋斗重大成就和历史经验的决议》，人民出版社2021年版，第68页。

④ 习近平：《高举中国特色社会主义伟大旗帜 为全面建设社会主义现代化国家而团结奋斗——在中国共产党第二十次全国代表大会上的报告》，人民出版社2022年版，第21页。

向现代化的路径，更好为本国人民和世界各国人民谋幸福”[①]。

（三）中国式现代化的价值取向——人的现代化

纵观世界现代化发展史，各国现代化发展所追求的价值无外乎有两种：以“物”为本和以“人”为本。以“物”为本也可理解为以“资”为本，本质是推动社会的资本主义化，追求剩余价值的最大化，把经济增长作为衡量现代化发展状况的标准尺度。但通过战争掠夺、殖民奴役、霸权欺凌积累起的现代化的资本基础“从头到脚，每个毛孔都滴着血和肮脏的东西”[②]。习近平总书记指出，“现代化的本质是人的现代化”[③]，中国式现代化在传承马克思主义现代化理论以“人”为本核心价值取向的基础上阐释了“人的现代化”的价值旨归。党的二十大报告中“人民”一词共被提及 177 次，将“必须坚持人民至上”置于习近平新时代中国特色社会主义思想的世界观和方法论的六个“必须坚持”之首要位置，将“坚持以人民为中心的发展思想”列入全面建设社会主义现代化国家必须牢牢把握的五个重大原则之一，指出要“维护人民根本利益，增进民生福祉，不断实现发展为了人民、发展依靠人民、发展成果由人民共享，让现代化建设成果更多更公平惠及全体人民”[④]。

二、习近平总书记深刻揭示了中国式现代化的时代意义

习近平总书记指出，中国式现代化“借鉴吸收一切人类优秀文明成果，代表人类文明进步的发展方向，展现了不同于西方现代化模式的新图景，是一种全新的人类文明形态”[⑤]。中国式现代化事业取得历史性成就、发生历史性变革，推动中华民族伟大复兴进入了不可逆转的历史进程；突破了西方现代化模式的唯一性，拓展了发展中国家走向现代化的途径；代表了人类文明进

① 《习近平谈治国理政》第 4 卷，外文出版社 2022 年版，第 427 页。

② 《马克思恩格斯选集》第 2 卷，人民出版社 1995 年版，第 297 页。

③ 《十八大以来重要文献选编》（上），中央文献出版社 2014 年版，第 594 页。

④ 习近平：《高举中国特色社会主义伟大旗帜 为全面建设社会主义现代化国家而团结奋斗——在中国共产党第二十次全国代表大会上的报告》，人民出版社 2022 年版，第 27 页。

⑤ 《正确理解和大力推进中国式现代化》，《人民日报》2023 年 2 月 8 日。

步的发展方向，重塑了人类文明格局，创造了人类文明新形态。

（一）中国式现代化是中华民族伟大复兴的必由之路

“中国共产党团结带领中国人民进行的一切奋斗、一切牺牲、一切创造，归结起来就是一个主题：实现中华民族伟大复兴。”[①] 实现中华民族伟大复兴是中华民族念兹在兹的历史宏愿和始终不渝的奋斗目标，现代化是实现中华民族伟大复兴的时代主题和核心任务。党的十八大以来，习近平总书记将中国式现代化融入中华民族伟大复兴的宏伟事业中去认识、把握和推进，创造了新时代中国特色社会主义现代化建设的伟大成就，书写了中华民族几千年历史上最恢宏的史诗，提出“以中国式现代化全面推进中华民族伟大复兴”[②] 的时代感召，我国已进入全面建设社会主义现代化国家的历史新起点，迎来了实现中华民族伟大复兴的光明前景。从新中国成立 70 多年和改革开放 40 多年的历史来看，中国人民在中国式现代化道路上焕发出前所未有的历史自觉和主动精神；从中国共产党 100 多年的光辉历程来看，中国共产党对于中国式现代化的领导更加坚强有力；从中华民族 5000 多年的历史来看，中华民族伟大复兴进入了不可逆转的历史进程。习近平总书记指出：“我们比历史上任何时期都更接近、更有信心和能力实现中华民族伟大复兴的目标，同时必须准备付出更为艰巨、更为艰苦的努力。”[③]

（二）中国式现代化是发展中国家走向现代化的创新之路

现代化是每一个民族国家进入发达社会所必须经历的变革过程，是不可抗拒的历史洪流。以美国为首的西方国家构建了西方现代化理论体系，将西方现代化道路推崇为通向现代化的唯一道路，试图向全世界传递和灌输“普世价值观”、“西方中心论”和“零和博弈论”等观念，大部分国家在现代化

① 《习近平谈治国理政》第 4 卷，外文出版社 2022 年版，第 4 页。

② 习近平：《高举中国特色社会主义伟大旗帜 为全面建设社会主义现代化国家而团结奋斗——在中国共产党第二十次全国代表大会上的报告》，人民出版社 2022 年版，第 21 页。

③ 习近平：《高举中国特色社会主义伟大旗帜 为全面建设社会主义现代化国家而团结奋斗——在中国共产党第二十次全国代表大会上的报告》，人民出版社 2022 年版，第 27—28 页。

的浪潮中被卷入了资本主义现代化体系中，走上了“依附型”现代化道路，甚至一些发展中国家在“快速发展”与“独立自主”中选择了前者，全盘“西化”，完全照抄照搬西方现代化模式。“现代化道路并没有固定模式，适合自己的才是最好的，不能削足适履。”[①] 中国式现代化克服了资本主义现代化的先天性弊病，破除了阻碍现代化发展的一切思想与体制障碍，“用几十年时间走完西方发达国家几百年走过的工业化历程，创造了经济快速发展和社会长期稳定的奇迹”[②]，打破了“现代化 = 西方化”的迷思。习近平总书记指出：“我国的实践向世界说明了一个道理：治理一个国家，推动一个国家实现现代化，并不只有西方制度模式这一条道，各国完全可以走出自己的道路来。”[③] 中国式现代化“拓展了发展中国家走向现代化的途径，给世界上那些既希望加快发展又希望保持自身独立性的国家和民族提供了全新选择”[④]。

（三）中国式现代化是人类文明新形态的开辟之路

“人类社会的进步过程就是人类文明的演进过程”[⑤]，“党领导人民成功走出中国式现代化道路，创造了人类文明新形态”[⑥]，“人类文明新形态”是对中国式现代化世界意义的高度概括，标注了中国式现代化的新定位和中华文明的新高度。中国式现代化创造的人类文明新形态是以平等、互鉴、对话、包容为基本观念的文明形态，吸纳了人类对现代化道路探索的文明成果，形成宽广的世界视野和多样的文明基础，以时代精华涵养自身现代化样式。一方面，人类文明新形态葆有了中华文明的主体地位。“中华文明经历了五千多年的历史变迁，但始终一脉相承”[⑦]，中华文明蕴含的处世之道、价值取向、精神力量为人类文明新形态提供了强大的生机与活力。另一方面，人类文明新形态

① 《习近平谈治国理政》第 4 卷，外文出版社 2022 年版，第 427 页。

② 《正确理解和大力推进中国式现代化》，《人民日报》2023 年 2 月 8 日。

③ 《习近平关于社会主义政治建设论述摘编》，中央文献出版社 2017 年版，第 7 页。

④ 《中共中央关于党的百年奋斗重大成就和历史经验的决议》，人民出版社 2021 年版，第 64 页。

⑤ 韩喜平、郝婧智：《人类文明形态变革与中国式现代化道路》，《当代世界与社会主义》2021 年第 4 期。

⑥ 《中国共产党第十九届中央委员会第六次全体会议文件汇编》，人民出版社 2021 年版，第 15 页。

⑦ 习近平：《论坚持推动构建人类命运共同体》，中央文献出版社 2018 年版，第 78 页。

汲取了各民族文明的优秀养分。“文明因交流而多彩，文明因互鉴而丰富”[①]，从古代的希腊文明、埃及文明、罗马文明等，到现代的亚洲文明、欧洲文明、非洲文明等，人类文明新形态兼收并蓄、择善而从、取长补短，中国式现代化创造的人类文明新形态以文明交流冲破文明壁垒，以文明互鉴代替文明对抗，以文明共存超越文明竞争，“坚持共享机遇、共创未来，共同做大人类社会现代化的‘蛋糕’，努力让现代化成果更多更公平惠及各国人民”[②]。

三、习近平总书记系统总结了中国式现代化的实践要求

党的二十大报告中的“五个重大原则”是对中国式现代化建设的经验总结和规律把握，是党团结带领人民全面建成小康社会、如期实现第一个百年奋斗目标的成功密码，也是推动全面建设社会主义现代化强国的实践要求。

（一）实现中国式现代化必须坚持和加强党的全面领导

“党政军民学，东西南北中，党是领导一切的”[③]，是最高的政治领导力量。中国共产党是中国政治方向的引领者、政治体系的统领者、重大决策的决断者、发展战略的设计者、社会治理的领导者。习近平总书记指出，在新民主主义革命时期，我们党团结带领人民，浴血奋战、百折不挠，推翻帝国主义、封建主义、官僚资本主义“三座大山”，建立了人民当家作主的中华人民共和国，实现了民族独立、人民解放，为实现现代化创造了根本社会条件；新中国成立后，我们党团结带领人民进行社会主义革命，确立社会主义基本制度，建立起独立的比较完整的工业体系和国民经济体系，社会主义革命和建设取得了独创性理论成果和巨大成就，为现代化建设奠定根本政治前提和宝贵经验、理论准备、物质基础；改革开放和社会主义现代化建设新时期，我们党作出把党和国家工作中心转移到经济建设上来、实行改革开放的历史性决策，实现了从生产力相对落后的状况到经济总量跃居世界第二的历史性突破，实

① 《习近平谈治国理政》第 1 卷，外文出版社 2018 年版，第 258 页。

② 习近平：《携手同行现代化之路》，《人民日报》2023 年 3 月 16 日。

③ 《习近平谈治国理政》第 3 卷，外文出版社 2020 年版，第 85 页。

现了人民生活从温饱不足到总体小康、奔向全面小康的历史性跨越，为中国式现代化提供了充满新的活力的体制保证和快速发展的物质条件；党的十八大以来，我们党在已有基础上继续前进，不断实现理论和实践上的创新突破，成功推进和拓展了中国式现代化。① 在中国式现代化建设的历程中，中国共产党始终发挥着运筹帷幄、领航定向、把舵前行的领导核心作用，始终是中国人民和中华民族的主心骨、定盘星和压舱石。中国共产党百余年奋斗史昭示着：必须坚持和加强党的全面领导，充分发挥我党的政治领导力、思想引领力、群众组织力、社会号召力，将党的领导贯彻落实到国家现代化事业发展的各领域各方面各环节，才能顺利建成社会主义现代化强国、实现第二个百年奋斗目标。

（二）实现中国式现代化必须坚持中国特色社会主义道路

“走自己的路，是党的全部理论和实践立足点，更是党百年奋斗得出的历史结论”②，中国共产党百余年来的辉煌历史就是一部谋求国家独立、民族解放和国家富强、民族复兴之路的历史，其成果集中体现在探索开辟了新民主主义革命道路、社会主义革命和建设道路、中国特色社会主义道路上。“我们走中国特色社会主义道路，具有无比广阔的时代舞台，具有无比深厚的历史底蕴，具有无比强大的前进定力。” ③

“方向决定前途，道路决定命运” ④，习近平总书记指出，我们 “既不走封闭僵化的老路也不走改旗易帜的邪路，而是坚定不移走中国特色社会主义道路” ⑤，“中国特色社会主义道路是实现社会主义现代化、创造人民美好生活的必由之路”⑥。中国特色社会主义道路是马克思主义中国化的道路，坚持中国特色社会主义理论体系的指导地位，为中国式现代化提供科学指引；中国特色社会主义道路是人民创造历史的实践道路，为中国式现代化集聚起万众一心、

① 参见《正确理解和大力推进中国式现代化》，《人民日报》2023 年 2 月 8 日。
② 《习近平谈治国理政》第 4 卷，外文出版社 2022 年版，第 10 页。
③ 《习近平谈治国理政》第 3 卷，外文出版社 2020 年版，第 55 页。
④ 《习近平谈治国理政》第 3 卷，外文出版社 2020 年版，第 184 页。
⑤ 《习近平谈治国理政》第 3 卷，外文出版社 2020 年版，第 181 页。
⑥ 《习近平谈治国理政》第 3 卷，外文出版社 2020 年版，第 13 页。

共克时艰的磅礴力量。新征程上，要“坚持把国家和民族发展放在自己力量的基点上，坚持把中国发展进步的命运牢牢掌握在自己手中”[①]，确保全体社会成员坚定不移走中国特色社会主义道路的思想不动摇、行为不走样。

（三）实现中国式现代化必须坚持以人民为中心的发展思想

“只有坚持以人民为中心的发展思想，坚持发展为了人民、发展依靠人民、发展成果由人民共享，才会有正确的发展观、现代化观。”[②]坚持以人民为中心的发展思想包含“发展为了人民”“发展依靠人民”“发展成果由人民共享”三大基本结构。发展为了人民是中国式现代化的逻辑起点。“江山就是人民、人民就是江山”[③]，党章规定，我们党没有自己特殊的利益，党在任何时候都把群众利益放在第一位。始终将人民的需要作为判断社会主要矛盾的依据，“始终把满足人民对美好生活的新期待作为发展的出发点和落脚点，在实现现代化过程中不断地、逐步地解决好这个问题”[④]。发展依靠人民是中国式现代化的实践支点。人民既是历史的局中人，也是历史的剧作者。中国式现代化的根基、血脉、力量都在于人民，必须紧紧依靠人民，寻求最大公约数、画出最大同心圆，发挥人民群众长盛不衰的创造力、风雨同舟的凝聚力和攻坚克难的战斗力。发展成果由人民共享是中国式现代化的价值落点。中国共产党是现代化的“答卷人”，人民是“阅卷人”，中国式现代化的各项工作是否合格，“最终都要看人民是否真正得到了实惠，人民生活是否真正得到了改善，人民权益是否真正得到了保障”[⑤]。

（四）实现中国式现代化必须坚持深化改革开放

“在新中国成立特别是改革开放以来长期探索和实践基础上，经过十八大

---

① 习近平：《高举中国特色社会主义伟大旗帜 为全面建设社会主义现代化国家而团结奋斗——在中国共产党第二十次全国代表大会上的报告》，人民出版社 2022 年版，第 27 页。

② 《习近平谈治国理政》第 4 卷，外文出版社 2022 年版，第 171 页。

③ 《习近平谈治国理政》第 4 卷，外文出版社 2022 年版，第 9 页。

④ 习近平：《论把握新发展阶段、贯彻新发展理念、构建新发展格局》，中央文献出版社 2021 年版，第 503 页。

⑤ 《习近平谈治国理政》第 1 卷，外文出版社 2018 年版，第 28 页。

以来在理论和实践上的创新突破，我们党成功推进和拓展了中国式现代化。”[①]改革开放是人类历史上一次影响深、效果佳、速度快的伟大社会变革，是决定当代中国命运的关键一招，是党和人民事业大踏步赶上时代的重要法宝。改革开放40多年的伟大实践使我国从计划经济走向市场经济、从封闭走向开放、从积贫积弱的农业国发展成为世界工业强国。党的十八届三中全会以来，以习近平同志为核心的党中央围绕全面深化改革提出了一系列创新理论、采取了一系列重大举措、取得了一系列重大突破，回答了在新时代为什么要全面深化改革、怎样全面深化改革等一系列重大理论和实践问题，是思想理论的深刻变革、是组织方式的深刻变革、是国家制度和治理体系的深刻变革、是人民广泛参与的深刻变革，全面深化改革取得历史性伟大成就。全面深化改革开放既要在战略上布好局，也要在关键处落好子，着力解决改革开放道路上的“痛点”“堵点”“淤点”问题，冲破思想观念的束缚，突破利益固化的藩篱，全面深化政治、文化、社会、生态等各领域改革，实行更大力度、更高水平、更深层次的开放，为中国式现代化提供澎湃不竭的发展动力。

（五）实现中国式现代化必须坚持发扬斗争精神

“建立中国共产党、成立中华人民共和国、实行改革开放、推进新时代中国特色社会主义事业，都是在斗争中诞生、在斗争中发展、在斗争中壮大的”[②]，斗争精神是中国共产党带领中国人民在革命、建设和改革时期形成的宝贵精神财富，鼓舞了我们党和人民不断攻坚克难，锤炼了不畏强敌、不惧风险、敢于斗争、敢于胜利的风骨和品质。习近平总书记在党的二十大报告开篇就提到：“务必敢于斗争、善于斗争”，并在新修订的党章中加入“发扬斗争精神、增强斗争本领”的内容。一是要坚持斗争的方向、立场、原则，新时代新征程开展伟大斗争“大方向就是坚持中国共产党领导和我国社会主义制度不动摇”[③]，筑牢底线思维，增强风险意识。二是要把握斗争的主动权，掌

① 习近平：《高举中国特色社会主义伟大旗帜 为全面建设社会主义现代化国家而团结奋斗——在中国共产党第二十次全国代表大会上的报告》，人民出版社2022年版，第22页。

② 《习近平谈治国理政》第3卷，外文出版社2020年版，第225页。

③ 《习近平谈治国理政》第3卷，外文出版社2020年版，第226页。

握“草摇叶响知鹿过、松风一起知虎来、一叶易色而知天下秋的见微知著能力”[①]，洞察先机、趋利避害，该斗争时主动斗争。三是要增强斗争本领，“经受严格的思想淬炼、政治历练、实践锻炼”[②]，“在复杂严峻的斗争中经风雨、见世面、壮筋骨，真正锻造成为烈火真金”[③]。立足新起点、开启新征程、实现新目标，必须将斗争精神、斗争经验、斗争本领融入中国式现代化建设进程中，不断开辟中国式现代化新境界、创造新成就、取得新胜利。

① 《习近平谈治国理政》第 3 卷，外文出版社 2020 年版，第 226 页。
② 《习近平谈治国理政》第 3 卷，外文出版社 2020 年版，第 225 页。
③ 《习近平谈治国理政》第 3 卷，外文出版社 2020 年版，第 227 页。

中国式现代化的民心逻辑

吴 敏*

内容提要：民心是最大的政治，更是中国式现代化始终不渝的遵循。中国共产党坚持把实现人民对美好生活的向往作为现代化建设的出发点和落脚点，紧紧依靠人民推进和拓展中国式现代化，着力让现代化的发展成果为全体人民共同享有，深刻践行了“守江山，守的是人民的心”的政治誓言，形成了现代化建设“为了人民—依靠人民—成果由人民共享”三维一体的逻辑框架。中国共产党以对民心的遵从和把握不断推进和拓展中国式现代化，超越了西方现代化的“资本至上”逻辑，昭示着新征程上中国共产党以中国式现代化全面推进中华民族伟大复兴的价值指向和实践遵循。

党的二十大报告强调要以中国式现代化全面推进中华民族伟大复兴，从根本上说，“中国式现代化，是中国共产党领导的社会主义现代化”①。百年来，中国共产党坚持“打江山、守江山，守的是人民的心”②的誓言，始终把民心放在追求和建设社会主义现代化的突出位置，把维护和发展人民群众的利益作为推进现代化的目的和归宿。正如习近平总书记深刻指出：“坚持发展为了人民、发展依靠人民、发展成果由人民共享，才会有正确的发展观、现代化观。”③中国共产党领导推动的中国式现代化，正是在深刻把握民心的基础上，形成了现代化为了人民、依靠人民进行现代化建设和现代化建设成果由人民

* 吴敏，华中科技大学马克思主义学院。

① 习近平：《高举中国特色社会主义伟大旗帜 为全面建设社会主义现代化国家而团结奋斗——在中国共产党第二十次全国代表大会上的报告》，人民出版社 2022 年版，第 22 页。

② 习近平：《在庆祝中国共产党成立 100 周年大会上的讲话》，人民出版社 2021 年版，第 11 页。

③ 习近平：《把握新发展阶段，贯彻新发展理念，构建新发展格局》，《求是》2021 年第 9 期。

共享的三维一体的逻辑框架。同西方资本主义现代化显著的资本逻辑不同，中国式现代化具有深厚的民心基础，这也是中国式现代化与西方资本主义现代化的重大分野所在。理解和把握中国共产党推动中国式现代化的民心逻辑，有助于我们深刻理解中国共产党“为什么能”的命题，更有助于准确把握中国共产党以中国式现代化创造人类文明新形态的世界意义。

一、实现人民对美好生活的向往是中国式现代化的根本出发点

现代化的本质是人的现代化。究竟为了谁而奋斗可以说是检验不同国家现代化建设的试金石。为人民而奋斗是中国共产党一以贯之的政治立场和根本使命，更是其领导社会主义现代化的出发点。中国共产党明确将实现人民对美好生活的向往作为现代化建设的出发点和落脚点，这一质朴的政治誓言蕴含着深邃的理论思考和科学遵循。

（一）中国式现代化的人民取向是中国共产党对人类社会发展规律的科学遵循

人类社会发展规律，从根本上说，是人们“自己的社会行动的规律”[①]。马克思主义以唯物史观为基础，从“现实的人”“实践的人”“全面而自由发展的人”三个维度理解和把握人类社会发展规律。“现实的人”的生存和发展需求牵引着人们积极投身于实践之中，成为不断创造着丰富社会物质财富和精神财富的“实践的人”。顺应广大人民群众的现实需求，凝聚共同行动的共识，是基于“现实的人”的类本质回归——“全面而自由发展的人”的必然选择。唯有把握现实中的人的需求，致力于实践性变革，才能更好地顺应人类社会发展规律，凝聚通往人类解放的历史“合力”[②]。反之，就会形成不利于人类社会发展的“反动力”[③]。

① 《马克思恩格斯文集》第9卷，人民出版社2009年版，第300页。

② 《马克思恩格斯文集》第10卷，人民出版社2009年版，第592页。

③ 李学智：《“合力”非动力论：恩格斯“合力”说再认识》，《清华大学学报（哲学社会科学版）》2022年第4期。

中国式现代化明确将实现人民对美好生活的向往作为出发点，主要表现为：一是在主体上，体现了整体性与个体性的统一。为人民对美好生活的向往而奋斗中的“人民”指的是全体中国人民，是要实现我国14亿多人口整体迈进现代化社会。这就不仅指涉实现人民总体的美好生活需求，还强调满足不同群体或阶层群众的具体现实需求。中国共产党重视人民的整体利益的同时，更重视人民的现实需求，强调要在对人民具体利益的满足中团结带领人民为整体利益而奋斗。二是在目标上，体现了价值性与现实性的统一。中国共产党强调要不断满足人民的美好生活需要，其最终价值指向是人的自由而全面的发展。这是一个脚踏实地、久久为功的过程。在其现实性上，它体现为注重以现实需求为导向的人民幸福生活，强调安全感、获得感和幸福感的提升，体现为更满意的收入、更稳定的工作、更可靠的社会保障等诸多方面。三是在动力上，体现了需求性与实践性的统一。人民不只是美好生活的向往者，更是美好生活的行动者。中国共产党不仅强调要“同人民想在一起、干在一起”①，还注重“加强党的领导和尊重人民首创精神相结合”② 的实践指向。由此，在中国共产党带领人民开创的现代化事业中，人民的现实需求、实践变革、未来方向就形成了顺应人类社会发展规律的历史“合力”。

（二）中国式现代化的人民取向是中国共产党对共产党执政规律的深刻认识

“是什么、要干什么”是贯穿任何政党执政规律的一条主线。政党的根本属性是阶级性，这决定了它是为什么阶级服务的问题。共产党以无产阶级为自身的阶级基础，不仅代表占绝大多数人的无产阶级运动的利益，还“在当前的运动中同时代表运动的未来”③。这一运动的未来不是如西方政党以执掌政权为目的，而是通过执掌政权为实现每个人的自由而全面的发展去奋斗。马克思主义经典作家还指出，从组成政党到实现政党目标，要“靠它善于同最广大的劳动群众，首先是同无产阶级劳动群众，但同样也同非无产阶级劳动

① 《习近平谈治国理政》第3卷，人民出版社2020年版，第54页。

② 《习近平谈治国理政》第4卷，人民出版社2022年版，第233页。

③ 《马克思恩格斯文集》第2卷，人民出版社2009年版，第65页。

群众联系、接近，甚至可以说在某种程度上同他们打成一片”[①]。同时，作为无产阶级先锋队的共产党人，他们不仅没有任何自己的私利，还要“使他们的口号始终走在群众的革命主动性的前面”[②]，成为群众的引领者。

中国共产党领导的社会主义现代化不是偶然生成的，而是顺应时代并主动作为的历史必然。近代以来无数仁人志士推动的以西方资本主义国家现代化为蓝本的诸多尝试均以失败而告终。中国共产党的诞生改变了中国现代化的历史方向和进程。她以高度的历史自觉坚持立党为公、执政为民，并结合实际制定和实施能够代表好、实现好人民群众根本利益的各项政策举措。正是由于始终站稳人民立场，中国共产党走出了通过建立符合我国实际的社会主义制度逐步深入推动现代化的历史必由之路。新时代以来，以习近平同志为核心的党中央，以高度的历史自觉和清醒的执政认知，在多个场合明确提出“江山就是人民，人民就是江山，打江山、守江山，守的是人民的心”[③]的科学论断。这不仅是对我们党百年历史实践的科学总结，也是对苏联共产党等无产阶级政党执政经验的清醒借鉴。作为世界上第一个社会主义国家，苏联取得过辉煌的成就，但最终以解体而告终。苏联失败的原因是多方面的，但“其中一个重要原因是苏联共产党脱离了人民，成为一个只维护自身利益的特权官僚集团”[④]。百年来，中国共产党从“全心全意为人民服务”到“人民江山论”“人民至上论”，变的是中国式现代化的条件，不变的是中国共产党的人民立场。

（三）坚持以人民为中心的发展是中国共产党对社会主义建设规律的本质把握

俄国十月革命的胜利，宣告了科学社会主义从理论走向了实践，社会主义现代化建设的探索由此开启。马克思将代替资本主义社会的未来社会分为共产主义社会的“第一阶段”和“高级阶段”两个阶段，这种理论上的区分

① 《列宁选集》第 4 卷，人民出版社 2012 年版，第 136 页。
② 《列宁选集》第 1 卷，人民出版社 2012 年版，第 616 页。
③ 《习近平谈治国理政》第 4 卷，人民出版社 2022 年版，第 63 页。
④ 《习近平谈治国理政》第 4 卷，人民出版社 2022 年版，第 171 页。

在走向实践中为列宁所完善。列宁明确指出：“无产阶级的目的是建成社会主义，消灭社会的阶级划分，使社会全体成员成为劳动者，消灭一切人剥削人现象的基础。”[①] 这就明确了通过社会主义实现共产主义的价值指向。同时，列宁也认识到“消灭一切人剥削人现象的基础”是一个漫长的过程，这一过程必然呈现出每个民族自己的特点。

中国共产党早在延安时期就明确提出，“中国一切政党的政策及其实践在中国人民中所表现的作用的好坏、大小，归根到底，看它对于中国人民的生产力的发展是否有帮助及其帮助之大小，看它是束缚生产力的，还是解放生产力的”[②]。新中国成立后，中国共产党领导中国人民进行社会主义建设，首先明确社会主义新制度具有“不是只对少数人有益处，而是对全国人民都有益处”[③] 的优势。党的十一届三中全会后，以邓小平为代表的中国共产党人在总结反思和接力探索的基础上推进了中国式的现代化的深入发展，提出“社会主义的本质，是解放生产力，发展生产力，消灭剥削，消除两极分化，最终达到共同富裕”[④]。经过几十年的接力奋斗，社会生产力得到极大提高，解决了人民群众的温饱问题，建成了全面小康社会，实现了党的第一个百年奋斗目标。面向第二个百年奋斗目标，以习近平同志为核心的党中央明确把促进全体人民共同富裕摆在更加重要的位置。党的二十大把实现全体人民共同富裕作为中国式现代化的本质要求的重要内容进行部署。正是基于中国式现代化以人民为中心的发展思想，一代代中国共产党人接力奋斗，积小胜为大胜，不断拓展着共同富裕的内涵和外延，在量力而行与循序渐进的探索进程中将“促进共同富裕与促进人的全面发展”“高度统一”[⑤] 起来。

---

① 《列宁选集》第 3 卷，人民出版社 2012 年版，第 835 页。

② 《毛泽东选集》第 3 卷，人民出版社 1991 年版，第 1079 页。

③ 《毛泽东文集》第 6 卷，人民出版社 1999 年版，第 499 页。

④ 《邓小平文选》第 3 卷，人民出版社 1993 年版，第 373 页。

⑤ 习近平：《扎实推动共同富裕》，《求是》2021 年第 20 期。

二、紧紧依靠人民推进发展是推动中国式现代化的根本着力点

人民群众是历史的创造者。中国式现代化为了人民的价值指向，落在具体的实践中要求中国共产党团结带领全国各族人民同心同向、埋头苦干。习近平总书记在2019年春节团拜会上指出："只要我们紧紧依靠人民，就没有战胜不了的艰难险阻，就没有成就不了的宏图大业。"[①] 在推动中国式现代化的进程中，中国共产党始终紧扣广泛汇聚民智，充分发扬民主，着力激发民力，充分发挥人民群众的积极性、主动性和创造性，同人民群众想在一起、干在一起，为中国式现代化的成功推进和不断拓展提供了力量支撑。

（一）坚持广泛汇聚民智是依靠人民推进中国式现代化的基础

推进中国式现代化，是一项前无古人的开创性事业。面对前进道路上可能的挑战和不可预见的风险，中国共产党始终坚持问需于民、问计于民，广泛调研、广开言路，集合广大群众的智慧，从而确保党的各项方针政策服从于社会主义现代化建设的大局，服务于广大人民的根本利益。调查研究作为我们党密切联系群众的重要途径，是我们党持之以恒发扬的优良传统。早在民主革命时期，中国共产党即形成了"没有调查，没有发言权"[②] 的传统。为探索适合中国情况的社会主义现代化道路，毛泽东等中央主要领导同志进行了系统深入的调查研究，形成了《论十大关系》这一指导性方略。然而，探索社会主义现代化建设道路并非易事。经历了一些错误和挫折后，在总结过去社会主义现代化建设经验和教训的基础上，毛泽东号召全党"大兴调查研究之风"[③]，其目的是"向群众寻求真理"[④]。改革开放以后，邓小平明确要求各级领导干部"要善于集中人民群众的正确意见"[⑤]，指出"一个革命政党，就怕

① 新华月报编：《新中国70年大事记（1949.10.1—2019.10.1）》（下），人民出版社2020年版，第1939页。

② 《毛泽东选集》第1卷，人民出版社1991年版，第109页。

③ 《毛泽东文集》第8卷，人民出版社1999年版，第233页。

④ 《毛泽东文集》第8卷，人民出版社1999年版，第268页。

⑤ 《中国共产党第十一届中央委员会第三次全体会议公报》，人民出版社1978年版，第12页。

听不到人民的声音，最可怕的是鸦雀无声”[①]。正是坚持密切联系群众，党才随时听到群众真正的呼声，代表群众真正的利益。

以习近平同志为核心的党中央明确把人民对美好生活的向往作为自身的奋斗目标，并强调一切工作得失都要以“人民拥护不拥护、赞成不赞成、高兴不高兴、答应不答应”[②]作为根本标准来衡量。为了消除绝对贫困、确保全面建成小康社会的成功，习近平总书记亲自部署，广泛调研，走遍了全国所有集中连片特困地区，深入 20 多个贫困村考察调研，同基层群众商议“脱贫致富之策”[③]。在 2017 年的中央政治局民主生活会上，习近平总书记还号召中央政治局的同志要自觉主动深入群众之中，拜人民为师，强调“‘身入’更要‘心至’”[④]。党史学习教育领导小组印发《关于〈“我为群众办实事”实践活动工作方案〉的通知》明确要求，“要把察民情访民意作为‘我为群众办实事’的第一步”。“十四五”时期是开启全面建设社会主义现代化国家新征程上的第一个五年，为做好“十四五”规划编制工作，通过开展“凝思汇智 共谋新局”——“十四五”规划《纲要》问计求策活动，共收到线上建言 3.7 万条，线下活动共发放问卷 4000 多份，收到全国人大代表和全国政协委员 300 多条具有建设性的意见建议。[⑤]对于主动问计收到的各种不同意见，中国共产党始终坚持辩证辨别，敢于正视问题，善于解决问题。在新征程上，2023 年中共中央办公厅印发《关于在全党大兴调查研究的工作方案》，明确在全党大兴调查研究，以推动全面建设社会主义现代化国家开好局起好步。

（二）坚持充分发扬民主是依靠人民推进中国式现代化的保障

中国共产党一贯注重发扬民主。在延安时期，毛泽东曾明确指出，政治、

① 《邓小平文选》第 2 卷，人民出版社 1994 年版，第 144—145 页。

② 《习近平谈治国理政》第 3 卷，人民出版社 2020 年版，第 142 页。

③ 习近平：《在河北省阜平县考察扶贫开发工作时的讲话》，《求是》2021 年第 4 期。

④ 《以认真学习贯彻习近平新时代中国特色社会主义思想 坚定维护以习近平同志为核心的党中央权威和集中统一领导 全面贯彻落实党的十九大各项决策部署情况为主题进行对照检查》，《人民日报》2017 年 12 月 27 日。

⑤ 《汇聚亿万人民力量的宏伟蓝图——“十四五”规划和 2035 年远景目标纲要编制记》，《人民日报》2021 年 3 月 20 日。

军事、经济、文化、党务、国际关系等一切“都需要民主”，“民主必须是各方面的”[①]。新中国成立后，中国共产党团结带领人民确立了社会主义基本制度，为推进中国式现代化创设了制度基础。其中，人民代表大会制度，就是党组织和支持人民当家作主的根本政治制度。中国共产党着力于大力发扬民主，将人民当家作主同党的领导有机统一起来。为促使广大人民群众积极参与社会主义现代化建设，邓小平旗帜鲜明地指出，“调动积极性是最大的民主”[②]，“领导层有活力，克服了官僚主义，提高了效率，调动了基层和人民的积极性，四个现代化才真正有希望”[③]。农村家庭联产承包责任制就是最为生动的事例。正是坚持不懈激发人民群众的创造活力，中国式现代化才有了源源不断的动力。习近平总书记深刻指出：“改革开放在认识和实践上的每一次突破和发展，改革开放中每一个新生事物的产生和发展，改革开放每一个方面经验的创造和积累，无不来自亿万人民的实践和智慧。”[④]

党的十八大以后，习近平总书记创造性地提出“全过程人民民主”，着力以制度化的方式，将人民的智慧融汇到中国式现代化的进程之中，为中国式现代化的推进提供了坚实的政治保证。在坚持和完善人民代表大会制度这一根本政治制度上，我们党明确提出“全国人民代表大会及其常务委员会坚持全过程民主，始终同人民保持密切联系，倾听人民的意见和建议，体现人民意志，保障人民权益”[⑤]。特别是基层立法联系点的设立，成为汇聚民智的“直通车”。据统计，截至 2021 年 6 月，各立法联系点对 109 部法律草案、立法工作计划等提出近 6600 条意见建议，经认真分析研究，许多好的意见建议被吸收采纳。[⑥]与此同时，中国共产党还注重发挥社会主义协商民主的重要作用，坚持“有事好商量，众人的事情由众人商量”[⑦]这一人民民主的真谛，在政治

① 《毛泽东文集》第 3 卷，人民出版社 1996 年版，第 169 页。

② 《邓小平文选》第 3 卷，人民出版社 1993 年版，第 242 页。

③ 《邓小平文选》第 3 卷，人民出版社 1993 年版，第 180 页。

④ 《习近平谈治国理政》第 1 卷，外文出版社 2018 年版，第 68 页。

⑤ 《中华人民共和国全国人民代表大会组织法》，人民出版社 2021 年版，第 3 页。

⑥ 全国人大常委会法制工作委员会：《坚持和践行全过程民主 推进新时代立法工作高质量发展》，《求是》2021 年第 13 期。

⑦ 《十九大以来重要文献选编》（上），中央文献出版社 2019 年版，第 27 页。

社会生活各个层面上、在人民亟须解决的各种事务上，着力通过广泛的商量发扬民主、集思广益、统一思想、凝聚共识，达成公共利益的最佳契合点。党的二十大报告强调要“全面发展协商民主”①，并作出战略性部署。这都为人民群众的创造智慧得到更加充分的发挥与展现提供了科学保障。

（三）坚持有效凝聚民力是依靠人民推进中国式现代化的关键

人民是自身幸福美好生活的实践者，中国式现代化是中国共产党团结带领人民通过奋斗得以不断推进的。正如习近平总书记所说：“社会主义中国发展到今天，取得的成就不是天上掉下来的，更不是别人恩赐施舍的，而是广大人民群众在党的领导下用勤劳、智慧、勇气干出来的！”②新中国成立后，面对贫穷落后、千疮百孔的烂摊子，党领导人民贯彻“两个务必”的要求，团结奋进、艰苦奋斗，依靠自身的力量建立起比较完整的国民经济体系，“我们现在赖以进行现代化建设的物质技术基础，很大一部分是这个期间建设起来的”③。改革开放以来，中国共产党立足本国基本国情，团结带领人民解放思想、锐意进取，大胆地闯、勇敢地试，不仅敢于从人民群众的实践创造中汲取发展的动力，还善于通过正确的路线方针政策引领人民群众不断推动中国式现代化的深入发展。中国共产党团结带领中国人民锻造了“与时俱进、锐意进取、勤于探索、勇于实践”④的改革创新精神，成功推动了中国式现代化的深入发展，使中国的社会主义现代化建设大踏步赶上了世界现代化的步伐。

中国特色社会主义进入新时代，习近平总书记号召“全党同志一定要永远与人民同呼吸、共命运、心连心”⑤，确保党始终与人民想在一起、干在一起。为满足人民日益增长的美好生活需要，以习近平同志为核心的党中央发

---

① 习近平：《高举中国特色社会主义伟大旗帜 为全面建设社会主义现代化国家而团结奋斗——在中国共产党第二十次全国代表大会上的报告》，人民出版社 2022 年版，第 38 页。

② 习近平：《在基层代表座谈会上的讲话》，人民出版社 2020 年版，第 8 页。

③ 《中国共产党中央委员会关于建国以来党的若干历史问题的决议》，人民出版社 1981 年版，第 18 页。

④ 《全国政协举行新年茶话会》，《人民日报》2014 年 1 月 1 日。

⑤ 习近平：《决胜全面建成小康社会 夺取新时代中国特色社会主义伟大胜利——在中国共产党第十九次全国代表大会上的报告》，人民出版社 2017 年版，第 1 页。

起了人类历史上规模宏大的脱贫攻坚战。这场伟大的脱贫攻坚战不仅是诠释中国式现代化价值指向的具体体现，还生动地展现出中国共产党团结带领人民推动中国式现代化的深厚力量。通过进行人员、资金、技术等多方面的支持，将扶贫与扶志、扶智相结合，党引导贫困群众树立了“宁愿苦干、不愿苦熬”[①]的观念，激发了人民群众自力更生、艰苦奋斗的内生动力，形成了人人参与、人人尽力、人人都有成就感的行动格局，打赢了载入人类史册的脱贫攻坚战，锻造形成了“上下同心、尽锐出战、精准务实、开拓创新、攻坚克难、不负人民”[②]的脱贫攻坚精神。在新的起点上，以习近平同志为核心的党中央擘画了以中国式现代化全面推进中华民族伟大复兴的宏伟蓝图。面对前进道路上可能的艰难险阻，党中央号召全体中国人民同心同德、埋头苦干，通过人人参与、人人尽力的共同奋斗创造新的历史伟业。

三、推动发展成果由人民共享是中国式现代化的根本落脚点

习近平总书记指出：“国家建设是全体人民共同的事业，国家发展过程也是全体人民共享成果的过程。”[③]中国式现代化的根本导向在于实现发展成果的人民共享。实现全体人民共享成果不是将来时，而是进行时，贯穿推进中国式现代化的过程，而且是量力而行、尽力而为、循序渐进的过程，必须脚踏实地、久久为功。

（一）逐步实现全体人民共享是中国式现代化的主体方位

人民是中国式现代化的主体力量，也是中国式现代化发展成果的享有者。人民享有中国式现代化的成果，是包括 14 亿多人口的全体人民，是“全体人民共同富裕的现代化”[④]。作为中国式现代化的本质要求，共同富裕并非一蹴而

---

① 习近平：《在全国脱贫攻坚总结表彰大会上的讲话》，人民出版社 2021 年版，第 17 页。

② 习近平：《在全国脱贫攻坚总结表彰大会上的讲话》，人民出版社 2021 年版，第 19 页。

③ 习近平：《在庆祝“五一”国际劳动节暨表彰全国劳动模范和先进工作者大会上的讲话》，人民出版社 2015 年版，第 7 页。

④ 习近平：《高举中国特色社会主义伟大旗帜 为全面建设社会主义现代化国家而团结奋斗——在中国共产党第二十次全国代表大会上的报告》，人民出版社 2022 年版，第 22 页。

就，而是需要久久为功。中国共产党为着全体人民共同富裕的目标进行了不懈的努力。早在进行社会主义改造时期，毛泽东就提出，“现在我们实行这么一种制度，这么一种计划，是可以一年一年走向更富更强的，一年一年可以看到更富更强些。而这个富，是共同的富，这个强，是共同的强”①。虽然党在社会主义建设时期努力实现了“一年一年走向更富更强”，但实现共同富裕尚不具备足够的条件。进入改革开放和社会主义现代化建设新时期，中国经济获得了快速发展，党从社会主义本质的角度定位共同富裕，并明确“一部分地区、一部分人可以先富起来，带动和帮助其他地区、其他的人，逐步达到共同富裕”的部署。

经过几十年的快速发展，在党的十八大前后，我国经济总量实现了跃居世界第二的历史性突破。从整体上来看，我国广大人民群众的生活水平得到了很大的提升。但是，我国“还存在大量低收入群众”②，贫富差距的问题仍然存在。据统计，2012 年，我国有 9899 万贫困人口生活在贫困线以下。以习近平同志为核心的党中央站在全面建成小康社会的战略高度，把脱贫攻坚摆到推动中国式现代化的突出位置，发起了人类历史上最大规模的脱贫攻坚战，着力于“让低收入人口和欠发达地区共享发展成果，在现代化进程中不掉队、赶上来”③。全面建成小康社会底线任务的完成，并不意味着全面幸福的实现，这是中国式现代化继续向前推进的关键一环。解决中国式现代化进程中所面临的发展不平衡不充分问题并非易事，“实现人的全面发展和全体人民共同富裕”④的中国式现代化建设道路仍然任重道远。当前，由于我国处在社会主义初级阶段的基本国情没有变，现阶段的全民共享是一种注重贫富差距进行合理控制、保障人民权利平等性的共享，具有机会均等性和服务可及性的特点。

（二）致力于实现全方位共享是中国式现代化的领域方位

中国式现代化的成果由人民共享，不仅是物质成果的共享，而且是囊括

---

① 《毛泽东文集》第 6 卷，人民出版社 1999 年版，第 495 页。

② 《习近平新时代中国特色社会主义思想学习论丛》第 4 辑，中央文献出版社 2020 年版，第 41 页。

③ 《习近平谈治国理政》第 4 卷，人民出版社 2022 年版，第 139 页。

④ 习近平：《在全国脱贫攻坚总结表彰大会上的讲话》，人民出版社 2021 年版，第 20 页。

经济、政治、文化、社会、生态文明等多领域的全方位共享。然而，全方位共享并不是一蹴而就的。新中国成立伊始，面对一穷二白的发展状况，中国共产党确立的是以重工业为中心的现代化建设。同时，党从对人民有利的长远发展角度强调要更多地发展农业和轻工业，认为这种办法“会使重工业发展得多些和快些，而且由于保障了人民生活的需要，会使它发展的基础更加稳固。”①党的十一届三中全会开启了社会主义现代化建设新时期，邓小平明确提出，“贫穷不是社会主义，社会主义要消灭贫穷。不发展生产力，不提高人民的生活水平，不能说是符合社会主义要求的”②。中国共产党紧紧依靠人民通过不断解放和发展生产力进行民生改善，“实现了从温饱不足到总体小康再向全面小康迈进”③的历史跨越。然而，站在新的历史发展方位，以习近平同志为核心的党中央十分清醒地指出，“教育、就业、社会保障、医疗、住房、生态环境、食品药品安全、安全生产、社会治安、执法司法等关系群众切身利益的问题较多，部分群众生活比较困难”。④

以习近平同志为核心的党中央准确判断我国社会主要矛盾的转化，把人民群众的小事当作推动中国式现代化的头等大事来抓，提出了以人民为中心的发展思想。在明确中国人民日益增长的多元化需求的基础上，提出了“在幼有所育、学有所教、劳有所得、病有所医、老有所养、住有所居、弱有所扶上不断取得新进展”⑤的“七有”民生目标。历经新时代的十年艰苦奋斗，党的二十大指出，“在幼有所育、学有所教、劳有所得、病有所医、老有所养、住有所居、弱有所扶上持续用力，人民生活全方位改善”⑥。以社会保障为例，我国基本养老、失业、工伤三项社会保险参保人数分别从 2012 年 7.9 亿、1.5 亿、1.9 亿，增加到 2022 年 6 月 10.4 亿、2.3 亿、2.9 亿，全国社会保障卡持

① 《建国以来重要文献选编》第 8 册，中央文献出版社 2011 年版，第 208 页。

② 《邓小平文选》第 3 卷，人民出版社 1993 年版，第 116 页。

③ 《习近平总书记系列重要讲话读本》，人民出版社 2016 年版，第 7 页。

④ 《十八大以来重要文献选编》（上），中央文献出版社 2014 年版，第 4 页。

⑤ 《习近平谈治国理政》第 3 卷，人民出版社 2020 年版，第 18 页。

⑥ 习近平：《高举中国特色社会主义伟大旗帜 为全面建设社会主义现代化国家而团结奋斗——在中国共产党第二十次全国代表大会上的报告》，人民出版社 2022 年版，第 10 页。

卡人数覆盖96.3%人口。[①]不仅如此，以习近平同志为核心的党中央还明确提出“人民群众什么方面感觉不幸福、不快乐、不满意，我们就在哪方面下功夫”[②]的理念，坚持“尽力而为量力而行”和“循序渐进”的原则，着力“实打实地一件事一件事办好”[③]，从而让人民共享的领域越来越宽广、共享的内容越来越扎实。

（三）推进城乡区域共同发展是中国式现代化的空间方位

城乡区域关系是现代化进程中的重要关系，也是事关中国式现代化成败的重大战略问题。14亿多人口整体迈进现代化社会，在空间区域上体现为城乡的不可或缺和区域的整体协同。中国式现代化的推进过程包含着城乡区域关系的系统性调整。中华人民共和国的成立宣告了党的工作重心从乡村向城市的转移，开启了由城市领导乡村的时期。由于快速实现工业化任务的迫切性，“城乡必须兼顾”[④]的理想被农业支持工业、农村支持城市所取代。改革开放以对农民积极性、主动性的激发为开端，党中央也在20世纪80年代连续发布了关于“三农”的一号文件，但由于发展的“虹吸效应”，城乡要素配置的不均衡进一步拉大。面对这一现实，党的十六大把“统筹城乡经济社会发展，建设现代农业，发展农村经济，增加农民收入”作为“全面建设小康社会的重大任务”[⑤]来抓，开启了“以工促农、以城带乡”新阶段。同时，党中央实施西部大开发战略、中部地区崛起战略、“振兴东北”战略等，以促进区域协调均衡发展。经过21世纪初期的努力，“城乡区域发展协调性增强”[⑥]。

党的十八大报告进一步提出，“要加大统筹城乡发展力度，增强农村发展活力，逐步缩小城乡差距，促进城乡共同繁荣”[⑦]。为了让广大农村地区的农

① 游翀：《砥砺奋进 让全体人民享有社会保障——党的十八大以来社会保障工作综述》，《中国劳动保障报》2022年9月28日。

② 《习近平新时代中国特色社会主义思想学习问答》，学习出版社、人民出版社2021年版，第334页。

③ 习近平：《扎实推动共同富裕》，《求是》2021年第20期。

④ 《毛泽东选集》第4卷，人民出版社1991年版，第1427页。

⑤ 《十六大以来重要文献选编》（上），中央文献出版社2011年版，第17页。

⑥ 《十八大以来重要文献选编》（上），中央文献出版社2014年版，第2页。

⑦ 《十八大以来重要文献选编》（上），中央文献出版社2014年版，第18页。

民共同分享现代化成果，以习近平同志为核心的党中央明确走“以人为核心”的新型城镇化道路，着力推进与城乡二元体制密切相关的户籍制度、土地制度等的改革，以改革的活力推进城乡加快融合发展。党的十九大从农业农村优先发展的角度出发，把农业农村农民问题提到关系国计民生的根本性问题的高度，作出了实施乡村振兴战略，推进城乡融合发展的部署。经过改革发展，城乡人口和要素流动更加畅通，农村居民收入增速快于城镇居民，“城乡居民收入比从2012年的2.88下降到2022年的2.45”①。新时代新征程，农村仍然是中国式现代化任务最艰巨繁重的地方。针对城乡区域发展和收入分配差距仍然较大的问题，党的二十大报告明确作出全面推进乡村振兴、加快建设农业强国的战略部署，并提出“深入实施区域协调发展战略、区域重大战略、主体功能区战略、新型城镇化战略”②，着力促进区域协调发展。

四、结语

现代化潮流浩浩荡荡，是不可阻挡的历史进程。西方国家以其现代化的先发性而占据了历史的高位，锻造了“现代化＝西方化”的发展思维，但却无法拯救其片面追求经济增长的现代化所产生的“副产品”，“有增长而无发展”③的状况也将在西方继续下去。中国共产党团结带领中国人民，从中国的具体国情出发，经过长期实践探索，开创了中国式现代化。中国共产党着力“突出现代化方向的人民性”④，以人民之心为心，把实现人民对美好生活的向往作为出发点和落脚点，把紧紧依靠人民推进发展作为着力点，更把推动发展成果由人民共享作为根本点，使得中国式现代化不仅走得通，而且行得稳，有力打破了“现代化＝西方化”的迷思，为世界现代化提供了新的选择。中国式现代化是一项伟大而艰巨的事业。一路走来，将发展的起点、过程与归

① 《全面推进乡村振兴有了“操作手册”》，《人民日报》2023年2月15日。

② 习近平：《高举中国特色社会主义伟大旗帜 为全面建设社会主义现代化国家而团结奋斗——在中国共产党第二十次全国代表大会上的报告》，人民出版社2022年版，第31页。

③ 任保平：《经济增长质量的逻辑》（修订本），人民出版社2018年版，第9页。

④ 习近平：《携手同行现代化之路——在中国共产党与世界政党高层对话会上的主旨讲话》，《人民日报》2023年3月16日。

宿全部集中于人民身上的中国式现代化道路，体现了中国共产党根基在人民、血脉在人民、力量在人民的强大民心逻辑，也将成为新时代中国共产党不断推进和拓展中国式现代化的重要价值指引和实践遵循。在以中国式现代化全面推进中华民族伟大复兴的新征程上，中国共产党仍需坚持以人民为中心，坚持人民至上，通过团结带领人民埋头苦干，书写以中国式现代化推进中华民族伟大复兴的发展奇迹，不断把人民对美好生活的向往变为现实。

后　记

本书是《中国当代政治史研究撷英》系列论文集的第二辑，由以下三部分组成。

第一部分是特邀论文，收录李正华研究员和宋月红研究员各一篇文章。

第二部分是第三届中国当代政治史年会部分特邀和入选论文。本届年会于 2021 年 10 月 15 日以线上线下相结合的方式举行。会议由中国社会科学院当代中国研究所、沈阳药科大学主办，中国社会科学院当代中国研究所政治史研究室、沈阳药科大学马克思主义学院、《当代中国史研究》编辑部、当代中国政治与行政制度史研究中心承办。

第三部分是第四届中国当代政治史年会部分特邀和入选论文。本届年会于 2023 年 9 月 23 日至 24 日在江苏南京召开。会议由中国社会科学院当代中国研究所、南京航空航天大学主办，中国社会科学院当代中国研究所政治史研究室、南京航空航天大学马克思主义学院、《当代中国史研究》编辑部、当代中国政治与行政制度史研究中心等单位承办。

本论文集在主编李正华研究员、张金才研究员的主持下，由副主编刘维芳研究员具体组织编辑。中国社会科学院大学中华人民共和国国史系硕士研究生王静文、郑何伟参加了部分编辑工作。

这两届年会的召开和本论文集的出版得到了中国社会科学院当代中国研究所党组的大力支持，两次年会的合办方和承办单位为会议的顺利举办做了大量工作，受邀专家及应征和入选论文作者为会议的成功召开作出了学术贡献，当代中国出版社宋卫云同志为编辑此书付出了辛劳，在此一并表示衷心感谢。

本书编者

2025 年 3 月